# 兩晉南北朝史

## 晉初至東晉末葉形勢

呂思勉 著

從西晉初年到東晉末期的政治動盪與社會變遷

豐富史料細膩地描繪帝王將相興亡、政治爭鬥、重大戰役

學家呂思勉精心撰寫，研究魏晉南北朝時期不可或缺的史學巨著

# 目錄

# 目 錄

# 第七章　東晉末葉形勢

# 目錄

# 第一章　總論 ————————

　　魏、晉之際，中國盛衰強弱之大界也。自三國以前，異族恆為我所服，至五胡亂起，而我轉為異族所服矣。五胡之亂，起於晉惠帝永興元年（西元 304 年）劉淵之自立。越十三年，愍帝被虜，而中國在北方之政府遂亡。自是南北分立。自元帝建武元年（西元 25 年），至陳後主禎明三年（西元 589 年），凡二百七十三年，而南卒並於北。隋文帝雖云漢人，然民族之異同，固非以其種姓而以其文化，此則不獨隋室，即唐室之先，亦未嘗非武川族類也。（《廿二史札記》云：「兩間王氣，流轉不常，有時厚集其力於一處，則帝王出焉。如南北朝分裂，其氣亦各有所聚。晉之亡，則劉裕生於京口；蕭道成、蕭衍，生於武進之南蘭陵；陳霸先生於吳興；其地皆在數百里內。魏之亡，則周、隋、唐三代之祖，皆出於武川，宇文泰四世祖陵，由鮮卑遷武川。陵生系，系生韜，韜生肱，肱生泰，是為周文帝。楊堅五世祖元素，家於武川。元素生惠嘏，惠嘏生烈，烈生禎，禎生忠，忠生堅，是為隋文帝。李淵，三世祖熙，家於武川。熙生天賜，天賜生虎，虎生昞，昞生淵，是為唐高祖。區區一彈丸之地，出三代帝王；周幅員尚小，隋、唐則大一統者共三百餘年；豈非王氣所聚，碩大繁滋也哉？」王氣所聚，說大落空。宋、齊、梁、陳四代之祖，生於數百里內，亦不足論。中華人事繁複，此固無甚關係也。至於周、隋、唐三代之祖，皆生武川，則自以當時此一區中為強兵所在，故力征經營者易起於此，其附從之功臣，亦易出於此。不唯周、隋、唐，北齊興於懷朔，固與武川同為六鎮之一也。武川，今綏遠武川縣。懷朔，今綏遠五原縣。）唐室武功，超軼漢代，然實用蕃兵、蕃將為多，與漢之徵匈奴，純恃本族之師武臣力者異矣。自唐衰而沙陀入據中原，雖不久覆滅，然契丹、黨項、女真、蒙古、滿洲，又紛紛竊據，甚且舉中國之政權而盜之。蓋自五胡之亂

至清之亡，凡歷千六百有八年焉。若是乎，中國民族，實不堪以兵力與異族競邪？曰：否。《秦漢史》既言之矣。曰：「文明之範圍，恆漸擴而大，而社會之病狀，亦漸漬益深。孟子曰：仁之勝不仁也，猶水勝火。以社會組織論，淺演之群，本較文明之國為安和，所以不相敵者，則因其役物之力大薄之故。然役物之方，傳播最易，野蠻之群與文明之群遇，恆慕效如恐不及焉。及其文明程度，劣足與文明之族相抗衡，則所用之器，利鈍之別已微，而群體之中，安和與乖離迥判，而小可以勝大，寡可以敵眾，弱可以為強矣。」（第一章。）以文明之群，而轉為野蠻之群所勝，寧獨中國？馬其頓之於希臘，日耳曼之於羅馬，顧不然邪？夫黨類（class）既分，則與異族為敵者，實非舉國之民，特其操治理之權者耳。此等人，當志得意滿之餘，溺驕淫矜誇之習，往往脆弱不堪一擊。卒遇強敵，遂至覆亡。其覆亡也，固亦與尋常一姓之覆亡無異，特覆之者非本族而為異族人耳。此時多數人民，固未嘗與異族比權量力，若為人所服，而實不可謂其為人所服也。多數人民與異族之相角，於何見之？其勝負於何決之？曰：視其文化之興替。兩族相遇，文化必有不同，觀其孰替孰興，而文化之優劣分，而民族之存亡，亦由之而判矣。信如是也，中國民族之與異族遇，不以一時爭戰之不競見其劣，正以終能同化異族見其優，固非聊作解嘲之語矣。（此非謂中國必不能以兵力爭勝，亦非謂此後永不必以兵力爭勝，不可誤會。）中國之見侮於異族，乃由執治理之權者之劣弱，其說可得聞與？曰：可。兩族相競，若戰陳然，居前行者，實唯政治。後漢自安帝永初以降，政權迄在外戚、宦官手中，自此至靈帝中平六年（西元189年）董卓入洛，凡歷八十六年，其紊亂可以想見。此時為舉國所想望者，莫如當時所謂名士，然其人實多好名嗜利之徒，讀《秦漢史》第十章第四節、第十四章第五節、第十八章第四節可見。此時相需最殷者，曰綜核名實，曰改弦更張。督責之治，魏武帝、諸葛武侯皆嘗行之，一時亦頗收其效，

然大勢所趨，終非一二人之力所克挽，故人亡而政亦息焉。近世胡林翼、曾國藩，承積衰極敝之餘，以忠誠為唱，以峻切為治，一時亦未嘗不收其效，而亦不能持久，先後最相類也。改制更化，魏曹爽一輩人，頗有志焉。然其所圖太大，不為時俗所順悅；又兵爭未久，人心積相猜忌，進思徼利，退計自全，乃不得不用陰謀以相爭奪。此等相爭，正人君子，往往非奸邪小人之敵，曹爽遂為司馬宣王所覆。宣王本唯計私圖；景王雖為正始風流人物，然既承宣王之業，自不得不專為自全之計；文王更無論矣。與司馬氏相結合者，率多驕淫狙詐之徒；司馬氏之子弟，亦日習於是，而其材又日下；而時勢之艱危，人心之險詖如故；於是以晉初之百端待理；滅吳之後，又直可以有為之時；乃以趣過目前之晉武帝承之，急切之事如徙戎者，且不能舉，皇論其他？而楊、賈、八王之禍，且代異己之誅而起矣。晉室之傾頹，固非一朝一夕之故，蓋自初平以來，積漸所致，勢固不易中止也。夫國之所恃為楨幹者，固非一二臣衛，而為士大夫之群，今所謂中等階級也。士大夫而多有猷、有為、有守，舊政府雖覆，樹立一新政府，固亦非難。當時之士大夫，果何如哉？中國在是時，民族與國家之見地，蓋尚未晶瑩。東漢名士，看似前仆後繼，盡忠王室，實多動於好名之私，挾一忠君之念耳。此等忠君之念，沿自列國並立之時，不能為一統之益，而時或轉為其累。（參看《秦漢史》第十四章第四節。）又既沿封建之習，則諸侯之國，與卿大夫之家，其重輕本來相去無幾，由是王室與私門，其重輕之相去，亦不甚遠；益以自私自利之恆情，而保國衛民之念，遂不如其保家全身之切焉。劉、石肆虐，北方之名門巨族，相率遷地以圖自全，鮮能出身犯難者，由此也。（攜家避地，固始漢末，然是時為內亂，而晉初為外患，衡以內亂不與，外患不闕之義，則晉之士大夫，有愧焉爾矣。）夫既徒為保家全身之計，則苟得沃土，自必如大月氏之西徙，志安樂而無復報胡之心。東晉之名流，率圖苟安而怠恢復；（如蔡謨之沮

庾亮，王羲之之毒殷浩。）其挾有奸雄之才，而又為事勢所激者，遂不恤為裂冠毀冕之行；（如王敦、桓溫之稱兵。）以此。夫當時北方之士大夫，雖云不足與有為，然南方剽悍之氣，固未嘗減。（觀周處可見。參看《秦漢史》第十一章第八節。）使晉室東渡之後，得如周瑜、魯肅、呂蒙、陸遜者而用之，北方之恢復，曾何足計？其時南方之人，蓋亦有圖自立者，（如陳敏等是。）而事不易成；北方之名門巨族，挾一王室之名以來，自非其所能抗；而南方之政權，遂盡入北來諸族之手，其何能淑，載胥及溺焉。直至北府兵起，江、淮剽悍之氣始有所藉以自見，然積弱之勢既成，狙詐之習未改，日莫途遠，雖絕世英雄如宋武帝，亦不能竟恢復之緒矣。宋、齊、梁、陳四代，皆起自寒微，所信任者，非復名門巨族。然所用寒人，資望大淺，雖能綱紀庶務，而不能樹立遠猷。又以防如晉世之內外相猜，大州重任，必以宗室處之而世族之驕淫，既成恆軌，人心之傾險，又難驟更，而骨肉之相屠，遂繼君臣之相忌而起矣。佞幸當朝，權奸梗命，其局勢較東晉更劣，其淵源，則仍來自東晉者也。一時代之風氣，恆隨一二人之心力為轉移。當神州陸沉之餘，寧無痛憤而思奮起者？然豪傑之士，雖無文王猶興，實亦緣其所處之境。先漢之世，學士大夫，人人有志於致用。自經新莽之喪敗，遂旁皇而失其所守。既失之瑣碎又偏於泥古，實不能有當於人心。其思力較沉摯者，乃思舍跡而求道。其於五經，遂束閣《詩》、《書》、《禮》、《春秋》而專重《易》；其於諸子，則弁髦名、法、儒、墨、縱橫而專言道。其識解自較漢人為高，然其所規劃，或失之迂闊而不能行；甚或視世事大渺小；謂有為之法，終如夢幻泡景而不足為。其力薄才弱者，則徒為自娛或自全之計，遂至新亭燕集，徒為楚囚之對泣焉。此以外攘言之也。以言乎內治：則自東漢以來，不復知更化者必先淑其群，而稍以淑己為淑群之道。承之以釋、老，而此等見解，愈益牢固而不可拔。而其所謂淑己之道，又過高而非凡民之所知。聽其言則美矣，責

其實，殆如彼教所謂兔角、龜毛，悉成戲論。此晉、南北朝之士大夫，所以終莫能振起也。至於平民，其胼手胝足，以自效於國家、民族，以視平世，其艱苦固不翅倍蓰；即能陳力於戰事者，亦自不乏。然民兵之制既廢；三五取丁等法，實為以不教民戰；而廣占良田，規錮山澤，蔭匿戶口者，又務虐用其人。北方遺黎，或團結立塢壁，以抗淫威，亦因所團結者太小，終難自立。其異族之竊據者，則專用其本族若他異族之人為兵，漢民既手無斧柯，則雖屢直變亂而終無以自奮。此平民所以不獲有所藉手，以自效於國家、民族也。凡此，皆晉、南北朝三百年中，中國民不克以兵力攘斥異族之由也。

然則此時代中，中國民之所建樹者何如？豈遂束手一無所為乎？曰：其大成就有四焉，而皆與民族之動盪移徙有關，故民族之移徙，實此時代中最大之事也。四者唯何？一曰士庶等級之平夷。二曰地方畛域之破除。三曰山間異族之同化。四曰長江流域之開闢。古之為治者，本今所謂屬人而非屬地，故曰「有分土無分民」。封建之世，等級之嚴峻，蓋非後世所能想像。秦人雖云父兄有天下，子弟為匹夫；漢世用人，雖云不分士庶；然特政事之措置，名門巨族，在民間之權勢自若也。古黃河流域，蓋漢族居平地而異族居山。長江流域，初蓋江湖緣岸，亦為異族所據，後稍與漢同化，其不同風者，乃亦相率而入山。故秦、漢之世，江、河之域，皆頗似後世之西南諸省。而江域拓殖較晚，荊楚猶稱火耕水耨，而揚州無論矣。自漢末以來，中原之民，乃因避亂而相率移徙。彼其移徙也，率皆宗黨親戚，相將而行；或則有地方豪望，為之率將；故其戶數多至千百；恆能互相周恤，建立綱紀。（參看《秦漢史》第十三章第四節。當時移徙之民，與所移徙之地之民，畛域難遽破除者以此，其移徙後易以自立，易以自安者亦以此。以本皆族黨、鄉里，則能互相扶助而力強；而移徙之餘，所處之地雖變，所相人偶之人，仍未大變也。）觀此，可以知其為力

之強。夫在一地方積有權勢者，易一境焉，則其權勢必歸消失。北方諸族之南遷者，觀史所載廣占良田，規錮山澤，蔭匿人戶等事，一若皆為豪富之徒，實則此不過其當路秉政者，其餘則皆日入於困窶矣。隋、唐以降士庶等級之漸夷，蓋非徒九品中正之廢，而實緣士族之生計日趨困窶。故與庶族通譜、通昏者，不一而足也。北人之初南徙也，其與當地之民，蓋猶格不相入，故必僑置州郡以治之。其時移徙者之意，必曰：寇難削平，復我邦族，則依然故我矣。乃井里之丘墟如故，鄉閭之旋反無期，政府乃不得不力行土斷；人民亦以歲月之久，僑居者與土著者日親；而積古以來，各地方之畛域，漸次破除矣。當時河域之民，播遷所屆，匪唯江域，蓋實東漸遼海，西叩玉門，北極陰山，南逾五嶺焉。其聲教之所暨被，為何如哉？若此者，皆其民之較強者也。其單弱貧困者，不能遠行，則相率入山，與異族雜處。當時所謂山胡、山越者，其名雖日胡、越，而語言風俗，實無大殊，故一旦出山，即可以充兵、補戶，可見其本多漢人。然胡、越之名，不能虛立，則又可見其本多異族，因漢人之入山而稍為所化也。湘、黔、粵、桂、川、滇、西康之境，自隋至今，歷千三百年，異族之山居者，猶未盡化，而江淮、宛洛、河汾之際，自漢末至南北朝末，僅三百餘年而遽成其功，雖日地勢之夷險不同，處境之安危亦異，然其所成就，亦云偉矣。自有史以來，至於秦、漢，文明中心，迄在河域。自河域北出，則為漠南，自河域南徂，則為江域。論者或病中國民族，不能北鄉開拓，致屢招游牧民族之蹂躪。然民族之開拓，必鄉夫饒富之區。江域之饒富，較之漠南北，奚翅十倍。執干戈以圉侵略，固為民族之要圖，開拓饒富之區，以增益文化，其為重大，殆又過之。江域之開拓，實中國民族靖獻於世界之大勞，其始之自漢末，其成之則晉、南北朝之世也。此皆中國民族在此時代中成就之極大者也。其為功，視以兵力攘斥異族於行陣之間者，其大小難易，寧可以道里計？惡得以治理者之劣弱，北方政權，暫

入異族之手而少之哉？

　　民族之所建樹，恆視乎其所處之境。自然之境易相類，人造之境則萬殊，故各民族之史事，往往初相似而後絕異，以其初自然之力強，入後則人事之殊甚也。東洋之有秦、漢，西洋之有羅馬，其事蓋頗相類；中國見擾亂於五胡，羅馬受破毀於蠻族，其事亦未嘗不相類也。然蠻族侵陵以後，歐洲遂非復羅馬人之歐洲，而五胡擾亂之餘，中國為中國人之中國如故也。此其故何哉？中國有廣大之江域以資退守，而羅馬無之，殆為其一大端。此固可云地勢為之，中國民族不容以之自侈，然其殊異之由於人事者，亦不乏焉。羅馬與蠻族，中國與五胡，人口之數，皆難確知，然以大較言之，則羅馬與蠻族眾寡之殊，必不如中國與五胡之甚。兩民族相遇，孰能同化人，孰則為人所同化，雖其道多端，而人口之眾寡，殆為其第一義，此中國同化五胡之所以易，羅馬同化蠻族之所以難也。此非偶然之事，蓋中國前此同化異族之力較大實為之。又蠻族受羅馬文化之薰陶淺，五胡受中國文化之涵育深。不特慕容廆、苻堅、元宏，即劉聰、石虎，號稱淫暴，亦特其一身之不飭，其立法行政，亦未嘗不效法中國。當是時，中國之民族性，固尚未形成，彼輩之茫昧，殆更甚於中國。試觀五胡造作史實，絕無自誇其民族，只有自誇其種姓可知。以視後來金世宗、清高宗之所為，迥不侔矣。異族之與我族遇，民族性之顯晦，遼、金之間，殆為一大界。自遼以前，異族無不視漢族為高貴而思攀附之、效法之者。自金以後，則無是事矣。此其故，蓋由遼以前諸族，始多附塞，或且入居塞內，女真、蒙古、滿洲，則皆距塞較遠也。此可見中國民族同化異族之力，不待五胡擾亂，而潛移默運，業已有年矣。又不獨此也。羅馬受蠻族之侵陵，歐洲遂倒演而入於封建之世，而中國自五胡亂後，其為大一統依然也。此又何故哉？此實由羅馬之為國，本不如中國之統一，故一旦覆亡，一文官、武將，若地方豪右，教中尊宿，蠻族酋豪，皆能成為一區域

之大長，其權力歷久而不敝，既無能一統之者，則其彼此之間，遂互相隸屬，層累相及，而封建之局成矣。中國當晉、南北朝時，亦是處有豪族、游俠；兵亂之區，又有堡塢之主；亦未嘗不專制一方，然地勢平衍，風俗大同，中樞之力較強，民情亦習於統一，故雖有可成封建政體之端倪，卒無竟成封建政體之事實。此就政治言之也。以宗教言：則羅馬之於基督，關係殊疏，而兩漢之於孔子，關係極密。政教分張，事起近世，實由世事日新，而宗教篤舊，不能與時俱進之故。以理言，政治之設施，固應與教化相合。羅馬之為治，實未能符合此義。人生雖不免屈於力，其意固恆欲附於德，故羅馬解體以後，歐人乃欲奉教主為君王；其教主亦欲以此自居。然實不勝其任也，而政教之分爭，遂為歐洲擾攘之太原焉。中國自漢武以後，儒教殆已成國教，然儒之所以為教者，實在人倫日用之間兼示為政者以軌則，而非恃迷信以錮人心，故與異教之相爭不烈。國家既已一統，前此各地方之宗教、僅足維繫一地方之人心者，既無以厭人之求，而急須一通行全國之大宗教，雜沓之神、祇、鬼、魅，遂稍合併、變化，而成所謂道教者；而佛教亦於此時傳入。丁斯時也，所以慰悅人之魂神者，孔教則讓諸道、佛；而施於有政，以及人倫日用之際道、佛亦不與儒爭。道佛二家之間，道家本無教義，時時竊取佛說以自附益；甚至並其儀式而竊之；一似無以自立。然舊來所信奉之神、祇、鬼、魅，必非一日所能剷除，佛教入中國後，雖亦竭力與之調和，或且網羅之以為己助，然佛為異國之教，於中國舊所信奉，固不能一網打盡，亦必不能囊括無遺，而道教於此，遂獲有立足之地焉。中國本無專奉一神之習，用克三教並立，彼此相安，即有他小宗教，與三教異同者，苟非顯與政府為敵；或其所唱道者，實與當時社會所共仞之道德、法律，藉以維持秩序者不相容，亦未有痛加迫蹙者。獲慰悅魂神，指道行為之益，而不釀爭奪相殺之禍，要不能不謂中國之文化，高於歐洲也。

以上所說，雖已深切著明，讀者終將疑中國民族之所長，偏於文事，而於武德不能無闕，請更有說以明之。韓陵之戰，齊高祖謂高昂曰：「高都督純將漢兒，恐不濟事，今當割鮮卑兵千餘人，共相參雜，於意云何？」似乎鮮卑之戰鬥，非漢人所能逮矣。然衛操、姬澹說魏桓、穆二帝招納晉人，晉人附者稍眾。及六修難作，新舊猜嫌，迭相誅戮，衛雄、姬澹，謀欲南歸，乃言於眾曰：「聞諸舊人忌新人悍戰，欲盡殺之，吾等不早為計，恐無種矣。」晉人及烏丸驚懼，皆曰：「死生隨二將軍。」於是雄、澹與劉琨任子遵，率烏丸、晉人數萬眾而叛。是晉人之悍戰，又過於鮮卑也。齊高祖之雄武，讀史者應無異辭，然其先固亦漢人，特久居北邊，遂習鮮卑之俗耳。雲、代間鮮卑，號稱悍戰者，其中之漢人，必不少也。大抵當時五胡與漢族之雜處，其情形，當略如後世之漢與回。傅奕言：「羌、胡異類，寓居中夏，禍福相恤；中原之人，心力不齊；故夷狄少而強，華人眾而弱。」正與後世回強漢弱之情形，後先一轍也。然則五胡之亂華，亦不過如清代咸、同間西南、西北之回亂耳，惡得謂華夷之強弱迥異，且由於天之降材爾殊哉？

　　晉、南北朝史事，端緒最繁，而其間犖犖大端，為後人所亟欲知者，或仍不免於缺略。又文學取其詼詭可喜，史學則貴求真，二者之宗旨，絕不相同，而當史學未昌之時，恆不免以文為累。晉、南北朝之史，帶此性質猶多。試觀有言於先者，必有驗於後；而敵國材智，所見多同，又恆能彼此相料可知。其時史家，好法《左氏》，實則與後世平話，同一臼科耳。其不足信據，固無俟深求也。至於行文，喜求藻飾，遂使言事，皆失其真，則知幾《史通》，固已深譏之矣。茲編之作，鉤稽芟落，雖竭吾才，去偽顯真，猶恐十不逮一，糾繆繩愆，是所望於大雅。

# 第二章　晉初情勢

## 第一節　政俗之敝

　　晉武帝以荒淫怠惰，遺患後嗣名。然帝在歷代君主中，實尚未為大惡。所不幸者，則以僅足守成之才，而當開創之世耳。蓋晉之王業，雖若成於宣、景、文三朝，然其所就者，實僅篡竊之事，至於後漢以來，政治、風俗之積弊，百端待理者，實皆萃於武帝之初。此其艱巨，較諸陰謀篡竊，殆百倍過之。雖以明睿之姿，躬雄毅之略，猶未必其克濟，況如武帝，以中材而涉亂世之末流乎？承前世之積敝，而因受惡名，亦可哀矣。

　　武帝嘗詔郡國守相，三載一巡行屬縣；（泰始四年（西元 268 年）。）申戒郡國計吏、守相、令長：務盡地利，禁遊食商販；（泰始五年（西元 269 年）。）臨聽訟觀錄囚徒；（泰始四年（西元 268 年）、五年（西元 269 年）。）守令有政績及清稱者，賜之以穀；（王宏，夏謖，劉霄，梁柳。見《紀》泰始五年（西元 269 年）、咸寧元年（西元 275 年）。）詔刺史、二千石糾穢濁，舉公清；令內外群臣舉清能，拔寒素；（太康九年（西元 288 年）。）又屢詔舉人才；可見其非無意於為治。又嘗增吏俸；（泰始三年（西元 267 年）。）班律令；（泰始四年（西元 268 年）。）平吳後即定戶調式；罷軍役；去州郡兵；則亦有意於更制垂後。然是時之所急者，非立法，乃行政；非文誥之頻繁，乃督責之峻切；而帝於此，實最闕焉。伐吳之議，羊祜、杜預屢陳之，張華贊之，賈充始終沮遏，而帝仍以充總統諸軍。孫晧降，充未之知，方以吳未可平，抗表請班師，謂「方夏江、淮下溼，疾疫必起，雖要斬張華，不足以謝天下」。其表與告捷同至。（見《晉書·秦秀傳》。）王渾與王濬爭功，詔責濬不受渾節度。濬言：「前被詔書，令

渾、濬等皆受充節度，無令臣別受渾節度之文。當受渾節度之詔，以十二日起洛陽，濬十五日日中至秣陵，暮乃被符。」詔文及發至日時，無可誣罔之理，而帝皆漫無別白，為之下者，不亦難乎？帝當篡位之初，即開直言之路，置諫官以掌之。（見《紀》泰始元年（西元265年）。）以皇甫陶、傅玄共掌諫職。玄復歷御史中丞、司隸校尉。劉毅亦嘗為司隸。然毅終以峭直不至公輔。其所糾彈者，亦不能盡法懲治。劉頌言：「泰始之初，陛下踐阼，其所服乘，皆先代功臣之胤，法寬有由，積之在素，異於漢、魏之先，未可一旦直繩御下。」此或亦出於不得已。然頌又言：「為政矯世，自宜漸出公塗。張正威斷，日遷就肅；譬由行舟，雖不橫截迅流，漸靡而往，終得其濟」，此誠當日之急務也。朋黨之弊，蠹政傷民，所恃在上者有以燭其隱，折其機，乃能破私交而彰公法。杜預論伐吳之計曰：「自頃朝廷，事無大小，異意鋒起，雖人心不同，亦由恃恩不慮後難，故輕相同異也。」此武帝之寬所不當寬者也，而嚴所不當嚴，其弊尤大。愍懷太子之廢也，閻纘輿棺上書，以理其冤，不省。及皇太孫立，纘復上疏曰：「昔漢武既信奸讒，危害太子，復用望氣之言，欲盡誅詔獄中囚。邴吉以皇孫在焉，閉門拒命。後遂擁護皇孫，督罰乳母，卒至成人，立為孝宣皇帝。歷觀古人，雖不避死，亦由世教，寬以成節。吉雖距詔書，事在於忠，故宥而不責。自晉興以來，用法大嚴。遲速之間，輒至誅斬。一身伏法，猶可強為，今世之誅，動輒滅門。昔呂后臨朝，肆意無道。周昌相趙，三召其王，而昌不遣，先徵昌入，乃後召王。此由漢制本寬，得使為快。假令如今，呂后必謂昌已反，夷其三族，則誰復敢殺身成義者哉？此法宜改，可使經遠。又漢初廢趙王張敖，其臣貫高，謀弒高祖，高祖不誅，以昭臣道。田叔、孟舒十人為奴，髡鉗隨王，隱親侍養，故令平安。鄉使晉法，得容為義：東宮之臣，得如周昌，固護太子；得如邴吉，距詔不坐，伏死諫爭，則聖意必變，太子以安；如田叔、孟舒，侍從不罪者，則隱親左

右，姦凶毒藥，無緣得設，太子不夭也。臣每責東宮臣故無侍從者，後聞頗有於道路望車拜辭，而有司收付洛陽獄，奏科其罪，然臣故莫從，良有以也。又本置三率，盛其兵馬，所以宿衛防虞。而使者卒至，莫有謹嚴覆請審者，此由恐畏滅族」云云。此過嚴之弊也。過寬之弊，由於武帝之縱弛，過嚴之弊，則其所由來者遠矣。《晉書·阮籍傳》言：「籍本有濟世志，屬魏、晉之際，天下多故，名士少有全者，由是不與世事，酣飲為常。」當時如籍者，蓋不少矣。《易》曰：「棟撓之凶，不可以有輔也。」宣王之誅戮名士，不幾於自戕其輔佐乎？

　　《晉書·何曾傳》云：曾侍武帝宴，退而告其子遵等曰：「國家應天受禪，創業垂統，吾每宴見，未嘗聞經國遠圖，唯說平生常事，非詒厥身謀之兆也。及身而已，後嗣其殆乎？」〈山濤傳〉：帝嘗講武於宣武場。濤時有疾，詔乘步輿從。因與盧欽論用兵之本，以為不宜去州郡武備。帝稱之曰：「天下名言也」，而不能用。劉頌言：「陛下每精事始，而略於考終。故群吏慮事，懷成敗之懼，輕飾文彩，以避目下之譴。人主恆能居易執要，以御其下，然後人臣功罪，形於成敗之徵，無逃其誅賞。」李重亦言：「建樹官司，功在簡久，階級少則人心定，久其事則政化成而能否著。」當時相需最殷者，實為督責之術，固夫人知之矣。劉頌又言：「善為政者，綱舉而網疏。近世以來，為監司者，類大綱不振，而微過必舉。微過不足以害政，舉之則微而益亂。大綱不振，則豪強橫肆，豪強橫肆，則百姓失職矣。大奸犯政而亂兆庶者，類出富強，而豪富者，其力足憚，其貨足欲，是以官長頓筆，下吏縱奸。懼所司之不舉，則謹密網，以羅微罪，使奏劾相接，狀似盡公。而撓法不亮，固已在其中矣。非徒無益於政體，清議乃由此而益傷。」「錯所急而倒所務」如此，欲以求治得乎？

　　武帝天資，本近誇毗，平吳以後，尤日即怠荒。史言其「耽於遊宴；寵愛后黨；親貴當權，舊臣不得專任；彝章紊廢，請謁行矣」。帝性好色。

泰始九年（西元 273 年），詣聘公卿以下子女，以備六宮。採擇未畢，權禁斷婚姻。使宦者乘使車，給騮騎，馳傳州郡，召充選者。司徒李胤，鎮軍大將軍胡奮，廷尉諸葛沖，太僕臧權，侍中馮蓀，祕書郎左思，及世族子女，並充三夫人、九嬪。司、冀、兗、豫四州二千石、將吏家補良人以下。名家盛族子女，多敗衣瘁貌以避之。大康二年（西元 281 年），詔選孫晧妓妾五千人入宮。自此掖庭殆將萬人，而並寵者甚眾。帝莫知所適，常乘羊車，恣其所之，至便宴寢。宮人乃取竹葉插戶，以鹽汁灑地，而引帝車。及七年，出後宮才人妓女以下，僅三百七十人而已。怠荒如此，復何暇為久遠之計哉？

凡功名之士，多非純正之徒，故守成與創業異情，而櫛風沐雨，共取天下之人，或不足以託孤寄命。然此亦隨創業者之心量而殊，苟有安民定國之志，自亦有具公心，抱大志者，相與有成，如魏武帝之有荀文若，蜀漢先主之有諸葛孔明是也。晉之宣、景、文，則誠所謂欺人孤兒寡婦，狐媚以取天下者。黨附之者，自多傾險之徒。賈充父逵，為魏誠臣，而充黨於司馬氏，嗾成濟以成高貴鄉公之禍。文帝新執朝權，恐方鎮有異議，使充詣諸葛誕，陰察其變。充既論說時事，因謂誕曰：「天下皆願禪代，君以為何如？」誕厲聲曰：「卿非賈豫州之子乎？世受魏恩，豈可欲以社稷輸人？」高貴鄉公引王沈及裴秀，數於東堂講燕屬文。及將攻文帝，召沈及王業告之，沈、業馳白帝。荀勖者，鐘會之從甥，少長會家。會謀反，審問未至，而外人先告之。文帝待會素厚，未之信也。勖曰：「會雖受恩，然其性未可許以見得思義，不可不速為之備。」帝即出鎮長安。衛瓘以知數殺鐘會，又慮後患而戕鄧艾，即杜預亦議其將不免。然預父恕，與宣帝不相能，遂以幽死，而預尚文帝妹高陸公主，因此起家，以視王裒終身不應徵聘，不西向坐，且絕管彥之婚者，能無愧乎？此外晉初元老，如石苞、鄭沖、王祥、荀、何曾、陳騫等，非鄉原之徒，則苟合之士。此等人

而可以託孤寄命哉？此晉之所以再傳而即傾歟？劉頌論封建之利曰：「國有任臣則安，有重臣則亂。樹國本根不深，無干輔之固，則所謂任臣者，化而為重臣矣。何則？國有可傾之勢，則執權者見疑，眾疑難以自信，而甘受死亡者非人情故也。若乃建基既厚，藩屏強禦，雖置幼君赤子，而天下不懼，曩之所謂重臣者，今悉反而為任臣矣。何則？理無危勢，懷不自猜，忠誠得著，不惕於邪故也。」其於魏、晉之興替，可謂洞燭其情。晉初之眾建親戚，蓋亦所謂「殷鑑不遠」者。然逮八王之亂，而親戚化為重臣矣。不唯聖人有金城之義，而恃私智以求安，庸可得乎？

晉初所任，非功臣之後，則外戚之倫。如山濤為宣穆皇后中表親，鐘會作亂，文帝將西征，而魏諸王公並在鄴，乃使行軍司馬，給親兵五百人鎮鄴是也。然無督責之術，雖親戚亦胡可信？景獻皇后從父弟羊琇，居中護軍、散騎常侍之職十三年，恆典禁兵，預機密。選用多以得意居先，不盡銓次之理。將士有冒官位者，為其致節，不惜軀命，然放恣犯法。每為有司所貸。其後司隸校尉劉毅劾之，應置重刑。武帝以舊恩，直免官而已。尋以侯白衣領護軍。頃之復職。用人如此，雖有忠藎，亦何途以自靖？然偏任親戚者，勢固不得不爾也。王衍以妻為賈后親見任，而卒覆公，詒謀之不臧，其禍固有自來矣。

自後漢以來，選政久已不肅，而武人當道，又相扇以奢淫。貪慾迫之，則營求彌甚，而官方遂不可問。〈武帝紀〉言：帝承魏氏奢侈，乃屬以恭儉，敦以寡慾。有司嘗奏御牛青絲靷斷，詔以青麻代之。案帝即位之歲，即下詔大弘儉約。禁樂府靡麗百戲之技，及雕文遊畋之具。泰始八年（西元272年），又禁雕文綺組非法之物。咸寧四年（西元278年），大醫司馬程據獻雉頭裘帝以奇技異服，典禮所禁，焚之於殿前。敕內外：敢有犯者罪之。似有意於挽回末俗矣。然以言教不如以身教。帝之營太廟也，致荊山之木；採華山之石；鑄銅柱十二，塗以黃金，鏤以百物，綴以明珠；

（見《紀》泰始二年（西元 266 年）。）可謂示之軌物者乎？況乎其後宮之侈，又為古今所罕有也。帝嘗幸王濟宅。（濟，渾子，尚帝女常山公主。）供饌甚豐，悉貯琉璃器中。蒸甚美。帝問其故。答曰：「以人乳蒸之。」帝色甚不平，食未畢而去。然不能有所懲也。故當時貴戚如王愷、（文明皇后弟。）羊琇、賈謐，（充孫。）勳臣如何曾、曾子劭、石崇、（苞子。）任愷、庾敳、和嶠、王濟，莫不僭侈而無極。雖負高名如王戎；能立功業如劉琨、陶侃者；亦不免焉。陸雲拜吳王晏侍中，會晏於西園大營第室，雲上書曰：「臣竊見世祖武皇帝，臨朝拱默，訓世以儉。即位二十有六載，宮室臺榭，無所新營。屢發明詔，厚戒豐奢。而世俗陵遲，家競盈溢。漸漬波蕩，遂已成風。雖嚴詔屢宣，而侈俗彌廣。」傅咸當咸寧初，上書曰：「古者堯有茅茨，今之百姓，競豐其屋。古者臣無玉食，今之賈豎，皆厭粱肉。古者后妃乃有殊飾，今之婢妾，被服綾羅。古者大夫乃不徒行，今之賤隸，乘輕驅肥。」可見時俗之漸靡，而武帝之空言訓誡，悉歸無效矣。要之當時之所急在齊斧，而帝無刀一割之用，此其所以萬舉而萬不當也。

經百年喪亂之餘，人民所禱祀以求者，宜莫如休養生息。當時政事之及於民者，果何如乎？劉頌言：「董卓作亂，近出百年。四海勤瘁，丁難極矣。六合渾並，始於今日。兆庶思寧，非虛望也。古今異宜，所遇不同，誠亦未可希遵在昔，放息馬牛。然使受百役者不出其國，兵備待事其鄉，實在可為。縱復不得悉為，苟盡其理，可靜三分之二，吏役可不出千里之內。但如斯而已，天下所蒙，已不訾矣。政務多端，世事之未盡理者，難遍以疏舉。振領總綱，要在三條：凡政欲靜，靜在息役，息役在無為。倉廩欲實，實在利農，利農在平糴。為政欲著信，著信在簡賢，簡賢在官久。三者既舉，雖未足以厚化，然可以為安有餘矣。」時議省州郡縣半吏，以赴農功。荀勖議以為「省吏不如省官，省官不如省事，省事不如

清心」。傅咸言：「泰始開元，以暨於今，十有五年矣。而軍國未豐，百姓不贍；一歲不登，便有菜色者？誠由官眾事殷，復除猥濫，蠶食者多，而親農者少也。舊都督有四，今並監軍，乃盈於十。夏禹敷土，分為九州，今之刺史，幾向一倍。戶口比漢，十分之一，而置郡縣更多。空校衙門，無益宿衛，而虛立軍府，動有百數。五等諸侯，復坐置官屬。諸所寵給，皆生於百姓。一夫不農，有受其饑，今之不農，不可勝計，縱使五稼普收，僅足相接，暫有災患，便不繼贍。以為當今之急，先並官省事，靜事息役，上下用心，唯農是務也。」並官息役之事，蓋終西晉之世，未之能行。平糴之法，據《晉書·食貨志》：泰始二年（西元 266 年），即下詔令主者具為條制，然事竟未行。劉頌言平糴已有成制，其未備者可就周足，蓋亦徒有其法。至於綜核名實，整飭官方，則晉世之所為，尤翩其反而矣。

《晉書·潘尼傳》：尼著〈安身論〉曰：「崇德莫大乎安身，安身莫尚乎存正，存正莫重乎無私，無私莫深乎寡慾。憂患之接，必生於自私，而興於有欲。自私者不能成其私，有欲者不能濟其欲，理之至也。欲苟不濟，能無爭乎？私苟不從，能無伐乎？人人自私，家家有欲；眾欲並爭，群私交伐。爭則亂之萌也，伐則怨之府也。怨亂既構，危害及之，得不懼乎？然棄本要末之徒，知進忘退之士，莫不飾才銳智，抽鋒擢穎；傾側乎勢利之交，馳騁乎當塗之務；朝有彈冠之朋，野有結綬之友；黨與熾於前，榮名扇其後；握權則赴者鱗集，失寵則散者瓦解；求利則託刎頸之歡，爭路則構刻骨之隙。於是浮偽波騰，曲辯雲沸；寒暑殊聲，朝夕異價；駑蹇希奔放之跡，鉛刀競一割之用。至於愛惡相攻，與奪交戰，誹謗噂沓，毀譽縱橫；君子務能，小人伐技；風頹於上，俗弊於下，禍結而恨爭也不強，患至而悔伐之未辯。大者傾國喪家，次則覆身滅祀。其故何邪？豈不始於私慾，而終於爭伐哉？」此論實抉晉初風俗頹敗之由，蓋沿後漢之流而益

甚者也。傅玄言：「魏武好法術，而天下貴刑名；魏文慕通達，而天下賤守節；其後綱維不攝，而虛無放誕之論，盈於朝野，使天下無復清議」；其波靡一世如此。杜預在鎮，數餉遺洛中貴要。或問其故。預曰：「吾但恐為害，不求益也。」苟晞為兗州，見朝政日亂，懼禍及己，多所交結。每得珍物，即遺都下親貴。兗州去洛五百里，恐不鮮美，募得千里牛，每遣信，旦發莫還。綱紀之頹敝如此，欲無淪喪得乎？武帝南郊禮畢，問劉毅曰：「卿以朕方漢。何帝也？」對曰：「桓、靈。」帝曰：「其已甚乎？」對曰：「桓、靈賣官，錢入官庫，陛下賣官，錢入私門，以此言之，殆不如也。」《晉書・良吏傳》言：「帝寬厚足以君人，明威未能厲俗。政刑以之私謁，賄賂於此公行。結綬者以放濁為通，彈冠者以苟得為貴。流遁忘反，寖以為常。劉毅抗賣官之言，當時以為矯枉，察其風俗，豈虛也哉？」〈惠帝紀〉言：「帝居大位，政出群下。綱紀大壞，貨賂公行。勢位之家，以貴陵物。忠賢路絕，讒邪得志。更相薦舉，天下謂之互市焉。」蓋其所由來者漸矣。

　　民間風俗，歷代遷變甚微，政事之隆窳，所以致一時之治亂者，實其士大夫之群及朝貴之執政權者為之。干寶論西晉之事曰：「朝寡純德之人，鄉乏不貳之老。風格淫闢，恥尚失所。學者以老、莊為宗而黜六經。談者以虛蕩為辯而賤名檢。行身者以放濁為通而狹節信。進仕者以苟得為貴而鄙居正。當官者以望空為高而笑勤恪。是以劉頌屢言治道，傅咸每糾邪正，皆謂之俗吏；其倚杖虛曠，依阿無心者，皆名重海內；若夫文王日旰不暇食，仲山甫夙夜匪懈者，蓋共嗤點，以為灰塵矣。由是毀譽亂於善惡之實，情慝奔於貨欲之途。選者為人擇官，官者為身擇利。而執鈞當軸之士，身兼官以十數。大極其尊，小錄其要。而世族貴戚之子弟，陵逼超越，不拘資次。悠悠風塵，皆奔競之士；列官千百，無讓賢之舉。子真著《崇讓》而莫之省，子雅制九班而不得用。其婦女：莊櫛織紝，皆取成於婢

僕，未嘗知女工絲枲之業，中饋酒食之事也。先時而婚，任情而動，故皆不恥淫佚之過，不拘妒忌之惡。禮法刑政，於此大壞。如水斯積，而決其堤坊；如火斯畜，而離其薪燎。國之將亡，本必先顛，其此之謂乎？故觀阮籍之行，而覺禮教崩弛之所由；察庾純、賈充之事，而見師尹之多闕；考平吳之功，而知將帥之不讓；思郭欽之謀，而悟戎狄之有釁；覽傅玄、劉毅之言，而得百官之邪；核傅咸之奏，《錢神》之論，而睹寵賂之彰。民風國勢如此，雖以中庸之才，守文之主治之，辛有必見之於祭祀，季札必得之於聲樂，范燮必為之請死，賈誼必為之痛哭，又況我惠帝以放蕩之德臨之哉？」（此寶所著《晉紀》之論，《晉書‧懷愍二帝紀》取之。）蓋西晉之亡，其勢既如懸崖轉石，不可中止矣。此實合一群之人，積若干歲月所造之共業，非一二人所克挽回，亦非一二人所能屍其責也。

# 第二節　戎狄之患

　　兩漢之世，四裔種落，附塞或入居塞內者甚多。同化非旦夕可期；處置亦難盡得所；郡縣、豪民，或且加以侵役；積怨思叛，自所不免；後漢羌亂，則其先聲。初平以降，九州雲擾，郡縣荒廢，戶口寡少，兵力單薄，遂至坐生其心矣。履霜堅冰，其來有漸，泰始以後風塵之警，則永興以後大亂之萌芽也。

　　晉初亂勢，西北最烈。《晉書‧李憙傳》云：憙為僕射，時涼州虜寇邊，憙唱議遣軍討之。朝士謂出兵不易，虜未足為患，不從。後虜果出縱逸，涼州覆沒，朝廷深悔焉。此事當在泰始六年（西元 270 年）胡烈敗亡以前。（〈憙傳〉云：皇大子立，以憙為太子大傅。在位累年，遷尚書僕射。案惠帝立為太子，事在泰始三年正月。）泰始五年（西元 269 年），以雍州隴右五郡，（隴西，南安，天水，略陽，武都。隴西郡，晉治襄武，

在今甘肅隴西縣西南。南安，在隴西縣東北。天水，晉治上邽，在今甘肅
天水縣西南。略陽，即魏廣魏郡，在今甘肅秦安縣東南。武都，今甘肅成
縣。）及涼州之金城，（晉初金城郡治榆中，在今縣西北。）梁州之陰平漢
道，（魏置郡，今甘肅文縣。）置秦州。傅玄上疏曰：「胡夷獸心，不與華
同，鮮卑最甚。本鄧艾苟欲取一時之利，不慮後患，使鮮卑數萬，散居民
間，此必為害之勢也。秦州刺史胡烈，素有恩信於西方。今使烈往，諸胡
雖已無患，必且消彌，然獸心難保，不必其久安也。若後有動釁，烈計能
制之。唯恐胡虜，東入安定，（晉郡，治安定，今甘肅涇川縣北。）西赴
武威，（晉郡，治姑臧，今甘肅武威縣。）外名為降，可動復動。此二郡
非烈所制，則惡胡東西有窟穴、浮游之地。宜更置一郡於高平川，（今清
水河，自固原北流，至中衛縣入黃河。）因安定西州都尉，募樂徙民，重
其復除以充之，以通北道，漸以實邊。詳議此二郡及新置郡，皆使並屬秦
州，令烈得專御邊之宜。」（〈玄傳〉系此疏於泰始四年（西元 268 年），蓋
誤。）而〈陳騫傳〉言：騫言於武帝曰：胡烈、牽弘，皆勇而無謀，強於
自用，非綏邊之才。帝不聽。二人後果失羌戎之和，皆被寇喪沒。征討連
歲，僅而得定。帝乃悔之。其時亂勢已成，固非徒勇所能戢，即得智勇兼
備之將，恐亦非一手一足之烈，所能綏定之於旦夕間也。泰始六年（西元
270 年），六月，涼州叛。胡烈屯於萬斛堆，（在今甘肅靖邊縣西。）為羌
虜所害。時汝南王亮（宣帝第四子。）督關中，遣救不進，坐免官。遣尚
書石鑑行安西將軍，督秦州以討之。〈杜預傳〉：預為安西軍司。到長安，
更除秦州刺史。鑑使預出兵。預以虜乘勝馬肥，而官軍懸乏，宜併力大運
芻糧，須春進討，陳五不可，四不須。鑑大怒，奏預。檻車徵詣廷尉。其
後隴右之事，卒如預策焉。七月，以汝陰王駿宣帝子。督雍、涼。七年
（西元 271 年），四月，北地胡寇金城。（北地治富平，今寧夏靈武縣。）
涼州刺史牽弘討之。群虜內叛，圍弘於青山。（《續漢志》：青山在北地郡

參縊縣界。漢參縣，在今甘肅慶陽縣西北。）弘軍敗，死之。七月，以賈充督秦、涼。旋以婚於太子，不行。十年（西元 274 年），涼州虜寇金城。汝陰王駿討之，斬其帥乞文泥等。明年，為咸寧元年（西元 275 年），樹機能等叛。遣眾討之，斬三千餘級。詔駿遣七千人代涼州守兵。樹機能、侯彌勃等欲先劫佃兵。駿命平虜將軍文俶督秦、涼諸軍各進屯以威之。機能乃遣所領二十部及彌勃面縛軍門，各遣入質子。安定、北地、金城諸胡吉軻羅侯金多及北虜熱囦等二十萬口又來降。樹機能，據〈載記〉即禿髮氏之祖，為河西鮮卑，而〈駿傳〉稱為羌虜，蓋與羌俱叛也。是歲，六月，西域戊己校尉馬循討叛鮮卑，破之，斬其渠帥。二年（西元 276 年），五月，汝陰王駿討北胡，斬其渠帥吐敦。七月，鮮卑阿羅多等寇邊。馬循討之，斬首四千餘級，獲生九千餘人。於是來降。三年（西元 277 年），三月，文俶討樹機能等，並破之。四年（西元 278 年），六月，涼州刺史楊欣與虜若羅拔能等戰於武威，敗績，死之。五年（西元 279 年），正月，樹機能攻陷涼州。（晉涼州刺史治武威。）使馬隆擊之。十二月，隆破斬樹機能。涼州平。〈隆傳〉云：楊欣失羌戎之和，隆陳其必敗，俄而欣為虜所沒，河西斷絕。帝臨朝而嘆曰：「誰能為我討此虜，通涼州者乎？」朝臣莫對。隆進曰：「陛下若能任臣，臣能平之。」帝曰：「必能滅賊，何為不任？顧卿方略何如耳？」隆曰：「陛下若能任臣，當聽臣自任。」帝曰：「云何？」隆曰：「臣請募勇士三千人，無問所從來，率之鼓行而西。」帝許之。乃以隆為武威太守。公卿僉曰：「六軍既眾，州郡兵多，但當用之，不宜橫設賞募，以亂常典。」帝弗納。隆募限要引弩三十六鈞，弓四鈞。立標簡試。自旦至中，得三千五百人。隆曰：「足矣。」因請自至武庫選杖。武庫令與隆忿爭。御史中丞劾奏隆。隆曰：「臣當亡命戰場，以報所受，武庫令乃以魏時朽杖見給，非陛下使臣之意也。」帝從之。又給其三年軍資。隆於是轉戰而西，殺傷以千數。自隆之西，音問斷絕，朝廷憂之。或謂已

沒。後隆使夜到，帝撫掌歡笑，詰朝，召朝臣謂曰：「若從諸卿言，是無秦、涼矣。」乃假隆節。隆到武威，前後誅殺及降附者以萬計。率善戎沒骨能等與樹機能大戰，斬之，涼州平。史所傳隆事，或恢侈非其實，然大致當不誣，此實以孤軍徼倖，亦危矣。然亦可見叛虜原非甚強，特州郡兵力大弱，任督統者又非其人，亂勢遂至日滋耳。太康元年（西元 280 年），七月，虜軻成泥寇西平浩亹。（西平郡，治西都，今青海西寧縣。浩亹縣，在青海樂都縣東。）殺督將以下三百餘人。〈馬隆傳〉云：太康初，朝廷以西平荒毀，宜時興復，以隆為太守。隆擊破南虜成奚。畢隆之政，不敢為寇。太熙初，加授護東羌校尉。積十餘年，威信振於隴右。時洛陽太守馮翊嚴舒，與楊駿通親，密圖代隆，毀隆年老謬耄，不宜服戎，於是徵隆，以舒代鎮。朝廷恐關、隴復擾，乃免舒，遣隆復職，竟卒於官。此又見州郡得人，足致一時之小康矣。三年（西元 282 年），正月，罷秦州，並雍州。惠帝元康四年（西元 294 年），五月，匈奴郝散反，攻上黨，（郡，治潞縣，今山西潞城縣西北。）殺長吏。八月，郝散帥眾降，馮翊都尉殺之。（漢左馮翊，後漢為郡，今陝西大荔縣。）六年（西元 296 年），五月，郝散弟度元帥馮翊、北地馬蘭羌、盧水胡反。（馬蘭，山名，在今陝西白水縣西北。盧水胡居安定界。）攻北地，太守張損死之。馮翊太守歐陽建與度元戰，連敗。時趙王倫（宣帝第九子。）鎮關中，徵還，以梁王肜（宣帝子。）代之。八月，雍州刺史解系又為度元所破。秦、雍氐、羌悉叛，推氐帥齊萬年僭號，圍涇陽。（漢縣，後漢廢，故城在今甘肅平涼縣西。）十一月，遣夏侯駿、周處等討之。處，吳將魴子。為御史中丞，糾劾不避寵戚。梁王肜違法，處深文按之。朝臣惡其強直，使隸駿西征。中書令陳準知肜將逞宿憾，言「處吳人，有怨無援，宜詔孟觀（時為積弩將軍。）以精兵萬人，為處前鋒」。朝廷不從。時賊屯梁山，（在今陝西乾縣西北。）有眾七萬，駿逼處以五千兵擊之，又絕其後繼。七年（西元 297 年），正

月，處遂敗死於六陌。（在乾縣東。）陳準與中書監張華以趙、梁諸王，雍容貴戚，進不貪功，退不懼罪；士卒雖眾，不為之用，上下離心，難以勝敵；啟遣孟觀討之。觀所領宿衛兵，皆趫捷勇悍。並統關中士卒。身當矢石，大戰十數，皆破之。九年（西元 299 年），正月，獲萬年。徵梁王肜，以河間王顒（安平獻王孚孫。孚，宣帝弟。）代鎮關中。是歲，十二月，賈后廢愍懷太子，大難旋作，邊務更無人措意矣。

匈奴之眾，分為五部，皆居並州塞內，已見《秦漢史》第十二章第十節。晉武帝踐阼後，塞外匈奴大水塞泥黑難等二萬餘落歸化。帝復納之，使居河西故宜陽城下。後復與晉人雜居。由是平陽、（魏郡，今山西臨汾縣。）西河、（魏郡，晉為國，今山西汾陽縣。）太原、（今山西太原縣。）新興、（後漢郡，今山西忻縣。）上黨、樂平（後漢郡，今山西昔陽縣西南。）諸郡，靡不有焉。泰始七年（西元 271 年），正月，匈奴中部帥劉猛（此據〈胡奮傳〉。〈本紀〉但稱匈奴帥。〈匈奴傳〉作單于猛，蓋猛時自稱單于。）叛出塞，屯孔邪城。遣何楨討之。楨以猛眾凶悍，非少兵所制，乃潛誘猛左部督李恪殺猛。（此據〈匈奴傳〉。）〈本紀〉云：楨討猛，屢破之。〈胡奮傳〉云：使路蕃討之。以奮為監軍，假節，頓軍陘北，為蕃後繼。擊猛破之。猛帳下將李恪斬猛而降。蓋非無戰事，而非特戰以決勝。陘北，謂陘嶺之北。陘嶺即雁門山，在今山西代縣西北。）於是匈奴震服，積年不敢復反。其後稍因忿恨，殺害長吏，漸為邊患。（〈本紀〉：咸寧二年（西元 276 年），二月，並州虜犯塞，監並州諸軍事胡奮擊破之。）至太康五年（西元 284 年），復有匈奴胡大阿厚，率其部落二萬九千三百人歸化。七年（西元 286 年），又有匈奴胡都大博及萎莎胡等，各率種類，大小凡十萬餘口，詣雍州刺史扶風王駿降附。明年，匈奴都督大豆得一育鞠等，復率種落大小萬一千五百口來降。帝並撫納之。（此據〈匈奴傳〉。其見於〈本紀〉者：尚有咸寧三年（西元 277 年），西北雜虜及鮮卑、匈

奴、五溪蠻夷、東夷三國前後千餘輩，各帥種人部落內附。五年（西元279年），三月，匈奴都督拔奕虛帥部落歸化。十月，匈奴餘渠都督獨雍等帥部落歸化。案魏陳留王申晉文帝九錫之命，統計四夷內附、納貢者，八百七十餘萬口，雖屬誇張，亦必有一依據，此等固不必皆入居塞內，然入居塞內者，亦必不少也。）惠帝元康中，郝散反，已見前。

東北情勢，不如西北之緊急，而幅員廣遠，種落滋蔓，隱憂之潛伏者亦深。據《晉書》列傳，當時治理東北有聲威者凡三人：一衛瓘，一唐彬，一張華也。瓘之督幽州，在泰始七年八月。〈傳〉曰：至鎮，表立平州，（治昌黎，在熱河朝陽縣境。）後兼督之。於時幽、並東有務桓，西有力微，並為邊害。瓘離間二虜，遂致嫌隙。於是務桓降而力微以憂死。案平州之立，事在泰始十年二月。咸寧元年六月，〈紀〉書鮮卑力微遣子來獻。力微即後魏神元帝，其子即文帝沙漠汗也。瓘旋徵拜尚書令。吳平之後，唐彬監幽州諸軍。〈彬傳〉云：因北虜侵據北平，（晉郡，今河北遵化縣西。）故有此命。彬既至鎮，訓卒利兵，廣農重稼。震威耀武，宣諭國命，示以恩信，於是鮮卑二部大莫廆、擿何等並遣侍子、入貢。遂開拓舊境，卻地千里。復秦長城塞。自溫城（未詳。）洎於碣石，（《太康地誌》云：樂浪遂城縣有碣石，長城所起，地在今朝鮮境。）緜亙山谷，且三千里，分軍屯守，烽堠相望。由是邊境獲安。自漢、魏徵鎮，莫之比焉。鮮卑諸種畏懼，遂殺大莫廆。彬欲討之。恐列上俟報，虜必逃散，乃發幽、冀車牛。參軍許只密奏之。詔遣御史檻車徵彬，付廷尉，以事直見釋。咸寧三年（西元277年），正月，復使衛瓘討力微。太康二年（西元281年），十月，鮮卑慕容廆寇昌黎。（魏郡，今熱河凌源縣。）十一月，鮮卑寇遼西，平州刺史鮮於嬰討破之。三年（西元282年），正月，以張華督幽州。三月，安北將軍嚴詢破慕容廆於昌黎，殺傷數萬人。是歲，八月，罷平州。七年（西元286年），五月，慕容廆又寇遼東。至十年五月，乃來降。〈張

華傳〉言：華撫納新舊，戎、夏懷之。東夷馬韓、新彌諸國，依山帶海，去州四千餘里，歷世未附者二十餘國，並遣使朝獻。於是遠夷賓服，四境無虞。頻歲豐稔，士馬強盛。案晉初東夷來朝獻者甚多，（《晉書・武帝紀》：咸寧二年（西元276年），二月，東夷八國歸化。七月，東夷十七國內附。四年（西元278年），三月，東夷六國來獻。是歲，東夷九國來附。五年（西元279年），肅慎來獻楛矢。太康元年（西元280年），六月，東夷十國歸化。七月，東夷二十國朝獻。二年（西元281年），六月，東夷五國內附。三年（西元282年），九月，東夷二十九國歸化，獻其方物。七年（西元286年），八月，東夷十一國來附。八年（西元287年），八月，東夷二國內附。九年（西元289年），九月，東夷七國詣校尉內附。十年（西元289年），五月，東夷十一國內附。是歲，東夷絕遠三十餘國來獻。太熙元年（西元290年），二月，東夷七國朝貢。〈惠帝紀〉：元康元年（西元291年），東夷十七國並詣校尉內附。）此等徒侈觀聽，無與安危，語其實跡，實不如唐彬謹治邊塞者之為有益，而惜乎彬之未能久於其任，更廣其功也。

　　四裔歸化之多，非始於晉，而在晉初，此等情勢，特為尤甚。雜居大多，措理非易，故論者多欲徙去之。鄧艾當魏末，即言羌、胡與民同處者，宜以漸出之，使居民表。晉武帝時，侍御史郭欽上疏言：「魏初人寡，西北諸郡，皆為戎居。今雖服從，若百年之後，有風塵之警，胡騎自平陽、上黨，不三日而至孟津，（今河南孟縣南。）北地、西河、太原、馮翊、安定、上郡，（治膚施，今陝西綏德縣。）盡為狄庭矣。宜及平吳之威，謀臣猛將之略，出北地、西河、安定；復上郡；實馮翊；於平陽已北諸縣，募取死罪，徙三河、（河內、河南、河東。晉河內郡，治野王，今河南沁陽縣。河南今河南洛陽縣。河東，晉治蒲阪，今山西永濟縣。）三魏《通鑑》（卷九十六晉成帝咸康七年（西元341年）《注》：「魏郡、陽

平、廣平為三魏。」魏郡，今河南臨漳縣。陽平，今河北大名縣。廣平，今河北雞澤縣。）見士四萬家以充之。漸徙平陽、弘農、魏郡、京兆、（今陝西長安縣。）上黨雜胡。峻四夷出入之防，明先王荒服之制，萬世之長策也。」帝不納。（見《晉書・匈奴傳》。）及齊萬年亂後，山陰令江統（山陰，今浙江紹興縣。）又作《徙戎論》，言「魏興之初，與蜀分隔，疆場之戎，一彼一此。魏武皇帝令將軍夏侯妙才（名淵。唐人作《晉書》，避高祖諱，）書其字。討叛氐阿貴、千萬等，後因拔棄漢中，遂徙武都之種於秦川，（凡魏、晉間人言某川者，猶今言某水流域。秦川，猶言秦地之川。）欲以弱寇強國，捍禦蜀虜，此蓋權宜之計，一時之勢，非所以為萬世之利也。（參看《秦漢史》第十一章十一節。案《三國・魏志・張既傳》：魏武拔棄漢中，令既之武都，徙氐五萬餘落出居扶風、天水界。〈楊阜傳〉云：阜前後徙民氐，使居京兆、扶風、天水界者萬餘戶。又〈郭淮傳〉：正始元年（西元 240 年），姜維出隴西，淮進軍，維退，遂討迷當等，按撫柔氐三千餘落，拔徙以實關中。涼州休屠胡梁元碧等率種落二千餘家附雍州，淮奏請使居安定之高平，為民保鄣。其後因置西川都尉。又《蜀志》：後主建興十四年（西元 236 年），徙武都氐王苻健及氐民四百餘戶於廣都。〈張嶷傳〉云：健請降，遣將軍張尉往迎，過期不到，蔣琬深以為念。嶷曰：苻健求附款至，必無他變。素聞健弟狡黠，又夷狄不能同功，將有乖離，是以稽留耳。數日，問至。健弟果將四百戶就魏，獨健來從。則諸胡之入關中，實非魏武一遷而遂已，且先此固已多矣。扶風郡，後漢治槐里，在今陝西興平縣東南。晉移治池陽，在今陝西涇陽縣西北。高平，在今甘肅固原縣。廣都，漢縣，在今四川華陽縣南。）今者當之，已受其弊矣。戎狄志態，不與華同，而因其衰弊，遷之畿服，士庶玩習，侮其輕弱，使其怨恨之氣，毒於骨髓，至於蕃育眾盛，則坐生其心。以貪悍之性，挾憤怒之情，候隙乘便，輒為橫逆；而居封域之內，無障塞之隔；掩不備之人，

收散野之積；故能為禍滋蔓，暴害不測。此必然之勢，已驗之事也。當今之宜，宜及兵威方盛，眾事未罷，徙馮翊、北地、新平、（後漢郡，今陝西邠縣。）安定界內諸羌，著先零、罕开、析支之地；徙扶風、始平、（晉郡，今陝西興平縣。）京兆之氐，出還隴右，著陰平、武都之地；使屬國撫夷，就安集之。戎、晉不雜，並得其所。縱有猾夏之心，風塵之警，則絕遠中國，隔閡山河，雖為寇暴，所害不廣。並州之胡，本實匈奴。建安中，使右賢王去卑誘質呼廚泉，聽其部落，散居六郡。（晉並州統郡國六：太原，上黨，西河，樂平，雁門，新興。雁門治廣武，在今山西代縣西。）咸熙之際，以一部太強，分為三率。泰始之初，又增為四。今五部之眾，戶至數萬。人口之盛，過於西戎。天性驍勇，弓馬便利，倍於氐、羌。若有不虞風塵之慮，則並州之域，可為寒心。滎陽句麗，滎陽，晉郡，今河南滎澤縣。本居遼東塞外。正始中，幽州刺史毌丘儉伐其叛者，徙其餘種。始徙之時，戶落百數，子孫孳息，今以千計，數世之後，必至殷熾。此等皆可申諭發遣，還其本域」。阮種對策亦云：「自魏氏以來，夷虜內附，鮮有桀悍侵漁之患。由是邊守遂怠，鄣塞不設，而令醜虜內居，與百姓雜處。邊吏擾習；人又忘戰；受方任者，又非其才；或以狙詐，侵侮邊夷；或干賞啗利，妄加討戮。夫以微羈而制悍馬，又乃操以煩策，其不制者，固其宜也。」案駕馭異族，遠者宜結其歡心，致其鄉慕；近者宜加之綏撫，使獲安生；而晉於此，殊為怠慢。敦煌（今甘肅敦煌縣。）段灼，世為西土著姓。從鄧艾破蜀有功。累遷議郎。武帝之世，屢陳時宜，輒見省覽。而身微宦孤，不見進敘，乃取長假還鄉里。臨去，遣息上表，有云：「臣前為西郡太守，（西郡，後漢末置。今甘肅山丹縣南。）被州所下己未詔書：羌、胡道遠，其但募取樂行，不樂勿強。臣被詔書，輒宣恩廣募，示以賞信。所得人名，即條言徵西。其晉人自可差簡丁強，如法調取。至於羌、胡，非恩意告諭，則無慭度金城、河西者也。自往每興軍渡

河，未嘗有變。故刺史郭綏，勸帥有方，深加獎厲，要許重報。是以所募，感恩利賞，遂立績效，功在第一。今州郡督將，並已受封，羌、胡健兒，或王或侯，不蒙論敘也。」駕馭之失宜，可概見矣。不特此也，石勒父祖，本皆部落小帥。〈載記〉言其父周曷朱，性凶粗，不為群胡所附，每使勒代己督攝，部胡愛信之。鄔人郭敬，（鄔縣，在今山西介休縣東北。）陽曲寧驅，（陽曲縣，今山西太原縣北。）並加資贍。勒亦感其恩，為之力耕。太安中，並州饑亂，勒與諸小胡亡散，乃自雁門還依寧驅。北澤都尉劉監欲縛賣之，驅匿之獲免。勒於是潛詣納降都尉李川。路逢郭敬，泣拜言飢寒。敬對之流涕，以帶貨粥食之，並給以衣服。勒謂敬曰：「今日大餓，不可守窮。諸胡飢甚，宜誘將冀州就穀，因執賣之，可以兩濟。」敬深然之。會建威將軍閻粹說並州刺史東嬴公騰，（高密文獻王泰之子。泰，宣帝弟。）執諸胡於山東賣充軍實。騰使將軍郭陽、張隆虜群胡將詣冀州，兩胡一枷。勒時年二十餘，亦在其中。數為隆所毆辱。敬先以勒屬陽及兄子時。陽，敬族兄也，是以陽、時每為解請。道路飢病，賴陽、時而濟。既而賣與茌平人師歡為奴。（茌平，今山東茌平縣。）每耕作於野，常聞鼓角之聲。勒以告諸奴，諸奴歸以告歡，歡亦奇其狀貌而免之。歡家鄰於馬牧，與牧帥魏郡汲桑往來。勒以能相馬，自託於桑，後遂相結為群盜。案勒之見賣，固為亂時事，然必平時先有賣胡為奴之習，亂時乃思藉以贍軍。〈外戚傳〉言太原諸部，以匈奴、胡人為田客，多者數千，（石勒為郭敬、寧驅力耕，亦田客也。）其中蓋亦未嘗無酋率之流如勒者，安得不怨而思叛也？郭敬、寧驅，蓋亦所謂豪桀，非獨汲桑。當風塵洞之時，而聽群胡散居內地，與之相結，安得不有橫逆之事？江統又言：「關中之人，百餘萬口，率其少多，戎狄居半」，此言似失其實。殊不知歷代戶口，著籍之數，皆與實在生齒迥殊。統之言，蓋據當時著籍者言之也。以關中之土沃物豐，而其著籍之數，不過如此，郡縣之寡弱，可以

概見，安能御方張之寇？況又益之以怠弛無備，如阮種所云者乎？劉衛辰降於苻堅，請田內地，堅許之。烏丸獨孤、鮮卑沒奕幹又降。堅初欲處之塞內。苻融以方當窺兵郡縣，為北邊之害，不如徙之塞外。其後勃勃卒為北邊之害，未始非堅之處置不善，有以啟之也。移中國之民於塞外，以啟窮荒；遷四夷降者於域中，以資駕馭；自為遠大之規。然遠圖不易速成，迂遠而闊於事情，或轉以招目前之患。以一時之務論，徙戎自為良策，而惜乎因循玩愒者不能行也。

# 第三節　封建之制

言晉初之事者，多以其行封建為致亂之原，其實非也。晉初封建之制，行之未必能召亂；而其制亦未嘗行。其所以召亂者，實由其任宗室諸王大重，承州郡積重之後，而使之出專方任耳。其任諸王大重，論者多謂其出於欲保國祚之私，此亦僅得其一端。當時論者，自有一派，謂郡縣易招禍亂，封建可以維持於不敝也。先考其制度，繼觀其議論，而此事之得失瞭然矣。

《晉書·地理志》云：文帝為晉王，命裴秀等建立五等之制。唯安平郡公孚（即安平獻王，見第二節。）邑萬戶，制度如魏諸王。其餘：縣公邑千八百戶，地方七十五里。大國侯邑千六百戶，地方七十里。次國侯邑千四百戶，地方六十五里。大國伯邑千二百戶，地方六十里。次國伯邑千戶，地方五十五里。大國子邑八百戶，地方五十里。次國子邑六百戶，地方四十五里。男邑四百戶，地方四十里。武帝泰始元年（西元 265 年），封諸王。以郡為國，邑二萬戶為大國。置上、中、下三軍，兵五千人。邑萬戶為次國。置上軍、下軍，兵三千人。五千戶為小國。置一軍，兵千五百人。王不之國，官於京師。罷五等之制。公、侯邑萬戶以上為大國，五千

戶以上為次國，不滿五千戶為小國。〈職官志〉云：咸寧三年（西元 277年），衛將軍楊珧，與中書監荀勖，以齊王攸有時望，懼惠帝有後難，因追故司空裴秀立五等封建之旨，從容共陳時宜。以為「古者建侯，所以藩衛王室。今吳寇未殄，方岳任大，而諸王為帥都督，既各不臣其統內，於事重非宜。又異姓諸將居邊，宜參以親戚，而諸王公皆在京師，非捍城之義，萬世之固」。帝初未之察，於是下詔議其制。有司奏徙諸王公，更制戶邑。皆中尉領兵。其平原、（今山東平原縣。）汝南、（今河南汝南縣。）琅邪、（今山東臨沂縣。）扶風、（見第二節。）齊（今山東臨淄縣。）為大國，梁、（今河南商邱縣。）趙、（今河北趙縣。）樂安、（今山東桓臺縣。）燕、（今北平市西南。）安平、（今河北冀縣。）義陽（今河南新野縣。）為次國，其餘為小國。皆制所近縣，益滿萬戶。又為郡公，制度如小國王。亦中尉領兵。郡侯如不滿五千戶王。置一軍，亦中尉領之。南宮王承，（安平獻王孫。）隨王邁，（安平獻王曾孫。）各於泰始中封為縣王，邑千戶，至是改正。縣王增邑為三千戶，制度如郡侯。亦置一軍。自此非皇子不得為王。而諸王之支庶，亦各以土推恩受封。其大國、次國：始封王之支子為公，承封王之支子為侯，繼承封王之支子為伯。小國：五千戶已上，始封王之支子為子，不滿五千戶，始封王之支子，及始封公侯之支子皆為男。非此皆不得封。其公之制度，如五千戶國；侯之制度，如不滿五千戶國；亦置一軍，千人，中尉領之。伯、子、男已下各有差，而不置軍。大國始封之孫罷下軍，曾孫又罷上軍；次國始封子孫亦罷下軍；其餘皆以一軍為常。大國中軍二千人，上下軍各千五百人。次國上軍二千人，下軍千人。其未之國者：大國置守土百人，次國八十人，小國六十人。郡侯、縣公，亦如小國。制度既行，所增徙各如本，奏遣就國。而諸公皆戀京師，涕泣而去。〈荀勖傳〉云：時議遣王公之國，帝以問勖。勖對曰：「諸王公已為都督，而使之國，則廢方任。又分割郡縣，人心戀本，必用嗷

嗽。國皆置軍，官兵還當給國，而闕邊守。」帝重使勖思之。勖又陳曰：
「如詔，準古方伯選才，使軍國各隨方面為都督，誠如明旨。至於割正封
疆，使親疏不同，猶懼多所搖動，思維竊宜如前。若於事不得不時有所轉
封，而不至分割土域，有所損奪者，可隨宜節度。其五等體國經遠，但虛
名，其於實事，略與舊郡、縣、鄉、亭無異。若造次改奪，恐不能不以為
恨。今方了其大者，以為五等可須後栽度。」帝以勖言為允，多從其意。
然則有司所奏，實非勖意；而其時齊王亦未之國；故《通鑑考異》謂〈職
官志〉非是而不之取；而據〈勖傳〉，則其制亦初未盡行也。文王之制無論
矣。泰始、咸寧之制，大國亦不過如一郡，安足為亂？然則八王之亂，由
於方任之重而不由封建明矣。

　　晉初陳封建之利者，當以陸機、劉頌、段灼之言為最切。觀其言，可
知當時所行，實未副論者之意也。機作〈五等論〉，以為行封建，則「南面
之君，各務其政；九服之內，知有定主；上之子愛，於是乎生；下之禮
信，於是乎結；世平足以敦風，道衰足以御暴。故強毅之國，不能擅一時
之勢；雄俊之人，無所寄霸王之志」。非如後漢，「強臣專朝，則天下風
靡；一夫從衡，而城池自夷」也。「在周之衰，難興王室，禍止畿甸，害
不覃及天下，晏然以安待危。」二漢志士，「雖復時有鳩合，然上非奧主，
下皆市人，師旅無先定之班，君臣無相保之志，是以義兵雲合，無救劫殺
之禍」。「成湯、公旦，文質相濟，損益有物，然五等之禮，不革於時，封
畛之制，有隆爾者，知侵弱之辱，愈於殄祀，土崩之困，痛於陵夷」也。
「且五等之主，為己思政，郡縣之長，為吏圖物。進取之情銳，而安人之
譽遲。是故侵百姓以利己者，在位所不憚，損實事以養名者，官長所夙慕
也。五等則不然」矣。頌上疏言：「善為天下者，任勢而不任人。任勢者
諸侯是也，任人者郡縣是也。國有任臣則安，有重臣則亂。樹國本根不
深，無干輔之固，則任臣化為重臣。若乃建基既厚，藩屏強禦，曩之所謂

重臣者，今悉反為任臣矣。（第一節已引之，可參看。）建侯之理，使君
樂其國，臣榮其朝，各流福祚，傳之無窮；上下一心，愛國如家，視百姓
如子；然後能保荷天祿，兼翼王室。今諸王裂土，皆兼於古之諸侯，而君
賤其爵，臣恥其位，莫有安志。其故何也？法同郡縣，無成國之制故也。
今之建置，宜使率由舊章，一如古典。然人心繫常，不累十年，好惡未
改，情願未移。臣之愚慮，以為宜早創大制。遲回眾望，猶在十年之外。
然後能令君臣各安其位，榮其所蒙，上下相持，用成藩輔。如今之為，適
足以虧天府之藏，徒棄穀帛之資，無補鎮國衛上之勢也。古者封建既定，
各有其國，後雖王之子孫，無復尺土，此今事之必不行者也。若推親疏，
轉有所廢，以有所樹，則是郡縣之職，非建國之制。今宜豫開此地，令
十世之內，使親者得轉處近。（案如此，則必時有移徙，安有深根固柢之
勢？復與郡縣之職何異？）十世之遠，近郊地盡，然後親疏相維，不得復
如十世之內。然猶樹親有所，遲天下都滿，已彌數百千年矣。今方始封，
而親疏倒施，甚非所宜。宜更大量天下土田方里之數，都更裂土分人，以
王同姓，使親疏遠近，不錯其宜，然後可以永安。古者封國，大者不過土
方百里，然後人數殷眾，境內必盈，其力足以備充制度。今雖一國，周環
將近千里，然力實寡，不足以奉國典。所遇不同，故當因時制宜，以盡事
適。今宜令諸王國容少而軍容多。然於古典所應有者，悉立其制。然非急
所須，漸而備之，不得頓設也。至於境內之政，官人用才，自非內史、國
相，命於天子，其餘眾職，及死生之斷，穀帛資實，慶賞刑威，非封爵
者，悉得專之。今諸國本一郡之政耳，若備舊典，則以虛制損實力，至於
慶賞刑斷，所以衛下之權，不重則無以威眾人而衛上。周之封建，使國重
於君，故無道之君，不免誅放，國祚不泯。諸侯思懼，然後軌道。下無亡
國，天子乘之，理勢自安。漢之樹置，君國輕重不殊。故諸王失度，陷於
罪戮，國隨以亡；不崇興滅繼絕之序；故下無固國。天子居上，勢孤無

輔，故奸臣擅朝，易傾大業。今宜反漢之弊，修周舊跡。國君雖或失道，
陷於誅絕；又無子應除；苟有始封支胤，不問遠近，必紹其祚。若無遺
類，則虛建之，須皇子生，以繼其統。又班固稱諸侯失國，亦由網密，
今又宜都寬其檢。大制都定，班之群後，著誓丹青，書之玉版，藏之金
匱，置諸宗廟，副在有司。寡弱小國，猶不可危，豈況萬乘之主？乘難
傾之邦而加其上，可謂根深華嶽而四維之也。」段灼初陳時宜，嘗請「諸
王十五以上，悉遣之國。為選中郎、傅、相，才兼文武，以輔佐之。聽
於其國，繕修兵馬，廣布恩信，連城開地，為晉魯、衛」。後取長假還鄉
里，臨去，又遣息上表，言「今異姓無裂土專封之邑，同姓並據有連城之
地，縱令諸王後世子孫，還自相併，蓋亦楚人失繁弱於雲、夢，尚未為亡
其弓也。諸王二十餘人，而公、侯、伯、子、男五百餘國。欲言其國皆小
乎？則漢祖之起，俱無尺土之地，況有國者哉？天下有事，無不由兵，而
無故多樹兵本，廣開亂源，臣故曰五等不便也。臣以為可如前表，諸王宜
大其國，增益其兵，悉遣守藩，使形勢足以相接，則陛下可高枕而臥耳。
諸侯、伯、子、男名號，皆宜改易之，使封爵之制，祿奉禮秩，並同天下
諸侯之例」。虞溥補尚書都令史，尚書令衛瓘重之。溥謂瓘：「宜復先王五
等之制，以綏久長，不可承暴秦之法，遂漢、魏之失。」蓋其時之人，鑑
於秦、漢以降，匹夫崛起，強臣擅國，禍輒被於天下，以為唯樹國足以救
之，而不悟其力不強則不足以相輔，力苟強，則秦始皇所謂自樹兵。自
漢世，既有叛國而無叛郡矣。（柳宗元〈封建論〉語。其時中央之力強，
一郡之地，其勢不足以叛也。）晉初建國，不過一郡，苟有傾危，豈足相
輔？樹危國而乘其上，雖多，何安之有？此陸機、劉頌之蔽也。段灼蓋知
之矣，故欲廢公、侯以下，而大諸王之封。晉初封建之制，遲遲不定；定
亦不行；而諸王之出鎮者相踵，蓋亦有見於此。故陸機、劉頌之論；晉未
之行，若段灼之言，則晉雖未行其文，既行其實矣，而八王之亂，則正由

此，此又灼之蔽也。世事只有日新，而人之見解，恆限於舊，所以救方來之禍者，斟酌損益仍不越於前世之規，亦可哀矣。然此自就諸人之所言者而揚榷之，至於西晉之喪亂，則初不繫於此也。

# 第三章　西晉亂亡

## 第一節　齊獻王爭立

　　晉初異族，形勢雖云可憂，然觀第二章第二節所述，其力尚未足與中國相敵，使內外安义，未嘗不可徐圖。八王難作，授之以隙，而勢乃不可支矣。八王之亂，原於楊、賈之爭；楊、賈之爭，又原於齊獻王之覬覦大位。推波助瀾，譬彼舟流，靡知所屆，君子是以作事謀始也。

　　齊獻王攸，為武帝同母弟。（皆文明王皇后所生。）景帝無後，以攸為嗣。《晉書・武帝紀》云：文帝自謂攝居相位，百年之後，大業宜歸攸。每曰：「此景王之天下也。」議立世子，屬意於攸。何曾等固爭，武帝之位乃定。〈攸傳〉亦云：攸特為文帝所寵愛。每見攸，輒撫床呼其小字曰：「此桃符坐也。」然〈賈充傳〉云：文帝以景帝恢贊先業，方傳位於攸。充稱武帝寬仁，且又居長，有人君之德，宜奉社稷。及文帝寢疾，武帝請問後事。文帝曰：「知汝者賈公閭也。」則文帝初無宋宣公之心。〈羊琇傳〉云：武帝未立為太子，聲論不及弟攸。文帝素意重攸，恆有代宗之議。琇密為武帝畫策，甚有匡救。又觀文帝為政損益，揆度應所顧問之事，皆令武帝默而識之。其後文帝與武帝論當世之務，及人間可否，武帝答無不允，由是儲位遂定。武帝即位，琇寵遇甚厚，已見第二章第一節。觀於琇，知賈充之見信於武帝，亦有由也。

　　武帝后曰武元楊皇后，生毗陵悼王軌、惠帝、秦獻王柬。悼王二歲而夭。惠帝以泰始三年（西元 267 年），立為皇太子。十年（西元 274 年），后有疾。時帝寵胡貴嬪，后恐後立之，太子不安。臨終，枕帝膝曰：「叔父駿女男胤，（諱芷，字季蘭，小字男胤。）有德色，願陛下以備六宮。」

因悲泣。帝流涕許之。后崩。咸寧二年（西元 276 年），立男胤為皇后。是
為武悼楊皇后。生渤海殤王恢。亦二歲而薨。（太康五年（西元 284 年）。）
〈惠帝紀〉云：帝嘗在華林園，（在洛陽。本東漢芳林園。魏齊王芳時，避
諱，改為華林。）聞蝦蟆聲，謂左右曰：「此鳴者為官乎？私乎？」及天下
荒亂，百姓餓死，帝曰：「何不食肉糜？」其矇蔽皆此類。然蕩陰之役，（蕩
陰，漢縣，今河南湯陰縣。）嵇紹被害於帝側，血濺御服，帝深哀嘆之；
及事定，左右欲浣衣，帝曰：「此嵇侍中血，勿去。」則絕不類痴人語。
〈賈后傳〉云：帝嘗疑太子不慧，且朝臣和嶠等多以為言，（〈和嶠傳〉：嶠
見太子不令，因侍坐曰：「皇太子有淳古之風，而季世多偽，恐不瞭陛下
家事。」帝默然不答。後與荀顗、荀勖同侍。帝曰：「太子近入朝，差長
進，卿可俱詣之，粗及世事。」既奉詔而還，顗、勖並稱太子明識弘雅，
誠如聖詔。嶠曰：「聖質如初耳。」帝不悅而起。嶠退居，恆懷慨嘆。知不
見用，猶不能已。在御坐，言及社稷，未嘗不以儲君為憂。帝知其言忠，
每不酬答。或以告賈妃，妃銜之。惠帝即位，拜太子太傅。太子朝西宮，
嶠從入。賈后使帝問嶠曰：「卿昔謂我不瞭家事，今日定云何？」嶠曰：
「臣昔事先帝，曾有斯言。言之不效，國之福也。臣敢逃其罪乎？」〈荀勖
傳〉：帝素知太子闇弱，恐后亂國，遣勖及和嶠往觀之。勖還，盛稱太子
之德，而嶠云太子如初。欲試之。）盡召東宮大小官屬，為設宴會，而密
封疑事，使太子決之。停信待反。妃大懼，倩外人作答。答者多引古義。
給使張泓曰：「太子不學，而答詔引義，必責作草主，更益譴責，不如直
以意對。」妃大喜。語泓：「便為我好答，富貴與汝共之。」泓素有小才。
具草，令太子自寫。帝省之，甚悅。先示太子少傅衛瓘，瓘大踧踖，眾人
乃知瓘先有毀言。（〈瓘傳〉：惠帝之為太子也，朝臣咸謂純質不能親政事。
瓘每欲陳啟廢之，而未敢發。後會宴陵雲臺。瓘託醉，因跪帝床前曰：「臣
欲有所啟。」帝曰：「公所言何邪？」瓘欲言而止者三，因以手撫床曰：「此

坐可惜。」帝意乃悟。因繆曰：「公真大醉邪？」瓘於此不復有言。賈后由是怨瓘。啟廢太子，此何等事？造膝而陳，猶慮不密，豈有於宴會時言之者？望而知其不足信也。）殿上皆稱萬歲。充密遣語妃曰：「衛瓘老奴，幾破汝家。」夫使惠帝之昏愚而果如〈帝紀〉所言，豈當復問以疑事？雖以意對，亦豈足見信？且帝果欲試太子，豈不能召而面問之，而不出於官屬。帝亦豈不知之？故知史之所傳，覺不足信也。

　　賈充為尚書令，兼侍中。〈充傳〉云：充無公方之操，不能正身率下，專以諂媚取容。侍中任愷，中書令庾純等，剛直守正，咸共疾之。又以充女為齊王妃，懼后益盛。及氐、羌反叛，帝深以為慮，愷因進說，請充鎮關中。乃下詔，以充為使持節都督秦、涼二州諸軍事。（見第二章第二節。）充自以為失職，深銜任愷，計無所從。將之鎮，百僚餞於夕陽亭，在洛陽西。荀勗私焉。充以憂告。勗曰：「公國之宰輔，而為一夫所制，不亦鄙乎？然是行也，辭之實難。獨有結婚太子，不頓駕而自留矣。」充曰：「然。孰可寄懷？」對曰：「勗請行之。」俄而侍宴，論太子婚姻事，勗因言充女才質令淑，宜配儲宮。而楊皇后及荀，亦並稱之。（〈武元楊皇后傳〉：初，賈充妻郭氏，使賂后，求以女為太子妃。及議太子婚，帝欲娶衛瓘女，然後盛稱賈后有淑德，又密使太子太傅荀進言，上乃聽。〈賈后傳〉：初武帝欲為太子娶衛瓘女。元后納賈、郭親黨之說，欲婚賈氏。帝曰：「衛公女有五可，賈公女有五不可。衛家種賢而多子，美而長、白。賈家種妒而少子，醜而短、黑。」元后固請，荀顗、荀勗，並稱充女之賢，乃定婚。說與〈充傳〉又異。）帝納其言。會京師大雪，平地二尺，軍不得發。既而皇儲當婚，遂詔充居本職。（賈后冊為太子妃，事在泰始八年二月。）〈任愷傳〉云：愷惡賈充之為人也，不欲令久執朝政，每裁抑焉。充病之，不知所為。後承閒言愷忠貞方正，宜在東宮。帝從之，以為太子少傅，而侍中如故。充計畫不行。會秦、雍寇擾，天子以為憂。愷因

日：「秦、涼覆敗，關右騷動，此誠國家之所深慮。宜速鎮撫，使人心有庇。自非威望重臣有計略者，無以康西土也。」帝曰：「誰可任者？」愷曰：「賈充其人也。」中書令庾純亦言之。於是詔充西鎮長安。（〈裴楷傳〉：轉侍中。帝嘗問曰：「朕應天順人，海內更始，天下風聲，何所得失？」楷對曰：「陛下受命，四海承風，所以未比德於堯、舜者，但以賈充之徒尚在朝耳。」時任愷、庾純，亦以充為言。帝乃出充為關中都督。此則直陳充之奸邪，與〈任愷傳〉謂以計間之者亦異。）充用荀勗計得留。充既為帝所遇，欲專名勢；而庾純、張華、溫顒、向秀、和嶠之徒，皆與愷善；楊珧（駿弟。）、王恂、（文明皇后弟。）華廙等充所親敬；於是朋黨紛然。帝知之。召充、愷宴於式乾殿，謂曰：「朝廷宜一，大臣當和。」充、愷各拜謝而罷。既而充、愷以帝已知之而不責，結怨愈深。（〈庾純傳〉：初，純以賈充奸佞，與任愷共舉充西鎮關中，充由是不平。充嘗宴朝士，而純後至。充謂曰：「君行常居人前，今何以在後？」純曰：「且有小市井事不了，是以來後。」世言純之先嘗有伍伯者，充之先有市魁者，充、純以此相譏焉。及純行酒，充不時飲。純曰：「長者為壽，何敢爾乎？」充曰：「父老不歸供養，將何言也？」純因發怒，曰：「賈充，天下凶凶，由爾一人。」充曰：「充輔佐二世，蕩平巴蜀，有何罪而天下為之凶凶？」純曰：「高貴鄉公何在？」眾坐因罷。充左右欲執純，中護軍羊琇，侍中王濟右之，因得出。充慚怒，上表解職。純懼，上河南尹、關內侯印綬，上表自劾。御史中丞孔恂劾純。詔免純官。又以純父老不求供養，使據禮典正其臧否。議者言純於禮律未有違。帝復下詔，言「疑賈公亦醉」，復以純為國子祭酒。此事與漢魏其、武安之事絕相類，而純終獲保全，可見晉武之寬仁，非漢武所及。然朋黨之禍，往往乘在上者之寬仁而起，此又不可不知也。）或為充謀曰：「愷總門下樞要，得與上親接，宜啟令典選，便得漸疏。此一都令史事耳。且九流難精，間隙易乘。」充因稱愷才能，宜

在官人之職。帝不之疑，即日以愷為吏部尚書，侍覲轉希。充與荀勖、馮紞承間浸潤，謂愷豪侈，用御食器。充遣尚書右僕高陽王珪（安平獻王子。）奏愷遂免官。〈衛瓘傳〉云：瓘咸寧初拜尚書令，加侍中。太康初，遷司空，侍中、令如故。武帝敕瓘第四子宣尚繁昌公主。數有酒色之過。楊駿素與瓘不平，駿復欲專重權，遂與黃門等毀之，諷帝奪宣公主。瓘慚懼，告老遜位。〈和嶠傳〉云：遷中書令。舊監、令共車入朝，時荀勖為監。嶠鄙勖為人，以意氣加之，每同乘，高抗專車而坐，監令異車，自嶠始也。又云：嶠轉侍中，愈被親禮。與任愷、張華相善。張華，當晉初為黃門侍郎，數歲拜中書令，後加散騎常侍。帝潛與羊祜謀伐吳，群臣多以為不可，唯華贊成其計。及將大舉，以華為度支尚書。乃量計運漕，決定廟算。眾軍既進，而未有克獲，賈充等奏誅華以謝天下。帝曰：「此是吾意，華但與吾同耳。」吳滅，進封廣武縣侯，增邑萬戶。華名重一世，眾所推服。晉吏及儀禮、憲章，並屬於華，多所損益。當時詔誥，皆所草定。聲譽益盛，有臺輔之望焉。而荀勖自以大族，恃帝恩深，憎疾之。每伺間隙，欲出華外鎮。會帝問華：「誰可託寄後事？」對曰：「明德至親，莫如齊王。」聞言遂行，出為持節都督幽州諸軍事。朝議欲徵華入相，又欲進號儀同。初華毀徵士馮恢於帝，紞即恢之弟也。嘗侍帝，從容論魏、晉事。因曰：「鍾會才具有限，而太祖誇獎大過，使搆凶逆。宜思堅冰之漸，無使如會之徒，復致覆喪。」帝默然。頃之，徵華為太常，以太廟屋棟折免官，遂終帝之世，以列侯朝見。觀此諸文，知當時擁右太子及欲廢太子者，各有其徒，仍是一朋黨之見耳。武帝明知之而不能破，尚何以為久遠之圖哉！（當時為朋黨者多權戚，非下士，此其所以難破。然欲破朋黨，斷不能以其為權戚而遂多顧忌也。）〈齊王攸傳〉云：文帝寢疾，慮攸不安，為武帝敘漢淮南王、魏陳思王故事而泣。臨崩，執攸手以授帝。太后臨崩，亦流涕謂帝曰：「桃符性急，而汝為兄不慈，我若遂不起，恐必

不能相容。以是屬汝，勿忘我言。」及帝晚年，諸子並弱，而太子不令，朝臣內外，皆屬意於攸。中書監荀勖，侍中馮紞，皆諂諛自進，攸素疾之。勖等以朝望在攸，恐其為嗣，禍必及己，乃從容言於帝曰：「陛下萬歲之後，太子不得立也。」帝曰：「何哉？」勖曰：「百僚皆歸心於齊王，太子焉得立乎？陛下試詔齊王之國，必舉朝以為不可，則臣言有徵矣。」紞又言曰：「陛下遣諸侯之國，成五等之制，宜從親始，親莫若齊王。」（案此時已不言五等之制矣，亦見此說之誣。參看第二章第三節。）帝既信勖言，又納紞說。太康三年（西元 282 年），乃下詔，以攸為大司馬，都督青州諸軍事。明年，策就國。攸憤怨發疾，乞守先后陵，不許。帝遣御醫診視，希旨皆言無疾。疾轉篤，猶催上道。攸自強入辭。辭出信宿，歐血而薨。（時年三十六。）當時爭攸不可出者：尚書左僕射王渾，河南尹向雄。渾子濟，尚常山公主。濟既諫請，又累使公主與甄德妻長廣公主俱入，稽顙泣請。帝怒，謂侍中王戎曰：「兄弟至親。今出齊王，自是朕家事，而甄德、王濟，連遣婦來生哭人。」〈楊珧傳〉曰：珧初以退讓稱，晚乃合朋黨，搆出齊王攸。中護軍羊琇，與北軍中候成粲謀，欲因見珧手刃之。珧知而辭疾不出，諷有司奏琇，轉為太僕。自是舉朝莫敢枝梧，而素論盡矣。〈琇傳〉云：齊王出鎮，琇以切諫忤旨，左遷太僕。既失寵，憤怨，遂發病，以疾篤求退，拜特進，加散騎常侍，還第卒。琇欲與成粲手刃楊珧，尚復成何事體？此而不黜，國家尚安有政刑？抑以琇受武帝恩眷之深，而亦與齊王為黨，齊王又安得不出乎？琇一蹉跌，遽發病死，而〈向雄傳〉亦云雄以憂卒，蓋非徒憤怨，又益之以畏禍矣。當時情勢如此，齊王不死，恐蹀血相爭之禍，不待八王之難也。齊王之將之國也，下太常議崇錫文物。庾純子旉為博士，與博士太叔廣、劉暾（毅子。）、繆蔚、郭頤、秦秀、傅珍等上表諫。太常鄭默，祭酒曹志，（魏陳思王孫。）並過其事。志又奏議：當如博士等議。帝以博士不答所問，答所不問，大怒，

策免默。尚書朱整、褚契等奏請收勗等八人付廷尉科罪。詔免志官，以公還第。其餘皆付廷尉。純詣廷尉自首：勗以議草見示，愚淺聽之。詔免純罪。廷尉劉頌奏勗等大不敬，棄市論，求平議。尚書奏請報聽廷尉行刑。尚書夏侯駿謂朱整曰：「國家乃欲誅諫臣。官立八坐，正為此事。卿可共駁正之。」整不從。駿怒，起曰：「非所望也。」乃獨為議。左僕射魏舒，右僕射王晃等從駿議。奏留中七日，乃詔秀等併除名。〈秦秀傳〉云：秀素輕鄙賈充。伐吳之役，聞其為大都督，謂所親曰：「充文案小才，乃居伐國大任，吾將哭以送師。」初，賈充前妻李氏，豐之女。豐誅，李氏坐流徙。後娶城陽太守郭配女，（城陽，漢郡，晉改為東莞，今山東莒縣。名槐。）生子黎民，幼殤。女午，通於充為司空時所闢掾韓壽，充因以妻之，生子謐。充薨，槐輒以謐為黎民子，奉充后。郎中令韓咸等上書求改立嗣，事寢不報。槐遂表陳：是充遺意。帝乃詔以謐為魯公世孫，以嗣其國。自非功如太宰，始封無后如太宰，所取必己自出如太宰，皆不得以為比。及下禮官議充諡，秀議：充以異姓為后，絕父祖之血食，開朝廷之禍門，請諡曰荒。夫異姓為后，固非古禮所許，然武帝既特為充下詔，即不可以常禮拘矣，秀挾私忿悻悻如此，士君子之風度，復何存乎？〈王濟傳〉言：濟素與從兄佑不平，佑則〈武帝紀〉云：帝末年用其謀，遣太子母弟秦王柬都督關中，楚王瑋（武帝第五子。）、淮南王允（亦武帝子。）並鎮守要害，以強帝室；（瑋督荊州，允督揚州。）又恐楊氏之逼，以為北軍中候，典禁兵者也。當時廷議之喧囂，其故可以想見。觀文帝及文明太后臨終之言，知武帝與齊王不和已久。〈賈充傳〉言：充西行既罷，尋遷司空，侍中、尚書令、領兵如故。會帝寢疾，篤，河南尹夏侯和謂充曰：「卿二女婿，親疏等耳，立人當立德。」充不答。帝疾愈，聞之，徙和光祿勳，乃奪充兵權，而位遇無替。然則充婚太子，僅足免患，謂以貪戀權勢而出此，尚非其情。抑觀此，又知帝不授天下於齊王之決，與其謂齊王

以荀勖等而見疏,不如謂勖等以擁右太子而見親矣。充既婚太子之後,猶以夏侯和一言而見猜防,則知未婚太子以前見出之由,未必任愷等之言獲聽也。〈充傳〉云:「愷等以充女為齊王妃,懼后益盛」,當時排充,或未必不藉口於此。史家雜採眾辭,刊落不盡處,往往露出異說也。充前妻李氏,生二女:褒、裕。褒一名荃,裕一名濬。武帝踐阼,李以大赦得還。帝特詔充置左右夫人。充母亦敕充迎李氏。郭槐怒,攘袂數充。充乃答詔,託以謙沖,不敢當兩夫人盛禮,實畏槐也。荃為齊王攸妃,欲令充遣郭而還其母。時沛國劉含母,(沛國,今安徽宿縣。)及帝舅羽林監王虔前妻,皆丑丘儉孫女。此例既多,質之禮官,皆不能決。雖不遣後妻,多異居私通。充自以宰相,為海內準則,乃為李築室於永年裡,而不往來。荃、濬每號泣請充,充竟不往。會充當鎮關右,公卿供帳祖道。荃、濬懼充遂去,乃排幔出,於坐中叩頭流血,向充及群僚陳母應還之意。眾以荃王妃,皆驚起而散。充甚愧愕,遣黃門將宮人扶去。既而郭槐女為皇太子妃,帝乃下詔,斷如李比,皆不得還。後荃恚憤而薨。觀此,又知郭槐求婚太子之由。而充兩女婿親疏等,而充終親惠帝而疏齊王者,亦或有其閨房嬖畏之私焉。世及為禮之世,往往以一人一家之私,詒累及於政事,凡在勢者皆然,正不必南面之尊而後爾,君子是以穆然於大同之世也。

# 第二節　八王之亂(上)

八王者汝南文成王亮,(見第二章第二節。)楚隱王瑋,(見上節。)趙王倫,(見第二章第二節。)齊武閔王冏,(獻王子。)長沙厲王乂,(武帝第六子。)成都王穎,武帝第十六子。河間王顒,(太原烈王瓌子。瓌,安平獻王子。)東海孝獻王越也。(高密文獻王泰子。)泰,宣帝弟馗子。晉諸王與於亂事者,不僅此八人,而《晉書》以此八人之傳,合為一卷,

故史家皆稱為八王之亂焉。八王之亂，初因楊、賈之爭而起，僅在中央，繼因趙王篡立，齊、成都、河間三王起兵討之，遂至覃及四國。晉初亂原，雖云深遠，《晉書》謂扇其風，速其禍者，咎在八王，則不誣也。

《晉書·后妃傳》云：賈后性酷虐，嘗手殺數人；或以戟擲孕妾，子隨刃墮。武帝聞之，大怒，將廢之。武悼皇后、充華趙粲、楊珧皆為之言，荀勖亦深救之，故得不廢。武悼皇后數誡屬之，賈后不知其助己，因以致恨；謂后構之於武帝；忿怨彌深。此等記載，信否亦未可知。要之楊、賈不和，則為事實，而爭端潛伏矣。太熙元年（西元 290 年），四月，武帝崩。據〈帝紀〉：帝之崩在己酉，辛丑即以楊駿為太尉，都督中外諸軍，錄尚書事。而〈駿傳〉云：帝自太康以後，不復留心萬幾，唯耽酒色。始寵后黨，請謁公行。駿及珧、濟，（皆駿弟。）勢傾天下，時人有三楊之號。及帝疾篤，駿盡斥群公，親侍左右。因輒改易公卿，樹其心腹。會帝小間，見所用者正色曰：「何得便爾？」乃詔中書：以汝南王亮與駿夾輔王室。駿從中書借詔觀之，得便藏匿。信宿之間，上疾遂篤。后乃奏帝，以駿輔政。帝頷之。便召中書監華廙，令何劭，口宣帝旨，使作遺詔，以駿為太尉，太子太傅，假節，都督中外諸軍事。侍中、錄尚書、領前將軍如故。自是二日而崩。與〈帝紀〉所書自辛丑至己酉凡歷九日者迥異，可見史文之不實也。（〈帝紀〉云：帝寢疾彌留，至於大漸，佐命元勳，皆已先沒。群臣皇惑，計無所從。會帝小差，有詔以汝南王亮輔政，又欲令朝士有名望年少者數人佐之。楊駿祕而不宣。帝尋復迷亂。楊后輒為詔，以駿輔政。促亮出發。帝尋小間。問汝南王來未意欲見之，有所付託。左右答言未至。帝遂困篤。說與〈駿傳〉略同，而無自是二日而崩語，蓋因與上文所記之日不合，故刪之也。）汝南王亮時為大司馬，出督豫州，鎮許昌。（今河南許昌縣。）或說亮率所領入廢駿，亮不能用，夜馳赴許昌。時司空石鑑，與中護軍張劭，監統山陵。有告亮欲舉兵討駿。駿大懼，白

太后，令帝為手詔，詔鑑、劭率陵兵討亮。鑑以為不然，保持之。遣人密覘視，亮已別道還許昌。於是駿止。惠帝即位，以駿為太傅，大都督，假黃鉞，錄朝政，百官總己。駿慮左右間己，乃以其甥段廣、張邵為近侍。凡有詔命，帝省訖，入呈太后然後出。又多樹親黨，皆領禁兵。八月，立廣陵王遹為皇太子，是為愍懷太子。母謝淑媛，父以屠羊為業，選入後庭為才人，惠帝在東宮，將納妃，武帝慮其年幼，未知帷房之事，遣往東宮侍寢而生遹者也。殿中中郎孟觀、李肇，素不為駿所禮。黃門董猛，自帝為太子，即為寺人監，在東宮，給事於賈后。乃與肇、觀潛相結託。賈后令肇報亮，使連兵討駿。亮曰：「駿之凶暴，死亡無日，不足憂也。」肇報楚王瑋，瑋然之。於是求入朝。駿素憚瑋，先欲召入，防其為變，因遂聽之。及瑋至，觀、肇乃啟帝，夜作詔，中外戒嚴，遣使奉詔廢駿，以侯就第。東安公繇，（琅邪武王伷子。伷，宣帝子。）率殿中四百人隨其後以討駿。太傅主簿朱振說駿：燒雲龍門，索造事者首。開萬春門，引東宮兵及外營兵，（雲龍，洛陽宮城正南門。萬春，東門。）擁翼皇太子，入宮取奸人。駿素怯懦，不決。殿中兵出，駿逃於馬廄，以戟殺之。觀等受賈后密旨，誅駿親黨，夷三族。死者數千人。時元康元年三月也。楊后題帛為書，射之城外，曰：「救太傅者有賞。」賈后因宣言太后同逆。詔送后於永寧宮。（魏世太后所居。）特全后母高都君龐氏之命，聽就后居止。賈后諷有司奏廢太后為庶人，以龐付廷尉行刑。龐臨刑，太后抱持號叫。截髮稽顙，上表詣賈后，稱妾，請全母命，不見省。初，太后尚有侍御十餘人，賈后奪之。明年，三月，絕膳而崩。

楊駿既誅，徵汝南王亮為太宰，與太保衛瓘同輔政。以秦王柬為大將軍。東平王楙（後改封竟陵王。義陽成王望子。望，安平獻王子。）為撫軍大將軍。楚王瑋為衛將軍，領北軍中候。下邳王晃（安平獻王子。）為尚書令。東安公繇為尚書左僕射，進封王。繇欲擅朝政，與亮不平。初，

縣有令名，為父母所愛。其兄武陵莊王澹，惡之如仇。屢搆縣於亮，亮不納。誅楊駿之際，縣屯雲龍門，兼統諸軍。是日，誅賞三百餘人，皆自縣出。澹因隙譖之。亮惑其說，遂免縣官，以公就第。坐有悖言，廢徙帶方。（〈賈后傳〉云：縣密欲廢后，賈氏憚之。帶方，漢縣，公孫康置郡，故治在今朝鮮平壤西南。）柰曲事楊駿，駿誅，依法當死，縣與柰善，故得不坐。至是，亦免官，遣就國。瑋少年果銳，多立威刑，朝廷忌之。亮奏遣諸王還藩，與朝臣廷議，無敢應者，唯衛瓘贊其事，瑋憾焉。瑋長史公孫弘，舍人岐盛，並薄於行，為瑋所暱。瓘等惡其為人，慮致禍亂，將收盛。盛知之，遂與弘謀，因李肇，矯稱瑋命，譖亮、瓘於賈后。后不之察，使惠帝為詔曰：「太宰、太保，欲為伊、霍之事，王宜宣詔，令淮南、（忠壯王允，見上節。）長沙、成都王屯宮諸門，廢二公。」夜使黃門齎以授瑋。瑋欲復奏，黃門曰：「事恐漏洩，非本意也。」瑋乃止。遂勒本兵，復矯召三十六軍，（胡三省《通鑑注》曰：晉洛城內外三十六軍。）遣弘、肇收亮、瓘殺之。岐、盛說瑋：「可因兵勢，誅賈模、郭彰，（見下。）匡正王室，以安天下。」瑋猶豫未決。會天明，帝用張華計，遣齎騶虞幡麾眾曰：「楚王矯詔。」眾皆釋杖而走，瑋左右無復一人。帝遣謁者詔瑋還營，遂執下廷尉。詔以瑋矯制害二公，又欲誅滅朝臣，圖謀不軌，遂斬之。公孫弘、祁盛，皆夷三族。長沙王乂，以瑋同母，貶為常山王，之國。楊駿之誅也，司空隴西王泰領駿營。瑋之被收，泰嚴兵將救之。祭酒丁綏諫曰：「公為宰相，不可輕動。且夜中倉卒，宜遣人蔘審定問。」泰從之。瑋既誅，乃以泰錄尚書事。遷太尉，守尚書令。改封高密王。

　　楚王之亂，事在元康元年六月，自此至永康元年四月梁、趙之亂，安謐者實歷九年，可知以西晉喪亂，歸獄於賈后者之誣。〈賈充傳〉言：賈謐權過人主，奢侈逾度。室宇崇僭，器服珍麗。歌僮舞女，選極一時。開延賓，海內輻湊。貴遊、豪戚及浮競之徒，莫不盡禮事之。又言后從舅郭

彰，充素相親遇，亦豫參權勢，賓客盈門。世人稱為賈、郭。奢僭交通，為當時權戚之通病，未可專罪賈后一家。〈傳〉又言充從子模，沉深有智算。賈后既豫朝政，拜模散騎常侍，二日，擢為侍中。模盡心匡弼。推張華、裴，同心輔政。數年之中，朝野寧靜，模之力也。此為當時之實錄。視他權戚之秉政者，不猶愈乎？〈賈后傳〉云：模知后凶暴，恐禍及己，乃與裴、王衍謀廢之，衍悔而謀寢。〈華傳〉云：惠帝即位，以華為太子少傅。與王戎、裴楷、和嶠，俱以德望為楊駿所忌，皆不與朝政。楚王瑋誅，華以首謀有功。拜侍中、中書監。賈謐與后共謀，以華庶族，儒雅有籌略，進無逼上之嫌，退為眾望所依，欲倚以朝綱，訪以政事而未決。以問裴。素重華，深贊其事。華遂盡忠匡輔，彌縫補闕。雖當暗主、虐后之朝，而海內晏然，華之功也。裴時為侍中，其〈傳〉云：以賈后不悅太子，抗表請增崇太子所生謝淑妃位號。乃啟增置後衛率吏，給二千兵。(〈職官志〉：惠帝建東宮，置衛率，初曰中衛率。泰始五年(西元 269 年)，分為左右，各領一軍。愍懷太子在東宮，又加前後二率。此即下文劉卞所謂四率也。)於是東宮宿衛萬人。深慮賈后亂政，與司空張華，侍中賈模議廢之而立謝淑妃。華、模皆曰：「帝自無廢黜之意，若吾等專行之，上心不以為是。且諸王方剛，朋黨異議，恐禍如發機，身死國危，無益社稷。」此謀遂寢。案賈充為從母夫，王衍亦婚於賈謐，俱不應有廢賈后之意，況賈模乎？當時方重門第，謝淑妃屠家女豈可以母儀天下哉？楚王既誅，愍懷未廢九年之中，賈后初無大亂政事；而惠帝愚闇，朝局實后所主持；廢之何為？華、頠終與賈后俱死，知其無背賈氏之心。(即謂華、頠皆士君子，顧慮名義，不敢輕犯，亦安能隱忍至於九年之久？且縱不敢為非常之舉，獨不可引身而退乎？〈張華傳〉言：華少子韙，以中臺星坼，勸華遜位，華不從。將死，張林稱詔詰之曰：「卿為宰相，任天下事，太子之廢，不能死節，何也？」華曰：「式乾之議，臣諫事具存，非不諫也。」林

曰：「諫若不從，何不去位？」華不能答。〈裴傳〉：或說曰：「幸與中宮內外，可得盡言。言若不從，則辭病而退。二者不立，雖有十表，難乎免矣。」慨然久之，而竟不能行。論者因訾華、貪戀權位，其實華、皆非如是之人，此觀其生平而可知，史文不足信也。）之請崇謝淑妃位號，增東宮宿衛，蓋正所以示太公，為賈氏久遠計耳。〈賈模傳〉云：模潛執權勢，外形欲遠之，每事啟奏賈后，事入，輒取急或託疾以避之；至於素有嫌忿，多所中陷，朝廷甚憚之；皆近深文周內。又云：賈后性甚強暴，模每盡言，開陳禍福，后不能從，反謂模毀己，於是委任之情日衰，而讒間之徒遂進，模不得志，憂憤成疾卒，則更莫須有之辭矣。一云模與、衍謀廢后，衍悔而事寢，一又云欲廢后而華、模不從，其辭先已不仇，知其皆不足信也。

〈愍懷太子傳〉云：幼而聰慧，武帝愛之，嘗對群臣稱太子似宣帝，於是令譽流於天下。然又云：及長，不好學，唯與左右嬉戲，不能尊敬保傅。或廢朝侍，恆在後園遊戲。有犯忤者，手自捶擊之。令西園賣葵菜、籃子、雞、麵之屬而收其利。東宮舊制，月請錢五十萬，備於眾用，太子恆探取二月，以供嬖寵。洗馬江統陳五事以諫，太子不納。中舍人杜錫，每盡忠規勸，太子怒，使人以針著錫常所坐氈中而刺之。太子性剛，知賈謐恃后之貴，不能假借之。初賈后母郭槐，欲以韓壽女為太子妃，太子亦欲婚韓氏以自固，而壽妻賈午及后皆不聽，而為太子聘王衍小女惠風，太子聞衍長女美，而賈后為謐聘之，心不能平。謐譖太子於后曰：「太子廣買田業，多蓄私財，以結小人者，為后故也。密聞其言云：皇后萬歲後，吾當魚肉之。若宮車晏駕，彼居大位，依楊氏故事，誅臣等而廢后於金墉，（城名，在洛陽東。）如反手耳。不如早為之所，更立慈順者，以自防衛。」后納其言。又宣揚太子之短，布諸遠近。於是朝野咸知后有害太子意。中護軍趙俊請太子廢后，太子不聽。〈張華傳〉云：左衛率劉卞，

甚為太子所信，以賈后謀問華。華曰：「不聞。假令有此，君欲如何？」
卞曰：「東宮俊乂如林，四率精兵萬人，公居阿衡之任，若得公命，皇太
子因朝入錄尚書事，廢賈后於金墉城，兩黃門力耳。」華曰：「今天子當
陽，太子人子也，吾又不受阿衡之命，忽相與行此，是無其君父，而以不
孝示天下也。雖能有成，猶不免罪，況權戚滿朝，威柄不一，而可以安
乎？」元康九年（西元 299 年），十二月，后詐稱上不和，呼太子入朝。既
至，后不見，置於別室。遣婢陳舞賜以酒棗，逼飲醉之。使黃門侍郎潘岳
作書草，若禱神之文，有如太子素意，因醉而書之者。小婢承福，以紙筆
及書草使太子書之。文曰：「陛下宜自了，不自了，吾當入了之。中宮又
宜速自了，不自了，吾當手了之。並與謝妃共要：剋期兩發，勿疑猶豫，
以致後患。」云云。太子醉迷不覺，遂依而寫之。其字半不成，既而補成
之。后以呈帝。帝幸式乾殿，召公卿入，使黃門令董猛，以太子書及青
紙詔示之，曰：「遹書如此，令賜死。」遍示諸公、王，莫有言者。（〈遹
傳〉。）唯張華諫。裴以為宜先檢校傳書者。又請比校太子手書。賈后乃
內出太子素啟事十餘紙。眾人比視，亦無敢言非者。議至日西不決。后知
華等意堅，因表乞免為庶人。帝乃可其奏。（〈張華傳〉。）使前將軍東武
公澹（即武陵莊王。）以兵杖送太子、妃王氏、三皇孫於金墉城。考竟謝
淑妃及太子保林蔣俊。（此據〈太子傳〉。〈惠帝紀〉於太子廢後，即書殺太
子母謝氏。〈謝夫人傳〉則云：及愍懷遇酷，玖亦被害。玖，夫人名。）明
年，正月，賈后又使黃門自首欲與太子為逆。詔以黃門首辭、班示公卿。
又遣澹以千兵防送太子，更幽於許昌宮之別坊，令治書侍御史劉振持節守
之。（〈遹傳〉。）趙王倫深交賈、郭，諂事中宮，大為賈后所親信。太子
廢，使倫領右衛將軍。左衛督司馬雅，宗室之疏屬也，及常從督許超，並
嘗給事東宮，與殿中中郎士猗等謀廢賈后，復太子。以張華、裴頠，難與
圖權，倫執兵之要，性貪冒，可假以濟事，乃說倫嬖人孫秀。秀許諾，言

於倫，倫納焉。事將起，秀更說倫曰：「明公素事賈后，雖建大功於太子，太子含宿怒，必不加賞。今且緩其事，賈后必害太子，然後廢后，為太子報仇，亦足以立功，豈徒免禍而已。」倫從之。秀乃微洩其謀，使諧黨頗聞之。倫、秀因勸諧等早害太子，以絕眾望。永康元年（西元300年），三月，（此據〈通傳〉。《紀》在二月。蓋二月遣使，三月至。）矯詔，使黃門孫慮至許昌害太子。（〈王浚傳〉云：浚鎮許昌，與孫慮共害太子。）太子既遇害，倫、秀之謀益甚，而超、雅懼后難，欲悔其謀，乃辭疾。（二人本欲立功於太子以邀賞，太子死，則失其本圖，且不信趙王也。）秀復告右衛佽飛督閭和，和從之。乃矯詔，遣翊軍校尉齊王冏，將三部司馬，（晉二衛有前驅、由基、強弩三部司馬。）廢賈后為庶人，送之金墉城。殺張華、裴頠、賈午、賈謐等。倫尋矯詔，自為使持節大都督、督中外諸軍事、相國，侍中、王如故，一依宣、文輔魏故事。孫秀等皆封大郡，並據兵權。百官總己，以聽於倫。倫素庸下，無智策，復受制於秀。梁王肜（見第二章第二節。）共倫廢賈后，故以為太宰，守尚書令。（後或謂孫秀：散騎侍郎楊準，黃門侍郎劉逵欲奉肜以誅倫。會有星變，九月，改司徒為丞相，以肜為之，居司徒府。轉準、逵為外官。）矯詔害賈庶人於金墉城。淮南王允領中護軍，密養死士，潛謀誅倫。倫甚憚之。轉為太尉，外示優崇，實奪其兵也。允稱疾不拜。倫遣御史逼允，收官屬以下，劾以大逆。允率國兵及帳下七百人出討倫。將赴宮，尚書左丞王輿閉東掖門，不得入，遂圍相府。倫子虔為侍中，在門下省，遣司馬督護伏胤領騎四百，從宮中出，詐言有詔助允，允不之覺，開陳納之，下車受詔，為胤所害。坐允夷滅者數千人。齊王冏以廢賈后功，轉游擊將軍。冏意不滿，有恨色。孫秀微覺之，且憚其在內，出為平東將軍，假節，鎮許昌。（二事俱在八月。）明年，（永寧元年（西元301年）。）正月，倫遂篡位。遷惠帝於金墉。梁、趙之亂，論者皆謂禍原賈后，亦非其真。后果欲廢太子，白

楊駿敗後，何時不可為之？何必待諸八年之後？太子之為人，據傳文所載，明為不令，何待后之宣揚？惠帝之立，年三十二，雖不為少，亦不為老，果如史之所言，帝之於后，畏而惑之，（〈后傳〉。）何難少緩建儲，以待中宮之有子？即謂不然，而遹之立，距武帝之崩僅四月，亦何必如是其急？楚王難作，朱振即說楊駿：奉太子以索奸人，然則太子之立，殆楊氏所以掎賈氏；其源既濁，其流必不能清，故后與太子訖不和也。然〈后傳〉言：廣城君以后無子，甚敬重愍懷。每勸厲后，使加慈愛。賈謐恃貴驕縱，不能推崇太子，廣城君恆切責之。及廣城君病篤，占術謂不宜封廣城，乃改封宜城。后出侍疾十餘日。太子常往宜城第，將醫出入，恂恂盡禮。宜城臨終，執后手，令盡意於太子，言甚切至。又曰：「趙粲及午，必亂汝事，我死後勿復聽入。深憶吾言。」觀宜城欲以韓壽女妃太子，太子亦欲婚於韓氏以自固，後雖不果，而謐與太子，仍為僚婿；可見當時賈氏與太子，皆有意於調和。（太子婚於王氏而不悅，蓋以未克婚於韓氏以自固，非必以王衍長女美而賈后為謐娶之也。賈午蓋夙有岐視太子之心，故不肯以女與之。）其終不克調和而至於決裂者，源既濁流自難清，其咎固不專在賈氏矣。謐之說賈后，不過曰更立慈順者以自防衛，不云后自有子，則〈后傳〉謂后詐有身，內稾物為產具，取韓壽子慰祖養之，託諒暗所生故弗顯，遂謀廢太子，以所養代立者自誣。自朱振以降，趙俊、劉卞，紛紛欲奉太子以傾賈后，式乾之事，安敢謂必出虛構？張華諫辭，今不可考。果謂太子無罪邪？抑謂雖有罪不可殺也？〈華傳〉云：后知華等意堅，乃表乞免為庶人，則后說殆近之矣。醉至不辨書草云何，謄錄能否半成，亦有可惑。且醉時手跡，必與醒時有異，王公百僚，亦豈不能辨？素啟事十餘紙，手跡果皆不合，賈后豈肯出之？王公百僚中，豈無一人能抗言者？然則裴欲檢校傳書者，又欲比校手跡，或亦所以為賈后謀，使有以取信於天下耳。與張華，皆素負清望，縱不能盡忠太子，寧不亦自惜其名；抗節而去，賈氏豈能遽害之；而依違腆忍，終與賈氏同盡邪？

# 第三節　八王之亂（下）

　　自來圖篡竊者，必先削除四方之異己。晉初，州郡擁兵之習未除；諸王各據雄藩，更有厝火積薪之勢；趙倫不圖消彌，反使齊王冏出鎮許昌，亦見其寡慮矣。時成都王穎鎮鄴，（漢縣。晉懷帝時避諱，改為臨漳。今河南臨漳縣。）遂與冏起兵討倫。兗、豫二州（晉兗州，治廩丘，今山東範縣。豫州，治項，今河南項城縣。時兗州刺史為王彥，豫州刺史為李毅。）及南中郎將新野公歆後（進封王，謚莊。扶風武王駿子。駿，宣帝子。）俱起兵應之。倫遣將距之，破冏兵於陽翟，（今河南禹縣。）而距穎之兵，敗於溴水。（出河南濟源縣西，東南流入河。）左衛將軍王輿，與尚書廣陵公漼（後封淮陵王。琅邪武王伷子。伷見上節。）勒兵入宮，禽孫秀等斬之，逐倫歸第。迎惠帝於金墉。誅倫及其黨羽。冏之起兵也，前安西參軍夏侯奭，自稱侍御史，在始平，（見第二章第二節。）合眾得數千人以應冏。河間王顒時鎮關中，奭遣信要顒，顒遣主簿房陽，河間國人張方討禽奭，及其黨數十人要斬之。及冏檄至，顒執冏使，送之於倫。倫徵兵於顒，顒遣方率關右健將赴之。方至華陰，（今陝西華陰縣。）顒聞二王兵盛，乃加長史李含龍驤將軍，領督護席薳等追方軍回，以應二王。至潼關，（在今陝西潼關縣東南。）倫、秀已誅，天子反正，含、方各率眾還。

　　冏入洛，甲士數十萬，旌旗器械之盛，震於京都。天子就拜大司馬，都督中外諸軍事。加九錫之命，備物典策，如宣、景、文、武輔魏故事。以成都王穎為大將軍，錄尚書事。河間王顒為太尉。梁王肜為太宰，領司徒。（時罷丞相，復置司徒。明年二月薨。）穎左長史盧志，勸穎推崇齊王，徐結四海之心。穎納之。遂以母疾歸藩，委重於冏。冏遂輔政。大築第館。沉於酒色。不入朝見。坐拜百官，符敕三臺。選舉不均，唯寵親暱。朝廷側目，海內失望。冏兄東萊王蕤，與王輿謀廢冏。（蕤性強暴，

使酒，數陵侮冏，冏以兄故容之。冏起義兵，趙王倫收蕤及弟北海王寔系廷尉，當誅，會孫秀死，蕤等悉得免。冏擁眾入洛，蕤於路迎之，冏不即見，蕤恚；及冏輔政，蕤從冏求開府，不得，益怨；遂與典謀廢冏。）事覺，免為庶人，徙上庸。（後漢末郡，今湖北竹山縣。後封微陽侯。永寧初，上庸內史陳鍾承冏旨害蕤。冏死，詔誅鍾，復蕤。）輿伏誅，夷三族。

初，李含與安定皇甫商有隙。（安定，見第二章第二節。）商為梁州刺史，（治漢中，今陝西南鄭縣。）為趙王倫所任。倫敗，去職，詣河間王顒，顒慰撫之甚厚。含諫曰：「商，倫之信臣，懼罪至此，不宜數與想見。」商知而恨之。後含徵為翊軍校尉。商參齊王冏軍事，夏侯奭兄在冏府，商乃稱奭立義，為西藩枉害，含心不自安。冏右司馬趙驤，又與含有隙。冏將閱武，含懼驤因兵討之，乃單馬出奔於顒。矯稱受密詔。顒即夜見之。三王之舉義也，常山王乂率國兵應之，為成都王後系。至洛，遷驃騎將軍，復本國。乂見齊王冏專權，謂成都王穎曰：「天下者，先帝之業也，王宜維之。」聞其言者皆憚之。含說顒：「檄長沙討齊，使先聞於齊，齊必誅長沙，因傳檄以加齊罪，去齊立成都。」顒從之。上表請廢冏還第，以穎為宰輔。拜含為都督，統張方等向洛。檄乂使討冏。冏遣其將董艾襲乂。乂將左右百餘人馳赴宮，閉諸門，奉天子與冏相攻。冏敗，禽冏殺之，幽其諸子於金墉。廢北海王寔。以乂為太尉，都督中外諸軍事。李含等旋師。

顒本以乂弱冏強，冀乂為冏所擒，以乂為辭，宣告四方，共討之，因廢帝立成都，己為宰相，專制天下，乂殺冏，其謀不果。乂之誅冏也，仍以皇甫商為參軍，商兄重為秦州刺史。（秦州，太康七年（西元 286 年）復立。治上邽，今甘肅天水縣。）李含說顒，表遷重為內職，因其經長安執之。重知其謀，集隴上士眾，以討含為名。乂以兵革累興，今始寧息，表

請遣使詔重罷兵，徵乂為河南尹。（見第二章第二節。）顒使侍中馮蓀、中書令卞粹與乂潛圖害乂。皇甫商知含前矯妄及與顒陰謀，具以告乂，乂並誅之。穎時縣執朝政，事無巨細，皆就鄴諮之。既恃功驕奢，百度弛廢，甚於冏時。以乂在內，不得恣其所欲，密欲去乂。太安二年（西元303 年），八月，顒以張方為都督領精卒七萬向洛。穎假陸機後將軍，河北大都督，督王粹、牽秀、石超等二十餘萬人，來逼京師。帝幸十三里橋。（在洛城西，去城十三里，因以為名。）遣皇甫商距方於宜陽，（縣今河南宜陽縣。）為方所敗。九月，帝進軍緱氏，（漢縣，今河南偃師縣西南。）擊牽秀，走之。而張方入京城，燒清明、開陽二門，（洛陽城東有建春、東陽、清明三門，南有開陽、津陽、平昌、宣陽四門，西有廣陽、西明、閶闔三門，北有大夏、廣莫二門，凡十二門。）死者萬計。石超逼乘輿於緱氏。十月，帝旋於宮。超焚緱氏，服御無遺。王師破牽秀於東陽門外，又破陸機於建春門。石超亦走。乂奉帝討張方於城內。方軍望見乘輿，小退，方止之不得，眾遂大敗。殺傷滿於衢巷。方退壁十三里橋。人情挫衄，無復固志，多勸方夜遁。方曰：「兵之利鈍是常，貴因敗以為成耳。我更前作壘，出其不意，此用兵之奇也。」乃夜潛進，逼洛城七里。乂既新捷，不以為意。十一月，忽聞方壘成，乃出戰，敗績。方決千金堨，（在洛城西。）水碓皆涸。乃發王公奴婢手舂給兵廩。一品已下不從徵者，男子十三以上皆從役。又發奴助兵，號為四部司馬。公私窮蹙，米石萬錢。詔命所至，一城而已。先是朝議以乂、穎兄弟，可以辭說而釋，乃使中書令王衍行太尉，光祿勳石陋行司徒，使說穎，令與乂分陝而居。穎不從，及是，城中大饑，而將士同心，皆願效死；張方以為未可克，欲還長安；而殿中諸將及三部司馬，疲於戰守，密與左衛將軍朱默夜收乂別省，逼東海王越為主，（越時為司空，領中書監。）啟惠帝免乂官，送諸金墉。殿中左右謀劫出之，更以拒穎。越懼難作，欲遂誅乂。黃門郎潘滔勸越密

告張方。方遣部將郅輔勒兵三千，就金墉收乂。至營，炙而殺之。八王之中，乂較有才略，乂死，大局益無望矣。

乂之請遣使詔皇甫重罷兵也，重不奉詔。河間王顒遣金城太守遊楷，隴西太守韓稚等四郡兵攻之。（金城、隴西，皆見第二章第二節。）及顒、穎攻乂，乂使皇甫商閒行，齎帝手詔，使遊楷等罷兵，令重進軍討顒。商閒行過長安，至新平，（見第二章第二節。）遇其從甥，從甥素憎商，以告顒，顒捕得商，殺之。乂既敗，重猶堅守，後城內知無外救，乃共殺重。先是李流亂蜀，詔侍中劉沈統益州刺史羅尚、梁州刺史許雄等討之。行次長安，顒請留沈為軍司。後領雍州刺史。及張昌作亂，詔顒遣沈將州兵萬人，徵西府五千人自藍田關討之，（即嶢關，在今陝西藍田縣東南。）顒又逼奪其眾。長沙王乂命沈將武吏四百人還州。張方既逼京都，王湖、祖逖（逖時為乂驃騎主簿。）言於乂：「啟上，詔沈發兵襲顒，顒必召張方自救。」乂從之。沈奉詔，馳檄四境，合七郡之眾（雍州統京兆、馮翊、扶風、安定、北地、始平、新平七郡，皆見第二章第二節。）及守防諸軍，塢壁甲士萬餘人襲長安。顒時頓於鄭縣之高平亭，（鄭，秦縣，今陝西華縣。）為東軍聲援。聞沈兵起，還鎮渭城。（漢縣，即秦咸陽，晉省，今陝西咸陽縣。）遣督護虞夔率步騎萬餘逆沈於好時，（漢縣，今陝西乾縣東。）夔眾敗。顒大懼，退入長安。果急呼張方、沈渡渭而壘，而馮翊太守張輔救顒，沈軍敗。張方遣其將敦偉夜至，沈眾潰，與麾下百餘人南遁，為陳倉令所執，（陳倉，秦縣，今陝西寶雞縣。）顒鞭而後要斬之。時永興元年正月也。張方大掠洛中，還長安。

時以河間王顒為太宰、大都督、雍州牧。成都王穎入京師，復旋鎮於鄴，增封二十郡，拜丞相。初，賈后既死，立愍懷太子之子臧為皇大孫。趙王倫篡位，廢為濮陽王，害之。乘輿反正，復立臧弟襄陽王尚為皇大孫。太安元年（西元 302 年），薨，乃立清河康王遐（武帝子。）之子覃為

皇太子。及是，顒表穎宜為儲副，遂廢覃為清河王，立穎為皇太弟。丞相
如故。制度一依魏武故事。乘輿服御，皆遷於鄴。穎遣從事中郎盛夔等以
兵五萬，屯十二城門，殿中宿所忌者皆殺之，以三部兵代宿衛。七月，右
衛將軍陳眕，殿中中郎逯苞、成輔，及長沙故將上官巳等勒兵討穎。帝
北徵。於時馳檄四方，赴者雲集，軍次安陽，（漢侯國，晉為縣，今河南
安陽縣。）眾十餘萬，鄴中震懼。穎會其眾問計。東安王繇（即東安公進
封，見上節，時遭母喪，在鄴。）曰：「天子親征，宜罷甲縞素，出迎請
罪。」司馬王混，參軍崔曠勸穎拒戰。穎從之。遣石超率眾五萬，次於蕩
陰。（見第一節。）陳眕二弟匡、規，自鄴赴王師，云鄴中皆已離散，由
是不甚裝置。超眾奮出，王師敗績。矢及乘輿。侍中嵇紹，死於帝側。左
右皆奔散。超遂奉帝幸鄴。穎害東安王繇，署置百官，殺生自己。立郊於
鄴南。成都王顒遣張方救鄴，方復入洛陽。

　　初，王沈子浚，以東中郎將鎮許昌。愍懷太子幽於許，浚承賈后旨，
與孫慮共害之。遷青州刺史。尋徙督幽州。浚為自安計，結好夷狄，以女
妻鮮卑務勿塵，又以一女妻蘇恕延。三王起義，浚擁眾挾兩端，遏絕檄
書，使其境內士庶，不得赴義，成都王穎欲討之而未暇也。長沙見害，浚
有不平之心。穎乃表請幽州刺史石堪為右司馬，以右司馬和演代堪，密使
殺浚而並其眾。演與烏丸單于審登謀之，單于以告浚，浚殺演，自領幽
州。遂與並州刺史東嬴公騰（見第二章第二節。）討穎。穎遣幽州刺史王
斌及石超、李毅等距浚，為烏丸羯朱等所敗。鄴中大震，百僚奔走，士庶
分散。盧志勸穎奉天子還洛陽。時甲士尚萬五千人。志夜部分，至曉，眾
皆成列。而程太妃戀鄴不欲去，穎不能決。俄而眾潰，唯志與子謐、兄
子，殿中虎賁千人而已。志復勸穎早發。時有道士，姓黃，號曰聖人，太
妃信之，乃使呼入，道士求兩杯酒，飲乾，拋杯而去，計始決。而人馬復
散。志於營閒尋索，得數乘鹿車。司馬督韓玄，收集黃門，得百餘人。

帝御犢車便發。屯騎校尉郝昌，先領兵八千守洛陽，帝召之，至汲郡而昌至。（汲郡，今河南汲縣。）濟河，張方率騎三千奉迎。凡五日至洛。羯朱追至朝歌，（漢縣，今河南淇縣。）不及而還。浚乘勝克鄴。士眾暴掠，死者甚多。鮮卑大略婦女，浚命敢有挾藏者斬，於是沈於易水者八千人。黔庶荼毒，自此始也。張方欲遷都長安，將焚宗廟、宮室，以絕人心。盧志說方，方乃止。十一月，方逼天子幸其壘。停三日便西。軍人因妻略後宮，分爭府藏。魏、晉已來之積，掃地無遺矣。既至長安，以徵西府為宮。唯僕射荀藩，司隸劉暾，太常鄭球，河南尹周馥，與其遺官，在洛陽為留臺，承制行事，號為東西臺焉。以張方為中領軍，錄尚書事，領京兆太守。十二月，詔成都王穎以王還第，以豫章王熾為皇太弟。（熾即懷帝，武帝第二十五子。）

　　帝之徵鄴也，以東海王越為大都督。六軍敗，越奔下邳。（後漢國，晉為郡，今江蘇邳縣。）徐州刺史東平王楙（徐州治彭城，今江蘇銅山縣。）不納。越徑還東海。（治郯，今山東郯城縣。）成都王穎下寬令招之，越不應命。至是，以越為太傅，與太宰顒夾輔朝政，越讓不受。東海中尉劉洽勸越發兵以備穎。兵既起，楙懼，乃以州與越。越以楙領兗州刺史。唱議奉迎大駕，還復舊都。率甲卒三萬，西次蕭縣。（今江蘇蕭縣。）先是豫州刺史劉喬，亦與諸州郡舉兵迎駕。范陽王虓康（王綏子。綏，馗子。馗，宣帝弟。）督豫州，鎮許昌。成都王穎為王浚所破也，虓自許屯於滎陽。（見第二章第二節。）會惠帝西遷，虓與從兄平昌公模長史馮嵩等盟，（模後封南陽王，高密文獻王子。）推越為盟主。越承制，轉喬為冀州刺史，（冀州治房子，今河北高邑縣。）以虓領豫州。喬以虓非天子命，不受代，發兵距之。潁川太守劉輿（潁川治陽翟，見上。）暱於虓，喬上尚書，列輿罪惡。河間王顒宣詔，使鎮南將軍劉弘，征東大將軍劉準，平南將軍彭城王釋，（穆王權子。權，馗子，范陽康王之兄也。《釋》，〈劉

喬傳〉作繹。〈帝紀〉與本傳同，作釋。）與喬併力，攻虓於許昌。東平王
楙自承制都督兗州，帝遣使者劉虔即拜焉。楙慮兗州刺史苟晞不避已，乃
給虔兵，使稱詔誅晞。晞時已避位。楙在州，徵求不已，郡縣不堪命。虓
遣晞還兗，徙楙都督青州。（晉青州治臨菑，今山東臨淄縣。）楙不受命，
與喬相結。虓遣將田徽擊楙，破之。楙走還國。（東平國，治須昌，今山
東東平縣。）而喬乘虛破許，虓自拔濟河。興弟琨率眾救虓，未至而虓
敗，琨乃說冀州刺史溫羨，使讓位於虓。虓遣琨詣幽州乞師，得突騎八百
人。（此據〈琨傳〉，〈喬傳〉云：琨率突騎五千濟河攻虓，其所率不僅幽
州兵也。）濟河攻喬。喬據考城以距之，（考城，後漢縣，晉省，今河南
考城縣。）不敵而潰。喬收散卒，屯於平氏。（漢縣，今河南桐柏縣西。）
初，越之起兵，關中大懼。張方謂河間王顒曰：「方所領猶有十餘萬眾，
奉送大駕還洛宮；使成都王反鄴；公自留鎮關中；方北討博陵；（國，今
河北安平縣。）如此，天下可以小安。」顒慮事大難濟，不許。而成都王
穎之廢，河北思之，鄴中故將公師藩等起兵迎穎，眾情翕然，顒乃復使穎
都督河北諸軍，鎮鄴。遣將軍呂朗屯洛陽。假劉喬節，以其長子祐為東郡
太守。（東郡，治濮陽，今河北濮陽縣。）又遣劉弘、劉準、彭城王釋等
援喬。弘以張方殘暴，知顒必敗，遣使受東海王越節度。喬遣祐距越於蕭
縣之靈壁，（今安徽靈壁縣。）敗之。十二月，呂朗東屯滎陽。穎進據洛
陽。顒使穎統樓褒、王闡諸軍據河橋以距越。（河橋，在今河南孟縣南。
晉武帝泰始十年（西元 274 年），杜預所造。）明年，為光熙元年（西元
306 年），范陽王虓濟自官渡，（城名，在今河南中牟縣北。）拔滎陽，斬
石超。分兵向許昌，許昌人納之。遣督護田徽及劉琨以突騎八百迎越。遇
劉祐於譙，（漢縣，今安徽亳縣。）祐眾潰，見殺。喬眾遂散，與騎五百
奔平氏。越進屯陽武。（秦縣，今河南陽武縣。）初，高密王泰為司空，
以繆播為祭酒。越將起兵，以播父時故吏，委以心膂。播從弟右衛率胤，

河間王顒前妃之弟也。越遣播、胤詣長安說顒：令奉帝還洛，約與顒分陝為伯。張方自以罪重，懼為誅首，謂顒曰：「今據形勝之地，奉天子以號令，誰敢不服？」顒猶豫不決。方惡播、胤為越遊說，陰欲殺之。播等亦慮方為難，不敢復言。顒遣方率步騎十萬往討越。方屯兵霸上，而劉喬為虓等所破。顒聞喬敗，大懼，將罷兵，恐方不從，遲疑未決，播、胤乃復說顒：急斬方以謝。顒參軍畢垣，河間冠族，為方所侮，亦說顒曰：「張方盤桓不進，宜防其未萌，其親信郅輔，具知其謀矣。」郅輔者，長安富人，方從山東來，甚微賤，輔厚相供給及貴，以為帳下督，甚暱之。顒便召輔。垣迎說輔曰：「張方欲反，人謂卿知之。王若問卿，但言爾。不然，必不免禍。」輔既入，顒問之曰：「張方反，卿知之乎？」輔曰：「爾。」顒曰：「遣卿取之，可乎？」又曰：「爾。」顒乃使輔送書於方，因令殺之。送首以示東軍，請和於越。越不聽。劉琨以方首示呂朗，朗降。王浚遣督護劉根將三百騎至河上，王闡出戰，為根所殺。穎頓軍張方故壘。范陽王虓遣鮮卑騎與平昌、博陵眾襲河橋，（平昌，魏郡，治安丘，今山東安邱縣西南。）樓褒西走。追騎至新安。（漢縣，今河南澠池縣東。）道路死者，不可勝數。穎奔長安。越遣其將祁弘、宋冑、司馬纂等迎帝。顒使人殺郅輔。四月，遣弘農太守彭隨，北地太守刁默距祁弘等於湖。（弘農、北地，見第二章第二節。湖縣，在今河南閿鄉縣東。）五月，與弘等戰，大敗。顒又遣馬瞻、郭偉於霸水御之。（霸水，出藍田縣東，西北過長安入渭。）亦戰敗散走。顒乘單馬，逃於太白山。（在陝西郿縣南。）弘等所部鮮卑大掠長安，殺二萬餘人。弘等奉帝還洛陽，以六月朔至。八月，以東海王越錄尚書事，范陽王虓為司空。成都王穎自華陰趨武關，（在今陝西商縣東。）出新野，（晉郡，今河南新野縣。）欲之本國。劉弘拒之。穎棄母、妻，單車與二子廬江王普、中都王廓渡河赴朝歌，收合故將士，欲就公師藩。頓丘太守馮嵩（頓丘，晉郡，今河北清豐縣西南。）執穎及

普、廓送鄴。范陽王虓幽之。十月，虓暴薨。虓長史劉輿，見穎為鄴都所服，慮為後患，祕不發喪，偽令人為臺使，稱詔，夜賜穎死，其二子亦死。東軍以梁柳為鎮西將軍，守關中。馬瞻等出詣柳，因共殺柳。與始平太守梁邁合從，（始平，見第二章第二節。）迎顒於南山。（自太白山而東，渭水南岸之山，通稱南山。）弘農太守裴廙，秦國內史賈龕，（秦國，扶風郡改，以封秦王柬者也。扶風，見第二章第二節。）安定內史賈疋等（安定，見第二章第二節。）起義討顒。斬馬瞻、梁邁等。東海王越遣督護麋晃率國兵伐顒，至鄭。顒將牽秀距晃，晃斬秀。（此據〈顒傳〉。〈牽秀傳〉云：秀與馬瞻等將輔顒以守關中。顒密遣使就東海王越求迎。越遣麋晃等迎顒。時秀擁眾在馮翊，晃不敢進。顒長史楊騰，前不應越軍，懼越討之，欲取秀以自效，與馮翊大姓諸嚴，詐稱顒命，使秀罷兵。秀信之。騰遂殺秀於萬年。萬年縣，在今陝西臨潼縣東北。）義軍據有關中，顒保城而已，永嘉初，詔書以顒為司徒，而以南陽王模代鎮關中。顒就徵，模遣將於新安雍谷車上扼殺之，並其三子。（此亦據〈顒傳〉。〈本紀〉：顒之見殺，在光熙元年十二月。）

　　惠帝既還洛陽，大權盡入東海王越之手。光熙元年（西元 306 年），十一月，帝因食餅，中毒而崩。或云越之鴆。帝后羊氏，父玄之。賈后既廢，孫秀議立后。后外祖孫旗，與秀合族；又諸子自結於秀；故以太安元年（西元 302 年），立為皇后。成都王穎伐長沙，以討玄之為名。乂敗，穎奏廢后為庶人，處金墉城。陳眕等唱伐成都，復后位。張方入洛，又廢后。留臺復后位。永興初，方又廢后。河間王顒矯詔，以后屢為奸人所立，遣尚書田淑敕留臺賜后死，詔書累至，劉暾與荀藩、周馥馳奏距之，顒見表，大怒，遣收暾，暾奔青州，而后遂得免。帝還洛，迎后復位。後洛陽令何喬又廢后。張方首至，其日復后位。及是，后慮太弟立為嫂叔，不得稱太后，催清河王覃入，將立之。侍中華混等急召太弟。太弟至，即

位，是為懷帝。（尊羊后為惠皇后。）諸葛玫者，武帝諸葛夫人之昆弟。吏部郎周穆，玫之妻昆弟，（〈后妃傳〉云：穆為玫婦弟，〈八王傳〉云：玫為穆妹夫。）而清河王之舅也。與玫共說東海王越曰：「主上之為太弟，張方意也。清河王本太子，為群凶所廢，先帝暴崩，多疑東宮，公盍思伊、霍之舉，以寧社稷乎？」言未卒，越曰：「此豈宜言邪？」叱左右斬之。永嘉初，前北軍中候呂雍、度支校尉陳顏等謀立覃為太子。事覺，幽覃於金墉。未幾，被害。時年十四。

# 第四節　洛陽淪陷

懷帝既立，大權仍在東海王越之手。時八王之亂稍澹，然劉淵、石勒等，紛紛並起，勢遂不可支矣。

魏武帝分匈奴之眾為五部，單于於扶羅之子豹為左部帥，已見《秦漢史》第十二章第十節。豹卒，子淵代之。太康末，拜北部都尉。楊駿輔政，以淵為五部大都督。元康末，坐部人叛出塞免官。成都王穎鎮鄴，表淵監五部軍事。《晉書·載記》言淵初為侍子，在洛陽，王濟嘗言於武帝，欲任以東南之事，為孔恂、楊珧所阻。後秦、涼覆沒，帝疇諮將帥，李憙又欲發五部之眾，假淵一將軍之號，使平樹機能，又為恂所阻。案借用夷兵，為後漢以來習見之事，王濟、李憙，蓋仍狃於舊習，然是時五胡跋扈之形已見，故孔恂、楊珧，欲防其漸也。惠帝失馭，寇盜蜂起，淵從祖故北部都尉左賢王劉宣等，密共推淵為大單于，使其黨呼延攸詣鄴，以謀告之。淵請歸會葬，成都王穎弗許，乃令攸先歸告宣等，招集五部，引會宜陽諸胡，（見上節。）聲言應穎，實背之也。穎為皇太弟，以淵為太弟屯騎校尉。東瀛公騰、王浚起兵，淵說穎：還說五部，以赴國難。穎悅，拜淵為北單于，參丞相軍事。淵至左國城，（在今山西離石縣北。）劉宣等

上大單于之號，都於離石。（今山西離石縣。）時永興元年八月也。旋遷
於左國城。十一月，僭即漢王位。追尊蜀漢後主為孝懷皇帝，立漢三祖、
（高祖，世祖，昭烈帝。）五宗（太宗，世宗，中宗，顯宗，肅宗。）御主
而祭之。東嬴公騰使將討之，敗績。騰懼，率並州二萬餘戶下山東。淵遣
其族子矖寇太原、（見第二章第二節。）泫氏、（漢縣，今山西高平縣。）
屯留、（漢縣，今山西屯留縣。）長子、（漢縣，今山西長子孫。）中都，（漢
縣，今山西平遙縣西北。）皆陷之。二年（西元 305 年），離石大饑，遷於
黎亭，（《續漢志》：上黨郡壺關縣有黎亭。壺關，在今山西長治縣東南。）
以就邸閣谷。永嘉元年（西元 307 年），劉琨為並州刺史，淵遣劉景要擊之
於板橋，（未詳。）為琨所敗，琨遂據晉陽。（漢縣，今山西太原縣。）其
侍中劉殷、王育勸淵定河東，取長安，以關中之眾，席捲洛陽。淵遂進據
河東。寇蒲坂、（漢縣，在今山西永濟縣北。）平陽，（見第二章第二節。）
皆陷之。入都蒲子。（漢縣，在今山西隰縣東北。）二年（西元 308 年），
十月，僭即皇帝位，遷都平陽。

　　石勒，《晉書·載記》云：初名，上黨武鄉羯人也。（上黨，見第二章
第二節。武鄉，晉縣，在今山西榆社縣北。）其先匈奴別部，羌渠之冑。
祖耶奕幹，父周曷朱，一名乞翼加；並為部落小率。《魏書·羯胡傳》無
羌渠之冑四字，而多分散居於上黨武鄉羯室，因號羯胡十四字。羌渠二
字，可有二解：匈奴單于之名，一也。（見《秦漢史》第十章第六節。）《晉
書·匈奴傳》謂其部落入居塞內者凡十九種，中有羌渠，二也。夷狄多以
先世之名為種號，則二名或仍系一實。然羌渠卒於後漢靈帝中平五年（西
元 188 年），石勒卒於東晉成帝咸和七年（西元 332 年），年六十，當生於
晉武帝泰始九年（西元 273 年），上距中平五年八十五歲，勒果羌渠之冑，
非其曾孫，即其玄孫，安得不詳世數，泛言冑裔？且於於扶羅等尚為近
屬，安得微為小率，為人傭耕，至被略賣乎？且安得云別部？勒之稱趙王

也，號胡為國人，下令禁國人不得報嫂及在喪婚取，其燒葬令如本俗。燒葬之俗，古唯氐、羌有之，（見《先秦史》第十三章第三節。）然則羌渠之冑，猶言羌酋之裔耳。《晉》、《魏》二書，蓋所本同物？羌渠之冑四字，當時蓋已有誤解者？故《魏書》刪之，《晉書》則仍錄元文也。晉時羯與匈奴，無甚區別，如晉愍帝出降時下詔張寔，稱劉曜為羯賊是。（見《晉書·寔傳》。）胡三省謂羯為匈奴入居塞內十九種之一，（《通鑑》卷八十六晉惠帝永興二年（西元 305 年）《注》，案據《晉書·匈奴傳》：十九種之一曰力羯。）其說蓋是。羯室蓋地以種姓名，非種姓之名，由地而得也。

石勒微時之事，已見第二章第二節。既免奴為群盜，仍掠繒寶，以賂汲桑。永興二年（西元 305 年），七月，公師藩等起兵趙、魏，眾至數萬，勒與汲桑帥牧人乘苑馬數百騎以赴之。桑始命勒以石為姓，勒為名焉。藩濟自白馬，（津名，在今河南滑縣北。）苟晞討斬之，勒與桑亡潛苑中。（謂茌平牧苑也。）勒帥牧人，劫掠郡縣，又招山澤亡命以應桑。桑乃自號大將軍，稱為成都王穎誅東海王越、東嬴公騰。騰時進爵東燕王，（光熙元年九月，見《紀》。）又改封新蔡。永嘉元年（西元 307 年），三月，督司、冀諸軍事，鎮鄴。五月，桑入鄴，害騰。濟自延津，在今河南延津縣北。南擊兗州。越大懼，使苟晞，王贊討之。越次於官渡，（見上節）為晞聲援。桑、勒為晞所敗，收餘眾將奔劉淵。冀州刺史丁紹要之於赤橋，（在今山東聊城縣西北。）又大敗之。桑奔馬牧，（茌平馬牧。）勒奔樂平。（見第二章第二節。）王師斬桑於平原。（見第二章第三節。此據〈石勒載記〉。〈本紀〉：十二月，並州人田蘭、薄盛等斬汲桑於樂陵。田蘭、薄盛系乞活賊，見下。樂陵，今山東樂陵縣。）時胡部（大謂部之大人。）張督、馮莫突等擁眾數千，壁於上黨，勒往從之。因說督歸劉淵。淵署督為親漢王，莫突為都督部大，以勒為輔漢將軍平晉王以統之。烏丸張伏利度，有眾二千，壁於樂平，淵屢招不能致。勒偽獲罪於淵，奔伏利度，因會執之，

率其部眾歸淵。淵加勒督山東征討諸軍事，以伏利度之眾配之。

王彌，東萊人。（東萊，漢郡，今山東掖縣。）家世二千石。彌有才幹，博涉書記，少游俠京師。光熙元年（西元 306 年），三月，茖令劉伯根反，（茖，漢縣，在今山東黃縣西南。〈王彌傳〉稱伯根為妖賊，〈高密孝王略傳〉謂其誑惑百姓，蓋藉宗教以惑眾。）彌率家僮從之，伯根以為長史。王浚遣將討伯根，斬之。彌聚徒海渚，為苟純所敗，（純，晞弟，晞使督青州。）亡入長廣山為群賊，（謂長廣縣之山。長廣，漢縣，今山東萊陽縣。）寇青、徐二州。後苟晞擊破之。彌退集亡散，眾復大振。晞與之連戰，不能克。彌進寇泰山、（漢郡，今山東泰安縣。）魯、（漢國，晉郡，治魯縣，今山東曲阜縣。）譙、（見第三節。）梁、（見第二章第三節。）陳、（後漢郡，今河南淮陽縣。）汝南、（見第二章第三節。）潁川、（見第三節。）襄城諸郡。（襄城，晉郡，今河南襄城縣。）永嘉二年（西元 308 年），四月，入許昌。（見第二節。）五月，遂寇洛陽。司徒王衍破之七里澗。（在洛陽東。）彌謂其黨劉靈曰：「晉兵尚強，歸無所厝，劉元海（淵字。）昔為質子，我與之周旋京師，深有分契，今稱漢王，將歸之，可乎？」靈然之。乃渡河歸劉淵。（此據《晉書·彌傳》。劉靈，陽平人，公師藩起，靈自稱將軍，寇掠趙、魏。《通鑑》系彌及靈之降漢於永嘉元年（西元 307 年）。《考異》曰：「〈彌傳〉：彌敗於七里澗，乃與靈謀歸漢。案《十六國春秋》：靈為王贊所敗，彌為苟純所敗，乃謀降漢。今年春，靈已在淵所，五月彌乃如平陽，則二人降漢已久矣。」案二人先或降漢，然其決心歸漢，而深資其力，仍不妨在此時也。陽平，（見第二章第二節。）

匈奴之眾，雖云強勁，然在晉初，似已不甚足用，故劉淵初起時，必冒稱漢後，冀得漢人扶翼也。蓋匈奴與漢，雜居既久，多能力田，（匈奴為漢人佃客，見第二章第二節。）其好鬥之風，已稍衰矣。是時晉陽荒殘已甚，故淵不欲北師。洛陽自魏已來為國都，自其所欲，然力實未足取

洛，故劉殷、王育勸其先定河東，取長安。然淵起兵數年以後，仍局促河東一隅，則其兵力實甚有限，微王彌、石勒歸之，固不能為大患也。王彌、石勒，初亦不過群盜，使晉有雄武之主，才略之相，指揮州郡，削平之固亦不難。惜乎懷帝受制東海，不能有為；東海既無智勇，又乏度量，不唯不能指揮州郡，反致互相猜嫌。諸徵鎮唯劉琨為公忠，而並州破敗已甚，自守且虞不足；王浚虛驕，苟晞殘暴，俱非濟世之才。於是中樞傾覆，州郡亦五合六聚而不能救矣，哀哉！

東海王越初甚德苟晞，與之結為兄弟。既而納長史潘滔之說，轉晞為青州，而自牧兗州，由是與晞有隙。越遂督兗、豫、司、冀、幽、並六州。永嘉二年（西元 308 年），三月，自許遷於鄄城。（漢縣，今山東濮縣。）八月，復遷濮陽。（漢縣，今河北濮陽縣。）後又遷於滎陽。（見第三節。）三年（西元 309 年），三月，自滎陽還洛。初，惠帝之還舊都，繆播亦從懷帝還，契闊艱難，深相親狎。及懷帝即位，以播為從事黃門侍郎。俄轉侍中，徙中書令。專管詔命，任遇日隆。及是，越勒兵入宮，於帝側收播及其弟散騎常侍太僕胤，尚書何綏，太史令高堂沖，帝舅王延等十餘人殺之。奏宿衛有侯爵者皆罷。時殿中武官並封侯，由是出者略盡。以何倫為右衛將軍，王景為左衛將軍，領東海國兵數百人宿衛。越解兗州牧，領司徒。蓋時中樞亦不能與越同心，而越遂處於進退維谷之勢矣。

王彌、石勒既降劉淵，淵使之寇鄴。時尚書右僕射和郁鎮鄴。永嘉二年（西元 308 年），九月，彌與勒攻之，鬱奔衛國。（漢縣，今山東觀城縣。）勒寇冀州，三年（西元 309 年），四月，陷堡壁百餘。七月，淵子聰與王彌寇上黨，以石勒為先鋒。圍壺關，陷之，上黨降賊。九月，聰圍浚儀。（秦縣，在今河南開封縣西北。）曹武等討之，敗績。聰等長驅至宜陽。平昌公模（見第三節。）遣淳於定、呂毅等討之，又敗。聰恃勝不裝置，弘農太守垣延詐降，（弘農，見第二章第二節。）夜襲敗之。是役

也，〈載記〉稱淵素服以迎師，蓋其喪敗頗甚。然是冬，復大發卒，遣聰、彌與劉曜、劉景等率精騎五萬寇洛陽，呼延翼率步卒為之後繼。晉頗敗其兵，又得乞活帥李渾、薄盛來救，（東嬴公騰之鎮鄴也，攜並州將田甄、甄弟蘭、祁濟、李渾、薄盛等部眾萬餘人至鄴，遣就谷冀州，號為乞活。及騰敗，甄等邀破汲桑於赤橋，越以甄為汲郡，蘭為鉅鹿太守。甄求魏郡，越不許。甄怒，越召之不至，遣監軍劉望討之。李渾、薄盛斬蘭降。甄與任祉、祁濟棄軍奔上黨。案乞活是時雖降，其眾仍屯結不散，是後屢見其名焉。汲郡，見第三節。鹿，晉治廮遙，今河北寧晉縣。魏郡，（見第二章第二節。）淵乃召聰等還。石勒寇常山，（晉常山郡，治真定，今河北正定縣。）王浚使祁弘以鮮卑騎救之，大敗之於飛龍山。（《隋志》：飛龍山在石邑。隋石邑縣，在今河北獲鹿縣東南。）勒退屯黎陽。（漢縣，在今河南濬縣東北。）時晉使車騎將軍王堪，北中郎將裴憲討勒，憲奔淮南，（魏郡，治壽春，今安徽壽縣。）堪退保倉垣。（城名，在開封西北。）勒陷長樂，（晉國，即漢信都郡，今河北冀縣。）害冀州刺史王斌。四年（西元 310 年），二月，襲鄄城，兗州刺史袁孚戰敗，為其下所殺。勒遂陷倉垣，害王堪。五月，寇汲郡，執太守胡龕。遂南濟河。滎陽太守裴純奔建業。時劉聰攻河內，（見第二章第二節。）勒復會之。（至九月而河內降於勒。）六月，劉淵死，子和即偽位，聰弒而代之。命子粲寇洛陽，勒復與粲會。已而粲出轘。（山名，在今河南偃師縣東南，接鞏、登封二縣界。）勒出成皋關。（謂成皋縣之關。成皋，今河南汜水縣。）圍陳留太守王贊於倉垣，為贊所敗，退屯文石津。（在今河南延津縣東北。）欲北攻王浚，而浚將王甲始以遼西鮮卑萬餘在津北，乃復南濟河，攻襄城。（漢縣，後漢末置郡，今河南襄城縣。）時王如、侯脫、嚴嶷等叛於宛，勒並脫、嶷之眾，憚如之強不敢攻，（見第九節。）乃南寇襄陽，（漢縣，後漢末置郡，今湖北襄陽縣。）渡沔寇江夏。（晉郡，今湖北安陸縣。）復北寇

新蔡，（秦縣，晉置郡，今河南新蔡縣。）進陷許昌。王彌之解洛圍也，請於劉曜，願出兗、豫，收兵積穀，以待師期。於是出轘轅，攻襄城。河東、（見第二章第二節。）平陽、弘農、上黨諸流人在潁川、襄城、汝南、南陽、（秦郡，治宛，今河南南陽縣。）河南者數萬家，（河南，見第二章第二節。）為舊居人所不禮，皆焚燒城邑，殺二千石長吏以應彌。彌又以二萬人會石勒寇陳郡、潁川，屯陽翟，（見第三節。）遣弟璋與勒共寇徐、兗，於是洛陽四面皆敵，日以孤危矣。

時京師饑，東海王越以羽檄徵天下兵，無至者。越不得已，乃請出討石勒，且鎮集兗、豫，以援京師。帝曰：「今逆虜侵逼郊畿，王室蠢蠢，莫有固志，豈可遠出，以孤根本？」越言：「賊滅則東諸州職貢流通，若端坐京輦，所憂逾重。」蓋時京師實已不能自立矣。十一月，越率眾出許昌，以行臺自隨。留妃裴氏、世子毗及李惲、何倫等守衛京都。以豫州刺史馮嵩為左司馬，自領豫州牧。率甲士四萬，東屯於項。（見上節。）於是宮省無復守衛，殿內死人交橫。府寺營署，並掘塹自守。盜賊公行，枹鼓之音不絕。鎮集外州之效未見，京師反彌不能自立已。

時周馥督揚州，鎮壽春，（漢縣，晉孝武帝避諱，改為壽陽，今安徽壽縣。）乃表請遷都。言「王都罄乏，不可久居。河朔蕭條，崤、函險澀，宛都屢敗，江、漢多虞，於今平夷，東南為愈。淮陽之地，北阻塗山，（在今安徽懷遠縣東。）南抗靈嶽，（此指霍山言，在今安徽霍山縣西北。）名川四帶，有重險之固。是以楚人東遷，遂宅壽春。徐、邳、東海，亦足戍御。且運漕四通，無患空乏。臣謹選精卒三萬，奉迎皇駕。輒檄荊、湘、江、揚，各先運四年米租十五萬斛，布、絹各十四萬匹，以供大駕。令王浚、苟晞，共平河朔；臣等戮力，以啟南路；遷都弭寇，其計並得。皇輿來巡，臣宜轉據江州，以恢皇略」。馥不先白越，而直上書，越大怒。先是越召馥及淮南太守裴碩。馥不肯行，而令碩率兵先進。碩貳

於馥，乃舉兵，稱馥擅命，已奉越密旨圖馥，遂襲之。為馥所敗，退保東城。（秦縣，今安徽定遠縣東南。）初，越之收兵下邳也，（見上節。）使琅邪王睿監徐州諸軍事，（即元帝，武王仙孫，父曰恭王觀。仙見第二節。）鎮下邳。尋都督揚州。越西迎駕，留睿居守。及是，碩求救於睿。睿遣甘卓、郭逸攻馥。安豐太守孫惠率眾應之。（安豐，晉郡，治霍丘，今安徽霍邱縣。）明年，正月，馥眾潰，奔於項，為新蔡王確所拘，（確，騰子。）憂憤發病卒。案觀劉淵、劉聰屢攻洛而不得志，知晉之兵力，尚足以固守洛陽，所苦者為饑饉。論物力之豐歉，自以南方為勝。史稱東海王越以羽檄徵天下兵，懷帝謂使者曰：「為我語諸徵鎮：若今日尚可救，後則無逮矣。」時莫有至者。此說亦不盡然。是年九月，山簡、（督荊、湘、交、廣，時鎮襄陽。）王澄、（荊州刺史。）杜蕤，（南中郎將。）實並遣兵入援，特為王如所阻耳。（見《紀》是年九月。參看第九節。）使懷帝果能遷都，江、揚、荊、湘之轉漕，必能如期而至。不唯足以自立，且可支持北方。士飽馬騰，軍心自振。此時北方之破敗，尚未至如後來之甚；懷帝號令北方，亦自較元帝為易。淮陽東控徐、兗，西接司、豫，其形勢，自與後來之崎嶇江左者不同也。史稱馥以越不盡臣節，每言論屬然，越深憚之，其覆之也，蓋全以其私怨；元帝則越之黨耳；其誤國之罪亦大矣。

　　南方之事甫平，東方之難復起。時潘滔為河南尹，與尚書劉望等共誣陷苟晞。晞怒，表求滔等首。又移告諸州，稱己功伐，陳越罪狀。帝亦惡越專權，永嘉五年（西元 311 年），正月，乃密詔晞討越。三月，復詔下越罪狀，告方鎮討之。以晞為大將軍。越使從事中郎楊瑁為兗州，與徐州刺史裴盾共討晞。晞使騎收潘滔，滔夜遁，乃執尚書劉曾，侍中程延斬之。越以禍結釁深，憂憤成疾，薨於項。以襄陽王范（楚隱王子。）為大將軍，統其眾，還葬東海。（見上節。）越之出也，以太尉王衍為軍司。

及是，眾推衍為主，率眾東下。石勒以輕騎追之，及之苦縣之寧平城。（苦，漢縣，晉更名谷陽，在今河南鹿邑縣東。寧平，漢縣，晉省，在鹿邑西南。）衍遣將軍錢端與戰，敗死。衍軍大潰。勒分騎圍而射之，相登如山，無一免者。執衍等害之。左衛何倫、右衛李惲聞越薨，祕不發喪，奉裴妃及越世子毗，出自洛陽。從者傾城，所在暴掠。至洧倉，（洧水之邸閣，在許昌東。）又為勒所敗。毗及宗室三十六王，俱沒於賊。（此據〈越傳〉，〈本紀〉作四十八王。李惲殺妻子奔廣宗。何倫走下邳。裴妃為人所略賣，大興中得渡江。廣宗，後漢縣，今河北威縣東。）於是晉之兵力亦盡矣。

　　五月，先是苟晞表請遷都倉垣，帝將從之。諸大臣畏潘滔，不敢奉詔。且宮中及黃門戀資財不欲出。至是饑甚，人相食，百官流亡者十八九。帝召群臣會議將行，而警衛不備。帝撫手嘆曰：「如何？」時無車輿，乃使司徒傅祇出詣河陰，（漢平陰縣，魏改，在今河南孟津縣東。）修理舟楫，為水行之備。朝士數十人導從，帝步出西掖門，至銅馳街，為盜所掠，不得進而還。劉聰遣其子粲及王彌、劉曜等率眾四萬，長驅入洛川。遂出轘，周旋梁、陳、汝、潁之間。聰復以禁兵二萬七千，配其衛尉呼延晏，自宜陽入洛川，命王彌、劉曜及石勒進兵會之。晏及河南，王師前後十二敗，死者三萬餘人。晏遂寇洛陽，攻陷平昌門。以後繼不至，復自東陽門出。（洛陽諸門名。皆見上節。）時帝將濟河東遁，具船於洛水，晏盡焚之，還於張昌故壘。王彌、劉曜至，遂會圍洛陽。六月，宣陽門陷，帝開華林園門，（見第一節。）出河陰藕池，為曜等所追及。百官士庶，死者三萬餘人。帝蒙塵於平陽。劉聰以帝為會稽公。七年（西元313年），正月，聰大會，使帝著青衣行酒，侍中庾珉號哭，賊惡之。會有告珉及王俊等謀應劉琨者，帝遂遇弒，崩於平陽。（時年三十。）珉等皆遇害。史載苟崧之言：謂「懷帝天姿清劭，少著英猷，若遭承平，足為守文

佳主，而繼惠帝擾亂之後，東海專政，無幽、厲之釁，而有流亡之禍」。蓋晉之亡，其原因雖非一端，而懷帝之坐困於洛陽，則東海實為之，其罪要未容末減也。

# 第五節　長安傾覆

懷帝立豫章王銓為太子，（銓，清河康王遐子。遐見第三節。）與帝同沒劉聰。（〈元帝紀〉：大興三年（西元 320 年），五月，景寅，孝懷帝太子詮遇害於平陽，帝三日哭。）洛陽之急也，司空荀藩，（勗子。）與弟光祿大夫組奔轘。（見上節。）及是，移檄州鎮，以琅邪王為盟主。（時王浚亦移檄天下，稱被中詔，承制以藩為太尉。）豫章王端（銓弟，銓為太子封。）東奔苟晞，晞立為皇太子，自領尚書令，具置官屬，保梁國之蒙縣。（在今河南商邱縣東北。）使王贊屯陽夏。（秦縣，今河南太康縣。）晞出於孤微，位至上將，志頗盈滿。奴婢將千人，侍妾數十，終日累夜，不出戶庭，刑政苛虐，縱情肆欲，由是眾心稍離。九月，石勒攻陽夏，滅王贊，馳襲蒙城，執晞，署為司馬，月餘乃殺之。豫章王端亦沒於賊。（時傳祗與晞共建行臺，晞推祗為盟主，以司徒持節大都督諸軍事傳檄四方。祗子宣，尚弘農公主，只遣宣將公主與尚書令和郁赴告方伯，徵義兵。自屯孟津小城，宣弟暢行河陰令，以待宣。只以暴疾薨。暢沒於石勒。孟津，見第二章第二節。河陰，見上節。）

南陽王模之代河間王顒也，關中饑荒，百姓相啖，加以疾癘，盜賊公行。模力不能制，乃鑄銅人、鐘鼎為釜器以易穀，議者非之。東海王越表徵模為司空。模謀臣於定說模曰：「關中天府之國，霸王之地，今以不能綏撫而還，既於聲望有虧；又公兄弟唱起大事，而並在朝廷，若自強則有專權之罪，弱則受制於人；非公之利也。」模納其言，不就徵。及洛京傾

覆，模使牙門將趙染戍蒲坂。（見上節。）染求馮翊太守，（馮翊，見第二章第二節。）不得，怒，率眾降於劉聰。聰以為平西將軍，使與其安西將軍劉雅率眾二萬攻模。劉粲、劉曜率大軍繼之。模使淳于定距之，為染所敗。士眾離叛，倉庫虛竭。軍祭酒韋輔曰：「事急矣，早降可以免。」模從之。染箕踞攘袂，數模之罪，送詣粲，粲殺之。時永嘉五年八月也。聰以劉曜為雍州牧，鎮長安。

武帝子吳孝王晏之子業，出後伯父柬，（見第一節，）襲封秦王，茍藩之甥也。避難於密，（漢縣，今河南密縣。）與藩、組相遇。行臺以密近賊，南趣許、潁。閻鼎者，天水人。（天水，見第二章第二節。）初為東海王越參軍。行豫州刺史，屯許昌。遭母喪，於密縣鳩集流人數千，欲還鄉里。司徒左長史劉疇，在密為塢主。中書令李晅，（此依〈閻鼎傳〉。〈王浚傳〉作李絙。）太傅參軍騶捷、劉蔚，鎮軍長史周，司馬李述，皆來赴疇。僉以鼎有才用，且手握強兵，勸藩假鼎冠軍將軍、豫州刺史，蔚等為參佐。鼎因西人思歸，欲立功鄉里，乃與撫軍長史王毗，司馬傅遜懷翼戴秦王之計。謂疇、捷等曰：「山東非霸王處，不如關中。」傅暢遺鼎書，勸奉秦王過洛陽，拜謁山陵，徑據長安。鼎得書，便欲詣洛。流人謂北道近河，懼有抄截欲南自武關。（見第三節。）疇等皆山東人，不願西入，茍藩及疇、捷等皆逃散。鼎追藩，不及。晅等見殺。唯、述走得免。遂奉秦王自宛趣武關。（宛見上節。）頻遇山賊，士卒亡散。次於藍田，（見第三節。）鼎告雍州刺史賈疋。疋，武威人，魏太尉詡曾孫也，初為安定太守。雍州刺史丁綽貪橫，失百姓心。譖疋於南陽王模。模以軍司謝班伐疋。疋奔瀘水，（即盧水胡，見第二章第二節。此據〈疋傳〉。〈模傳〉云：模表遣世子保為西中郎將、東羌校尉，鎮上邽。秦州刺史裴苞距之。模使帳下都尉陳安攻苞，苞奔安定。疋以郡迎苞。模遣軍司謝班伐疋。疋退奔瀘水。上邽，見第三節。安定，見第二章第二節。）與胡彭蕩仲及氐竇

首結為兄弟，聚眾攻班。綽奔武都。（見第二章第二節。）疋復入安定，殺班。愍帝以疋為雍州刺史。（《晉書・疋傳》如此。案時愍帝尚為秦王，〈傳〉採其後稱之。）疋率戎晉二萬餘人，將伐長安。新平太守竺恢亦固守。（新平，見第二章第二節。）劉粲聞之，使劉朧、劉雅及趙染距疋。先攻恢，不克。疋邀擊，大敗之。朧中流矢，退走。疋追之，至於甘泉。（漢甘泉宮，在今陝西淳化縣西北甘泉山上。）旋自渭橋襲蕩仲，殺之。（渭橋，在長安西北。）關中小定。乃遣州兵迎衛業，達於長安，又使京兆尹梁綜助守。遂共奉業為皇太子，時永嘉六年九月也。（據〈疋傳〉及〈本紀〉。〈劉聰載記〉云：劉朧既據長安，安定太守賈疋，及諸氐、羌，皆送質任，唯雍州刺史麴特、新平太守竺恢固守不降。護軍麴允，頻陽令梁肅，自京兆南山，將奔安定，遇疋任子於陰密，擁還臨涇。推疋為平南將軍，率眾五萬，攻朧於長安。扶風太守梁綜及麴特、竺恢等，亦率眾十萬會之。朧遣劉雅、趙染來距，敗績而還。朧又盡長安銳卒，與諸軍戰於黃丘，朧眾大敗，中流矢，退保甘渠。杜人王禿、紀持等攻劉粲於新豐，粲還平陽，朧攻陷池陽，掠萬餘人，歸於長安。時閻鼎等奉秦王為皇太子，入於雍城、關中戎晉，莫不響應。麴特等圍長安，朧連戰敗績，乃驅士女八萬餘口，退還平陽。頻陽，秦縣，在今陝西富平縣東北。陰密，漢縣，在今甘肅靈臺縣西。臨涇，漢縣，在今甘肅鎮原縣南。扶風，見第二章第二節。黃丘，胡三省《通鑑注》云：在雲陽縣黃嶺山下。靈陽，漢縣，在今陝西淳化縣西北。甘渠，蓋即甘泉。杜縣，在長安西南。新豐，漢縣，在今陝西臨潼縣東。池陽，漢縣，在今陝西涇陽縣西北。雍，漢縣，在今陝西鳳翔縣南。）以鼎為太子詹事，總攝百揆。梁綜與鼎爭權，鼎殺綜，以王毗為京兆尹。〈鼎傳〉云：鼎首建大謀，立功天下。始平太守麴允，（始平，見第二章第二節。）撫夷護軍索，並害其功，且欲專權。馮翊太守梁緯，北地太守梁肅，（北地，見第二章第二節。）並綜母弟，琳之姻也。

謀欲除鼎。乃證其有無君之心，專戮大臣，請討之。遂攻鼎。鼎出奔雍，為氐竇首所殺。案麴允金城人，世為豪族。（金城，見第二章第二節。），敦煌人，靖之子。（敦煌，見第二章第二節。）河間王使與張方東迎乘輿。後轉為南陽王模從事中郎。遷新平、馮翊太守。拒劉聰，屢有戰功。及模被害，泣曰：「與其俱死，寧為伍子胥。」乃赴安定，與賈疋、梁綜（時為扶風太守。）、麴允等糾合義眾，頻破賊黨，與鼎共立秦王為太子。亦皆志節之士，非妒賢疾能者。是時之爭，蓋黨派不易驟合，雖各懷公忠之心，而釁禍仍不能彌，擾攘之際類然，亦不足為誰咎也。（賈疋亦志節之士，其送質任於劉曜，蓋欲以為後圖，非叛晉也。）賈疋旋因討賊遇害。（〈本紀〉稱賊張連。〈疋傳〉云：蕩仲子夫護，帥群胡攻之，疋敗走，夜墮於澗，為夫護所害。蓋連與夫護，合而為寇。）眾推麴允領雍州刺史，為盟主，承制選置。明年，（永嘉七年（西元 313 年），愍帝建興元年。）四月，懷帝崩問至，業即位，是為愍帝。

　　愍帝既立，以麴允為尚書左僕射，錄尚書，雍州刺史如故。索為右僕射，領京兆尹。建興二年（西元 314 年），六月，劉曜、趙染寇新豐諸縣，索討破之。七月，曜、染等又逼京都，麴允討破之。染中流矢而死。（〈本紀〉。〈劉聰載記〉云：染寇北地，中流矢而死。）三年（西元 315 年），正月，以侍中宋哲為平東將軍，屯華陰。（見第三節。）九月，劉曜寇北地，命麴允討之。十月，允進攻青白城。（此據〈本紀〉，〈允傳〉作清白城。）劉曜聞之，轉寇上郡。（見第二章第二節。）劉聰陷馮翊，太守梁肅奔萬年。（見第三節。此據〈本紀〉及〈麴允傳〉。〈劉聰載記〉：劉曜又進軍屯於粟邑。麴允飢甚，去黃白而軍於靈武。曜進攻上郡，太守張禹，與馮翊太守梁肅，奔於允吾。於是關右翕然，所在應曜。曜進據黃阜。粟邑，漢縣，在今陝西白水縣西北。黃白，城名，在今陝西三原縣東北。靈武，漢縣，在今寧夏寧朔縣西北。允吾，漢縣，在今甘肅皋蘭縣西北。黃阜，未

詳。）四年（西元 316 年），四月，麴允救上郡，軍於靈武，以兵弱不敢進。上郡太守籍韋率其眾奔於南鄭。（梁州治，見第三節。）七月，曜攻北地，允率步騎三萬救之，王師不戰而潰。太守麴昌奔京師。曜進至涇陽，（見第二章第二節。）渭北諸城悉潰。八月，曜進逼京師。內外斷絕，麴允與公卿守長安小城以自固。散騎常侍華輯，監京兆、馮翊、弘農、（見第二章第二節。）上洛（晉郡，今陝西商縣。）四郡兵，東屯霸上；鎮軍將軍胡崧，（南陽王保所遣，見下。）帥城西諸郡兵屯遮馬橋；並不敢進。

十月，京師饑甚，米斗金二兩，人相食，死者大半。大倉有麴數十餅，麴允屑為粥以供帝，至是復盡。帝泣謂允曰：「今窘厄如此，外無救援，死於社稷，是朕事也。朕念將士，暴離斯酷。今欲因城未陷，為羞死之事，庶令黎元，免屠爛之苦。行矣遣書，朕意決矣。」十一月，乙未，使侍中宋敞送籤於曜。帝乘羊車，肉袒、銜璧、輿櫬出降。群臣號泣攀車，執帝之手，帝亦悲不自勝。曜焚櫬受璧，使宋敞奉帝還宮。辛丑，帝蒙塵於平陽。麴允及群官並從。劉聰假帝光祿大夫懷安侯。壬寅，聰臨殿，帝稽首於前，麴允伏地慟哭，因自殺。明年，十月，聰出獵，令帝行車騎將軍，戎服執戟為導。百姓聚而觀之，故老或唏噓流涕。聰聞而惡之。聰後因大會，使帝行酒洗爵；返而更衣，又使帝執蓋；晉臣在坐者多失聲而泣。尚書郎辛賓抱帝慟哭，為聰所害。十二月，戊戌，帝遇弒，崩於平陽。（時年十八。）

〈本紀〉云：「帝之繼皇統也，屬永嘉之亂，天下崩離。長安城中，戶不盈百，牆宇頹毀，蒿棘成林。朝廷無車馬章服，唯桑版署號而已。眾唯一旅，公私有車四乘。器械多闕，運饋不繼。巨猾滔天，帝京危急，諸侯無釋位之志，徵鎮闕勤王之舉，故君臣窘迫，以至殺辱云。」案愍帝之亡，全由關中之荒毀，及諸鎮之坐視。帝即位越月，即以琅邪王睿為左丞相，大都督陝東諸軍事。南陽王保為右丞相，大都督陝西諸軍事。詔二

王：「今幽、並兩州，勒卒三十萬，直造平陽。右丞相宜帥秦、涼、雍虎
旅三十萬，徑詣長安；左丞相帥所領精兵二十萬，徑造洛陽；分遣前鋒，
為幽、並後駐。」三年（西元 315 年），二月，又進琅邪王為大都督督中外
諸軍事，南陽王為相國。蓋其所期望於方鎮者至深。進搗賊巢，奔問官
守，或非幽、並、揚、徐之力所及，然力之能及者，即不論君臣之義，輔
車相依之理，要自不可忘也。當時雍州實為秦、涼外蔽。乃〈索傳〉言：
帝累徵兵於南陽王保，保左右議曰：「蝮蛇在手，壯士解腕，且斷隴道，
以觀其後。」從事中郎裴詵曰：「蛇已螫頭，頭可截不？」保以胡崧為前軍
都督，須諸軍集乃當發。麴允欲挾天子趨保，以保必逞私慾，乃止。自長
安以西，不復奉朝廷，百官饑乏，採稆自存。〈張寔傳〉：其父軌卒，州
人推寔攝父位，愍帝因下策書授之。劉曜逼長安，寔遣將軍王該率眾以援
京城，（〈本紀〉：建興四年（西元 316 年），四月，涼州刺史張寔遣步騎
五千，來赴京都。）帝嘉之，拜都督陝西諸軍事。及帝將降於劉曜，下詔
於寔，進寔為大都督、涼州牧、司空，承制行事。又言已詔琅邪王：時攝
大位，君其協贊琅邪，共濟艱運。蓋西朝區區，始終不忘情於諸侯之釋位
者如此。然寔叔父西海太守肅，（王莽置西海郡，光武中興棄之。至獻帝
興平二年（西元 195 年），武威太守張雅請置西海郡，分張掖之居延一縣
以屬之。）請為前鋒擊劉曜，寔卒弗許，致肅聞京師陷沒，悲憤而卒。蓋
當時方鎮之坐視朝廷傾覆又如此。饑窮之長安，果將何以自立哉？麴允、
索，自為志節之士。〈索傳〉云：劉曜圍京城，與麴允固守長安小城。胡
崧承檄奔命，破曜於靈臺。（《三輔黃圖》：周文王靈臺，在長安西四十
里。）崧慮國家威舉，則麴、索功盛，乃案兵渭北，遂還槐里。（漢縣，
今陝西興平縣。案此亦厚誣，當時崧之兵力，實未足以進取也。）城中饑
窘，人相食，死亡逃奔不可制，唯涼州義眾千人，守死不移。帝使宋敞送
箋降於曜，潛留敞，使其子說曜曰：「今城中糧猶足支一歲，未易可克也。

若許以車騎、儀同、萬戶郡公者，請以城降。」矍斬而送之，日：「天下之惡一也。」及帝出降，隨帝至平陽，劉聰以其不忠於本朝，戮之於東市。夫當易子析骸之時，而猶為誑語以徼富貴，縱置之志節勿論，有如是其愚者乎？之潛留宋敞，使易說辭，蓋猶陰有所圖，冀存宗社於萬一。其說辭如何不可知，而謂其求車騎、儀同、萬戶郡公，則必敵國誣罔之辭也。晉之公卿百官，為劉聰所害者甚多，（見於〈本紀〉者，辛賓外尚有尚書梁允，侍中梁濬，散騎常侍嚴敦，左丞相臧振，黃門侍郎任播、任偉、杜晏及諸郡守，皆至平陽後見殺。）豈皆以其不忠於本朝哉？〈麴允傳〉云：允性仁厚，無威斷。吳皮、王隱之徒，無賴凶人，皆加重爵。新平太守竺恢，始平太守楊像，扶風太守竺爽，安定太守焦嵩，皆徵、鎮、杖節，加侍中、常侍。村塢主帥，小者猶假銀青、將軍之號，欲以撫結眾心。然諸將驕恣，恩不及下，人情頗離，羌、胡因此跋扈，關中淆亂。劉曜復攻長安，百姓饑甚，死者大半。久之，城中窘逼，帝將出降，嘆日：「誤我事者，麴、索二公也。」夫烏合之眾之不易馭久矣，然允及用之，雖值饑窮，猶能累致克捷，與逆胡相枝柱者且四年，賞罰無章者而能然乎？羊車之辱，全由愍帝之不能死國，謂「誤我事者麴、索二公」，蓋深悔當時之稱尊矣。然以是為麴、索罪，可乎？

# 第六節　巴氏據蜀

　　晉世海宇分裂，首起割據者，實為巴氏，其事尚在劉淵創亂之前，特其地較偏，未能牽動大局耳。《晉書·載記》云：李特，巴西宕渠人。（宕渠，漢縣，後漢嘗置郡，旋廢，故城在今四川渠縣東北。）其先廩君之苗裔也。昔武落鍾離山崩，（山在今湖北長楊縣西北。）有石穴二所：其一赤如丹，一黑如漆。有人出於赤穴者，名日務相，姓巴氏。有出於黑

穴者，凡四姓：曰曋氏，（《後漢書》作曋氏。）樊氏，柏氏，（《後漢書》作相氏。）鄭氏。五姓俱出，皆爭為神。於是相與以劍刺穴屋，能著者以為廩君。四姓莫著，而務相之劍懸焉。又以土為船，雕畫之，而浮水中，曰：「若其船浮存者，以為廩君。」務相船又獨浮，於是遂稱廩君。乘其土船，將其徒卒，當夷水而下。至於鹽陽。（《後漢書注》云：今施州清江縣水，一名鹽水。案即今湖北之清江水。）鹽陽水神女子，止廩君曰：「此魚鹽所有，地又廣大，與君俱生，可止無行。」廩君曰：「我當為君，求廩地，不能止也。」鹽神夜從廩君宿，旦輒去為飛蟲。諸神皆從其飛，蔽日晝昏。廩君欲殺之，不可別；又不知天地東西。如此者十日，廩君乃以青縷遺鹽神，曰：「嬰此。即宜之，與汝俱生；弗宜，將去汝。」鹽神受而嬰之。廩君立碭石之上，望膺有青縷者，跪而射之，中鹽神，鹽神死，群神與飛者皆去，天乃開朗。廩君復乘土船下，及夷城。夷城石岸曲，泉水亦曲。廩君望如穴狀，嘆曰：「我新從穴中出，今又入此，奈何？」岸即為崩。廣三丈餘，而階陛相乘。廩君登之。岸上有平石，方一丈，長五尺。廩君休其上。投策計算，皆著石焉。因立城其旁而居之。其後種類遂繁。秦並天下，以為黔中郡。（秦黔中郡，漢改為武陵，故治在今湖南漵浦縣境。）薄賦斂之，口出錢四十。巴人呼賦為賨，因謂之賨人焉。（案此說殊誤。《後漢書·劉表傳》：江南宗賊大盛；《三國·吳志·士燮傳》：燮子徽，自署交趾太守，發宗兵拒戴良；是其字本作宗。宗人所出之賦，則加貝為賨，乃賦以人名，非人以賦名也。）及漢高祖為漢王，募賨人平定三秦。既而求還鄉里。高祖以其功，復同豐、沛，不供賦稅。更名其地為巴郡。（漢巴郡，治江州，今四川江北縣。）俗性剽勇，又善歌舞。高祖愛其舞，詔樂府習之，今巴渝舞是也。《後漢書·南蠻傳》，以巴郡南郡蠻為廩君之後，述廩君事與《晉書》同，而辭較略。又有板楯蠻夷者，云：秦昭襄王時，有一白虎，常從群虎，數遊秦、蜀、巴、漢之境，傷害千餘人。昭王

乃重募國中：有能殺虎者，賞邑萬家，金百鎰。時有巴郡閬中夷人，（閬中，秦縣，劉璋於此置巴西郡，今四川閬中縣西。）能作白竹之弩，乃登樓射殺白虎。昭王嘉之，而以其夷人，不欲加封，乃刻石盟要，復夷人頃田不租，十妻不算，傷人者論，殺人者以倓錢贖死。盟曰：「秦犯夷，輸黃龍一雙，夷犯秦，輸清酒一鐘。」夷人安之。至高祖為漢王，發夷人還伐三秦。秦地既定，乃遣還巴中。復其渠帥羅、樸、督、鄂、度、夕、龔七姓，不輸租賦。餘戶乃歲入賨錢，口四十。世號為板楯蠻夷。閬中有渝水，其人多居水左右。天性勁勇。初為前鋒，數陷陳。俗喜歌舞。高祖觀之，曰：「此武王伐紂之歌也。」乃命樂人習之。所謂巴渝舞也。遂世世服從。至於中興，郡守常率以征伐。其述巴郡南郡蠻則云：秦惠王並巴中，以巴氏為蠻夷君長，世尚秦女。其民爵比不更，有罪得以爵除。其君長，歲出賦二千一十六錢，三歲一出義賦千八百錢。其民，戶出幏布八丈二尺，雞羽三十。觀賦法之不同，知巴氏等五姓與羅氏等七姓實為兩部落，《晉書》辭不別白。然其同為氐族，則無疑也。《晉書》又云：漢末，張魯居漢中，以鬼道教百姓，賨人敬信巫覡，多往奉之。直天下大亂，自巴西之宕渠，遷於漢中楊車坂，抄掠行旅，百姓患之。號為楊車巴。魏武帝克漢中，特祖將五百餘家歸之。魏武帝拜為將軍，遷於略陽北土。（略陽，見第二章第二節。）復號之為巴氏。宕渠距閬中近，鹽水遠，李特之先，似當屬板楯蠻夷，不與巴郡南郡蠻同部，特板楯蠻夷，亦未必不以廩君為共祖耳。

　　李特父慕，為東羌獵將。特少仕州郡，見異當時。元康中，氐齊萬年反，關西擾亂，頻歲大饑。百姓乃流移就谷。相與入漢川者數萬家。既至漢中，上書求寄食巴、蜀。朝議不許。遣侍御史李苾持節慰勞，且監察之，不令入劍閣。（在今四川劍閣縣北。）苾至漢中，受流人貨賂，反為表曰：「流人十萬餘口，非漢中一郡，所能振贍。東下荊州，水湍迅險，

又無舟船。蜀有倉儲，人復豐稔，宜令就食。」朝廷從之，由是散在益、梁，不可禁止。永康元年（西元 300 年），詔徵益州刺史趙廞為大長秋，以成都內史耿滕（此據〈載記〉，〈帝紀〉與《華陽國志》，俱作耿勝。）代廞，廞遂謀叛。乃傾倉廩，振施流人，以收眾心。特之黨類，皆巴西人，與廞同郡，率多勇壯，廞厚遇之，以為爪牙。特等聚眾，專為寇盜，蜀人患之。滕密上表，以為「流人剛剽，而蜀人懦弱，客主不能相制，必為亂階，宜使移還其本。」廞聞而惡之。時益州文武千餘人，已往迎滕。滕率眾入州。廞遣眾逆滕；戰於西門，滕敗，死之。廞自稱大都督、大將軍、益州牧。特弟庠，與兄弟及妹夫李含等以四千騎歸廞。廞使斷北道。庠素東羌良將，部陳蕭然。廞惡其齊整，用長史杜淑、司馬張粲之言殺之，及其子姪、宗族三十餘人。復以特兄弟為督將，以安其眾。牙門將許弇求為巴東監軍。（巴東郡，劉璋置，在今四川奉節縣北。）杜淑、張粲固執不許。弇怒，於合下手刃殺淑、粲；左右又殺弇；皆廞腹心也。特兄弟怨廞，引兵歸綿竹。（漢縣，今四川德陽縣北。）廞恐朝廷討己，遣長史費遠，犍為太守李苾，（犍為，漢郡，後漢治武陽，今四川彭山縣東。）督護常俊督萬餘人斷北道，次綿竹之石亭。（渡名，在今四川什邡縣東雒江上。）特密收合，得七千餘人，夜襲遠軍，遠大潰。進攻成都，廞走。至廣都，（見第二章第二節。）為下人所殺。特至成都，縱兵大掠。遣其牙門詣洛陽，陳廞罪狀，先是惠帝以梁州刺史羅尚為益州刺史。督牙門將王敦，上庸都尉義歆，（上庸，秦縣，後漢置郡，今湖北竹山縣。）蜀郡太守徐儉，蜀郡，治成都。廣漢太守辛冉等（廣漢郡，後漢治雒，今四川廣漢縣。）凡七千餘人入蜀。特等聞尚來，甚懼，使其弟驤於道奉迎，並貢寶物。尚甚悅，以驤為騎督。特及弟流，復以牛酒勞尚於綿竹。王敦、辛冉，並說尚因會斬之，尚不納。尋有符下秦、雍州：凡流人入漢川者，皆下所在召還。特兄輔，素留鄉里，託言迎家，既至蜀，謂特曰：「中國方亂，不足

復還。」特以為然，乃有雄據巴蜀之志。朝廷以討趙廞功，封拜特、流。璽書下益州，條列六郡流人，與特協同討廞者，將加封賞。會辛冉以非次見徵，不願應召；又欲以滅廞為己功；乃寢朝命，不以實上。眾咸怨之。羅尚遣從事催遣流人，限七月上道。辛冉性貪暴，欲殺流人首領，取其資貨。乃移檄發遣，又令梓潼太守張演，（梓潼，漢縣，蜀置郡，今四川梓潼縣。）於諸要施關，搜尋寶貨。特等固請，求至秋收。流人布在梁、益，為人傭力，及聞州郡逼遣，人人愁怨，不知所為。又知特兄弟頻請求停，皆感而恃之。且水雨將降，年穀未登，流人無以為行資，遂相與詣特。特乃結大營於綿竹，以處流人。移冉求自寬。冉大怒，遣人分榜通逵，購募特兄弟。特見，大懼，悉取以歸，與驤改其購云：「能送六郡之豪李、任、閻、趙、楊、上官及氐、叟侯王一首，賞百匹。」流人既不樂移，咸往歸特，旬月間眾過二萬，流亦聚眾數千。特乃分為二營：特居北營，流居東營。特遣閻式（與特同移者，時為始昌令。始昌，晉縣，在今甘肅西和縣北。）詣羅尚求申期。式既至，見辛冉營柵衝要，謀搕流人；又知冉及李苾，意不可回；乃辭尚還綿竹。尚謂式曰：「子且以吾意，告諸流人，今聽寬矣。」式至綿竹，言於特曰：「尚雖云爾，然威刑不立，冉等各擁強兵，一旦為變，亦非尚所能制，深宜為備。」特納之。冉、苾相與謀曰：「羅侯貪而無斷，日復一日，流人得展奸計，宜為決計，不足復問之。」乃遣廣漢都尉曾元，牙門張顯、劉並等，潛率步騎三萬襲特營。羅尚聞之，亦遣督護田佐助元。特素知之，乃繕甲厲兵，戒嚴以待。元等至，發伏擊之，殺傷甚眾。害佐、元、顯，傳首以示尚、冉。於是六郡流人，推特為主。上書請依梁統奉竇融故事，推特行鎮北大將軍，承制封拜；流行鎮東大將軍；以相鎮統。進兵攻冉於廣漢。尚遣李苾及費遠救冉，不敢進。冉奔江陽。（漢縣，劉璋置郡，今四川瀘縣。）特入據廣漢。進兵攻尚於成都。閻式遺尚書，責其信用讒構，欲討流人。又陳特兄弟，立

功王室，以寧益土。尚覽書，知特等將有大志，嬰城固守，求救於梁、寧二州。於是特自稱使持節、大都督、鎮北大將軍，承制封拜，一依竇融在河西故事。（據〈本紀〉，時在永寧元年十月。）尚頻為特所敗，乃阻長圍，緣水作營，自都安至犍為七百里，與特相距。（都安，蜀縣，在今四川灌縣東。）河間王顒遣督護衙博，廣漢太守張征討特。南夷校尉李毅（武帝置於寧州。寧州，泰始七年（西元 271 年）分益州置。治雲南，在今雲南祥雲縣南。一說治味，在今雲南曲靖縣西。）又遣兵五千助尚。尚遣督護張龜軍繁城，（繁，漢縣，今四川新繁縣西北。）三道攻特。特命子蕩、雄襲博，躬擊張龜。龜大敗，博亦敗績。蕩追博至漢德，（蜀縣，今四川劍閣縣東北。）博走葭萌。（漢葭明縣，後漢作葭萌，蜀改曰漢壽，晉改曰晉壽，在今四川昭化縣東南。）蕩進寇巴西。郡丞毛植，五官襄珍以郡降。蕩進攻葭萌，博又遠遁。（《紀》太安元年五月。）特自稱益州牧，都督梁、益二州諸軍事，大將軍，大都省。準攻張徵。徵據險相持，候特營空虛，遣步兵循山攻之。特逆戰，不利。蕩軍至，殊死戰，徵軍乃潰。特欲釋徵還涪，（涪，漢縣，晉更名涪城，今四川綿陽縣。）蕩不可，復進攻徵。遂害徵，以蹇碩為德陽太守。（德陽，後漢縣，在今四川遂寧縣境。）碩略地至巴郡之墊江。（漢縣，今四川合川縣。）特之攻張徵也，使李驤等屯軍毗橋（胡三省云：今懷安軍西北有中江，源從漢中彌牟。雒水、毗橋水三水會為一江。案宋懷安軍故城，在今四川金堂縣東南。彌牟鎮，在今四川新都縣北。）以備羅尚。李流亦進軍成都之北。梁州刺史許雄遣兵攻特，特破之。進擊破尚水上軍。遂寇成都。蜀郡太守徐儉以小城降，羅尚據大城自守。是時蜀人危懼，並結村堡，請命於特，特遣人安撫之。益州從事任明（此據〈載記〉。〈羅尚傳〉作兵曹從事任銳。《通鑑》從《華陽國志》作任叡。）說尚曰：「特既凶逆，侵暴百姓，又分散人眾，在諸村堡，驕怠無備，是天亡之也。可告諸村，密刻期日，內外擊之，破之

必矣。」尚從之。明先偽降特，因求省家。特許之。明潛說諸村，諸村悉聽命。惠帝遣荊州刺史宋岱、建平太守孫阜救尚。（建平，吳郡，今四川巫山縣。）阜次德陽，特遣蕩助任臧距阜。尚遣大眾，掩襲特營，連戰，斬特。（《紀》在太安二年三月，云宋岱擊斬之。）特既死，蜀人多叛，流人大懼。流與蕩、雄收遺眾還保赤祖。（胡三省曰：當在綿竹東。）流保東營，蕩、雄保北營。流自稱大將軍、大都督，益州牧。時宋岱水軍三萬，次於墊江。前鋒孫壽破德陽，獲騫碩。任臧等退屯涪陵，（蜀郡，今四川涪陵縣西。）羅尚遣督護常深軍毗橋，牙門左氾、黃訇、何沖三道攻北營。流身率蕩、雄攻深柵，克之，追至成都。尚閉門自守。蕩馳馬追擊，傷死。流以特、蕩並死，岱、阜又至，甚懼。李含又勸流降，流將從之。雄與驤迭諫，不納。流遣子世及含子胡質於阜軍。胡兄離，聞父欲降，自梓潼馳還欲諫，不及。退與雄謀襲阜軍，曰：「若功成事濟，約與君三年迭為主。」雄曰：「今計可定，二翁不從，將若之何？」離曰：「今當制之。若不可制，便行大事。翁雖是君叔，勢不得已。老父在君，夫復何言？」雄大喜。乃攻尚軍。尚保大城，雄渡江，害汶山太守陳圖。（晉汶山郡，在今四川理番縣境。）遂入郫城。（郫，秦縣，今四川郫縣北。）流移營據之。三蜀百姓，（左思《蜀都賦注》：漢高分蜀置廣漢，漢武又分蜀置犍為，故曰三蜀。）並保險結塢，城邑皆空，流野無所略，士眾饑困。涪陵人范長生，率千餘家依青城山。（在今四川灌縣西南。）尚參軍涪陵徐轝，求為汶山太守，欲要結長生等，與尚犄角討流。尚不許。轝怨之，求使江西，遂降於流。說長生等，使資給流軍糧，長生從之，故流軍復振。流死，諸將共立雄為主。雄自稱大將軍、益州牧，都於郫城。羅尚遣將攻雄，雄擊走之。李驤攻犍為，斷尚運道，尚軍大餒，攻之又急，遂留牙門羅特固守，委城夜遁。特開門納雄，遂克成都。於時雄軍饑甚，乃率眾就穀於郪，（漢縣，在今四川三臺縣南。）掘野芋而食之。雄以范長

生巖居穴處，求道養志，欲迎立為君而臣之。長生固辭。雄乃深自挹損，不敢稱制，事無巨細，皆決於李國、李離兄弟。國等事雄彌謹。諸將固請雄即尊位。以永興元年（西元304年）僭稱成都王。范長生乘素輿詣成都。雄迎之於門，執版延坐，拜丞相，尊曰范賢。長生勸雄稱尊號。雄於是僭即帝位，國號蜀。（《通鑑考異》曰：《晉帝紀》、《三十國晉春秋》皆云：永興二年六月，雄即帝位。《華陽國志》：光熙元年（西元306年），雄即帝位。《後魏書・序紀》及〈李雄傳〉皆云昭帝十二年雄稱帝，即光熙元年（西元306年）也。）遣李國、李雲等寇漢中。梁州刺史張殷奔長安，（參看第九節。）國等陷南鄭，盡徙漢中之人於蜀。南夷校尉李毅固守不降，雄誘建寧夷使討之，（建寧，蜀郡，在今雲南曲靖縣西。）毅病卒，城陷。殺壯士三千餘人，送婦女千口於成都。時李離據梓潼，其部將羅羨、張金苟等，殺離及閻式，以梓潼歸羅尚。尚遣其將向奮屯安漢之宜福（安漢，漢縣，今四川南充縣。）以逼雄。雄攻奮，不克。李國鎮巴西，其帳下文碩，又殺國，以巴西降尚。雄乃引還。遣其將張寶襲梓潼，陷之。會羅尚卒，巴郡亂，李驤攻涪，又陷之，執梓潼太守譙登。乘勝討文碩，害之。南得漢嘉、（漢青衣縣，後漢改曰漢嘉，蜀置郡，晉並廢，故治在今四川雅安縣北。）涪陵，遠人繼至。雄於是下寬大之令，降附者皆假復除，益州遂定。遣李驤徵越嶲，太守李釗降。（越嶲郡，晉治會無，今四川會理縣。《明帝紀》：太寧元年（西元323年），正月，李驤、任回寇臺登，將軍司馬玟死之。越嶲太守李釗，漢嘉太守王載以郡叛降於驤。任回，亦與特同移者。臺登，漢縣，在今四川冕寧縣東。）進攻寧州，刺史王遜使其將姚嶽悉眾距戰，驤軍不利，引還。（〈王遜傳〉：轉魏興太守。惠帝末，西南夷叛，寧州刺史李毅卒，城中百餘人奉毅女，固守經年。永嘉四年（西元310年），治中毛孟詣京師求刺史，不見省。孟固陳，乃以遜為南夷校尉、寧州刺史。使於郡便之鎮。遜與孟俱行。道遇寇賊，踰年乃至。外

逼李雄，內有夷寇，吏士散沒，城邑丘墟。遜披荒糾厲，收聚離散。誅豪
右不奉法度者數十家。征伐諸夷，俘馘千計。於是莫不振服，威行寧土。
先是越巂太守李釗，為李雄所執，自蜀逃歸，遜復以釗為越巂太守。李雄
遣李驤、任回攻釗。釗自南秦，與漢嘉太守王載共距之。戰於溫水，釗敗
績。載遂以二郡附雄。後驤等又渡瀘水寇寧州。遜使將軍姚崇、爨琛距
之，戰於堂狼，大破驤等。崇追至瀘水，落水死者千餘人。崇以道遠，不
敢渡水。遜以崇不窮追也，怒，囚群帥，執崇鞭之。怒甚，髮上衝冠，冠
為之裂，夜中卒。州人立遜仲子堅，行州府事。詔除堅南夷校尉、寧州刺
史。陶侃懼堅不能抗對蜀人，太寧末，表以零陵太守尹奉為寧州，徵堅還
京。《通鑑》：毅歿於光熙元年（西元 306 年）。其女名秀。釗即毅子，毅
存時往省其父，永嘉元年（西元 307 年），州人奉之。四年（西元 310 年），
王遜至州，以為朱提太守。魏興，魏郡，今陝西安康縣。南秦、晉縣，今
闕，當在四川舊敘州府境。堂狼，漢縣，後漢省，在今雲南會澤縣境。零
陵，漢郡，後漢治泉陵，今湖南零陵縣北。朱提，漢縣，後漢末置郡，在
今四川宜賓縣西南。）後又使驤子壽攻陷巴東，太守楊謙退保建平。壽別
遣費黑寇建平，巴東監軍毌丘奧退保宜都。（蜀郡，治夷道，今湖北宜都
縣西北。〈成帝紀〉：咸和五年（西元 330 年），十月，李壽寇巴東、建平，
監軍毌丘奧，太守楊謙退歸宜都。）李壽攻朱提，又使任回攻木落，（未
詳。）分寧州之援。寧州刺史尹奉降，（〈本紀〉：咸和八年（西元 333 年），
李壽陷寧州，刺史尹奉及建寧太守霍彪並降之。）遂有南中之地。

　　巴氏之亂，原因有四：關西喪亂，不能綏撫，聽其流移，一也。流人
剛剽，蜀人軟弱，主不制客，二也。一統未久，人有好亂之心，三也。兵
力不足，指揮不一，四也。〈載記〉所書此事始末，殊不甚確。流人漂播，
理宜有以食之，謂李苾請許其就食於蜀，由於受賂，似近厚誣。（〈載記〉
云：趙廞使苾與黃遠同斷北道，似附廞為逆者，然晉朝任之如故，則苾或

力未能抗廞,而實未附之也。)羅尚者,憲之兄子。憲為蜀漢巴東太守,蜀亡,吳乘機攻憲,憲大破其軍,拒守經年,甚有威望。趙廞之叛,尚表曰:「廞非雄才,計日聽其敗耳。」其於蜀中事勢,似甚瞭然。尚與李氏,相持積年。梓潼、巴西,先後反正。李國、李離,權侔雄、蕩,閻式則為李特謀主,不能制下,皆就誅夷。使尚不死,蜀事正未可知。〈尚傳〉謂其性貪少斷,蜀人言曰:「尚之所愛,非邪則佞;尚之所憎,非忠則正。富擬魯、衛,家成市里,貪如豺狼,無復極已。」又曰:「蜀賊尚可,羅尚殺我,平西將軍,反更為禍。」果如所言,羅羕、文碩,豈肯歸之?〈李流載記〉云:特之陷成都小城,使六郡流人,分口入城,壯勇者督領邨堡。流言於特曰:「山藪未集,糧仗不多,宜錄州郡大姓子弟,以為質任,送付廣漢、繫之二營;收集猛銳,嚴為防衛。」又書與特司馬上官惇,深陳納降若待敵之義。〈羅尚傳〉亦言:宗岱、孫午兵盛,諸為寇所逼者,人有奮志,蜀人之非心服可知。特既死,流亦以饑困幾敗,然則范長生之充隱附逆,其於李氏,蓋深有造焉。風謠之可造作久矣,謂特能綏撫,尚病貪殘,豈其實哉?尚與李苾、辛冉,剛柔緩急,庸有不同,然潛襲特營,史謂計出冉、苾,而尚仍遣兵助之,其無大異同可知。趙廞且不能容李庠,流人安可復撫?晉朝封拜特、流,乃姑息之政,冉寢朝命,所謂因事制宜。晉朝既以滅廞為特、流之功,官爵之矣,冉安得而攘之?流人不過傭力自活,其有寶貨能行賂者,皆其錚錚佼佼者也,好亂樂禍,惑誤眾人,正在此輩,搜尋安得不嚴?豈能誣為欲貨?抑趙廞、李特,既已互相誅夷,李雄、李離,又欲棄其父叔;戰甫勝而流即死,其為良死與否,深有可疑;而雄與國、離兄弟,相猜之跡尤顯。然則流人酋長,本無大才,亦且不能和輯,平之實非甚難,特晉政不綱,並此而有所不能耳。古稱戰勝於朝廷,此則可謂戰敗於朝廷者也。

# 第七節　張氏據河西

涼州之地，距中原頗遠，然與西域相交通，其地實頗富饒，而文明程度亦頗高；西南苞河湟，又為畜牧樂土；故兩晉之世，始終有據以自立者。其首起者則張軌也。軌，安定烏氏人。（安定，見第二章第二節。烏氏，漢縣，在今甘肅平涼縣西北。）仕為安西軍司。軌以時方多難，陰圖據河西，遂求為涼州。永寧初，出為護羌校尉、涼州刺史。於是鮮卑反叛，寇盜縱橫。軌到官，即討破之。永興中，鮮卑若羅、拔能皆為寇。軌遣司馬宋配擊之，斬拔能，俘十餘萬口，威名大震。於是大城姑臧。（漢縣，為武威郡治，見第二章第二節。）永嘉初，東羌校尉韓稚，殺秦州刺史張輔，軌遣中督護氾瑗率眾二萬討之。先遣稚以書，稚得書而降。軌後患風，口不能言，使子茂攝州事。酒泉太守張鎮，（酒泉，漢郡，今甘肅酒泉縣。）潛引秦州刺史賈龕以代軌，密使詣京師，請尚書侍郎曹祛為西平太守，（西平，見第二章第二節。）為輔車之勢。軌別駕麴晁，欲專威福，又遣使詣長安告南陽王模，稱軌廢疾，以請賈龕，龕將受之。其兄讓之，龕乃止。更以侍中爰瑜為涼州刺史。治中楊澹，馳詣長安，割耳盤上，訴軌被誣。模乃銇停之。晉昌張越，（晉昌，晉郡，在今甘肅安西縣東。）涼州大族，從隴西內史遷梁州刺史。（隴西，見第二章第二節。）越志在涼州，遂託病歸河西。遣兄鎮及曹祛、麴佩移檄廢軌，以軍司杜耽攝州事，使耽弟越為刺史。軌以子寔為中督護，卒兵討鎮，鎮詣寔歸罪。南討曹祛，走之。武威太守張琠遣子坦馳詣京，表請留軌。帝優詔勞軌，依模所表。命誅曹祛。軌命寔率尹員、宋配步騎三萬討祛，斬之。於時天下既亂，所在使命，莫有至者。而軌遣使貢獻，歲時不替。光祿傅祇、太常摯虞遺軌書，告京師饑匱，軌即遣參軍杜勳獻馬五百匹，毯布三萬匹。然軌之所以盡力王室者，止於如此，及遣偏師入援而已，不能如陳武帝傾國遠出，躬事戡定也。河間、成都二王之難，軌遣兵三千，東赴京師。王

彌寇洛陽，軌遣北宮純、張纂、馬魴、陰澹等率州軍擊破之，又敗劉聰於河東。後王彌遂逼洛陽，軌又遣張斐、北宮純、郭敷率精騎五千，來衛京都。（京都陷，斐等皆沒於賊。）大府主簿馬魴言於軌曰：「四海傾覆，乘輿未返。明公以全州之力、徑造平陽，必當萬里風披，有徵無戰。未審何憚，不為此舉？」軌曰：「是孤心也，」然不能用。蓋其本圖僅在割據也。秦王入關，軌馳檄關中，言「宜簡令辰，奉登皇位。今遣前鋒督護宋配，步騎二萬，徑至長安，翼衛乘輿，折衝左右。西中郎寔，中軍三萬，武威太守張琠，胡騎二萬，駱驛繼發，仲秋中旬，會於臨晉。」（秦縣，今陝西大荔縣。）而秦州刺史裴苞，東羌校尉貫與據險斷使命，宋配討之。西平王叔，與曹祛餘黨麴儒，劫前福祿令麴恪為主，（漢祿福縣，後漢曰福祿，為酒泉郡治，即今酒泉縣也。）執太守趙彝，東應裴苞。寔回師討之，斬儒等。左督護陰預與苞戰狹西，大破之。苞奔凶桑塢。（未詳。）劉㬦寇北地，（見第二章第二節。）軌又遣參軍麴陶領三千人衛長安。建興二年（西元 314 年），五月，軌卒。州人推寔攝父位。愍帝以為都督涼州諸軍事，西中郎將、涼州刺史、領護羌校尉、西平公。劉曜逼長安，寔遣王該率眾援京城。帝嘉之，拜都督陝西諸軍事。及帝將降於劉曜，下詔進寔涼州牧、侍中、司空、承制行事。（寔以天子蒙塵，沖讓不拜。）使協贊琅邪王，而寔不許其叔父肅攻劉曜，致肅悲憤而卒，已見第五節。蓋其志在割據，一如其父也。寔遣大府司馬韓璞等督步騎一萬，東赴國難。命討虜將軍陳安，安故太守賈騫，（安故，漢縣，晉省，張氏復置，並置郡，故城在今甘肅臨洮縣南。）隴西太守吳紹，各統郡兵，為璞等前驅。璞次南安，（見第二章第二節。）諸羌斷路。相持百餘日，糧竭矢盡。會張閬率金城軍繼至，（金城，見第二章第二節。）乃夾擊敗之。焦崧、陳安逼上邽，（見第三章第三節。）南陽王保遣使告急。寔使金城太守竇濤率步騎二萬赴之。時保謀稱尊號。破羌都尉張詵言於寔曰：「南陽王忘大

恥而欲自尊，終非濟時救難者也，不如推崇晉王。」從之。然元帝即位，
寔猶稱建興年號。南陽王保欲奔寔，寔遣將聲言翼衛，而實御之，蓋既
專制一方，亦不欲人之上之矣。京兆人劉弘，挾左道，客居天梯山，（在
姑臧南。）受道者千餘人，寔左右皆事之。帳下閻沙，牙門趙仰，皆弘鄉
人。密與寔左右十餘人謀殺寔，奉弘為主。寔潛知其謀，收弘殺之。沙
等不知，以其夜害寔。（此據《晉書·寔傳》。《通鑑考異》曰：閻沙、趙
仰，《晉春秋》作閻涉、趙印。又寔既死，所遣收劉弘者史初乃弘。案〈載
記〉言寔收弘殺之，猶言寔遣人收弘，殺之二字，乃終言其事，不必弘之
見殺，在寔見害前也。）時大興三年六月也。子駿年幼，州人推寔弟茂攝
事。誅閻沙及黨與數百人。

# 第八節　鮮卑之興

　　五胡種落，鮮卑為大，蓋匈奴自降漢後，聚居并州；烏丸附塞久，亦
不復鄉北開拓；朔垂萬里，遂悉為鮮卑所據也。晉世鮮卑之大者：曰慕容
氏，曰段氏，曰宇文氏，曰拓跋氏，曰禿髮氏，曰乞伏氏。禿髮、乞伏二
氏，僅割據一隅，無關大局。慕容、段、拓跋三氏，與北方大局，關係較
深；而宇文氏與慕容氏地近，相齕最烈，宇文氏之敗，則慕容氏之所由興
也。今先述此四氏緣起如下：

　　《晉書·載記》曰：慕容廆，昌黎棘城鮮卑人也。（昌黎，見第二章第
二節。）胡三省曰：棘城，在昌黎縣界。）曾祖莫護跋，魏初，率其諸部，
居遼西，從宣帝伐公孫氏有功，拜率義王，始建國於棘城之北。時燕、代
多冠步搖冠，莫護跋見而好之，乃斂髮襲冠，諸部因呼之為步搖，其後音
訛，遂為慕容焉。案此說似近附會。胡三省謂《魏書》：漢桓帝時，檀石槐
分其地為三部，中部大人曰柯最闕，居慕容寺為大帥，（案《三國·魏志·

鮮卑傳注》引之。）是則慕容氏之始，（《通鑑》卷八十一晉武帝太康二年（西元281年）《注》。）說當近之。慕容寺蓋亦地以部族名者也。祖木延，左賢王。父涉歸，以全柳城之功，（柳城，漢縣，後漢省，在今遼寧興城縣西南。）進拜鮮卑單于，遷邑於遼東北。（遼東，秦郡，晉為國，治襄平，今遼寧遼陽縣。）涉歸死，弟耐篡位，（耐，《通鑑》依范亨《燕書》作刪。系此事於太康四年（西元283年）。《考異》以太康二年十月寇昌黎為涉歸之事。案其事已見第二章第二節。將謀殺廆，廆亡潛以避禍。後國人殺耐，迎廆立之。（《通鑑》系太康五年（西元284年）。）

　　《北史》稱宇文莫槐為匈奴。云出遼東塞外，其先南單于之遠屬也。世為東部大人。其語與鮮卑頗異，人皆翦髮，而留其頂上，以為首飾。案宇文氏為周之先。《周書·文帝紀》云：其先出自炎帝。神農氏為黃帝所滅，子孫遯居朔野。有葛烏菟者，雄武多算略，鮮卑慕之，奉以為主，遂總十二部落，世為大人。其後曰普回，因狩得玉璽，三紐，有文曰皇帝璽。普迴心異之，以為天授。其俗謂天曰宇，謂君曰文，因號宇文國，並以為氏焉。普回子莫那，自陰山南徙，始居遼西。一曰匈奴，一曰鮮卑者？悅般為匈奴後，《北史》謂其翦髮齊眉，以鍒糊塗之，實與宇文氏翦髮而留其頂上同俗，足徵其出於匈奴。語言頗異鮮卑，尤為鐵證。然東方本鮮卑之地，蓋南單于遠屬，君臨鮮卑者，故云鮮卑奉以為主也。《周書》云：普回九世至侯豆歸，為慕容晃所滅，據《北史》，自莫槐至逸豆歸凡七君，則即以莫槐承莫那。然普回、莫那，恐均子虛、亡是之流也。莫槐虐用其人，為部下所殺。更立其弟普撥為大人。普撥死，子丘不勤立。娶拓跋鬱律女。（魏平帝，見下。）丘不勤死，子莫廆立。（《北史》云：本名犯魏道武諱。《晉書·慕容廆載記》作莫圭。）始與慕容氏搆兵。

　　《北史》云：徒河段就六眷，（徒河，漢縣，在今遼寧錦縣西北。）出於遼西。其伯祖曰陸眷，因亂，被賣為漁陽烏丸子大（烏丸之大人。）庫

辱官家奴。其後漁陽大饑，（漁陽，秦郡，魏廢之，晉復置，在今河北密雲縣西南。）庫辱官以日陸眷為健，使將人詣遼西逐食，招誘亡叛，遂至強盛。日陸眷死，弟乞珍代立。乞珍死，子務目塵代立，即就六眷父也。據遼西之地而臣於晉。其所統三萬餘家，控弦上馬四五萬騎。

慕容涉歸有憾於宇文，廆將修先君之怨，表請討之。晉武帝弗許。廆怒，入寇遼西，殺略甚眾。帝遣幽州諸軍討廆。戰於肥如，（漢縣，今河北盧龍縣北。）廆眾大敗。自後復掠昌黎，每歲不絕。又率眾伐夫餘。夫餘王依慮自殺。廆遂夷其國城，驅萬餘人而歸。東夷校尉何龕，遣督護賈沈，迎立依慮之子。廆遣其將孫丁率騎邀之。沈力戰，斬丁，遂復夫餘之國。廆謀於其眾，遣使來降。帝嘉之，拜為鮮卑都督。（廆事參看第二章第二節。）宇文、段部為寇略，廆卑辭厚幣以撫之。太康十年（西元289年），廆又遷於徒河之青山。元康四年（西元294年），移居大棘城。太安初，宇文莫圭遣弟屈雲寇邊城。雲別帥大素延，（《通鑑考異》曰：《燕書紀傳》皆謂之素怒延，然則怒延是其名也。）攻掠諸郡，廆親擊，敗之。素延怒，率眾十萬圍棘城。廆出擊之，素延大敗。永嘉初，廆自稱鮮卑大單于。遼東太守龐本，以私憾殺東夷校尉李臻。附塞鮮卑素連、木津託為臻報仇，攻陷諸縣，殺掠士庶。廆討連、津，斬之。二部悉降。徙之棘城。立遼東郡而歸。建興中，愍帝遣使拜廆昌黎、遼東二國公。

拓跋氏之初，蓋亦匈奴敗亡後北方鮮卑之南徙者。其後得志，造作先世事實以欺人，史事之真為所蔽者久矣，然即其所造作之語而深思之，其中真跡，固猶可微窺也。《魏書·序紀》云：昔黃帝有子二十五人，或內列諸華，或外分荒服。昌意少子，受封北土，國有大鮮卑山，因以為號。其後世為君長，統幽都之北，廣漠之野。畜牧遷徙射獵為業，純樸為俗，簡易為化。不為文字，刻木結繩而已。世事遠近，人相傳授，如史官之紀錄焉。黃帝以土德王，北俗謂土為託，謂後為跋，故以為氏。其裔始均，

入仕堯世，逐女魃於弱水之北，民賴其勳，帝舜嘉之，命為田祖，爰歷三代，以及秦、漢，獯粥、獫狁、山戎、匈奴之屬，累代殘暴，作害中州，而始均之裔，不交南夏，是以載籍無聞焉。積六十七世，至成皇帝毛。聰明武略，遠近所推。統國三十六，大姓九十九，威振北方，莫不率服。崩，節皇帝貸立。崩，莊皇帝觀立。崩，明皇帝樓立。崩，安皇帝越立。崩，宣皇帝推寅立。南遷大澤，方千餘里，厥土昏冥沮洳，謀更南徙，未行而崩。景皇帝利立。崩，元皇帝俟立。崩，和皇帝肆立。崩，定皇帝機立。崩，僖皇帝蓋立。崩，威皇帝儈立。崩，獻皇帝隣立。時有神人，言於國曰：「此土荒遐，未足以建都邑，宜復徙居。」帝時衰老，乃以位授子聖武皇帝詰汾，命南移。山谷高深，九難八阻。於是欲止。有神獸，其形如馬，其聲類牛，先行導引，歷年乃出，始居匈奴故地。其遷徙策略，多出宣、獻二帝，故人並號曰推寅，蓋俗云鑽研之義。初聖武帝嘗率數萬騎，田於山澤。欻見輜，自天而下。既至，見美婦人，侍衛甚盛。帝異而問之。對曰：「我天女也，受命相偶。」遂同寢宿。旦請還，曰：「明年周時，復會此處。」言終而別，去如風雨。及期，帝至先所田處，果復想見。天女以所生男授帝曰：「此君之子也。善養視之，子孫相承，當世為帝王。」語訖而去，即始祖也。故時人諺曰：「詰汾皇帝無婦家，力微皇帝無舅家。」案云統國三十六者，四面各九國也。云大姓九十九者，與己為百姓也。自受封至成帝六十七世，又五世至宣帝，又七世至獻帝，再傳而至神元，凡八十一世，九九之積也。自成帝至神元十五世，三與五之積也。九者，數之究也。三與五，蓋取三才、五行之義，比擬於三皇、五帝。無文字而能悉記歷代之名；而世數及所統國數，無一非三、五、九之積；有是理乎？成帝諱毛，毛無也；詰汾皇帝無婦家，力微皇帝無舅家，造作者蓋已微以其情示後人矣。〈衛操傳〉云：桓帝崩後，操為立碑以頌功德，云魏為軒轅苗裔。按操等皆乃心華夏，其於拓跋氏，特欲借其力以

犗匈奴耳，何事為之造作虛辭，以誣後世？況拓跋氏當此時，亦未必敢以帝王自居也。道武定國號詔曰：「昔朕遠祖，總御幽都，控制遐國，雖踐王位，未定九州，」此蓋其造作之始。其自託於軒轅者，以從土德；所以從土德者，則以不欲替趙、秦、燕而承晉故也，說更詳後。抑此實有躋諸胡以並華夏之意，或已出於後來。其初自視微而仰望漢族更深，或且欲祧曹魏而承漢，如漢人之以秦為閏位者，故神元元年（西元 220 年），實與魏之建國同歲也。《記》曰：「人藏其心，不可測度也，」況於故為矯誣者乎？然其為矯誣，終不可以掩天下後世之目也。

　　《晉書・禿髮烏孤載記》云：其先與後魏同出。八世祖匹孤，率其部自塞北遷於河西。《魏書・源賀傳》：（賀禿髮傉檀子，傉檀亡奔魏。）世祖謂賀曰：「卿與朕源同，因事分姓，今可為源氏，」足徵《晉書》之說不誣。烏孤五世祖樹機能在晉初，以三十年為一世計之，匹孤當在後漢中葉，正北匈奴敗亡，鮮卑徙居其地時也。〈烏洛侯傳〉云：真君四年來朝。（〈本紀〉事在三月。）稱其國西北，有國家先帝舊墟。石室南北九十步，東西四十步，高七十尺。室有神靈，民多祈請。世祖遣中書侍郎李敞告祭焉，刊祝文於室之壁而還。（此蓋天然石窟，《禮志》亦載此事，而云鑿石為廟，則誣矣。）烏洛侯在地豆干之北。其國西北有完水，東北流合於難水。其地大小水，皆注於難，東入於海。又西北二十日行，有於己尼大水，所謂北海也。難水今嫩江，完水今額爾古訥河，北海即貝加爾湖，於己尼蓋入湖之巨川。魏人編髮，故稱索虜；而烏洛侯繩髮；地豆干在失韋西千餘里，失韋丈夫索髮；可見自失韋以西北，其俗皆同。（《晉書・慕容廆載記》：宇文乞得龜擊廆，廆遣子皝距之，以裴嶷為右部都督，率索頭為右翼。此非即拓跋氏，蓋亦此等民族南出者也。故知當時，此等民族南遷者頗多。）魏人曾居黑龍江、貝加爾湖之間，必不誣也。此蓋推寅以後所處。自此南遷，故有山岳高深，九難八阻之說也。今西伯利亞之地：自

北緯六十五度以北，地理學家稱為凍土帶，自此南至五十五度曰森林帶；又南曰曠野帶；極南曰山岳帶；逾山則至漠北矣。凍土帶極寒，人不能堪之處甚多。森林帶多蚊虻，曠野帶卑溼多疫癘，亦非樂土。魏之先，蓋自凍土帶入曠野帶，又越山岳帶而至漠北者邪？

《宋書·索虜傳》云：其先，漢將李陵後也。陵降匈奴，有數百千種，各立名目，索虜亦其一也。《齊書·魏虜傳》云：匈奴種也。匈奴女名託跋，妻李陵。胡俗以母名為姓，故虜為李陵之後。虜甚諱之，有言其是陵後者輒見殺。胡俗以母名為姓，說無徵驗。若援前趙改姓劉氏為徵，則入中國已久，非其故俗矣，況亦母姓而非其名也。匈奴與鮮卑相淆，事確有之。《魏書·官氏志》有須卜氏、林氏其證。然不得云拓跋氏為匈奴種也。然有云其是陵後者輒見殺，何以言之者如是其多？漢人豈欲以此誣鮮卑哉？抑當時以華夏為貴種，稱拓跋氏為陵後，是褒之，非抑之也，漢人豈樂為此？如其為之，正當為鮮卑所樂聞，而又何以見殺？案《隋書·李穆傳》云：自云隴西成紀人，（成紀，漢縣，今甘肅秦安縣北。）漢騎都尉陵之後也。陵沒匈奴，子孫代居北狄，其後隨魏南遷，復歸汧、隴。祖斌，以都督鎮高平，（見第二章第二節。）因家焉。此其出於依託，自不待言。魏之初，蓋亦以攀附華夏為榮，又未敢依附中原華冑，曾自託於陵後，後則以與其所造軒轅之後之說不符，而說既流行，眾口相傳，勢難遽戢，則又一怒而欲以殺僇止之也。亦可謂暴矣。

《魏書·序紀》云：始祖神元皇帝力微元年（西元 220 年），歲在庚子。（魏文帝黃初元年。）先是西部內侵，國民離散，依於沒鹿回部大人竇賓。後與賓攻西部，軍敗，失馬步走。始祖使人以所乘駿馬給之。賓歸，令其部內求與馬之人，當加重賞。始祖隱而不言。久之，賓乃知，大驚，將分國之半，以奉始祖。始祖不受，乃進其愛女。賓猶思報恩，固問所欲。始祖請率所部，北居長川。（在今察哈爾興和縣境。）賓乃敬從。積

十數歲，德化大洽。諸舊部民，咸來歸附。二十九年（西元 248 年），（魏齊王芳正始九年。）賓臨終，戒其二子，使謹奉始祖。其子不從，乃陰謀為逆。始祖召殺之，盡並其眾。（〈神元皇后傳〉云：賓臨終，戒其二子速侯、回題，令善事帝。及賓卒，速侯等欲因帝會喪為變。語頗漏洩，帝乃先圖之。伏勇士於宮中。晨起，以佩刀殺後。馳使告速侯等，言後暴崩。速侯等驚走來赴，因執而殺之。案神元之狡且忍如此，其以憂死，非不幸矣。）諸部大人悉皆款服。三十九年（西元 258 年），（魏高貴鄉公甘露元年。）遷於定襄之盛樂。（定襄，漢郡，治成樂，後漢移治善無。成樂，後漢曰盛樂，在今和林格爾境。善無，在右玉縣南。）夏，四月，祭天。諸部君長，皆來助祭。唯白部大人觀望不至，於是徵而戮之。遠近肅然，莫不震慴。與魏和親。四十二年（西元 261 年），遣子文帝如魏，且觀風土。魏景元二年（西元 261 年）也。文皇帝諱沙漠汗，以國太子留洛陽。魏、晉禪代，和好仍密。始祖春秋已邁，帝以父老求歸，晉武帝具禮護送。四十八年（西元 267 年），（泰始三年。）至自晉。五十六年（西元 275 年），帝復如晉。其年冬，還國。行達並州，晉征北大將軍衛瓘，以帝為人雄異，恐為後患，乃密啟晉帝，請留不遣。晉帝難於失信，不許。瓘復請以金錦賂國之大人，令致間隙，使相危害。晉帝從之，遂留帝。於是國之執事及外部大人，皆受瓘貨。五十八年（西元 277 年），方遣帝。始祖聞帝歸，大悅。使諸部大人詣陰館迎之。（陰館，漢縣，在今山西代縣西北。）酒酣，帝仰視飛鳥，謂諸大人曰：「我為汝曹取之。」援彈飛丸，應弦而落。時國俗無彈，眾咸大驚。乃相謂曰：「太子風采被服，同於南夏；兼奇術絕世；若繼國統，變易舊俗，吾等必不得志。不若在國諸子，習本純樸。」咸以為然；且離間素行；乃謀危害，並先馳還。始祖問曰：「我子既歷他國，進德何如？」皆對曰：「太子才藝非常，引空弓而落飛鳥，是似得晉人異法怪術，亂國害民之兆，唯願察之。」自帝在晉之後，諸子愛

寵日進，始祖年逾期頤，頗有所惑。聞諸大人之語，意有所疑，因曰：「不可容者，便當除之。」諸大人乃馳詣塞南，矯害帝。既而始祖甚悔之。其年，始祖不豫。烏丸王庫賢，親近任勢。先受衛瓘之貨，故欲沮動諸部。因在庭中礪鉞斧。諸大人問欲何為？答曰：「上恨汝曹讒殺太子，今欲盡收諸大人長子殺之。」大人皆信，各各散走。始祖尋崩。案神元五十六年（西元 275 年），為晉武帝咸寧元年（西元 275 年），《紀》於是年六月，書鮮卑力微遣子來獻，《魏書》謂是年文帝如晉，蓋依附此文。至魏世與力微言和，其子入侍於洛，則史無可徵。《三國·魏志·鮮卑傳》：東部大人，有素利彌加厥機，建安中，因閻柔上貢獻通市，太祖表寵以為王。厥機死，又立其子沙末汗為親漢王。名雖相似，而事跡與年代皆不合，不知為兩人名同歟？抑力微實即厥機部落，造魏史者不敢明言，乃姑留此間隙，以待後人之尋索也？衛瓘之督幽州，紀在泰始七年（西元 271 年）八月，〈本紀〉於咸寧三年（西元 277 年）正月，書使瓘討力微，則即《魏書》神元崩之歲也。觀《魏書》所載事跡，而知〈瓘傳〉謂瓘用離間之策而力微以憂死之說不誣矣。（參看第二章第二節。）

　　《魏書·序紀》又云始祖崩，章皇帝悉鹿立，始祖之子也。諸部離叛，國內紛擾，饗國九年而崩。（咸寧四年（西元 278 年）至太康七年（西元 286 年）。）平皇帝綽立，章帝之少弟也。雄武有智略，威德復舉。饗國七年而崩。（太康八年（西元 287 年）至惠帝元康三年（西元 293 年）。）思皇帝弗立，文帝之少子也。饗國一年而崩。（元康四年（西元 294 年）。）昭皇帝祿官立，始祖之子也。分國為三部：帝自以一部居東，在上谷北，濡源之西，（上谷，漢郡，治沮陽，在今察哈爾懷來縣東南。濡水，今灤河。）東接宇文部。以文帝之長子桓帝猗㐌統一部，居代郡之參合陂北。（在今山西大同縣東南。或云：在陽高縣東北。）以桓帝之弟穆帝猗盧統一部，居定襄之盛樂故城。自始祖以來，與晉和好。是歲，（元康五年（西元 295

年）。）穆帝始出並州，遷雜胡北徙雲中、五原、朔方。（蓋始叛晉，略其邊民也。雲中，秦郡，即今之托克托城。五原，漢郡，今綏遠五原縣。朔方，漢郡，故城在今綏遠臨河縣境。《晉書・地理志》云：後漢靈帝末，羌、胡大擾，定襄、雲中、五原、朔方、上郡等五郡，並流徙分散。建安十八年（西元 213 年），省並州入冀州。魏黃初元年（西元 220 年），復置並州。自陘嶺以北棄之。至晉，因而不改。故此三郡，在當時皆為戎狄之地，其後劉琨棄陘北，僅徙馬邑、陰館、樓煩、繁峙、崞五縣之民而已。上郡，陘嶺，（皆見第二章第二節。馬邑，漢縣，今山西朔縣。樓煩，漢縣，在雁門關北。晉徙今崞縣東。繁峙，崞，皆漢縣，皆在今渾源縣西。）又西渡河，擊匈奴、烏桓諸部。自杏城以北八十里迄長城原，夾道立碣，與晉分界。（杏城，在今陝西中部縣西北。）二年（西元 296 年），（元康六年。）葬文帝及皇后封氏。初思帝欲改葬，未果而崩，至是述成前意焉。遠近來赴者，二十萬人。〈皇后傳〉云：文帝皇后封氏，生桓、穆二帝，早崩，昭帝立，乃葬焉。高宗初，穿天淵池，獲一石銘，稱桓帝葬母封氏，遠近赴會二十餘萬人。有司以聞，命藏之太廟。《魏書》之所依據，蓋即高宗初所造作也。然自力微末年擾亂，至此復獲小安，則可想像而得矣。三年（西元 297 年），（元康七年，）桓帝度漠北巡，因西略諸國，積五年乃還。拓跋氏之形勢，至此蓋稍張，晉與匈奴相爭，遂思藉其眾以為用。

# 第九節　荊揚喪亂

　　讀史者多以武帝不能徙戎，及去州郡兵備，為晉室致亂之原，其實亦不盡然。五胡雜處，特晉初隱患之一端，而非謂其時所憂，遂止於此。至於除去兵備，則正為弭亂之方。自初平以至太康，為時將近百載，人習於

分崩離析者既久，資之以兵，適使其恣睢自擅耳。當吳、蜀蕩平之時，為長治久安之計，所憂者自不在草野之竊發，而在牧守之專擅也。晉初急務，在得良吏以撫安海內，使久罹兵革之苦者，欣然有樂生之心；而又有信臣精卒，據要害之處，示天下以形勢，以潛消其反側之念；不在凡州郡皆有兵也。凡州郡皆有兵，必不能皆精，亦不能皆得信臣以將之，難免弭亂則不足，召亂則有餘矣。誠能如是，歷數十年，則海宇晏安，而五胡之亂，亦可徐圖消彌。不然，縱使徙戎之計獲行，能否安然卒事，不至中途生變，尚未可知；即謂能之，而內亂既興，群思借外力以自助，既徙者安保不引之復來？自漢以降，中國所畏忌者，莫如匈奴。晉初雖遭喪亂，而劉淵見羈，卒未肯釋，即其明證。然逮東海兵起，成都即卒因欲得五部之援而縱之矣。故知內亂之與五胡，其為當時隱患，正亦未易軒輊也。（北方唯劉淵崛起，頗有匈奴人思自立之意，然其所用者仍多中國人；石勒則一中國之盜賊耳；王彌等更不待論矣；故五胡之亂，雖似外患，實亦與內亂相雜也。）

　　當晉初，吳、蜀皆平定未久，自難盡消其反側之心，而吳之情形，又與蜀異。蜀地險而富樂，自古少外患，故其民弱，而為秦、雍之流民所乘。吳則當春秋、戰國時，其人即輕死好鬥，歷兩漢之世，此風未改，第一章已言之。故自吳平之後，其民之叛晉者訖不絕。據《晉書·帝紀》所載：武帝太康二年（西元 281 年），九月，有吳故將莞恭、帛奉舉兵反，攻害建業令，遂圍揚州。（晉初揚州治壽春，太康初移治建業。）八年（西元 287 年），十月，有南康平固縣吏李豐反。（南康，晉郡，治雩都，在今江西雩都縣東北。後徙治贛，在今江西贛縣西南。平固，吳縣，在今江西贛、興國兩縣間。）十一月，有海安令蕭輔聚眾反。（海安，晉縣，當在廣東舊肇慶府境。）十二月，又有吳興人蔣迪聚黨反。（後漢漢興縣，吳改稱吳興，今浙江吳興縣。）至元帝大興元年（西元 318 年），尚有孫皓

子璠，以謀反伏誅。〈五行志〉云：武帝平吳後，江南童謠曰：「局縮肉，數橫目，中國當敗吳當復。」又曰：「宮門柱，且當朽，吳當復，在三十年後。」又曰：「雞鳴不拊翼，吳復不用力。」於時吳人皆謂在孫氏子孫，故竊發為亂者相繼。可見為《紀》所不書者尚多矣。〈劉頌傳〉：頌除淮南相，在郡上疏曰：「封幼稚皇子於吳、蜀，臣之愚慮，謂未盡善。自吳平以來，東南六州將士，更守江表，此時之至患也。內兵外守，吳人有不自信之心，宜得壯王以鎮撫之，使內外各安其舊。又孫氏為國，文武眾職，數擬天朝，一旦堙替，同於編戶，災困逼身，自謂失地，用懷不靖。今得長王以臨其國，隨才授任，文武並敘，士卒百役，不出其鄉；求富貴者，取之國內。內兵得散，新邦又安，兩獲其所，於事為宜。」〈華譚傳〉：太康中，刺史嵇紹舉譚秀才。武帝策之曰：「吳、蜀恃險，今既蕩平，蜀人服化，無攜貳之心，而吳人趑睢，屢作妖寇。豈蜀人敦樸，易可化誘，吳人輕銳，難安易動乎？」譚對曰：「吳阻長江，舊俗輕悍。所安之計，當先疇其人士，使雲翔閶闔。進其賢才，待以異禮。明選牧伯，致以威風，輕其賦斂」云云。皆可見當時江表之梟兀，而晉之所以鎮撫之者，不免掉以輕心也。

　　荊楚之風氣，不如吳會之勁悍，然其地累經喪亂，故亦易動而難安，而張昌遂為亂首焉。昌，義陽蠻。（義陽，見第二章第二節。）李流之寇蜀也，昌聚黨數千人，詐言臺遣其募人討流。會王午詔書，發武勇以赴益土，號曰王午兵。自天下多難，數術者云：「當有帝王，興於江左。」及此調發，人咸不樂西征。昌黨因之，誑惑百姓，各不肯去，而詔書催遣嚴速，遂屯聚為劫掠。時江夏大稔，（江夏，見第四節。）流人就食者數千口。太安二年（西元 303 年），昌於安陸縣石巖山屯聚。（安陸，漢縣，今湖北安陸縣北。）諸流人及避戍役者，多往從之。昌乃變姓名為李辰。據有江夏。造妖言云：「當有聖人出。」山都縣吏丘沈，（山都，秦縣。在

今湖北襄陽縣西北。）遇於江夏，昌名之為聖人，立為天子，易姓名為劉尼，稱漢後。以昌為相國。又流言云：「江、淮已南，當圖反逆，官軍大起，悉誅討之。」群小互相搧動，人情皇懼，江、沔間一時焱起，旬月之間，眾至十三萬。時豫州刺史劉喬，據汝南以御賊。（汝南，見第二章第三節。）前將軍趙驤，助平南將軍羊伊守宛。（見第四節。）新野王歆（見第三節。）督荊州。昌遣其將黃林向豫州，喬遣將擊破之。林東攻弋陽，（漢國，魏為郡，今河南潢川縣。）亦不克。而馬武破武昌，（吳郡，今湖北鄂城縣。）害太守。昌西攻宛，破趙驤，害羊伊。進攻襄陽，（見第四節。）害新野王歆。別率石冰破江、揚。臨淮人封雲舉兵應之，（臨淮，漢郡，後漢廢，晉復置，後改為盱眙，今安徽盱眙縣。）自阜陵寇徐州。（阜陵，漢縣，晉廢，在今安徽全椒縣東。）昌又遣將攻長沙、湘東、零陵諸郡。（此據本傳。〈本紀〉云：陷武陵、零陵、豫章、長沙。長沙，秦郡，今湖南長沙縣。湘東，吳郡。治酃，在今湖南衡陽縣東。晉移治臨丞，即今衡陽縣也。零陵，武陵，皆見第六節。豫章，漢郡，今江西南昌縣。）昌雖跨帶五州，而樹立牧守，皆盜桀小人，但以劫掠為務，人情漸離。朝以劉弘督荊州。初進，敗於方城。（山名，在今河南葉縣南。）弘遣司馬陶侃等進據襄陽，遂討昌於竟陵。（晉郡，今湖北鐘祥縣。）劉喬又遣兵向江夏。侃等與昌苦戰，破之，納降萬計，昌竄於下儁山。（謂下儁縣山中。下儁，漢縣，在今湖南沅陵縣東北。）明年秋，乃禽斬之。

張昌雖速亡，而亂勢遂蔓衍於下流。陳敏者，廬江人。（廬江，晉郡，今安徽霍邱縣西。）少有幹能。以部廉吏補尚書倉部令史。及趙王倫篡逆，三王起義，兵久屯不散，京師倉廩空虛，敏建議漕南方穀以濟中州，朝廷從之，以敏為合肥度支。（合肥，漢縣，今安徽合肥縣。）遷廣陵內史。（廣陵，漢國，後漢為郡，治江都，今江蘇江都縣。晉初移治淮陰，今江蘇淮陰縣。）太安二年（西元 303 年），十一月，揚州秀才周玘，

（處子。）潛結前南平內史王矩，（吳南郡，晉改日南平，治作唐，在今湖南安鄉縣北，後移治江安，在今湖北公安縣東北。）共推吳興太守顧祕都督揚州四郡軍事，以討石冰。冰退，自臨淮趨壽陽。（見第四節。）都督劉準憂懼，計無所出。敏謂準：「請合率運兵，公分配眾力，破之必矣。」準乃益敏兵擊之。敏以少擊眾，每戰皆克。與玘攻冰於建業。冰北走，投封雲。敏回討雲。雲將張統斬雲、冰降。時永興元年三月也。會稽賀循，（會稽，秦郡，治吳，後漢移治山陰。吳，今江蘇吳縣。山陰，（見第二章第二節。）亦合眾應玘等。移檄冰大將杭寵。寵遁走，所置會稽相、山陰令皆降，一郡悉平。敏以功為廣陵相。時惠帝幸長安，四方交爭，敏遂有割據江東之志。父亡去職。東海王越當西迎大駕，承制起敏為右將軍，假節，前鋒都督。越討劉喬，敏引兵會之，與越俱敗於蕭。（見第三節。）敏因中國大亂，遂請東歸。收兵據歷陽。（秦縣，晉置郡，今安徽和縣。）丹陽甘卓，（丹陽，秦縣，今安徽當塗縣東。）亦棄官東歸，與敏遇於歷陽，共圖縱橫之計。假稱皇太弟命，拜敏為揚州刺史。敏為息取卓女，並假江東首望顧榮等四十人為將軍、郡守。（榮，吳人，吳丞相雍之孫。）是時州內豪桀，咸見維縶，唯賀循（齊曾孫，邵子。）與吳郡朱誕，不與其事。揚州刺史劉機，丹陽太守王曠等，皆棄官奔走。敏弟昶，將精兵數萬據烏江。（在今安徽和縣東北，晉於此置烏江縣。）恢率錢端等南寇江州，（時治豫章。）刺史應邈奔走。斌東略諸郡。遂據有吳、越之地。（永興二年十二月。）敏命寮佐以己為都督江東軍事，大司馬，楚公，封十郡，加九錫。列上尚書：稱「自江入河，奉迎鑾駕。」敏分置子弟為列郡，收禮豪桀，有孫氏鼎峙之計，而刑政無章，不為英俊所服；且子弟凶暴，所在為患。周玘、顧榮之徒，常懼禍敗。東海王軍諮祭酒華譚，（廣陵人。）又遺榮等書。玘、榮乃遣使密報劉準：「遣兵臨江，己為內應。」準遣劉機等出歷陽，敏使弟昶及將軍吳廣次烏江以距之。又遣弟閎戍牛

105

渚。（山名，即採石，以臨江，亦稱採石磯，在今安徽當塗縣西北。）廣，玘鄉人也，（廣，吳興人，家在長城。長城，晉縣，在今浙江長興縣東。）玘潛使圖昶。廣遣其屬白事，昶傾頭視書，揮刀斬之。敏遣甘卓出橫江，（在和縣東南，與牛渚相對。）堅甲利器，盡以委之。玘、榮又說卓，卓遂背敏。敏與卓戰，未獲濟，顧榮以白羽扇麾之，眾潰。敏單騎東奔，至江乘，（秦縣，吳省，晉復置，在今江蘇句容縣北。）為義兵所獲，斬於建業。時永嘉元年三月也。會稽諸郡，並殺敏諸弟無遺焉。恢據武昌，自稱荊州刺史，（見〈朱伺傳〉。）劉弘使陶侃等討平之。王敦之叛也，或說甘卓：「且偽許敦，待其至都而討之。」卓曰：「昔陳敏之亂，吾亦先從後圖，而論者謂懼逼而謀，雖情本不爾，而事實有似，心恆愧之，今若復爾，誰能明我？」此非誠語，懼逼反噬，乃其實情。且非獨卓，顧榮、周玘等，恐無不如是也。亦可見是時吳人之心矣。

　　陳敏之叛也，吳興人錢璯，亦起義兵。東海王越命為建武將軍，使率其屬會於京都。璯至廣陵，聞劉聰逼洛陽，畏懦不敢進。元帝時鎮江左，促以軍期。璯乃謀反。永嘉四年（西元 310 年），二月，劫孫皓子充，立為吳王。既而殺之，寇陽羨。（漢縣，在今江蘇宜興縣南。）元帝遣將軍郭逸、都尉朱典等討之，並以兵少未敢前。三月，周玘率合鄉里義眾，與逸等俱進，斬之。

　　劉弘以光熙元年（西元 306 年）卒。明年，為懷帝永嘉元年（西元 307年），三月，以高密王簡督荊州，鎮襄陽。（此據〈本紀〉。本傳名略，字元簡，謚孝，文獻王子，而東海王越之弟也。文獻王見第二節。）三年（西元 309 年），三月，薨。以尚書左僕射山簡督荊、湘、交、廣，尋又加督寧、益。簡優遊卒歲，唯酒是耽。先是王衍說東海王越：謂「中國已亂，當賴方伯。」乃以弟澄為荊州，族弟敦為青州。謂澄、敦曰：「荊州有江、漢之固，青州有負海之險，卿二人在外，而吾留此，足以為三窟矣。」澄

既至鎮，日夜縱酒，雖寇戎急務，亦不以在懷。及四年九月，而王如反於
宛。如，新豐人。（新豐，見第五節。）初為州武吏，遇亂，流移至宛。
時諸流人有詔並遣還鄉里，如以關中荒殘，不願歸，簡與南中郎將杜蕤各
遣兵送之，而促期令發，如遂潛結諸無賴少年，夜襲二軍，破之。自號大
將軍、司、雍二州牧。大掠漢、沔。南安龐寔，（此據〈如傳〉。〈本紀〉作
新平。南安，新平，（皆見第二章第二節。）馮翊嚴嶷，（馮翊，亦見第二
章第二節。）長安侯脫，各率其黨攻諸城鎮，多殺令長以應之。時京師危
逼，簡、澄、蕤並遣兵入援，及如戰於宛，皆大敗。澄獨以眾進。前鋒至
宜城，（漢縣，今湖北宜城縣南。）遣使詣簡，為嚴嶷所獲。嶷偽使人從
襄陽來，言「城破，已獲山簡矣」。陰緩澄使令亡。澄以為信然，散眾而
還。簡為嶷所逼，遷於夏口。（今漢口。）如又破襄城。（見第四節。）時
石勒濟河，如遣眾一萬屯襄城以距勒。勒擊敗之，盡俘其眾。至南陽，屯
於宛北山。如懼勒攻己，使犒師，結為兄弟。勒納之。侯脫據宛，與如不
協，如說勒攻脫。旬有二日而克。嚴嶷救脫無及，遂降於勒。勒斬脫；囚
嶷，送於平陽；盡並其眾。南寇襄陽，攻陷江西壁壘三十餘所。率精騎三
萬還攻如。憚如之盛，復趨襄城。如遣弟璃犒師，實欲襲勒。勒迎擊，滅
之。復屯江西。旋北上。如軍中大饑，其黨互相攻擊，官軍進討，各相率
來降。如計無所出，歸於王敦。（如降無年月，《通鑑》以其餘黨入漢中在
建興元年（西元 313 年），乃系之永嘉六年（西元 312 年）。）後為敦所殺。
如餘黨李運、楊武等，自襄陽將三千餘家人漢中。初，陳敏作亂，朝廷以
張光為順陽太守，（順陽，晉郡，在今河南光化縣北，後移淅川縣東南。）
率步騎五千詣荊州討之，有功，遷梁州刺史。先是秦州人鄧定等二千餘
家饑餓，流入漢中，保於城固。（漢成固縣，今陝西城固縣西北。）漸為
抄盜。梁州刺史張殷，遣巴西太守張燕討之。（巴西，見第六節。）定窘
急，偽降。並饋燕金銀。燕喜，為之緩師。定密結李雄，雄遣眾救定，燕

退。定逼漢中。太守杜正沖東奔魏興。（見第六節。）殷亦棄官而遁。光
止於魏興，結諸郡守，共謀進取。燕唱言不可。光怒，斬燕。卻鎮漢中。
及運、武至，光遣參軍晉邈距之。邈受運重賂，勸光納運。光從邈言，使
居城固。既而邈以運多珍貨，又欲奪之，言於光曰：「運之徒屬，不事佃
農，但營器杖，意在難測，可掩而取之。」光又信焉。遣邈討運，不克。
光乞師於氐王楊茂搜，茂搜遣子難敵助之。難敵求貨於光，光不與。楊武
乃厚賂難敵，謂之曰：「流人寶物，悉在光處，今伐我，不如伐光。」難敵
大喜，聲言助光，內與運同。光弗之知也，遣息援助邈。運與難敵夾攻邈
等，援為流矢所中，死。賊遂大盛。光嬰城固守，憤激成疾卒。建興元年
（西元 313 年），十一月，武陷梁州。明年，二月，大略漢中，奔於李雄。

　　張昌妖妄，王如粗才，皆不足道，杜弢則非其倫矣。其叛既非本心，
且其材頗可用，而為諸將貪功者所間隔，卒陷於叛逆以死，弢一身不足
惜，然恢復之所以難成，所用不過二等人物，亦為其一大因，此則非細故
也。弢，成都人，以才學著稱，州舉秀才。遭李庠之亂，避地南平。太守
應詹，愛其才而禮之。後為醴陵令。（醴陵，漢侯國，後漢為縣，今湖南
醴陵縣。）時巴、蜀流人汝班、蹇碩等數萬家，布在荊、湘間，為舊百姓
所侵苦，並懷怨恨。會蜀賊李驤，（此又一李驤，非前蜀李特之弟。）殺
縣令，屯聚樂鄉，（城名，吳陸抗所築，在今湖北松滋縣東。）眾數百人。
弢與應詹擊驤，破之。蜀人杜疇、蹇撫等復擾湘州。參軍馮素，與汝班不
協，言於刺史苟眺曰：「流人皆欲反」，眺以為然，欲盡誅流人。班等懼
死，聚眾以應疇。時弢在湘中，賊眾共推為主。弢自稱梁、益二州牧、領
湘州刺史，攻破郡縣。眺委城走廣州。（治番禺，今廣東南海縣。）時永
嘉五年五月也。（以上據〈杜弢傳〉。〈王澄傳〉云：巴、蜀流人，散在荊、
湘者，與土人忿爭，遂殺縣令，屯聚樂鄉。澄使成都內史王機討之。賊請
降。澄偽許之。既而襲之，以其妻子為賞，沉八千餘人於江中。於是益、

梁流人四五萬家，一時俱反，推杜弢為主。）廣州刺史郭訥遣始興太守嚴
佐攻弢，（始興，吳郡，今廣東曲江縣。）弢逆擊破之。王澄遣王機擊弢，
敗於巴陵。（晉縣，今湖南巴陵縣。）弢遂縱兵肆暴，偽降於山簡。簡以
為廣漢太守。（廣漢，見第六節。）眺之走也，州人推安城太守郭察領州
事。（安城，吳郡，在今江西安福縣東南。）因率眾討弢。反為所敗，察
死。弢遂南破零陵，東侵武昌，害長沙、宜都、邵陵太守。（宜都，見第
六節。邵陵，漢昭陵縣，吳置郡，晉郡縣俱改曰邵陵，今湖南寶慶縣。）
王澄出軍擊弢，次於作唐。山簡參軍王沖叛於豫州，自稱荊州刺史。澄
懼，使杜蕤守江陵，（漢縣，今湖北江陵縣。）遷於屠陵。（漢縣，在今湖
北公安縣南。）尋奔沓中。（胡三省曰：蓋在屠陵東。）初，澄命武陵諸郡
同討弢，天門太守扈瓖，（天門，吳郡，晉置灃陽縣為郡治，今湖北石門
縣。）次於益陽。（漢縣，在今湖南益陽縣西。）武陵內史武察，為其郡
吏所害。瓖以孤軍引還。澄怒，以杜曾代瓖。曾，新野人，（新野，見第
三節。）蕤之從祖弟也。驍勇絕人。始為新野王歆鎮南參軍。歷華容令，
（華容，漢縣，今湖北監利縣西北。）至南蠻司馬。永嘉之亂，荊州荒梗，
故鎮南府牙門將胡亢聚眾竟陵，自號楚公。（永嘉六年正月。）假曾竟陵
太守。及是，澄使代扈瓖。瓖故吏袁遂，託為瓖報仇，舉兵逐曾。澄使司
馬毌丘邈討之，為遂所敗。時元帝鎮江東，以軍諮祭酒周刺荊州，而徵澄
為軍諮祭酒。始到州，建平流人傅密等叛，迎弢。弢別將王真襲沔陽，狼
狽失據。武昌太守陶侃救之，乃得免，奔建康。（建興元年八月。）時王
敦都督征討諸軍事，遣侃及豫章太守周訪等討弢，而敦進住豫章，為諸軍
繼援。敦表拜侃荊州，鎮於沌口，（沌水自湖北潛江縣由漢水分枝，東南
出，經江陵、監利至漢陽入江。）又移入沔江。先是胡亢與其黨，自相猜
貳，誅其驍將數十人。杜曾心不自安，潛圖之。會王沖屢遣兵抄亢所統，
亢患之，問計於曾。曾勸令擊之，亢以為然。曾因城中空虛，斬亢而並其

眾。自號南中郎將，領竟陵太守。沖據江陵。陶侃參軍王貢，為侃告捷於王敦，還至竟陵，矯侃令，以曾為前鋒大督護，進軍斬沖，悉降其眾。侃召曾不到，貢又恐矯命獲罪，遂與曾舉兵反。侃欲退入涓中，（涓水，出湖北隨縣，在漢陽西北入江。）部將張奕，將貳於侃，詭說曰：「賊至而動眾，不可。」侃惑之，賊至，為所敗，坐免官。奕奔於賊。（〈本紀〉：建興二年（西元 314 年），三月，杜弢別將王真襲侃於林障，侃奔灄中。林障，《水經注》：在江夏沌陽縣。案沌陽縣，齊置，在今漢陽縣西。《水經注》涓水過安陸，東南流，分為二水：東通灄水，西入於沔。）王敦表侃以白衣領職。侃復率周訪等進軍入湘。使都尉楊舉為先驅，擊杜弢，大破之。敦於是奏復侃官。弢前後數十戰，將士多物故，於是請降。元帝不許。弢乃遺應詹書，求復北方或夷李雄以自效。詹啟呈弢書，言「弢益州秀才，素有清望。李驤為變，弢時出家財，招募忠勇，登壇歃血，義誠慷慨。鄉人推其素望，遂相馮結，論弢本情，非首作亂階者也。」元帝乃使前南海太守王運受弢降。（南海，秦郡，治番禺。）加弢巴東監軍。（巴東，見第六節。）弢受命之後，諸將殉功者攻擊之不已，弢不勝憤，遂殺運，而使王真領精卒三千為奇兵，出江南向武陵，斷官軍運路。陶侃使鄭攀等夜趣巴陵，掩其不備，大破之。真步走湘城。（湘州治長沙。）弢將張彥陷豫章。王敦遣督護繆䄚、李恆受周訪節度，共擊破之，臨陳斬彥。訪復以舟師造湘城。而弢遣杜弘出海昏，（漢縣，今江西永修縣。）溢口騷動。（溢口，溢水入江處，在今江西九江縣西。）訪步出柴桑，（漢縣，在九江西南。）與賊戰，破之。圍弘於廬陵。（廬陵郡，孫策所置，晉治石陽，在今江西吉水縣東北。）弘突圍出，奔於臨賀。（漢縣，吳置郡，今廣西賀縣。此處據〈周訪傳〉。〈本紀〉事在建興三年二月，而誤合破張彥、杜弘為一事。）賊中離沮。杜弢逆疑張奕而殺之，眾情益懼，降者滋多。侃等諸軍齊進。王真降，眾黨散潰。弢遁逃，不知所在。（此依〈弢傳〉。〈本

紀〉云：弢敗走，道死。）時建興三年七月也。

張光之卒也，愍帝以侍中第五琦為荊州刺史，監荊、梁、益、寧四州，出自武關。（見第三節。）杜曾迎琦於襄陽，為兄子娶琦女，遂分據沔、漢。陶侃新破杜弢，乘勝擊曾，輕之，圍曾於石城，（竟陵郡治。）為所敗。（建興元年十月。）時荀崧督荊州，鎮宛，曾攻之。崧求救於周訪及襄城太守石覽。訪使子撫會覽救之，曾不能克，引兵向江陵。王敦左轉陶侃為廣州刺史以從弟廙刺荊州。侃將鄭攀、蘇溫、馬俊等上書請留侃，（此據〈侃傳〉。〈王廙傳〉作馬俊。）敦不許。攀等時屯結湓口，（湓水入江之口。）遂進距廙。廙奔江安。（吳公安縣，晉改為江安，今湖北公安縣東北。）建武元年（西元317年），九月，王敦使武昌太守趙誘，襄陽太守朱軌，陵江將軍黃峻討琦。攀等士眾疑沮，復散還橫桑口。（在今湖北天門縣南。）懼誅，以司馬孫景造謀，斬之降。而誘等大敗於女觀湖，（在江陵東北。）皆為曾所殺。曾遂逐廙，徑造沔口。王敦遣周訪討之，破其眾於沌陽，遂定沔、漢。曾走固武當。（山名，在今湖北均縣南。漢時置武當縣，在今均縣北。）訪屢戰不能克。潛遣人緣山開道，出不意襲之，曾眾潰。馬俊、蘇溫等執曾詣訪降，並獲第五琦。訪斬曾，送琦於王敦，敦斬之。時大興二年五月也。（兼據〈本紀〉及〈周訪傳〉、〈陶侃傳〉、〈王廙傳〉、〈朱伺傳〉、〈杜曾傳〉。）

王機，長沙人。父毅，廣州刺史，甚得南越之情。王澄與之友善，內綜心膂，外為牙爪。杜弢之滅也，王敦以元帥加都督江、揚、荊、湘、交、廣六州，江州刺史，鎮豫章。王澄赴召，過詣敦。澄夙有盛名，出於敦右，兼勇力絕人，素為敦所憚。澄猶以舊意侮敦，敦益忿怒，令力士搤殺之。機懼禍及；又屬杜弢所在發墓，而獨為機守塚，機益自疑；就敦求廣州。敦不許。會廣州人背郭訥迎機。機遂將奴、客、門生千餘人入廣州。州部將溫邵率眾迎機。機自以篡州，懼為敦所討，乃更求交州。（晉

交州，治龍編，在今越南河內省。）杜弘自臨賀送金數千兩與機，求討桂林賊自效。（晉桂林郡治，在今廣西馬平縣東南。）機為列上，朝廷許之。時交州刺史王諒為賊梁碩所陷。（據〈陶侃傳〉。）王敦以機難制，又欲因機討碩，故以降杜弘之勳，轉機為交州刺史。碩禁州人不許迎之，機遂住郁林。（漢郡，治布山，今廣西貴縣。）杜弘破桂林賊還，遇機於道。機勸弘取交州，弘素有意，於是機與弘及溫邵、交州秀才劉沈等並反。尋陶侃為廣州，先討溫邵、劉沈，皆殺之。遣督護許高討機。機走，病死於道。高寶進擊梁碩，平之。杜弘詣零陵太守尹奉降。奉送弘與敦。敦以為將，見寵待焉。

錢璯之平也，元帝以周玘為吳興太守。又以玘頻興義兵，勳誠並茂，乃以陽羨及長城之西鄉，丹陽之永世，別為義興郡，以彰其功。（治陽羨。）玘宗族強盛，人情所歸，帝疑憚之。於時中州人士，左右王業，玘自以為不得調，內懷怨望。復為刁協輕之，恥恚愈甚。時鎮東將軍祭酒東萊王恢，亦為周所侮。乃與玘陰謀，誅諸執政，推玘及戴淵與諸南士，共奉帝以經緯世事。（戴淵，廣陵人。）先是流人率夏鐵等寓於淮、泗。恢陰書與鐵，令起兵，己當與玘以三吳應之。（丹陽、吳興、吳郡。）建興初，鐵已聚眾數百人。臨淮太守蔡豹斬鐵以聞。恢聞鐵死，懼罪，奔於玘。玘殺之，埋於豕牢。帝聞而祕之。召玘為鎮東司馬。未到，復改授南郡太守。（秦郡，治江陵，吳移治公安，晉還治江陵。）玘既南行，至蕪湖，（漢縣，在今安徽蕪湖縣東。）又下令，以為軍諮祭酒。玘忿於回易，又知其謀洩，遂憂憤發背而卒。將卒，謂子勰曰：「殺我者諸傖，子能復之，乃吾子也。」吳人謂中州人曰傖，故云。勰常緘父言，時中國亡官失守之士，避亂來者，多居顯位，駕御吳人，吳人頗怨。勰因之慾起兵。潛結吳興功曹徐馥。馥家有部曲，勰使馥矯稱叔父札命以合眾。豪俠樂亂者，翕然附之。以討王導、刁協為名。孫皓族人弼，亦起兵於廣德以應之。（廣

德，吳縣，今安徽廣德縣東。）建興三年（西元 315 年），正月，馥殺吳興
太守袁琇。有眾數千，將奉札為主。札聞而大驚，乃告亂於義興太守孔
侃。馥知札不同，不敢發兵。馥黨懼，攻馥殺之。孫弼眾亦潰，宣城太守
陶猷滅之。（宣城，晉郡，治宛陵，今安徽宣城縣。）札兄靖之子筵，時
為黃門侍郎，筵族兄續，亦聚眾應馥。元帝議欲討之。王導以為兵少則不
足制寇，多遣則根本空虛，筵為一郡所敬，意謂直遣筵，足能殺續。於是
詔以力士百人給筵，使輕騎還陽羡。筵既至郡，逼續共詣侃，殺之。筵因
欲誅馥，札拒絕許，委罪於從兄邵，誅之。元帝以周氏奕世豪望，吳人所
宗，故不窮治，撫之如舊。然其後王敦內犯，札守石頭，（六朝時建業有
三城：中臺城，為帝居。西石頭，為宿兵之所，攻戰時恆據此。東東府，
凡宰相錄尚書事兼揚州刺史者居之，實甲常數千人，如晉會稽王道子、宋
武帝、齊高帝是也。）開門納之，蓋未嘗不銜舊怨？而周氏卒仍為敦輩所
忌，可見當時南北之不相容也。

# 第四章　東晉初年形勢 ────────

## 第一節　元帝東渡

　　惠末大亂，懷、愍崎嶇北方，卒無所就，而元帝立國江東，遂獲更衍
百年之祚，此蓋自初平以來，久經喪亂，民力凋敝，朝廷紀綱，亦極頹
敗，其力不復能戡定北方，而僅足退守南方以自保，大勢所趨，非一人一
事之咎也。元帝名睿，為宣帝曾孫。嗣為琅邪王。東海王越收兵下邳，使
帝監徐州諸軍事。俄督揚州。越西迎大駕，留帝居守。永嘉初，移鎮建
業。周馥表請遷都，帝受東海王越之命，擊走之。皆已見第三章第四節。
及懷帝蒙塵，司空荀藩，移檄天下，推帝為盟主。江州刺史華軼不從。
軼，歆之曾孫。東海王越牧兗州，引為留府長史。永嘉中，歷江州刺史。
在州甚有威惠。時天子孤危，四方瓦解，軼每遣貢獻入洛，不失臣節。謂
使者曰：「若洛都道斷，可輸之琅邪王，以明吾之為司馬氏也。」然軼自以
受洛京所遣，而為壽春所督，（時揚州刺史治壽春，見第三章第九節。）
時洛京尚存，不能只承元帝教命。元帝遣周訪屯彭澤以備軼。（彭澤，漢
縣，吳置郡，在今江西湖口縣東。）訪過姑熟。（城名，今安徽當塗縣。）
著作郎干寶，見而問之。訪曰：「華彥夏（軼字）有憂天下之誠，而不欲錄
錄受人控御，頃來紛紜，粗有嫌隙，今又無故以兵守其門，將成其釁。
吾當屯尋陽故縣，（漢尋陽縣，在今湖北黃梅縣北。晉置郡，治柴桑，即
今江西九江縣，始移於江南。）既在江西，可以捍禦北方，又無嫌於相逼
也。」初陳敏之亂，劉弘以陶侃為江夏太守。（江夏，見第三章第四節。）
後以母憂去職。服闋，參東海王越軍事。軼表侃為揚武將軍，使屯夏口。
（見第三章第九節。）又以侃兄子臻為參軍。臻恐難作，託疾而歸。侃怒，

遣臻還軼。臻遂東歸元帝。帝大悅，命臻為參軍。加侃奮威將軍。侃乃與軼絕。及元帝承制，改易長史，軼又不從命。於是遣左將軍王敦都督甘卓、周訪、宋典、趙誘討之。前江州刺史衛展，不為軼所禮，心常鞅鞅。至是，與豫章太守周廣為內應，潛軍襲軼。軼眾潰，奔於安城。（見第三章第九節。）追斬之，及其五子，傳首建業。愍帝即位，加帝左丞相。歲餘，進位丞相，大都督中外諸軍事。已見第三章第五節。建興五年（西元317年），二月，平東將軍宋哲至，宣愍帝遺詔，使帝攝萬幾。三月，即晉王位，改元建武。明年，建興六年（西元318年），元帝大興元年。愍帝崩問至，乃即帝位。

〈王導傳〉云：導參東海王越軍事。時元帝為琅邪王，與導素相親善，導知天下已亂，遂傾心推奉，帝亦雅相親重，契同友執。帝之在洛陽也，導每勸令之國。會帝出鎮下邳，請導為安東司馬。軍謀密策，知無不為。及徙鎮建康，吳人不附，居月餘，士庶莫有至者，導患之。會敦來朝。導謂之曰：「琅邪王仁德雖厚，而名論猶輕，兄威風已振，宜有以匡濟之。」會三月上巳，帝親觀禊，乘肩輿，具威儀，導及諸名勝皆騎從。吳人紀瞻、顧榮，皆江南之望，竊覘視之，見其如此，咸驚懼，乃相率拜於道左。導因進計曰：「古之王者，莫不賓禮故老，存問風俗，虛己心以招俊乂，況天下喪亂，九州分裂，大業草創，急於得人者哉？顧榮、賀循，此土之望，未若引之，以結人心。二子既至，則無不來矣。」帝乃使導躬造循、榮。二人皆應命而至。由是吳會風靡，百姓歸心焉。自此之後，漸相崇奉，君臣之禮始定。俄而洛京傾覆，中州士女，避亂江左者十六七。導勸帝收其賢人君子，與之圖事。時荊、揚晏安，戶口殷實。導為政，務在清靜。每勸帝克己厲節，匡主寧邦。於是尤見委杖，情好日隆。朝野傾心，號為仲父。此傳頗能道出東晉建國之由。三言蔽之，曰：能調和南方人士，收用北來士大夫，不竭民力而已。史言「惠皇之際，王室多故，

帝每恭儉退讓，以免於禍。沉敏有度量，不顯灼然之跡，故時人未之識焉。」深沉有餘，雄略不足，是則元帝之為人也。帝之本志，蓋僅在保全江表，而不問北方，即王導之志亦如此，故能志同道合。東晉之所以能立國江東者以此，其終不能恢復北方者亦以此。以建國之規模一定，後來者非有大才，往往不易更變也。

# 第二節　北方陷沒

　　天下之患，莫大於中樞之失馭。中樞失馭，則雖有誠臣，亦無能為力矣。晉世北方，唯並州敗壞最甚；幽、冀、青、兗，皆未嘗不足有為；而涼州亦足為秦、雍之援；得雄主而用之，五胡之亂，固未嘗不可戡定；即不然，亦可以相枝拄。惠帝既失馭；懷、愍處不可為之時；元帝又絕意於北略；遂至河西一隅而外，無不為異族所蹂躪矣。《詩》曰：「其何能淑，載胥及溺，」豈不哀哉？

　　惠帝西遷以後，能號令中原者，自莫如河南之行臺。然荀藩等實手無斧柯，故迄不能振作。藩以建興元年九月薨，愍帝以其弟組行留事。元帝大興初，以為石勒所逼，率其屬數百人，自許昌渡江而東。（許昌，見第三章第二節。）

　　時北方徵鎮，以青州苟晞、幽州王浚為較強，而丁紹為冀州刺史，亦能捕誅境內之羯賊。晞為石勒所滅，已見第三章第五節。紹以永嘉三年（西元 309 年）卒，王斌繼之，十一月，為勒所害。王浚復兼冀州，然力實不足以守之也。

　　王彌之入洛陽也，縱兵大掠，劉曜禁之，彌不從。曜斬其牙門王延以徇。彌怒，與曜阻兵相攻。旋以長史張嵩諫，詣曜謝，結分如初。然曜本怨彌先入洛不待己，嫌隙遂搆。彌引眾東屯項關。（在項縣。）司隸劉暾，

（暾東萊掖人。王彌入洛，百官殲焉，唯暾為彌鄉里宿望，得免。東萊，（見第三章第四節。掖，漢縣，今山東掖縣。）說彌還據青州。彌然之。使左長史曹嶷還鄉里招誘，且迎其室。後暾又勸彌徵曹嶷，藉其眾以誅石勒。於是彌使暾詣青州，令曹嶷引兵會己，而詐要勒共向青州。暾至東阿，（漢縣，今山東陽谷縣東北。）為勒遊騎所獲。勒見彌與嶷書，大怒，乃殺暾，詭請彌宴，手斬之，而並其眾。彌在群盜中，較有智略，其聲勢亦亞於勒，既見並，勒更無所忌憚矣。

永嘉五年（西元 311 年），十月，勒既沒苟晞，並王彌，南寇豫州，至江而還。屯於葛陂，（在今河南新蔡縣。）繕室宇，課農造舟，將寇建業。會霖雨，歷三月不止。六年（西元 312 年），二月，元帝上尚書，檄四方討勒。江南之眾，大集壽春。（見第三章第四節。）勒軍中饑疫，死者大半。勒會諸將計之。右長史刁膺，勸勒送款，待軍退之後，徐更計之。勒愀然長嘯。其謀主張賓曰：「將軍攻陷帝都，囚執天子，殺害王侯，妻略妃主，擢將軍之髮，不足以數將軍之罪，奈何還相承奉乎？鄴有三臺之固，（《水經注》：鄴城西北有三臺，皆因城為之基。魏武所起，中曰銅雀臺，高十丈。其後石虎更增二丈。南則金虎臺，高八丈。北則冰井臺，亦高八丈。）西接平陽，宜北徙據之。晉之保壽春，懼將軍之往擊耳。今卒聞回軍，必欣於敵去，未遑奇兵掎擊也。輜重徑從北道，大軍向壽春，輜重既過，大軍徐回，何懼進退無地乎？」勒攘袂鼓髯曰：「賓之計是也。」於是退膺為將軍，擢賓為右長史，號曰右侯。發自葛陂。遣從子虎率騎二千距壽春。會江南運船至，獲布米數十艘，將士爭之，不裝置，晉伏兵大發，敗虎於巨靈口，赴水死者五百餘人。奔退百里，及於勒軍。軍中震擾，謂王師大至。勒陳以待之。晉懼有伏兵，退還壽春。勒雖剽悍，此時實尚同流寇。前此所破者，皆晉飢疲之軍，非精練之士也。此時勒軍饑疫，而晉士飽馬騰，形勢適相反。一奮擊破之，勒必無力驟取薊州，王浚幽州之

眾，亦尚可資犄角，北方之情勢一變矣。任其越逸，豈不惜哉？

　　然勒之危機，猶未已也。勒所過路次，皆堅壁清野，採掠無所獲，軍中大饑，士眾相食。行達東燕，（《水經注》：河水東北過延津，又徑東燕縣故城北。按兩《漢志》：東郡有燕縣，無東燕縣，蓋作史者用當時地名書之。延津，（見第三章第四節。）聞汲郡向冰，有眾數千，壁於枋頭。（汲郡，見第三章第三節。枋頭，城名，在今河南濬縣西南。）勒將於棘津北渡，（棘津，在今河南延津縣東北。）懼冰邀之，會諸將問計，張賓請簡壯勇千人，詭道潛渡，襲取其船，以濟大軍。勒從之，又因其資，軍遂豐贍，長驅寇鄴。時劉輿子演守三臺。張賓進曰：「劉演眾猶數千，三臺險固，攻守未可卒下。王彭祖、（浚字。）劉越石，（琨字。）大敵也，宜及其未有備，密規進據，西稟平陽，掃定並、薊。且遊行羈旅，人無定志，難以保萬全，制天下。邯鄲、（秦縣，在今河北邯鄲縣西南。）襄國，（秦信都縣，項羽改曰襄國，在今河北邢臺縣西南。）趙之舊都，可擇都之。」勒曰：「右侯之計是也。」於是進據襄國。賓又言於勒曰：「聞廣平諸縣，（廣平，見第二章第二節。）秋稼大成，可分遣諸將，收掠野穀。遣使平陽，陳宜鎮此之意。」勒又然之，於是上表於劉聰，分命諸將攻冀州郡縣，壁壘率多降附，運糧以輸勒。勒蓋至是始免於為流寇，而有建國之規模，皆張賓之謀也。張賓者，趙郡中丘人。（中丘，漢縣，在今河北內邱縣西。）嘗自擬子房，謂歷觀諸將，獨胡將軍可與共成大事，乃提劍軍門，自媒於勒者也。王浚使督護王昌，率段疾六眷（亦作就六眷。）及其弟匹磾，文鴦，從弟末杯，（亦作末波。）功勒於襄國。勒襲執末杯，因以為質，請和於疾六眷。疾六眷使文鴦與石虎盟而還。浚所恃唯鮮卑，鮮卑叛而浚勢搖矣。

　　當劉淵崛起之際，拓跋氏亦漸強。晉人乃思藉其力以掎匈奴焉。永興元、二年（西元 304 年、西元 305 年）間，東嬴公騰，已再用拓跋氏之眾

距劉淵。(見《魏書・序紀》。)永興二年(西元305年),猗死,永嘉元年(西元307年),祿官又死,猗盧遂合三部為一。是歲,騰遷鎮鄴,劉琨刺並州。時並土饑荒,百姓隨騰南下,餘戶不滿二萬。寇賊縱橫,道路斷塞。琨募得千餘人,轉鬥至晉陽。(見第三章第四節。琨在路上表曰:「道險山峻,胡寇塞路。輒以少擊眾,冒險而進。頓伏艱危,辛苦備嘗。即日達壺口關。臣自涉州疆,目睹睏乏。流移四散,十不存二。攜老扶弱,不絕於路。及其在者,粥賣妻子,生相捐棄。死亡委厄,白骨橫野。哀呼之聲,感傷和氣。群胡數萬,周匝四山。動足遇掠,開目睹寇,唯有壺關,可得告糴。而此二道,九州之險,數人當路,則百夫不敢進。公私往反,沒喪者多。嬰守窮城,不得薪採。耕牛既盡,又乏田器。以臣愚短,當此至難,憂如循環,不皇寢食。」並州此次荒歉,《晉史》記載不詳,然其災情實極重,劉琨始終不能自立,實由於此。壺口關,在今長治縣東南,漢於此置壺關縣,見第三章第四節。)府寺焚毀,殭屍蔽地。存者饑羸,無復人色。荊棘成林,豺狼滿道,寇盜互來掩襲,恆以城門為戰場。百姓負楯以耕,屬鞬而耨,琨撫循勞來,甚得物情。在官未期,流人稍復,雞犬之音,復相接矣。《晉書・懷帝紀》:永嘉五年(西元311年),十一月,猗盧寇太原,(見第二章第二節。)劉琨不能制,徙五縣百姓於新興,(事見第三章第八節。新興,見第二章第二節。)以其地與之。《魏書・序紀》,事在其前一年。(穆帝三年(西元347年)。)云琨遣使以子遵為質,帝嘉其意,厚報饋之。白部大人叛入西河,鐵弗劉虎舉眾於雁門以應之,(西河、雁門,皆見第二章第二節。)攻琨新興、雁門二郡。琨來乞師。帝使弟子平文皇帝將騎一萬,助琨擊之。大破白部。次攻劉虎,屠其營落。虎收其餘燼,西走渡河,竄居朔方。(見第三章第八節。)晉懷帝進帝大單于,封代公。帝以封邑去國縣遠,民不相接,乃從琨求陘北之地。琨乃徙馬邑、陰館、樓煩、繁畤、崞五縣之民於陘南,更立城邑,盡獻其地。據

《晉書‧劉琨傳》：琨之表猗盧為代公，乃在晉陽失陷，乞師於猗盧之時。蓋拓跋氏本無記注，先世事跡，皆依附中國史籍而成，故年代殊不審諦也。《魏書‧鐵弗劉虎傳》云：南單于之苗裔，左賢王去卑之孫，北部帥劉猛之從子。居於新興盧虒之北。（盧虒，漢縣，在今山西五臺縣北。）北人謂胡父鮮卑母為鐵弗，因以為號。猛死，子副侖來奔。虎父誥升爰，代領部落。誥升爰死，虎代焉。劉猛之叛，已見第二章第二節。〈劉淵載記〉：淵欲援成都王穎，劉宣等諫曰：「晉為無道，奴隸御我，是以右賢王猛，不勝其忿。屬晉綱未弛，大事不遂，右賢塗地，單于之恥也！」然則鐵弗為匈奴強部，且與晉有世仇，其助劉淵以攻琨，亦固其所。琨之免於兩面受敵，實藉鮮卑之力。拓跋氏自力微以來，與晉亦為世仇，而琨能用之，其智計亦足尚矣。《魏書‧序紀》又云：是年，賈疋、閻鼎共立秦王業為太子，於長安稱行臺。帝復戒嚴，與琨更刻大舉，命琨自列晉行臺，部分諸軍。帝將遣十萬騎從西河鑑谷南出，晉軍從蒲阪東度，（蒲阪，見第三章第四節。）會於平陽，就食聰粟，迎復晉帝。事不果行。蓋琨欲用鮮卑，與關中共攻河東也。計雖未行，琨之志亦壯矣。然晉陽實荒瘠，不足與河東敵。六年（西元 312 年），琨殺奮威護軍令狐盛，盛子泥奔劉聰。聰以為鄉道，遣子粲陷晉陽。琨父母並遇害。琨奔常山，（見第三章第四節。）乞師於猗盧。猗盧使子利孫赴琨，不得進。猗盧自將六萬騎，次於盂城。（盂，漢縣，在今山西陽曲縣西北。《魏書‧序紀》云：遣長子六修，桓帝子普根，及衛雄、范班、箕澹等為前鋒，帝躬統大眾二十萬為後繼，乃侈辭。普根，《劉琨集》作撲速根。箕澹，〈劉聰載記〉、《魏書》、《通鑑考異》引《十六國春秋》皆作姬澹。）粲遁走。琨收其遺眾，保於陽曲。（見第二章第二節。此據《晉書‧本紀》。〈劉琨傳〉云：琨引猗盧併力攻粲，大敗之，死者十五六。琨乘勝追之，更不能克。猗盧以為聰未可滅，遺琨牛羊、車馬而去，留其將箕澹、段繁戍晉陽。〈劉聰載記〉云：猗盧遣子

日利孫、賓六須及將軍衛雄、姬澹等率眾數萬攻晉陽，琨收散卒千餘，為之鄉道。猗盧率眾六萬，至於狼猛。矐及賓六須戰於汾東，矐墜馬，中流矢，身被七創。矐入晉陽，夜與劉粲等略百姓逾蒙山遁歸。猗盧率騎追之，戰於藍谷，粲敗績。琨收合離散，保於陽曲，猗盧城之而還。案是時猗盧之眾，蓋號稱六萬。琨眾不過千餘，可以見其寡弱。賓六須，《通鑑考異》云：《十六國春秋》作宥六須。狼猛，漢縣，在陽曲東北。蒙山，在太原西北。藍谷，在蒙山西。）

　　王浚遣祁弘討石勒，為勒所殺。劉琨與浚爭冀州，使宗人劉希還中山合眾。（中山，漢國，今河北定縣。）代郡、上谷、廣寧三郡人，皆歸於琨。（代郡、上谷，皆見第三章第八節。廣寧，漢縣，晉置郡，在今察哈爾宣化縣西北。）浚患之，遂輟討勒之師，與琨相拒。浚遣燕相胡矩燕國，（治薊，今河北薊縣。）督護諸軍，與疾六眷併力攻破希，驅略三郡士女出塞。琨不復能爭浚：遂欲討勒。使子婿棗嵩督諸軍屯易水。召疾六眷，將與之俱攻襄國。疾六眷自以前後違命，恐浚誅之；石勒亦遣使厚賂疾六眷等；由是不應召。浚怒，以重賂誘猗盧子日律孫，令攻疾六眷。反為所破。浚矜豪日甚，不親為政，所任多苛刻。加亢旱災蝗；下不堪命，多叛入鮮卑，士卒衰弱。勒用張賓計，詐降於浚。浚喜勒附己，不復裝置。建興二年（西元 314 年），三月，勒襲執浚，送諸襄國，斬之。〈浚傳〉云：浚將謀僭號。浚雖妄，未必至是。〈石勒載記〉謂勒遣其舍人，多齎珍寶，奉表推崇浚為天子，表有「伏願殿下，應天順時，踐登皇阼」之語，蓋勒以是餌浚，後遂以是誣之也。浚固驕而寡慮，然謂其遂信勒之推奉為真，有是理哉？（〈浚傳〉云：勒遣使刻日上尊號於浚，浚許之。勒屯兵易水。督護孫緯疑其詐，馳白浚，而引軍逆勒。浚不聽，使勒直前。眾議皆曰：「胡貪而無信，必有詐，請距之。」浚怒，欲斬諸言者，眾遂不敢復諫。盛張設以待勒。勒至城，復縱兵大掠。浚左右復請討之，不許。

及勒登聽事，浚乃走。出堂皇，勒眾執以見勒。勒遂與浚妻並坐，立浚於前。浚罵曰：「胡奴調汝公，何凶逆如此？」勒數浚不於晉，並責以百姓餒乏，積粟五十萬斛而不振給。遂遣五百騎先送浚於襄國，收浚麾下精兵萬人，盡殺之。停二日而還，孫緯遮擊之，勒僅得免。夫浚即愚痴，豈有勒縱兵大掠，尚不御之之理。勒眾幾何？敢甫入城即散之大掠乎？孫緯遮擊之，勒尚僅得免，使浚少有備，勒安能得志？故知勒是役必以輕兵掩襲，浚必絕未之知也。勒兵必甚少，故不敢久停，孫緯能遮擊敗之者亦以此，以少兵能於二日之間收殺浚精兵萬人，事亦可疑。浚雖務聚斂，恐積粟亦未能至五十萬。蓋當時之人，憾浚不能振施，乃為是過甚之辭也。）浚初以田徽為兗州，李惲為青州，徽為勒將孔萇所害。（建興元年六月。）惲為勒所殺，浚以薄盛代之。盛執渤海太守劉既，（渤海，漢郡，治浮陽，今河北滄縣。後漢移治南皮，今河北南皮縣。）率戶五千降於勒。浚既敗，勒以晉尚書劉翰行幽州刺史，戍薊，置守宰而還。翰叛勒，奔於段匹磾。匹磾遂領幽州刺史。蓋勒雖能冒險襲殺王浚，兵力實未能及幽州，故段氏復乘虛據之也。匹磾究為異族，且亦無大略，劉琨至此，乃以一身與二虜相枝拄矣。

〈石勒載記〉云：勒將襲王浚，而懼劉琨及鮮卑、烏丸，為其後患。張賓進曰：「劉琨、王浚，雖同名晉藩，其實仇敵。若修箋於琨，送質請和，琨必欣於得我，喜於浚滅，終不救浚而襲我也。」於是輕騎襲幽州，遣張盧奉箋於琨，陳己過深重，求討浚以自效。琨既素疾浚，乃檄諸州郡，謂「勒知命思愆，收累年之咎，求拔幽都，效善將來。今聽所請，受任通和。」一若勒之害浚，琨實與之通謀者，此誣辭也。琨之與浚爭冀州，特以當時朝命不及，州郡本無適主，兵爭之際，各求廣地以自強，此亦未為非法，非遂與浚相攻伐也，安得謂之仇敵？勒之襲浚，僅停二日，琨雖欲救援，亦無所及，況其力實寡弱乎？浚謀僭號，既屬誣辭，雖非信臣，亦

無逆節，安得指勒之求拔幽都，為效善之徵乎？其為誣罔，又不待辯而自明矣。是歲，琨表愍帝曰：「臣前表當與鮮卑猗盧，刻今年三月，都會平陽。會浚為勒所虜，勒勢轉盛，欲來襲臣，城塢駭懼，志在自守。又猗盧國內，欲生奸謀。幸盧警慮，尋皆誅滅，遂使南北顧慮，用愆成舉。勒據襄國，與臣隔山。寇騎朝發；夕及臣城，同惡相求，其徒實繁。自東北八州，勒滅其七，先朝所授，存者唯臣，是以勒朝夕謀慮，以圖臣為計。窺伺間隙，寇抄相尋。戎士不得解甲，百姓不得在野。自守則稽聰之誅，進討則勒襲其後。進退唯谷，首尾狼狽」云云。琨之備勒如此，而豈信其歸誠，與之謀浚者哉？是歲，為魏穆帝猗盧七年（西元 314 年）。《魏書‧序紀》云：帝復與劉琨約期，會於平陽。會石勒禽王浚，國有匈奴，雜胡萬餘家，多勒種類，聞勒破幽州，乃謀為亂，欲以應勒。發覺伏誅。討聰之計，於是中止，蓋不徒不能進取平陽，並陘北亦受其震撼矣。故知王浚之亡，實當時北方一大變也。自是之後，劉琨亦力竭於御勒，不暇更圖匈奴矣。

建興三年（西元 315 年），為魏穆帝之八年。《魏書‧序紀》云：晉愍帝進帝為代王，置官屬，食代、常山二郡。帝忿聰、勒之亂，志欲平之。先是國俗寬簡，民未知禁。至是，明刑峻法，諸部民多以違命得罪。凡後期者，皆舉部戮之。或有室家相攜，而赴死所。人問何之？答曰：「當往就誅。」其威嚴伏物，皆此類也。蓋猗盧歆於爵賞，又貪虜獲之利，欲迫其眾南下，而其下不欲也。峻刻如此，亦無怪其召禍矣。先是猗盧城盛樂以為北都，（見第三章第八節。）修故平城以為南都。（在今山西大同縣東。）更南百里，於灅水之陽黃瓜堆築新平城。（在今山西山陰縣北。）猗盧少子比延有寵，欲以為後，故使長子六修出居新平城，而黜其母。四年（西元 316 年），猗盧召六修，六修不至。猗盧怒，伐之。不利，與比延皆遇害。猗子普根，先守外境，聞難來赴，攻六修滅之。普根立，月餘

而薨。普根子始生，桓帝後立之。其冬，又薨。《晉書‧劉琨傳》云：猗盧父子相圖，盧及兄子根皆病死。觀猗盧病死之非其實，則普根及其子，恐亦未必善終也。初代人衛操，為衛瓘牙門，數使於拓跋氏。力微死後，操與從子雄及其宗室、鄉親姬澹等數十人，同往奔焉。說猗、猗盧招納晉人。晉人附之者稍眾。猗以為輔相，任以國事。劉淵、石勒之亂，操勸猗助晉。東嬴公騰聞而善之，表加將號。稍遷至右將軍，封定襄侯。永嘉四年（西元 310 年），卒。雄、澹，猗盧並以為將。操卒後為左右輔相。及是，與劉琨任子遵，率烏丸、晉人三萬，牛羊十萬來歸。琨聞之，大悅。率數百騎，馳如平城撫納之。琨由是復振。（當時以晉人入代，而乃心華夏者，尚有莫含。《魏書‧含傳》云：雁門繁峙人也。家世貨殖，貲累巨萬。劉琨為并州，闢含從事。含居近塞下，常往來國中。穆帝愛其才器，善待之。及為代王，備置官屬，求含於琨。琨遣入國。含心不願，琨諭之曰：當今胡寇滔天，泯滅諸夏。百姓流離，死亡塗地。主上幽執，沉溺醜虜。唯此一州，介在群胡之間。以吾薄德，能自存立者，賴代王之力，是以傾身竭寶，長子遠質，滅殘賊，報雪大恥。卿為忠節，亦是奮義之時。何得苟惜共事之誠，以忘出身之大益？入為代王腹心，非但吾願，亦一州所賴。含乃入代，參國官。後琨徙五縣之民於陘南，含家獨留。含甚為穆帝所重，常參軍國大謀。觀是時晉人用事於代者之多，而知劉琨之能用拓跋氏，為有由也。其心亦良苦矣。）會石勒攻樂平，（見第二章第二節。）太守韓據請救於琨。琨以士眾新合，欲因其銳以威勒。箕澹諫曰：「此雖晉人，久在荒裔，未習恩信，難以法御。今內收鮮卑之餘穀，外抄殘胡之牛羊，且閉關守險，務農息士，既感化服義，然後用之，則功可立也。」琨不從。悉發其眾，命澹領步騎二萬為前驅，琨自為後繼。勒先據險要，設伏以擊澹，大敗之。一軍皆沒。孔萇追澹於桑乾，（漢縣，在今察哈爾蔚縣東北。）攻代郡，澹死。並土震駭。尋又災旱。琨窮蹙不能復守。段

匹磾數遣使要琨，欲與同獎王室。琨由是率眾赴之，從飛狐入薊。（飛狐口，在蔚、淶源二縣間。）匹磾見之，甚相崇重。與琨結昏，約為兄弟。箕澹之敗，論者或咎琨之躁進。然琨死後，朝廷以匹磾尚強，當為國討石勒，不舉琨哀。琨故從事中郎盧諶、崔悅等上表理琨，曰：「并州刺史東嬴公騰，以晉川荒匱，移鎮臨漳。（見第三章第三節。）太原、西河，盡徙三魏。（皆見第二章第二節。）琨受并州，屬承其弊，到官之日，遺戶無幾。當易危之勢，處難濟之土，鳩集傷夷，撫和戎狄，數年之間，公私漸振。會京都失守，群逆縱逸，邊萌頓僕，苟懷晏安。咸以為并州之地，四塞為固，且可閉關守險，畜資養徒。抗辭厲聲，忠亮奮發。以為天子沉辱，而不隕身死節，情非所安。遂乃跋履山川，東征西討。屠谷乘虛，晉陽沮潰。琨父母罹屠戮之殃，門族受殲夷之禍。向使琨從州人之心，為自守之計則聖朝未必加誅，而族黨可以不喪。及猗盧敗亂，晉人歸奔。琨於平城，納其初附。將軍箕澹，又以為此雖晉人，久在荒裔，難以法整，不可便用。琨又讓之，義形於色。假從澹議，偷於苟存，則晏然於并土，必不亡身於燕、薊也。」當海內俶擾之時，手握兵權者，往往心存自保，而大局之所以敗壞，則正此等自便私圖者為之，聞劉琨之風，亦可以少愧矣。成敗本難逆睹，即僅圖自守，亦豈必終能自全乎！

建武元年（西元 317 年），劉琨與段匹磾期討石勒。匹磾推琨為大都督。檄諸方守，俱集襄國。琨、匹磾進屯固安，（漢縣，今河北易縣東南。）以俟眾軍。涉復辰、疾六眷、末杯等三面俱集。勒遣間使厚賂末杯。末杯間匹磾於涉復辰、疾六眷，涉復辰等引還。琨、匹磾亦退如薊。會疾六眷病死，匹磾從薊奔喪，至於右北平。（漢郡，治平剛，今熱河平泉縣。後漢治土垠，在今河北豐潤縣東。晉改曰北平，（見第二章第二節。）末杯宣言匹磾將篡，出軍擊敗之。末杯遂害涉復辰及其子弟黨與二百餘人，自立為單于。（〈石勒載記〉云：段末杯殺鮮卑單于截附真，立

忽跂隣為單于。段匹磾自幽州攻末杯，末杯逆擊敗之。匹磾奔還幽州，因
害太尉劉琨。）琨遣世子群送匹磾，為末杯所得。末杯厚禮之。許以琨為
幽州刺史，與結盟而襲匹磾。密遣使齎群書，請琨為內應。而為匹磾邏騎
所得。時琨別屯故征北府小城，（胡三省曰：蓋征北將軍所治。）不之知
也。因來見匹磾，匹磾以群書示琨，曰：「意亦不疑公，是以白公耳。」琨
曰：「與公同盟，志獎王室，若兒書得達，亦終不以一子負公也。」匹磾雅
重琨，初無害琨意，將聽還屯。其中弟叔軍曰：「吾胡夷耳，所以能服晉
人者，畏吾眾也。今我骨肉搆禍，是其良圖之日。若有奉琨以起，吾族盡
矣。」匹磾遂留琨。琨庶長子遵懼誅，與琨左長史楊橋，並州治中如綏閉
門自守。匹磾諭之不得，因縱兵攻之。琨將龍季猛，迫於乏食，遂斬橋、
綏而降。琨被拘經月，遠近憤嘆。匹磾所署代郡太守闢閭嵩，與琨所署雁
門太守王據，後將軍韓據連謀，密作攻具，欲襲匹磾。韓據女為匹磾兒
妾，聞其謀而告之。匹磾於是執王據、闢閭嵩及其徒黨，悉誅之。會王敦
密使匹磾殺琨；匹磾又懼眾反己；遂稱有詔，收琨縊之。時大興元年五月
也。盧諶、崔悅之理琨曰：「琨自以備位方岳，綱維不舉，無緣虛荷大任，
坐居三司。是以陛下登阼，便引愆告遜。前後奉表，具陳誠款。尋令從事
中郎臣續澹，以章綬節傳，奉還本朝。與匹磾使榮邵，期一時俱發。又匹
磾以琨王室大臣，懼奪己威重，忌琨之形，漸彰於外。琨知其意如此，慮
不可久，欲遣妻息大小，盡詣京城，以其門室，一委陛下。有徵舉之會，
則身充一卒。若匹磾縱凶慝，則妻息可免。具令臣澹，密宣此旨。求詔敕
路次，令相逆衛會王成從平陽逃來，說南陽王保，稱號隴右，士眾甚盛，
當移關中。匹磾聞此，私懷顧望。停留榮邵，欲遣前兼鴻臚邊邈奉使詣
保。懷澹獨南，言其此事，遂不許引路。丹誠赤心，卒不上達。匹磾兄眷
喪亡，嗣子幼弱，欲因奔喪，奪取其國。又自以欺國陵家，懷邪樂禍，恐
父母宗黨，不容其罪，是以卷甲囊弓，陰圖作亂，欲害其從叔驎，從弟末

波等，以取其國。（疾六眷之死，〈匹磾本傳〉及〈劉琨傳〉，皆僅云匹磾前往奔喪，蓋時唯陰謀篡奪，未嘗訟言攻戰也。《北史》云：就六眷死，其子幼弱匹磾陰卷甲而往，欲殺其叔羽鱗及末波而奪其國，所據蓋即此表？此自為當時情實。〈石勒載記〉之截附真，疑即疾六眷，當時曾訛傳為末杯所殺；忽跋隣疑即疾六眷之子，末杯嘗一立之，或始終以之襲號，而實權則在末杯也。疾六眷久貳於石勒，而匹磾殷勤招致劉琨，疑正欲藉琨之力，以圖疾六眷等。若然，則段氏骨肉之間，自相攜貳久矣。疾六眷既貳於勒，而固安之次，仍赴琨之期者，蓋以琨為王室大臣，未敢顯貳；抑亦慮琨之奉辭伐己，而匹磾為之助也。然卒擅引而去，使襄國之伐不成，琨之助匹磾以圖之也固宜。）匹磾親信，密告隣、波，隣、波乃遣人距之，匹磾僅以身免。百姓謂匹磾已沒，皆馮向琨。若琨於時有害匹磾之情，則居然可擒，不復勞於人力。（此語或失之誇，然使以石勒處此，則必轉而圖匹磾矣。干戈擾攘之際，忍而無信者多成，守義者多敗，此其所以有害於民德也。）自此之後，上下並離。匹磾遂欲盡勒胡、晉，徙居上谷。琨深不然之。勸移厭次，（見下。）南馮朝廷。匹磾不能納。反禍害父息四人。從兄二息，同時並命。琨未遇害，知匹磾必有禍心。語臣等云：受國厚恩，不能克報，雖才略不及，亦由遇此厄運。人誰不死？死生命也，唯恨下不能效節於一方，上不得歸誠於陛下。辭旨慷慨，動於左右。匹磾既害琨，橫加誣謗，言琨欲窺神器，謀圖不軌。（此亦足證謂王浚謀稱尊號之誣。豈有可加之於琨，而不可加之於浚？匹磾所能為。而石勒不能為者哉？）琨免述、嚚頑凶之思，又無信、布懼誅之情，踦亂亡之際，夾肩異類之間，而有如此之心哉？雖臧獲之愚，廝養之智，猶不為之，況在國士之列，忠節先著者乎？」匹磾之懷貳，與琨之孤忠，皆可見矣。琨為趙王倫子荂姊婿，與父兄並為倫所委任，論者或以是少之。然於晉氏非純臣，以效忠民族論，則志節炳然矣。《記》曰：「內亂不與焉，外患弗闢也。」

內亂外患,又豈可以同日語哉?

匹磾既害劉琨,晉人離散。匹磾不能自固,乃南依邵續。(《北史》云:匹磾既殺劉琨,與羽、鱗、末波,自相攻擊,部眾乖離,欲擁其眾,徙保上谷。平文帝聞之,陰嚴精騎將擊之。匹磾恐懼,南奔樂陵。樂陵,見第三章第四節,此時移治厭次,見下。厭次,漢縣,晉治在今山東陽信縣東。)續,魏郡安陽人。(見第三章第三節。)初為成都王穎參軍。後為苟晞參軍。除沁水令。(漢縣,今河南濟源縣東北。)時天下漸亂,續去縣還家。糾合亡命,得數百人,王浚假續樂陵太守,屯厭次。以續子乂為督護。續綏懷流散,多歸附之。石勒既破浚,遣乂還招續。續以孤危無援,權附於勒。勒亦以乂為督護。既而匹磾在薊,遣書招續,俱歸元帝。續從之。其下諫曰:「今棄勒歸匹磾,任子危矣。」續垂泣曰:「我出身為國,豈得顧子而為叛臣哉?」遂絕於勒。勒乃害乂。(〈劉胤傳〉曰:續徒眾寡弱,謀降於石勒。胤言於續。續從之,乃殺異議者數人,遣使江南。此乃歸美於胤之辭。以續之忠,其歸朝,必不待胤之說也。)帝以續為平原、樂安太守,(平原、樂安,皆見第二章第三節。)冀州刺史。匹磾攻末杯,石勒知續孤危,遣石虎圍續。續為虎所得。虎使續降其城。續呼兄子竺等曰:「吾志雪國難,不幸至此;汝等努力,便奉匹磾為主,勿有二心!」時大興三年二月也。部曲文武,共推其息緝為營主。詔一以續本位授緝。虎送續於勒,後為勒所害。匹磾還,聞續已沒眾懼而散。文鴦以親兵數百人力戰,乃得入城。與竺、緝及續兄子存等嬰城距寇。明年四月,見獲。唯存得潰圍南奔,在道為賊所殺。匹磾至襄國,經年,國中謀推為主,事露,被害。文鴦亦遇鴆死。初石虎攻鄴,鄴潰,劉演奔於廩丘。(見第三章第三節。)時在建興元年(西元 304 年)。虎又攻之。續使文鴦救演,演奔鴦軍,隨鴦屯厭次,遇害。

王彌之死也,曹嶷仍為劉聰青州刺史。擁眾十餘萬,有雄據全齊之

志。石勒請討之。聰憚勒並齊，弗許。嶷後叛聰，南稟王命。朝廷以為青
州刺史。嶷以建業懸遠，聲勢不接，懼勒襲之，遣使通和。勒授嶷青州
牧。嶷嘗遣使於勒，請畫河為界；而時人議論，亦有以嶷與勒並稱者：
（如劉聰太史令康相，見第五章第一節。）蓋在東方尚稱強大，然勒聲勢
日盛，嶷亦終無以自立已。明帝太寧元年（西元 323 年），勒使石虎統步騎
四萬攻嶷。時嶷居廣固，（城名，在今山東益都縣西北。此城為嶷所築，
見《晉書‧地理志》。）嘗議徙海中，保根餘山，（未詳。）會疾疫甚，未
及就。虎圍廣固，嶷降。送於襄國，殺之。坑其眾三萬。青州郡縣壁壘
盡陷。

　　時東晉晏然，無意援應北方，唯范陽祖逖，以一軍北上。（漢涿郡，
魏改為范陽，今河北涿縣。）逖輕財好俠，慷慨有節尚。北方之亂，率親
黨數百家，避地淮、泗，元帝用為徐州刺史。尋徵為軍諮祭酒。居丹徒
之京口。（丹徒，漢縣，在今江蘇鎮江縣東南，孫權嘗居此，號其城為京
城，後徙建業，乃於其地置京口鎮。）逖以社稷傾覆，常懷振復之志。其
賓客義徒，皆暴桀勇士，逖遇之如子弟。逖說元帝曰：「晉室之亂，非上
無道而下怨叛也。由藩王爭權，自相誅滅，遂使戎狄乘隙，毒流中原。今
遺黎既被殘酷，人有奮擊之志。大王誠能發威命將，使若逖等，為之統
主，則郡國豪桀，必因風向赴；沉溺之士，欣於來蘇；庶幾國恥可雪。願
大王圖之。」帝乃以逖為豫州刺史。給千人廩，布三千匹，不給鎧仗，使
自召募。仍將本流徙部曲百餘家渡江。中流，擊楫而誓曰：「祖逖不能清
中原而復濟者，有如大江。」辭色壯烈，眾皆慨嘆。屯於淮陰。（秦縣，
今江蘇淮陰縣。）起冶鑄兵器，得二千餘人而後進。（《通鑑》在建興元年
（西元 313 年）。）初流人塢主張平、樊雅等在譙，（見第三章第三節。）劉
演署平為豫州刺史，雅為譙郡太守，各據一城，眾數千人。又有董瞻、於
式、謝浮等十餘部，眾各數百，皆統屬平。銍人桓宣，（銍，秦縣，在今

安徽宿縣西南。）為元帝丞相舍人。帝以宣信厚，又與平、雅同州里，轉宣為參軍，使說平、雅。平、雅遣軍主簿隨宣詣丞相府受節度。帝皆加四品將軍，即其所部，使捍禦北方。逖出屯蘆洲，（在今安徽亳縣東。）遣參軍殷乂詣平、雅。乂意輕平。平怒，斬乂，阻兵固守。逖誘浮使取平。浮譎平與會，遂斬以獻逖。帝嘉逖勳，使運糧給之，而道遠不至，軍中大饑。進據大丘。（漢敬丘縣，後漢改稱大丘，在今河南永城縣西北。）張平餘眾助樊雅攻逖。逖求助於南中郎將王含，又求救於蓬陂塢主陳川。（在浚儀。浚儀見第三章第四節。）川遣將李頭援之。桓宣時為王含參軍，含遣宣領兵五百助逖。宣復說下雅。石虎圍譙，含又遣宣救之，虎退。宣遂留助逖，討諸屯塢之未附者。李頭感逖恩遇，每嘆曰：「若得此人為主，吾死無恨。」川聞而怒，遂殺頭。頭親黨馮寵，率其屬四百人歸于逖。川益怒，遣將掠豫州諸郡，逖遣將邀擊，盡獲所掠者。川大懼，遂以眾附石勒。逖率眾伐川。石虎領兵五萬救川。逖設奇以擊之，虎大敗，收兵掠豫州，徙陳川還襄國，留桃豹守川故城，住西臺。逖遣將韓潛等鎮東臺。相守四旬，豹宵遁，退據東燕。（見第二節。）逖使潛進屯封丘，（漢縣，今河南封邱縣。）馮鐵據二臺。逖鎮雍丘，（漢縣，今河南杞縣。）數遣軍要截石勒。勒屯戍漸蹙，歸附者甚多。逖愛人下士，雖疏交賤隸，皆恩禮遇之，由是黃河以南，盡為晉土。河上堡固，先有任子在胡者，皆聽兩屬。時遣遊軍偽抄之，明其未附。諸塢主感戴，胡中有異謀，輒密以聞。前後克獲，亦由此也。其有微功，賞不逾日。躬自儉約，勸督農桑。克己務施，不畜資產。子弟耕耘，負儋樵薪。又收葬枯骨，為之祭醊。百姓感悅。嘗置酒大會，耆老中坐流涕曰：「吾等老矣，更得父母，死將何恨？」其得人心如此。石勒不敢窺兵河南，使成皋縣（見第三章第四節。）修逖母墓，因與逖書，求通使交市。逖不報書，而聽互市，收利十倍。於是公私豐贍，士馬日滋。（此據〈逖傳〉。〈石勒載記〉曰：逖善於撫納，自河以

南，多背勒歸順。勒憚之，不敢為寇。乃下幽州，修祖氏墳墓，為置守塚二家，逖聞之，甚悅。遣參軍王愉使於勒，贈以方物，修結和好。勒厚賞其使，遣左常侍董樹報聘，以馬百匹，金五十斤答之。自後兗、豫又安，人得休息矣。又曰：祖逖牙門童建，害新蔡內史周密，遣使降於勒。勒斬之，送首于逖，曰：「天下之惡一也。」逖遣使報謝。自是兗、豫壘壁叛者，逖皆不納。二州之人，率多兩屬矣。力既未能戡定，遣使往來，自所不免，不得以越境之交責之也。新蔡，見第三章第四節。）會朝廷將遣戴淵為都督，逖以淵吳人，已翦荊棘，收河南地，而淵雍容一旦來統之，意甚怏怏，且聞王敦與劉隗等搆隙，慮有內難，大功不遂；感激發病。營繕虎牢城，（虎牢，即成皋。）未成，而逖病甚。大興四年（西元 321 年），九月，卒於雍丘。逖之未卒也，河南義師李矩、郭默，降將趙固等咸受節度。逖卒，弟約繼之，無綏馭之才，不為士卒所附，後又與蘇峻俱叛，退屯壽春，卒奔後趙，矩等之勢益孤矣。

　　李矩，平陽人。為梁王肜牙門。伐齊萬年有殊功。劉淵攻平陽，百姓奔走，矩素為鄉人所愛，乃推為塢主，東屯滎陽。（見第二章第二節。）後移新鄭。（秦縣，晉省，今河南新鄭縣北。）東海王越以為汝陰太守。（漢郡，魏廢。晉復置，今安徽阜陽縣。）荀藩承制，假矩滎陽太守。矩招懷離散，遠近多附之。藩表元帝，以矩領河東、平陽太守。（河東，見第二章第二節。）郭默，河內懷人。（河內，見第二章第二節。懷，漢縣，在今河南武陟縣西南。）少微賤。以壯勇事太守，為督將。永嘉之亂，默率遺眾，自為塢主。以漁舟抄東歸行旅，積年，遂致鉅富。流人依附者漸眾，使謁劉琨。琨假默河內太守。默為劉淵所逼，乞歸於矩。矩使其甥郭誦迎致之。後劉聰遣其從弟暢攻矩。矩夜掩破之。暢僅以身免。先是聰使其將趙固鎮洛陽，長史周振，與固不協，密陳固罪。矩之破暢也，帳中得聰書，敕暢平矩訖，至洛陽，收固斬之，以振代固。矩送以示固。固即

斬振父子，率騎一千來降。矩還令守洛。固、默攻河東，至於絳邑。（漢絳縣，後漢改稱絳邑，在今山西曲沃縣西南。）聰遣其太子粲率劉雅等攻固，固奔陽城山。（在今河南登封縣北。）矩遣郭誦救之，誦襲破粲。元帝嘉其功，除矩都督河南三郡軍事、滎陽太守。大興元年（西元318年），七月，聰死，粲即偽位。八月，靳準殺粲，遣使歸矩。矩馳表於帝。帝遣太常韓胤等奉迎梓宮。未至，而準已為石勒、劉朧所沒。帝踐阼，以矩為都督司州諸軍事、司州刺史。時劉朧弘農太守尹安，（弘農，見第二章第二節。）振威將軍宋始等四軍並屯洛陽，各相疑阻，莫有固志。矩、默各遣千騎至洛以鎮之。安等乃同謀告石勒。勒遣石生率騎五千至洛陽。矩、默軍皆退還。俄而四將復背勒，遣使乞迎。默又遣步卒五百入洛。石生以四將相謀，不能自安，乃虜宋始一軍，渡河而北。百姓相率歸矩，洛中遂空。矩乃表郭誦為陽翟令，（陽翟，見第三章第三節。）阻水築壘，且耕且守。趙固死，石生攻誦，誦輒破之。郭默欲攻祖約，矩禁之，不可。為約所破。石勒遣其養子恩襲默，默戰敗。矩轉蹙弱。默憚後患未已，將降於劉朧，使詣矩謀之。矩不許。後勒遣其將石良率精兵五千襲矩，矩逆擊，不利。郭誦弟元，復為賊所執。石生屯洛陽，大略河南，矩、默大饑。默復說矩降朧。矩從默計，遣使於朧。朧遣從弟嶽軍於河陰，見第三章第四節。）與矩謀攻生。後默為石恩所敗，自密南奔建康。（密縣，見第三章第五節。）劉嶽以外救不至，降於石虎。矩所統將士，有陰欲歸勒者，矩知之而不能討，乃率眾南走，將歸朝廷。眾皆道亡，唯郭誦等百餘人棄家送矩。至於魯陽，（漢縣，今河南魯山縣。）矩墜馬卒。時明帝太寧三年（西元325年）夏也。

　　魏浚，東郡東阿人。（東郡，見第三章第三節。）寓居關中。初為雍州小史。河間王顒敗亂之後，以為武威將軍。後為度支校尉。永嘉末，與流人數百家，東保河陰之硤石。（津名，在今河南孟津縣西。）洛陽陷，

屯於洛北石梁塢。（今在洛陽縣東。）撫養遺眾，漸修軍器。其附賊者，皆先解喻。有恃遠不賓者，遣將討之，服從而已，不加侵暴，於是遠近感悅，襁負至者甚眾。劉琨承制，假浚河南尹。荀藩建行臺，在密縣，浚詣藩諮謀軍事。藩甚悅，要李矩同會。浚因與矩相結而去。劉曜忌浚得眾，率軍圍之。劉演、郭默遣軍來救，曜邀破之。浚夜遁走，為曜所得，死之。（《通鑑》在建興元年（西元 313 年）。）族子該領其眾。該，劉曜攻洛陽，隨浚赴難，先領兵守金墉城，（見第三章第二節。）曜引去，餘眾依之。時杜預子尹為弘農太守，屯宜陽界一泉塢，（宜陽見第三章第三節。一泉塢，在今宜陽縣西。）數為諸賊所抄掠，尹要該共距之。該遣其將馬瞻將三百人赴尹。瞻知尹無備，夜襲殺之，迎該據塢。乃與李矩、郭默相結以距賊。荀藩即以該為武威將軍，統城西雍、涼人，使討劉曜。元帝承制，以為河東太守，督護河東、河南、平陽三郡。後漸饑弊。曜寇日至。欲率眾南徙。眾不從。該遂單騎走。至南陽，帝又以為雍州刺史。馬瞻率該餘眾降曜。曜徵發既苦，瞻又驕虐，部曲遣使呼該。該密往赴之。其眾殺瞻而納該。該遷於新野。（見第三章第三節。）率眾助周訪討平杜曾。（〈成帝紀〉：咸和元年（西元 326 年），十月，劉曜將黃秀、帛咸寇酇，該率眾奔襄陽。酇，漢縣，在今湖北光化縣北。）詔以為順陽太守。（見第三章第九節。）蘇峻反，率眾救臺，病篤，還屯，卒於道。

郗鑑，高平金鄉人。（高平，見第二章第二節。金鄉，後漢縣，今山東金鄉縣。）仕為中書侍郎。京師不守，鑑歸鄉里。時所在饑荒，州中之士，共推為主，舉千餘家，避難於魯之嶧山。（今山東鄒縣東南之山，古或稱為鄒山，或稱為嶧山，又或兼稱為鄒嶧，蓋山本名嶧，而在鄒境也。）元帝初鎮江東，承制假鑑兗州刺史，鎮鄒山。時荀藩用李述，劉琨用兄子演，並為兗州。各屯一郡，以力相傾。闔州編戶，莫知所適。又徐龕、石勒，左右交侵。外無救援。百姓饑饉，或掘野鼠、蟄燕而食之，終

無叛者。三年間，眾至數萬。劉遐，廣平易陽人。（廣平，見第二章第二
節。易陽，漢縣，在今河北永年縣西。）性果毅，便弓馬。直天下大亂，
遐為塢主，冀方比之張飛、關羽。邵續深器之，以女妻焉。遂壁於河、濟
之間。賊不敢逼。遐間道遣使受元帝節度，帝以為平原內史。（平原，見
第二章第三節。）建武初，又以為下邳內史。（下邳，見第三章第四節。）
初沛人周堅，一名撫，（沛，見第三章第一節。）與同郡周默，各為塢主。
朝以撫為彭城內史，（彭城，見第三章第三節。）默為沛國內史。默降祖
逖，撫怒，襲殺默，以彭城叛。時大興元年十二月也。詔遐領彭城內史，
與徐州刺史蔡豹、泰山太守徐龕討之。（泰山，見第三章第四節。）二年
（西元 327 年），二月，龕斬撫，傳首京師。及論功，而遐先之，龕怒，以
泰山叛。攻破東莞太守侯史旄而據其塢。（東莞，見第三章第一節。）石
虎伐之，龕懼，求降。元帝許焉。既而復叛歸石勒。勒遣其將王伏都、張
景等數百騎助之。司徒王導，以太子右衛率羊鑑，是龕鄉里冠族，必能制
之，請遣北討。鑑深辭才非將帥。郗鑑亦表鑑非才，不宜妄使。導不納，
強啟授以征討都督，與豹、遐等共討之。（遐時為臨淮太守。臨淮，見第
三章第九節。）諸將畏奰，頓兵下邳不敢前。豹欲進軍，鑑固不許。龕使
請救於石勒，勒辭以外難，而多求於龕；又王伏都等淫其室。三年（西元
328 年），五月，龕殺之，復求降。元帝惡其反覆，不納。敕豹、鑑以時進
討。鑑、遐等並疑憚不相聽從。於是遣治書侍御史郝嘏為行臺催攝。尚書
令刁協奏免鑑官，委豹為前鋒，以鑑兵配之。豹進據卞城，（卞，漢縣，
在今山東泗水縣東。）欲以逼龕。石虎屯鉅平，（漢縣，在今山東泰安縣
西南。）將攻豹，豹退守下邳。豹既敗，將歸謝罪。北中郎將王舒止之。
元帝聞豹退，使收之。使者至，王舒夜以兵圍豹。豹以為他難，率麾下擊
之，聞有詔，乃止。舒執豹送建康，斬之。豹在徐土，內撫將士，外懷諸
眾，甚得遠近情，聞其死，多悼惜之。四年（西元 329 年），二月，龕又

來降。石虎以精卒四萬攻之。龕堅守不戰。列長圍守之。永昌元年（西元322年），七月，執龕，送之襄國。勒囊盛於百尺樓，自上殺之。坑其降卒三千。郗鑑亦退屯合肥。（見第三章第九節。）

　　以上所述，為自關以東，幽、並、青、冀、徐、兗、司、豫八州之地。其自關以西，雍、秦二州之地，則以南陽王保為大。模之死也，保在上邽。（見第三章第三節。）後賈疋死，裴苞為張軌所殺，保全有秦州。模之敗也，都尉陳安歸於保。保命統千餘人以討羌，寵遇甚厚。保將張春等疾之，譖安有異志，請除之。保不許。春等輒伏刺客以刺安。安被創，馳還隴城。（隴，漢縣，晉廢，在今甘肅清水縣北。）大興二年（西元319年），保聞愍帝崩，自稱晉王。俄而陳安叛，氐、羌皆應之。保窘迫，遷於祁山。（在今甘肅西和縣西北。）張寔遣韓璞率五千騎赴難。安退保綿諸。（漢道，後漢省。在今甘肅天水縣東。）保歸上邽。屠谷路松多，起兵於新平、扶風，（皆見第二章第二節。）附保，保以其將楊曼為雍州刺史，王連為扶風太守，據陳倉。（見第三章第三節。）張為新平太守，周庸為安定太守，（安定，見第二章第二節。）據陰密。（見第三章第五節。）松多下草壁，（在陰密之東。）秦、隴氐、羌多歸之。劉曜遣劉雅、劉厚攻陳倉，不克。曜率中外精銳以赴之。曼、連謀曰：「吾糧廩少，無以支久，不如率見眾一戰，如其勝也，關中不待檄而至；如其敗也，等死，早晚無在。」遂盡眾背城而陳。為曜所敗，連死之，曼奔南氐。曜進攻草壁，又陷之，松多奔隴城。進陷安定。時上邽大饑，張春奉保之南安。（見第二章第二節。）陳安自號秦州刺史，稱藩於曜。三年（西元320年），正月，張春奉保奔桑城，（在甘肅狄道縣南。）將投張寔。寔以其宗室之望，若至河右，必動物情，遣將陰監逆之，聲言翼衛，實御之也。是歲，保病歿。（《紀》在五月，云為張春所害。）春立宗室司馬瞻奉保後。陳安舉兵攻春，春走。瞻降於安。安送詣劉曜，曜殺之。陳安至太寧元年（西元323年），為曜所滅。（詳見第五章第一節。）

# 第三節　東晉初年內亂

　　當九州雲擾之際，克奏戡定之烈者，必為文武兼資之材。武人為於大君，夫人而知其不可矣，而溫恭有恪，僅足守文者，亦不足以戡大難。《晉書·王鑑傳》：鑑為琅邪國侍郎。杜弢作逆，王敦不能制，鑑疏勸元帝徵之。有曰：「當五霸之世，將非不良，士非不勇，征伐之役，君必親之。故齊桓免冑於邵陵，晉文摜甲於城濮。昔漢高、光武二帝，徵無遠近，敵無大小，必手振金鼓，身當矢石；櫛風沐雨，壺漿不贍；馳騖四方，匪皇寧處；然後皇基克構，元勳以融。今大弊之極，劇於曩代。崇替之命，系我而已。欲使鑾旗無野次之役，聖躬遠風塵之勞，而大功坐就，鑑未見其易也。魏武既定中國，親征柳城、揚旆盧龍之嶺，頓轡重塞之表。非有當時烽燧之虞，蓋一日縱敵，終己之患，雖戎輅蒙嶮，不以為勞，況急於此者乎？劉玄德躬登漢山，而夏侯之鋒摧；吳偽祖親溯長江，而關羽之首懸；袁紹猶豫後機，挫衄三分之勢；劉表臥守其眾，卒亡全楚之地；歷觀古今，撥亂之主，雖聖賢，未有高拱閒居，不勞而濟者也。」此言深能道出歷代興亡成敗之由，蓋戡定之勳，必資武力，而師之武、臣之力者，大都非孝子順孫，非兼信、布之才，良、平之智，固無以御之也。晉元帝唯不足以語此，故雖能立國江東，而卒以內憂詒後嗣。

　　王敦，導從父兄。尚武帝女襄城公主。王衍用為青州刺史，（已見第三章第九節。）後東海王越以為揚州刺史。元帝召為安東軍諮祭酒，會揚州刺史劉陶卒，帝復以為揚州刺史，都督征討諸軍事。〈敦傳〉曰：「帝初鎮江東，威名未著，敦與導等同心翼戴，以隆中興。時人為之語曰：王與馬，共天下。」蓋不自為政，當其初起之時，已有大權旁落之勢矣。上流經營，敦為元帥。杜弢滅後，為江州刺史都督江、揚、荊、湘、交、廣六州，專擅之跡漸彰。時諸將中較有才望者，為陶侃與周訪。敦初表拜侃為荊州刺史，及杜弢平，侃將還江陵，詣敦別，敦遂留之，左轉為廣州刺

史，而以其從弟廙刺荊州。廙在州，大誅戮侃時將佐，人情乖沮。元帝乘機，徵廙，以周訪為荊州。敦又遷之梁州，而自領荊州。訪大怒，陰欲圖之。訪善於撫納，士眾皆為致死，敦頗憚之。大興三年（西元 320 年），八月，訪卒。帝以湘州刺史甘卓代之。卓本非純臣，加以老耄，不復為敦所忌，敦欲以其從事中郎陳頒代卓，（此據〈敦傳〉。〈譙閔王傳〉云：敦欲以沈充為湘州。）帝又違之，而用譙王承。（承亦作丞，謚閔。剛王遜之子。遜，宣帝弟進之子。遜卒，子定王隨立。卒，子邃立。沒於石勒。元帝以承嗣遜。）然湘州承蜀寇之餘，公私困弊，亦不足以掣敦之肘矣。

　　時帝又以劉隗、刁協、戴淵、周等為腹心。大興四年（西元 321 年），七月，以淵為司州刺史，鎮合肥。（見第三章第九節。）隗為青州刺史，鎮淮陰。（見第二節。）其明年，為永昌元年（西元 322 年），正月，敦以誅隗為名，舉兵武昌。（見第三章第九節。）吳興人沈充，初為敦參軍，亦起兵以應之。（吳興，見第三章第九節。）帝徵淵、隗入衛。使太子右衛率周筵統兵三千討充，右將軍周札守石頭。（見第三章第九節。）以陶侃領江州，甘卓領荊州，使各率所統，以躡敦後。四月，敦前鋒攻石頭，周札開門應之。戴淵、劉隗攻敦，王導、周等三道出戰，皆大敗。帝令隗、協避難。協行至江乘，（見第三章第九節。）為人所殺，送首於敦。隗至淮陰，為劉遐所襲，奔石勒，後卒於勒。戴淵、周奉詔詣敦，為敦所殺。（刁協時為尚書令，周為尚書左僕射。）

　　敦之稱兵也，使告甘卓。卓偽許之而不赴，使參軍樂雙諫止敦。敦曰：「吾今下，唯除姦凶耳。卿還言之。事濟，當以甘侯作公。」雙還報，卓不能決。時譙王承遣主簿鄧騫說卓。敦慮卓在後為變，遣參軍樂道融要卓俱下。道融忿敦逆節，說卓偽許應命，而馳襲武昌。卓得道融說，乃決，露檄討敦。遣羅英至廣州，與陶侃刻期。虞沖與鄧騫至長沙，（見第三章第九節。）令譙王堅守。侃得卓信，即遣參軍高寶率兵下，而卓計復

猶豫，軍次口，（在今湖北沔陽縣。）累旬不前。敦大懼，遣卓兄子行參軍印求和。時王師敗績，卓乃曰：「吾師臨敦上流，亦未敢便危社稷，若徑據武昌，敦勢逼，必劫天子以絕四海之望。不如還襄陽，（見第三章第四節。時梁州治此。）更思後圖。」即命旋軍。都尉秦康說卓曰：「今分兵取敦不難，但斷彭澤，（見第一節。）上下不得相越，自然離散，可一戰擒也。將軍既有忠節，中道而廢，更為敗軍將，恐將軍之下，亦各求其利，欲求西歸，亦不可得也。」樂道融亦日夜勸卓速下，卓不能從。卓性先寬和，忽便強塞。徑還襄陽。意氣騷擾，舉動失常。方散兵大佃，而不為備。襄陽太守周慮，密承敦意，襲害卓，傳首於敦。譙王承欲起義，眾心疑惑。唯長史虞悝贊之。乃起兵，使悝弟望討諸不服，斬敦姊夫湘東太守鄭澹。（湘東，見第三章第九節。）敦遣南蠻校尉劉乂等甲卒二萬攻承。相持百餘日，城沒。乂檻送承荊州。刺史王廙承敦旨害之。廙，帝姨弟，帝使喻敦，敦留之，復以為荊州刺史者也。廙尋卒。敦還屯武昌。以兄含為荊州刺史，督沔南。敦又自督寧、益。

　　是歲，閏月，（十一月。）元帝崩。太子紹立，是為明帝。帝有文武才略，又習武藝，善撫將士。王敦欲誣以不孝而廢焉，不果。明年，為太寧元年（西元 323 年），敦諷朝廷徵己。帝乃手詔徵之。四月，敦移鎮姑孰。（見第一節。）轉王導為司徒，自領揚州牧。帝以郗鑑刺兗州；都督揚州江西諸軍，鎮合肥。敦忌之。八月，表鑑為尚書令。十一月，徙王含都督揚州江西諸軍。以從弟舒為荊州，彬為江州，邃為徐州。以沈充、錢鳳為謀主。（鳳充同郡人，充薦之於敦。）諸葛瑤、鄧嶽、周撫、李恆、謝雍為爪牙。充等並凶險驕恣，共相驅扇，殺戮自己。又大起營府，侵人田宅；發掘古墓；剽掠市道；士庶解體。周札之應敦也，敦轉為光祿勳。尋補尚書。頃之，遷會稽內史。（會稽，見第三章第九節。）時札兄靖之子懋，為晉陵太守，（晉陵，晉郡，今江蘇武進縣。）清流亭侯。（未

詳。）懋弟筵，為吳興內史。筵弟贊，大將軍從事中郎，武康縣侯。（後漢永安縣，晉改曰武康，今浙江武康縣。）贊弟縉，太子文學，都鄉侯。（未詳。）次兄子虓，臨淮太守，（見第三章第九節。）烏程公。（烏程，秦縣，在今浙江吳興縣南。）一門五侯，（札本封東遷縣侯。東遷，晉縣，今吳興之東遷鎮。）並居列位。吳士貴盛，莫與為比。敦深忌之。敦疾，錢鳳說敦曰：「今江東之豪，莫強周、沈。公萬世之後，二族必不靜矣。周強而多俊才，宜先為之所。」敦納之。時有道士李脫者，以妖術惑眾。自言八百歲，故號李八百。自中州至建鄴，以鬼道療病；又署人官位；時人多信事之。弟子李弘，養徒灊山，（在今安徽潛山縣北。）云應讖當王。故敦使廬江太守李恆，（廬江，見第三章第九節。）告劭及其諸兄子與脫謀圖不軌。時筵為敦諮議參軍，即營中殺筵及脫、弘。又遣參軍賀鸞就沈充，盡掩殺札兄弟子。既而遣軍會稽襲札。札先不知，卒聞兵至，率麾下數百出拒之。兵散，見殺。是役也，史謂由錢鳳欲自託於充，以周氏宗強，謀滅之，使充得專威揚土。案周氏宗強，而與中朝士大夫瑕釁已深，充、鳳等欲有所圖，正可藉以為用，顧先加以誅翦；敦又從而聽之；且任其割剝黎庶此其所為，與後來宋武帝、劉穆之正相反，安能有成？可見其本無遠略矣。敦無子，養含子應。及敦病甚，拜為武衛將軍以自副。錢鳳謂敦曰：「脫有不諱，便當以後事付應？」敦曰：「非常之事，豈常人所能？且應年少，安可當大事？我死之後，莫若解眾放兵，歸身朝廷，保全門戶，此計之上也。退還武昌，收兵自守，貢獻不廢；亦中計也。及吾尚存，悉眾而下，萬一徼倖，計之下也。」鳳謂其黨曰：「公之下計，乃上策也。」遂與沈充定謀，須敦死後作難。

初，太原溫嶠（太原，見第二章第二節。）為劉琨謀主。（琨妻，嶠之從母。）琨使奉表詣元帝勸進。留仕朝廷。為太子中庶子，與明帝為布衣之交。帝即位，拜侍中。俄轉中書令。敦忌之，請為左司馬。嶠繆為勤

敬，綜其府事。干說密謀，以附其欲。深結錢鳳，為之聲譽。敦乃表補嶠
丹陽尹，（見第三章第九節。）使覘伺朝廷。嶠至，具奏敦之逆謀，請先
為之備。帝欲討敦，知其為物情所畏服，六月，偽言敦死，下詔討錢鳳。
敦病轉篤，不能御眾，使鳳及鄧嶽、周撫等率眾三萬向京師。以含為元
帥。七月朔，至於南岸。溫嶠移屯水北，燒朱雀桁以挫其鋒。（朱雀桁，
跨秦淮河上，在臺城之南。臺城正南門名朱雀門，故稱朱雀桁，亦稱南
桁，又稱大桁。）帝躬率六軍出次。夜募壯士，遣千人渡水，掩其未備，
破之越城。（在秦淮南。）俄而敦死。應祕不發喪。沈充自吳興率眾萬餘人
至，與含等合。充司馬顧颺說充曰：「今舉大事，而天子已扼其喉，情離
眾沮，鋒摧勢挫，持疑猶豫，必至禍敗。今若決破柵塘，因湖水，（玄武
湖。）灌京邑，肆舟艦之勢，極水軍之用，此所謂不戰而屈人之兵，上策
也。藉初至之銳，並東南眾軍之力，十道俱進，眾寡過倍，理必摧陷，中
策也。轉禍為福，因敗為成，召錢鳳計事，因斬之以降，下策也。」充不
能用。颺逃歸於吳。時兗州刺史劉遐、臨淮太守蘇峻等帥精卒萬人以至。
賊濟水至宣陽門，（臺城南門。）遐、峻等橫擊，大破之。賊燒營宵遁。
周撫弟光，捕錢鳳詣闕贖罪。充歸吳興，其故將吳儒殺之。含、應乘單舸
奔荊州，王舒使人沉之於江。詔王敦群從，一無所問。以陶侃代王舒，遷
舒廣州刺史。舒疾病，不樂越嶺，朝議亦以其有功，不應遠出，乃徙為湘
州。彬亦見原，徵拜光祿勳。時制王敦綱紀除名，參佐禁錮，以溫嶠言罷
之。顧颺反於武康，攻燒城邑，州縣討斬之。周撫、鄧嶽亡入蠻中，明
年，詔原敦黨，乃出。

　　王敦乃一妄人。〈敦傳〉言：時王愷、石崇，以豪侈相尚。愷嘗置酒，
敦與導俱在坐。有女伎，吹笛小失聲均，愷便毆殺之。一坐改容，敦神色
自若。他日，又造愷。愷使美人行酒。以客飲不盡，輒殺之。酒至敦、導
所。敦故不肯持，美人悲懼失色，而敦傲然不視。導素不能飲，恐行酒者

獲罪，遂勉強盡觴。又云：武帝嘗召時賢，共言技藝之事。人人皆有所說。唯敦都無所關，意色殊惡。自言知擊鼓。因振袖揚袍，音節諧均。神氣自得，旁若無人。《晉書》好採小說家言，小說家言，多附會失實。然亦必有其由。敦之為人，蓋殘賊而傲狠，殘賊則敢行不義，傲狠則不肯下人。〈王導傳〉言：元帝初，群臣及四方勸進，敦憚帝賢明，欲更議所立，導固爭乃止。夫元帝則何足憚之有？且敦亦嘗傾心以輔之矣。故知敦之與帝，非有夙嫌也。且亦非有覬覦天位之心。〈祖逖傳〉言：敦久懷逆謀，畏逖不敢發，逖卒，始得肆意。逖之兵力，豈敦之匹？然一甘卓猶為所憚，則〈逖傳〉之語，似不盡誣。觀含、應喪敗之速，知敦不死，亦未必能有所為。敦欲使應歸身朝廷，保全門戶，自其自知之審；含、應既已喪敗，王氏猶並見原，苟其束身自歸，自可不虞後患，此又敦知朝廷之審也。然則敦實非夙有叛志，不過傲狠之習，為其君所不能堪，君臣之間，因生嫌隙；嫌隙既生，既不肯屈己求全，又不能急流勇退，遂至日暮途遠，倒行逆施耳。以眭眦之釁，而釀滔天之禍，其是之謂歟？邦分崩離析，而北伐之志荒矣。

　　明帝聰明有機斷，惜在位僅三年。崩，太子衍立，是為成帝。年方六歲。太后庾氏臨朝。司徒王導，與後兄中書令亮，參輔朝政。太宰西陽王羕（汝南文成王亮之子，亮見第二章第二節。）及溫嶠、郗鑑、陸曄、卞壼等，並預顧命。羕弟南頓王宗，明帝時為左衛將軍，元敬皇后弟虞胤為右衛將軍，並為帝所親暱。宗連結輕俠，以為腹心，導、亮並以為言，帝以其戚屬，每容之。及帝疾篤，宗等謀廢大臣，規共輔政。亮排闥人，升御床，流涕言之。帝始悟，轉宗為驃騎將軍，胤為大宗正。咸和元年（西元 326 年），十月，宗復謀廢執政。庾亮使右衛將軍趙胤收之。宗以兵距戰，為胤所殺。貶其族為馬氏。羕亦坐免官，降為弋陽縣王。虞胤左遷為桂陽太守。漢郡，今湖南郴縣。及蘇峻作亂，羕詣峻稱述其動。峻大悅。

矯詔復兼爵位。峻平、賜死。世子播、播弟充及息崧皆伏誅。

　　蘇峻者，長廣掖人。（長廣，晉郡，治不其，在今山東即墨縣南。掖，見第二節，蓋嘗來屬。）永嘉之亂，百姓流亡，所在屯聚，峻糾合，得數千家，結壘於本縣。曹嶷領青州，表為掖令。峻辭疾不受，嶷惡其得眾，將討之。峻率所部數百家泛海南渡。討王敦有功，進歷陽內史。（歷陽，見第三章第九節。）峻有銳卒萬人，器械甚精，朝廷以江外寄之，而峻潛有異志。撫匿亡命。得罪之家，有逃死者，峻輒蔽匿之。眾力日多，皆仰食縣官。運漕者相屬。稍有不如意，便肆忿言。庾亮乃出溫嶠督江州，鎮武昌。又修石頭，以為之備。咸和二年（西元 327 年），十一月，亮徵峻為大司農。峻遂舉兵反。初王敦舉兵，祖約歸衛京都。率眾次壽陽，（見第三章第四節。）逐敦所署淮南太守任臺。以功封五等候，進號鎮西將軍。使屯壽陽，為北境藩捍。約自以名輩不後郗、卞，而不豫顧命；又望開府，及諸所表請，多不見許，遂懷怨望。石聰嘗以眾逼之，約屢表請救，而官軍不至。聰既退，朝議又欲作塗塘以遏胡寇，（塗塘，在今和縣、六合縣間。）約謂為棄己，彌懷憤恚。及峻舉兵，推崇約而罪執政。約聞而大喜。從子智及衍，並傾險好亂，又贊成其事。於是命逖子沛內史渙，（沛國，見第三章第一節。）女婿淮南太守許柳以兵會峻。逖妻，柳之姊也，固諫，不從。

　　十二月，峻將韓晃入姑孰，屠於湖。（晉縣，在今安徽當塗縣南。）以庾亮為征討都督。趙胤為歷陽太守，與左將軍司馬流距峻。戰於慈湖，（在當塗北，）流敗，死之。峻濟自橫江，（見第三章第九節。）次於陵口。（戍名，在當塗北。）三年（西元 328 年），二月，至蔣山。（即鐘山，在首都東朝陽門外。）卞壺帥六師戰於西陵，（此據〈本紀〉。〈壺傳〉云：峻至東陵口，壺與戰於陵西。）敗績。峻攻青溪柵，（青溪，在首都東北。）因風縱火，王師又大敗，壺等皆死之。庾亮又敗於宣陽門外。亮奔溫嶠。峻

遂陷宮城。縱兵大掠。侵逼六宮，驅役百官。裸剝士女，皆以壞席、苫草自鄣，無草者以土自覆，哀號之聲，震動內外。時官有布二十萬匹，金、銀五千斤，錢億萬，絹數萬匹，他物稱是，峻盡費之。大官唯有燒餘米數石，以供御膳而已。

　　溫嶠聞難作，即下屯尋陽。（見第一節。）遣督護王愆期、西陽太守鄧嶽、（西陽，漢縣，晉置郡，在今湖北黃岡縣東。）鄱陽內史紀睦等為前鋒。（鄱陽，吳郡，治鄱陽，今江西鄱陽縣。晉移治廣晉，在今鄱陽縣北。）使要陶侃，共赴國難。侃不許。嶠屢說不能回，更遣使順侃意曰：「仁公且守，僕宜先下，」遣信已二日，嶠參軍毛寶別使還，聞之，說嶠曰：「師克在和，不聞以異。假令可疑，猶當外示不覺，況自作疑邪？宜急迫信，改舊書，說必應俱徵。若不及前信，宜更遣使。」嶠意悟，即追信改書。嶠欲推庾亮為都統，亮固辭。乃與嶠推侃為盟主。侃乃遣督護龔登率兵詣嶠。已復追登還。嶠重與侃書，告以「首啟戎行，不敢有辭。假令此州不守，約、峻樹置官長，荊楚之危，乃當甚於此州今日。」時峻殺侃子瞻，嶠又以此激之。侃乃率所統，與嶠、亮同赴京師。至尋陽，議者咸謂侃欲誅執政以謝天下，亮甚懼。及見侃，引咎自責，風止可觀，侃不覺釋然。乃謂亮曰：「君侯修石頭以擬老子，今日反見求邪？」五月，峻聞嶠將至，逼大駕幸石頭。侃等戎卒六萬，直指石頭。次於蔡洲。（在首都西南江中。）時峻軍多馬，南軍杖舟楫，不敢輕與交鋒，用將軍李根計，據白石，（在今師子山下。）築壘以自固，庾亮以二千人守之。峻步兵萬餘，四面來攻。眾皆震恐。亮激厲將士，並殊死戰。峻軍乃走。義軍屢戰失利。嶠軍食盡，貸於陶侃。侃怒曰：「使君前云：不憂無將士，唯得老僕為主耳。今數戰皆北，良將安在？荊州接胡、蜀二虜，倉廩當備不虞。若復無食，僕便欲西歸，更思良算。」嶠曰：「天子幽逼，社稷危殆，嶠等與公，並受國恩，是致命之日。今之事勢，義無還踵，騎猛虎安可中

下哉？公若違眾獨反，人心必沮，沮眾敗事，義旗將回指於公矣。」侃無以對。竟陵太守李陽又說侃，乃以米五萬石供軍。（竟陵，見第三章第九節。）九月，侃督水軍向石頭。亮、嶠等率精甲一萬，從白石挑戰。峻勞其將士，因醉突陳，馬躓，為李陽部將彭世所斬。峻司馬任讓等共立峻弟逸為主。

　　先是郗鑑為徐州刺史，鎮廣陵，（見第三章第九節。）城孤糧絕，人情業業，莫有固志。鑑乃設壇場，刑白馬，大誓三軍。遣將軍夏侯長等間行謂溫嶠曰：「今賊謀欲挾天子，東入會稽，宜先立營壘，屯據要害。既防其越逸，又斷賊糧運，然後靜鎮京口，（見第二節。）清壁以待賊。賊攻城不拔，野無所掠，不過百日，必自潰矣。」嶠深以為然。始將徵峻也，王匯出王舒為會稽內史，（舒時為尚書僕射。）以為外援。及峻作逆，乃假舒節，都督，行揚州刺史。峻遣韓晃入義興，（見第三章第九節。）張健、管商、弘徽等入晉陵。庾亮弟冰，為吳興內史，棄郡奔舒。舒使御史中丞謝藻，率眾一萬，與冰俱渡浙江。前義興太守顧眾，眾從弟護軍參軍颺等，起義軍以應舒。舒使眾督護吳中軍，颺監晉陵軍事。舒率眾次郡之西江，為冰、藻後繼。冰、颺等遣前鋒進據無錫。（漢縣，吳省，晉復置，今江蘇無錫縣。）遇張健等數千人。戰，大敗。冰、颺退錢塘。（秦縣，後漢省，吳復，今浙江杭縣。）藻守嘉興。（秦由拳縣，吳改曰嘉興，今浙江嘉興縣。）賊遂入吳。燒府舍，掠諸縣，所在塗炭。韓晃又攻宣城，（見第三章第九節。）害太守桓彝。舒更以顧眾督護吳、晉陵軍，屯兵章埭。（未詳。）吳興太守虞潭率所領討健，屯烏苞亭。（未詳。）並不敢進。時暴雨，大水，管商乘船旁出，襲潭及眾。潭退保吳興，眾退守錢唐。賊轉攻吳興，潭諸軍復退。賊復掠東遷、餘杭、（秦縣，今浙江餘杭縣。）武康諸縣。舒遣兄子允之等，以精銳三千，邀賊於武康，出不意，破之。韓晃既破宣城，轉入故鄣、（秦鄣郡，漢廢為故鄣縣，在今浙江安

吉縣西北。）長城，（見第三章第九節。）允之遣兵擊之，戰於於湖，以強弩射之，晃等乃退。臨海、新安諸山縣，並反為賊，舒分兵討平之。（臨海，吳郡，今浙江臨海縣東南。新安，吳新都郡，晉改為新安，今浙江淳安縣西。）時陶侃進郗鑑都督揚州八郡軍事，王舒、虞潭，皆受節度。鑑率眾渡江，與侃會於茄子浦。（未詳。胡三省曰：蓋其地宜茄子，人多於此樹藝，因以名浦。）時尚書左丞孔坦奔陶侃，侃引為長史。坦言：「本不應召郗公，遂使東門無限。今宜遣還。雖晚，猶勝不也。」侃等猶疑。坦固爭甚切，始令鑑還據京口，立大業、曲阿、庱亭三壘以距賊。（曲阿，秦縣，今江蘇丹陽縣。大業，里名，在曲阿北。庱亭在吳興。）郭默守大業，張健攻之。城中乏水，默窘迫，突圍出，三軍失色。賊之攻大業，陶侃將救之。長史殷羨曰：「若步戰不如峻，則大事去矣。但當急攻石頭，峻必救之，大業自解。」侃從之。及峻死，大業之圍乃解。韓晃聞峻死，引兵赴石頭。管商詣庾亮降。初峻使匡術守苑城。（即臺城。）侍中鐘雅，右衛將軍劉超，與術及建康令管旆等密謀，欲奉帝出。未及期，事洩。峻使任讓收超及雅害之。四年（西元 329 年），正月，匡術以苑城降。韓晃與蘇逸等併力攻術，不能陷。溫嶠等選精銳將攻賊營。峻子碩，率驍勇數百，渡淮而戰。（淮，謂秦淮河。）於陳斬碩。晃等震懼。以其眾奔張健於曲阿。二月，諸軍攻石頭。李陽與蘇逸戰於祖浦，（即查浦，在首都西。）軍敗。建威長史滕含以銳卒擊之，逸等大敗。含奉帝御於溫嶠舟。蘇逸以萬餘人自延陵將入吳興，（延陵，晉縣，今丹陽縣南之延陵鎮。）王允之與戰於溧陽，秦縣，在今江蘇溧陽縣西北。獲之。管商之降也，餘眾並歸張健。健疑弘徽等不與己同，盡殺之。更以舟、車自延陵向長塘。（湖名，亦作長蕩，在今江蘇宜興縣西北。）小大二萬餘口。金銀財物，不可勝數。王允之與吳興諸軍擊健，大破之。健與馬雄、韓晃等輕軍走。郗鑑督護李閎追之，及於巖山，（胡三省曰：當在溧陽界。）斬晃。健等降。

並梟其首。

祖約叛後，潁川人陳光攻之，（潁川，見第三章第三節。）誤禽約左右貌類約者，約逾垣得免。光奔石勒。約諸將復陰結勒，請為內應。勒遣石聰攻之。三年（西元 328 年），七月，約奔歷陽。四年（西元 329 年），正月，趙胤遣將攻之。約以數百人奔石勒。後為勒所殺，並其親戚中外百餘人悉滅之。

蘇峻者，驕暴之武夫，其將士亦皆盜賊。蓋喪亂之際，結合自保者，固多忠義之士，亦多桀黠之徒也。邵續、郗鑑、李矩、魏浚等，皆端人正士，郭默則非其倫矣。默之歸朝也，明帝授為徵虜將軍。劉遐卒，以默為北中郎將，監淮北軍事。朝廷將徵蘇峻，召默，拜後將軍，領屯騎校尉。大業之圍既解，徵為右軍將軍。默樂為邊將，不願宿衛。初被徵距蘇峻也，下次尋陽，見豫章太守劉胤。（豫章，見第三章第九節。）胤參佐張滿等輕默，或裸露見之，默常切齒。溫嶠東下，留胤守湓口。（見第三章第八節。）咸和四年（西元 329 年），四月，嶠卒，胤代為江州刺史。位任轉高，矜豪日甚。縱酒耽樂，不恤政事。大殖財貨，商販百萬。是時朝廷空罄，百官無祿，唯資江州運漕，而胤商旅繼路，以私廢公。有司奏免胤官。默赴召，謂胤曰：「我能御胡，而不見用。若疆場有虞，被使出征，方始配給，將卒無素，恩信不著，以此臨敵，少有不敗矣。時當為官擇才，若人臣自擇官，安得不亂乎？」胤曰：「所論事雖然，非小人所及也。」默當發，求資於胤，胤不與。時胤被詔免官，不即歸罪，方自申理，而驕侈更甚，遠近怪之。僑人蓋肫，先略取祖渙所殺孔煒女為妻，煒家求之，張滿等使還其家，肫不與，因與胤、滿有隙。至是，肫謂默曰：「劉江州不受免，密有異圖，與長史、司馬張滿、荀楷等日夜計謀，反逆已形。唯忌郭侯一人，云當先除郭侯，而後起事。禍將至矣，宜深備之。」默既懷恨，便率其徒，詐稱被詔，襲殺胤，傳首京師。時十二月

也。掠胤女及諸妾並金寶還舸。初云下都，俄遂停胤故府。王導懼不可制，乃大赦天下，梟胤首於大桁，以默為豫州刺史。武昌太守鄧嶽馳白陶侃。侃聞之，投袂起，曰：「此必詐也。」即日率眾討默。導聞之，乃收胤首，詔庾亮助侃討默。默欲南據豫章，而侃已至城下。明年，五月，默將宋侯等縛默降，斬於軍門。

　　蘇峻之叛，論者頗咎庾亮激變，此非其實。當時紀綱，頹廢甚矣，以峻之驕暴，而居肘腋之地，夫安可以不除？咎亮者不過謂峻若無釁，未能遽稱兵以叛耳。不知峻乃粗才，豈有遠慮？峻兵一起，西陽王即依附之；彭城王雄、（康王釋子，釋見第三章第三節。）章武王休，（義陽成王望玄孫。望見第三章第二節。）亦叛奔峻；則當時亂源，潛伏非一，峻欲稱兵，豈慮無所藉口？聽其肆誅求以自封殖，何異藉寇兵而齎盜糧哉？廷議之際，亮謂「今日徵之，縱不順命，為禍猶淺；若復經年；為惡滋蔓，不可複製」；此必確有所見，非苟為危辭以聳聽也。或又咎亮一戰而北，委君父而奔逃，此亦未審兵勢。以峻兵之精，加以虜掠餌其下，其鋒自未易當。當時奔北，豈亮一人？若責其委棄君父，則社稷為重君為輕，以身徇一人，縱博忠義之名，夫豈宰相之事？況亦何救於君父之患哉？兵力之不敵，徵峻時固早知之，出溫嶠以為外援，正為此也。然亮亦非略無備豫。溫嶠聞峻不受詔，便欲下衛京都，三吳又欲起義兵；（三吳，見第三章第九節。）亮並不聽，而報嶠書曰：「吾憂西陲，過於歷陽，足下無過雷池一步也。」（雷池，在今安徽望江縣。大雷水所積。）郗鑑欲率所領東赴，詔亦以北寇不許。蓋亮必自度兵力，尚可堅守以待外援，故爾。其後一敗不能復固，則非始料所及。兵事變化甚多，固難責其一一逆料。觀其守白石，以少擊眾，終摧方張之寇，以全形要之地，夫固非無將帥之才。視郭默之突圍苟免者何如哉？然默雖驕橫，固亦嘵嘵宿將也。則知亮之未足深咎也。〈孔坦傳〉云：蘇峻反，坦與司馬陶回白王導曰：「及峻未至，宜

急斷阜陵之界，（阜陵，見第三章第九節。）守江西當利諸口。（當利，浦名，在和縣東南。）彼少我眾，一戰決矣。若峻未至，可往逼其城。今不先往，峻必先至。先人有奪人之功，時不可失。」導然之。庾亮以為峻脫徑來，是襲朝廷虛也。故計不行。峻遂破姑孰，取鹽米，亮方悔之。〈陶回傳〉云：峻將至，回覆謂亮曰：「峻知石頭有重戍，不敢直下，必向小丹陽南道步來。（小丹陽在秣陵南。秣陵在今首都東南。）宜伏兵要之，可一戰而禽。」亮不從。峻果由小丹陽經秣陵，迷失道，逢郡人，執以為鄉道。時峻夜行，甚無部分。亮聞之，深悔不從回等之言，一似亮之坐失機宜者。然以峻兵之精，夫豈一戰可決？往逼其城，峻豈不能以少兵守禦，悉勁卒東出？觀韓晃、張健等之豕突難御可知。然則亮虞峻徑來，正是深慮。峻之行軍，亦豈略無部分者？史於庾氏多謗辭。西陽、南頓，罪狀昭著，尚議亮栽翦宗室，其他則更何論？悠悠之辭，豈可據為信讞也？

　　庾亮言憂西垂過於歷陽，所憂者蓋在陶侃也。侃之討蘇峻也，一若君為庾亮之君，民為溫嶠之民，趠然無與於己者。及討郭默，則大異乎是。聞默殺胤，即遣將據溢口，自以大軍繼進。默寫中詔呈侃，參佐多諫曰：「默不被詔，豈敢為此？進軍宜待詔報。」侃厲色曰：「國家年小，不出胸懷。且劉胤為朝廷所禮，雖方任非才，何緣猥加極刑？郭默虓勇，所在暴掠。以大難新除，威網寬簡，欲因隙會，騁其縱橫耳。」即發使上表討默。與王導書曰：「郭默殺方州，即用為方州，害宰相，便為宰相乎？」導答曰：「默居上流之勢，加有船艦成資，故苞含隱忍，使有其地。一月潛嚴，足下軍到，是以得風發相赴。豈非遵養時晦，以定大事者邪？」侃省書笑曰：「是乃遵養時賊也。」夫郭默所傳之詔雖偽，王導所發之令則真。藉口國家年少，不出胸懷，遂不遵奉，則當主少國疑之際，不亦人人可以自擅乎？郭默既死，詔侃都督江州，領刺史，侃因移鎮武昌，得毋所欲正在是邪？〈侃傳〉言侃媵妾數十，家僮千餘，珍奇寶貨，富於天府。

富自何來？豈必愈於郭默？傳又云：或云：侃少時漁於雷澤，網得一織梭，以掛於壁，有頃雷雨，自化為龍而去。又夢生八翼，飛而上天。見天門九重。己登其八，唯一門不得入。閽者以杖擊之，因墜地，折其左翼。及寤，左腋猶痛。又嘗如廁，見一人朱衣介幘，斂板曰：「以君長者，故來相報。君後當為公，位至八州都督。」有善相者師圭，謂侃曰：「君左手中指有豎理，當為公。若徹於上，貴不可言。」侃以針決之，見血，灑壁而為公字。以紙裹手，公字愈明。及都督八州，據上流，握強兵，潛有窺竊之志，每思折翼之祥，自抑而止。天門九重，僅登其八，指理不徹，位止於公；蓋侃終於人臣後，傳述者改易而為是辭，其本所造作，則不知其作何語矣。討峻之役，處分規略，一出溫嶠，豈必有藉於侃？然嶠既殷勤於前，毛寶又固爭於後，得毋慮其據上流之勢，而其心不可測邪？世唯有異志者畏人之疑，庾亮修石頭而侃謂其擬己，情見乎辭矣。亮之憂之，安得不過於歷陽也？然其終能自抑者何也？〈侃傳〉云：侃早孤貧，為縣吏鄱陽。（侃本鄱陽人，吳平，徙家廬江之尋陽。）孝廉范逵嘗過侃。時倉卒，無以待賓。其母乃截髮，得雙髲，以易酒餚，樂飲極歡，雖僕從亦過所望。及逵去，侃追送百餘里。逵曰：「卿欲仕郡乎？」侃曰：「欲之，困於無津耳。」逵過廬江太守張夔，稱美之。夔召為督郵。遷主簿。會州部從事之郡，欲有所按。侃閉門部勒諸吏。謂從事曰：「若鄙郡有違，自當明憲直繩，不宜相逼。若不以禮，吾能御之。」從事即退。夔妻有疾，將迎醫於數百里。時正寒雪，諸綱紀皆難之。侃獨曰：「資於事父以事君，小君猶母也，安有父母之疾而不盡心乎？」乃請行。夔察侃為孝廉。至洛陽，數詣張華。華初以遠人，不甚接遇，侃每往，神無忤色。華後與語，異之。除郎中。伏波將軍孫秀，以亡國支庶，府望不顯，中華人士，恥為掾屬，以侃寒宦，召為舍人。時豫章國郎中令楊晫，侃州里也，為鄉論所歸。侃詣之。晫與同乘，見中書郎顧榮。吏部郎溫雅謂晫曰：「奈何與小

人共載?」然則侃本寒素,其為人也,善於事人,亟於求進,所欲不過富貴。當時庶族,望貴冑之一顰一笑,皆若天上。討蘇峻之際,侃之驕蹇,可謂極矣,一見庾亮,便爾釋然,職由於此。自待既卑,所志又小,加以衰耄,復安能有所作為?然又勇於偃蹇者何也?武人無學,器小易盈,志得意滿,遂流於驕蹇而不自覺耳。侃世子瞻,既為蘇峻所害,更以夏為世子。及送侃喪還長沙,夏與斌及稱,各擁兵數千以相圖。既而解散。斌先往長沙。悉取國中器使財物。(侃封長沙郡公。)夏至,殺斌。庾亮欲放黜之,表未至都,而夏病卒。稱,為東中郎將,南平太守,(南平,見第三章第九節。)南蠻校尉。咸康五年(西元 339 年),庾亮以為監江夏、隨、義陽三郡軍事,南中郎將,江夏相。(江夏,見第三章第四節。隨,漢縣,晉置郡,今湖北隨縣。義陽,見第二章第三節。)至夏口見亮,為亮所殺。亮疏言其罪曰:「擅攝五郡,自謂監軍。輒召王官,聚之軍府。故車騎將車劉弘曾孫安,寓居江夏。及將楊恭、趙韶,並以言色有忤,稱放聲當殺。安、恭懼,自赴水而死。韶於獄自盡。將軍郭開,從稱往長沙赴喪。稱疑開附其兄弟。乃反縛,懸頭於帆檣,仰而彈之,鼓棹渡江,二十餘里。觀者數千,莫不震駭。又多藏匿府兵,收坐應死。臣猶未忍直上,且免其司馬。稱肆縱醜言,無所顧忌。要結諸將,欲阻兵搆難。諸將皇懼,莫敢酬答。由是奸謀,未即發露」云云。其縱恣,豈不遠甚於後來之桓玄?然稱之聲勢,果何自來哉?亮之虞侃,亦其宜矣。

# 第四節　成康穆間朝局

　　東晉國勢之不振,實由當時風氣之洩沓,而此種風氣,王導實為之魁,讀第一節所述,已可見之。王導死後,庾氏兄弟,相繼執政,頗能綜核名實,足矯當時之弊。惜其秉權不久。是時朝臣門戶之見頗深,外藩專

擅之習亦未革，遂使桓溫，乘機跋扈，內外相猜，坐視北方之喪亂而不能乘，恢復良機，成為畫餅矣。豈不惜哉？

　　蘇峻平後，庾亮領豫州刺史、宣城內史，鎮蕪湖。（宣城、蕪湖皆見第三章第九節。）咸和七年（西元 332 年），陶侃卒，亮領江、豫、荊三州刺史，移鎮武昌。（見第三章第九節。）是時政柄仍在王導之手。亮嘗欲舉兵廢之。〈亮傳〉曰：時王導輔政，主幼時艱，務存大綱，不拘細目；委任趙胤、賈寧等，諸將並不奉法，大臣患之。陶侃嘗欲起兵廢導，而郗鑑不從，乃止。至是，亮又欲率眾黜導，又以諮鑑，而鑑又不許。亮與鑑箋曰：「昔於蕪湖反覆，謂彼罪雖重，而時弊國危；且令方岳道勝，亦足有所鎮壓；故共隱忍，解釋陶公。自茲迄今，曾無悛改。主上自八九歲以及成人，入則在宮人之手，出則唯武官小人，讀書無從受音句，顧問未嘗遇君子。侍臣雖非俊士，皆時之良也，豈與殿中將軍、司馬督同年而語哉？不云當高選侍臣，而云高選將軍、司馬督，豈合賈生願人主之美，翼以成德之意乎？秦政欲愚其黔首，天下猶知其不可，況乃欲愚其主哉？主之少也，不登進賢哲，以輔道聖躬。春秋既盛，宜復子明闢，不稽首歸政，甫居師傅之尊。成人之主，方知師臣之悖，主上知君臣之道，不可以然，而不得不行殊禮之事。萬乘之君，寄坐上九，亢龍之爻，有位無人。挾震主之威，以臨制百官，百官莫之敢忤。是先帝無顧命之臣，勢屈於驕奸而遵養之也。趙、賈之徒，有無君之心，是而可忍，孰不可忍？且往日之事，含容隱忍，謂其罪可宥，良以時弊國危，兵甲不可屢動；又冀其當謝往釁，懼而修己。如頃日之縱，是上無所忌，下無所憚。謂多養無賴，足以維持天下。公與下官，並蒙先朝厚顧，荷託付之重，大奸不掃，何以見先帝於地下？願公深唯安國家、固社稷之遠算；次計公與下官負荷輕重；量其所宜。」鑑又不許，故其事得息。案藩臣稱兵，入廢宰輔，自非美事。鑑之不許，自是持重之見。然朝政則益以因循紊亂矣。〈孔坦傳〉云：成

帝既加元服,猶委政王導。坦每發憤,以國事為己憂。嘗從容言於帝曰:
「陛下春秋以長,聖敬日躋,宜博納朝臣,諮諏善道。」由是忤導,出為
廷尉。(坦本為侍中。)〈孔愉傳〉云:咸和八年(西元 333 年),詔給愉親
信十人稟賜。愉上疏固讓,優詔不許。重表曰:「方今強寇未殄,疆場日
駭。政煩役重,百姓困苦。奸吏擅威,暴人肆虐。大弊之後,倉庫空虛,
功勞之士,賞報不足,困悴之餘,未見拯恤,呼嗟之怨,人鬼感動。宜並
官省職,貶食節用,勤撫其人,以濟其艱。不敢橫受殊施,以重罪戾。」
從之。王導聞而非之,於都坐謂愉曰:「君言奸吏擅威,暴人肆虐,為患
是誰?」愉欲大論朝廷得失,陸玩抑之,乃止。後導將以趙胤為護軍,愉
謂導曰:「中興以來,處此官者,周伯仁、應思遠詹耳。今誠乏才,豈宜
以趙胤居之邪?」導不從。其守正如此,由是為導所銜。賈寧者,本蘇峻
腹心,與路永、匡術,同降於導者也。(見導及〈袁耽傳〉。)導嘗欲褒顯
之,為溫嶠所拒而止。(見〈嶠傳〉。)時卞敦為湘州刺史。溫嶠、庾亮,
移檄徵鎮,同赴京都,敦擁兵不下,又不給軍糧,唯遣督護苟璲領數百人
隨大軍而已。朝野莫不怪嘆,雖陶侃亦切齒忿之。峻平之後,有司奏其阻
軍顧望,不赴國難,無大臣之節,請檻收付廷尉。導以喪亂之後,宜加寬
宥,轉為廣州刺史。時宗廟宮室,並為灰燼。溫嶠議遷都豫章。(見第三
章第九節。)三吳之豪,(三吳,見第三章第九節。)請都會稽。(見第三
章第九節。)二論紛紜,未有所適。導曰:「建康古之金陵,舊為帝里。
又孫仲謀、劉玄德俱言王者之宅。古之帝王,不必以豐儉移都。苟弘衛文
大帛之冠,則無往不可;若不績其麻,則樂土為墟矣。且北寇遊魂,伺我
之隙。一旦示弱,竄於蠻越,求之望實,懼非良計。今特宜鎮之以靜,群
情自安。」由是嶠等謀並不行。此事論者皆美其能鎮定。其實遷會稽有遠
竄之嫌,遷豫章則更可進據上流,實於恢復之計為便。三吳之豪,不免鄉
里之見,溫嶠則純出於公忠體國之誠。導之所以不肯遷都者,遷都則必有

新起握權之人，不如率由舊章，便於把持也。〈導傳〉云：庾亮以望重地逼，出鎮於外。南蠻校尉陶稱，間說亮當舉兵內向。或勸導密為之防。導曰：「吾與元規，（亮字。）休戚是同。悠悠之談，宜絕智者之口。則如君言，元規若來，吾便角巾還第，復何懼哉？」又與稱書，以為「庾公帝之元舅，宜善事之。」於是讒間遂息。時亮雖居外鎮，而執朝廷之權。既據上流，擁強兵，趣暴者多歸之。導內不能平。嘗遇西風塵起，舉扇自蔽，徐曰：「元規塵汙人。」〈孫盛傳〉曰：導執政，亮以元舅居外，陶稱讒構其間，導、亮頗懷疑貳。盛密諫亮曰：「王公神情朗達，常有世外之懷，豈肯為凡人事邪？此必佞邪之徒，欲間內外耳。」導賊周而作色於蔡謨，世外之懷安在？（〈周傳〉：王敦之舉兵也，劉隗勸帝盡除諸王。導率群從詣闕請罪。值將入，導呼謂曰：「伯仁，以百口累卿。」直入不顧。既見帝，言導忠誠，申救甚至。帝納其言。喜飲酒，致醉而出。導猶在門，又呼。不與言，顧左右曰：「今年殺諸賊奴，取金印如斗大系肘。」既出，又上表明導，言甚切至。導不知救己，而甚銜之。敦既得志，問導曰：「周、戴若思，南北之望，當登三司，無所疑也？」導不答。又曰：「若不三司，便應令、僕邪？」又不答。敦曰：「若不爾，正當誅爾。」導又無言。導後料檢中書故事，見表救己，殷勤款至。導執表流涕，悲不自勝。告其諸子曰：「我雖不殺伯仁，伯仁由我而死，幽冥之中，負此良友。」案亦元帝腹心，未必真以導為可信。所以救導者，蓋當時事勢，或以盡除王氏為宜，或謂宜姑容之，所見有不同耳。然之救導，雖不為私交，而導授意於敦而殺之，則其忌刻為已甚矣。若思，戴淵字。唐人修《晉書》，於避諱者多稱其字，如稱劉淵為元海，石虎為季龍是也。今於引元文者皆仍之。〈導傳〉云：導妻曹氏性妒，導甚憚之，乃密營別館，以處眾妾。曹氏知，將往焉。導恐妾被辱，遽令命駕。猶恐遲之，以所執塵尾柄驅牛而進。蔡謨聞之，戲導曰：「朝廷欲加公九錫。」導弗之覺，但謙退而已。謨曰：「不

聞餘物，唯有短轅犢車，長柄麈尾。」導大怒，謂人曰：「吾往與群賢共遊洛中，何曾聞有蔡克兒也。」案晉世名士，往往外若高曠，內實忌刻。〈王羲之傳〉云：王述少有名譽，與羲之齊名，而羲之甚輕之，由是情好不協。述先為會稽，以母喪居郡境。羲之代述，止一弔，遂不重詣。述每聞角聲，謂羲之當候己，輒灑掃而待之，如此者累年，而羲之竟不顧，述深以為恨。及述為揚州刺史，將就徵，周行郡界，而不過羲之，臨發，一別而去。先是羲之嘗謂賓友曰：「懷祖正當作尚書耳，投老可得僕射，更求會稽，便是邈然。」及述蒙顯授，羲之恥為之下，遣使詣朝廷，求分會稽為越州，行人失辭，大為時賢所笑。既而內懷愧嘆，謂其諸子曰：「吾不減懷祖，而位遇懸邈，當由汝等不及坦之故邪？」述後檢察會稽郡，辨其刑政，主者疲於簡對，羲之深恥之，遂稱病去郡，於父母墓前自誓，曰：「自今之後，敢渝此心，貪冒苟進，是有無尊之心而不子也。子而不子，天地所不覆載，名教所不得容。信誓之誠，有如皦日。」其熱中躁進，褊隘忌克，鄙夫恥之矣。懷祖，述字，坦之，述之子也。）外寬和而內深阻，當時名士，固往往如是，然導居元輔之位，因貪權嗜利，好諛惡直之故，遂不恤敗壞國事以徇之，則所詒之害彌大矣。

咸康五年（西元 339 年），四月，導卒，徵庾亮為司徒、揚州刺史，錄尚書事。時亮方謀恢復中原，固辭。乃以其弟冰為中書監、揚州刺史，與何充參錄尚書事。充，導妻之姊子；充妻，又明穆皇后之妹也；故少與導善，明帝亦友暱之，導與亮並稱舉焉。明年，正月，亮卒，冰弟翼刺荊州。八年（西元 342 年），六月，成帝崩。子丕、奕俱幼。庾冰舍之，而立其母弟琅邪王嶽，是為康帝。〈充傳〉云：庾冰兄弟，以舅氏輔王室，慮易世之後，戚屬轉疏，每說成帝，以國有強敵，宜須長君。帝從之。充建議曰：「父子相傳，先王舊典。忽妄改易，懼非長計。」冰等不從。康帝立，臨軒，冰、充侍坐。帝曰：「朕嗣鴻業，二君之力也。」充對曰：「陛

下龍飛，臣冰之力也。若如臣議，不睹昇平之世。」充與庾氏立異，蓋自茲始？明年，為建元元年（西元 343 年），充出刺徐州，（鎮京口。京口，見第二節。）以避諸庾。頃之，庾翼將北伐，庾冰出鎮江州，徵充入領揚州。二年（西元 344 年），九月，帝疾篤。冰、翼意在簡文帝，而充建議立子聃為太子。帝崩，太子立，是為穆帝。冰、翼甚恨之。是歲，十一月，冰卒。明年，為永和元年（西元 345 年），七月，翼又卒。表以後任委息爰之。論者並以諸庾世在西藩，人情所歸，宜依翼所請，以安物情。充曰：「荊楚國之西門，戶口百萬。北帶強胡，西鄰勁蜀。經略險阻，周旋萬里。得賢則中原可定，勢弱則社稷同憂。所謂陸抗存則吳存，亡則吳亡者。豈可以白麵年少，猥當此任哉？桓溫英略過人，有文武識度。西夏之任，無出溫者。」議者又曰：「庾爰之肯避溫乎？如令阻兵，恥懼不淺。」充曰：「桓溫能制之，諸君勿憂。」乃使溫西。爰之果不敢爭。於是上流事權，暫握於中樞信臣之手者，自陶侃卒後。復成分爭角立之像已。此東晉政局之一大變也。史於庾氏多貶辭，平心論之，或失其實。庾氏之立康帝，可謂欲扶翼其所自出，其欲立簡文帝，果何為哉？庾氏弟兄，皆有志於恢復，然則其謂國有強敵，宜立長君，或非虛語也。〈成帝紀〉云：帝少而聰敏，有成人之量。南頓王宗之誅也，帝不之知。及蘇峻平，問庾亮曰：「常日白頭公何在？」亮對以謀反伏誅。帝泣，謂亮曰：「舅言人作賊，便殺之，人言舅作賊，復若何？」亮懼，變色。庾懌亮弟。嘗送酒於江州刺史王允之，允之與犬，犬斃，懼而表之。帝怒曰：「大舅已亂天下，小舅復欲爾邪？」懌聞，飲藥而死。（懌本傳略同。）夫南頓王之伏誅，事在咸和元年九月；蘇峻入犯，庾亮出奔，事在三年三月；峻敗而帝御溫嶠舟，亮獲入見，乃在四年二月，而弋陽王即以此時伏誅，帝苟欲問南頓王，何待蘇峻平後？故或謂此實弋陽王之誤，然是時之弋陽，叛狀顯著，成帝果聰明，不應復有此問；且亦無緣誅之而不使帝知也。《紀》又言帝少為舅

氏所制，不親庶政，而赫然一怒，庾懌遽懼而自裁，有是理乎？妨帝不親庶政者王導也，於庾氏乎何與？而謗轉集於庾氏，何哉？史稱王導輔政，以寬和得眾，而亮任法裁物，頗以此失人心；又言王導輔政，每從寬惠，而冰頗任威刑；此庾氏所以招謗，而導之虛譽，所由流溢與？惡直醜正，實繁有徒；民之多幸，國之不幸；悠悠之口，豈足聽哉？（不唯庾氏，即劉隗、刁協，頗為史所譏評，其故亦然。〈隗傳〉云：與協並為元帝所寵，欲排抑豪強。諸刻碎之政，皆云隗、協所建。〈協傳〉云：協性剛悍，與物多忤。每崇上抑下，故為王氏所疾。又使酒放肆，侵毀公卿，見者莫不側目。然悉力盡心，志在匡救，帝甚信任之。其故可深長思矣。）翼嘗與冰書曰：「大較江東，政以傴舞豪強，以為民蠹，時有行法，輒施之寒劣。如往年偷石頭倉米一百萬斛，皆豪將輩，而直打殺倉督監以塞責。山遐作餘姚半年，而為官出二千戶，政雖不倫，公強官長也，而群共驅之，不得安席。紀睦、徐寧，奉王使糾罪人，船頭到渚，桓逸還復，而二使免官。雖皆前宰之惛繆，江東事去，實此之由也。兄弟不幸，橫陷此中，自不能拔腳於風塵之外，當共明目而治之。」風格崚嶒，時之所須，正此等人也。何充居宰相，史言其無澄正改革之能。雖凡所選用，皆以功臣為先，不以私恩樹親戚，然所暱庸雜，信任不得其人，朝政復稍衰矣。

　　穆帝即位，年僅二歲，太后褚氏臨朝。後父裒，苦求外出。於是以會稽王昱（元帝少子，即簡文帝也。）錄尚書六條事，復開宗親秉政之端。

# 第五章　東晉中葉形勢（上）————

## 第一節　劉石興亡

　　劉淵以永嘉四年六月死，子和嗣偽位。其衛尉西昌王劉銳、宗正呼延攸和，攸之甥。說和攻其弟鹿蠡王聰、齊王裕、魯王隆、北海王乂。（此據《晉書‧載紀》，《通鑑》依《十六國春秋》作乂。）斬裕及隆，而和為聰所攻殺。聰讓位於其弟乂。乂與公卿涕泣固請，聰乃僭位，而以乂為皇太弟，蓋以乂為淵後單氏所生也。聰烝於單氏，乂屢以為言，單氏慚恚而死，乂之寵因之漸衰，然猶追念單氏，未便黜廢。

　　聰後呼延氏死，納其太保劉殷二女為左右貴嬪，女孫四人為貴人。六劉之寵，傾於後宮。聰稀復出外，事皆中黃門納奏，左貴嬪決之。嘗以小劉貴人賜懷帝，及弒懷帝，復以為貴人。立左貴嬪為皇后。已而死。聰如中護軍靳準第，納其二女為左右貴嬪，大曰月光，小曰月華。數月，立月光為皇后。後又以為上皇后，立貴妃劉氏為左皇后，貴嬪劉氏為右皇后。靳氏有淫行，御史大夫陳元達奏之，聰廢靳，靳慚恚自殺。聰追念其姿色，深仇元達。元達，聰之諍臣也，後自殺。聰立上皇后樊氏，張氏之侍婢也。（張氏亦聰后。）時四后之外，（四后蓋兼中皇后言之，見下。史文左右採獲，敘述不必皆以次也。）佩皇后璽綬者七人。中常侍王沈養女，年十四，有妙色，聰立為左皇后。尚書令王鑑，中書監崔懿之，中書令李恂等諫，皆斬之。又立其中常侍宣懷養女為中皇后。聰嘗欲為劉后起儀殿，陳元達諫，聰大怒，欲斬之，已而止。然又作太廟，內興殿觀四十餘所。遊獵無度，晨出晚歸。觀漁於汾，以燭繼晝。立市於後庭，與宮人燕戲，或三日不醒。荒淫之行備矣。

聰大定百官。以其子粲為丞相，領大將軍，錄尚書事，封晉王。後又以為相國，總百揆，而省丞相。乂太師盧志，太傅崔瑋，太保許遐勸乂襲粲，乂弗從。東宮舍人荀裕告之。於是收志、瑋、遐，假他事殺之。使冠威卜抽監守東宮。中常侍王沈、宣懷、俞容，中宮僕射郭猗，中黃門陵修等，皆寵幸用事。聰遊燕後宮，或百日不出，群臣皆因沈等言事，多不呈聰，以其意愛憎決之。或有勳舊功臣，弗見敘錄，奸佞小人，數日便至二千石者。軍旅無歲不興，而將士無錢帛之賞，後宮之家，賜賚及於僮僕，動至數千萬。沈等車服、宅宇，皆逾於諸王。子弟中表，布衣為內史、令、長者三十餘人，皆奢僭貪殘，賊害良善。靳準合宗內外，諂以事之。聰臨上秋閣，誅其特進綦毋達，大中大夫公師彧，尚書王琰、田歆，少府陳休，左衛卜崇，大司農朱誕等，皆群奄所忌也。郭猗有憾於乂，謂粲：「乂將以三月上巳，因燕作難，宜早為之所。」初，靳準從妹為乂孺子，淫於侍人，乂怒，殺之，而屢以嘲準，準深慚恚，說粲：「緩東宮之禁固，勿絕太弟賓客，使輕薄之徒，得與交遊，然後下官為殿下露表其罪，主上必以無將之罪罪之。」於是粲命卜抽去東宮。粲使謂乂曰：「適奉中詔，云京師將有變敕裹甲以備之。」乂以為信然。準白之。於是使粲圍東宮。粲使王沈、靳準收氏、羌酋長十餘人窮問之，皆懸首高格，燒鐵灼目，乃自誣與乂同造逆謀。於是誅乂素所親厚大臣及東宮官屬數十人，廢乂為北部主。粲使準賊殺之。坑士眾萬五千餘人，平陽街巷為空。氐、羌叛者十餘萬落，以靳準行車騎大將軍以討之。立粲為皇太子，領相國、大單于，總攝朝政如前。

大興元年（西元 318 年），七月，聰死，粲嗣偽位。粲自為宰相，威福任情。性嚴刻無恩惠。好興造宮室，相國之府，放象紫宮。在位無幾，作兼晝夜。飢困窮叛，死亡相繼，粲弗之恤也。既嗣偽位，尊聰后靳氏為皇太后。樊氏號弘道皇后，宣氏號弘德皇后。靳等皆年未滿二十，粲晨夜烝

淫於內。聰死時，上洛王劉景為太宰，濟南王劉驥為大司馬，昌國公劉為太師，朱紀為太傅，呼延晏為太保，並錄尚書事。太尉范隆守尚書令，靳準為大司空，領司隸校尉，皆迭決尚書奏事。準私於粲曰：「諸公將行伊、霍之事，謀先誅太保及臣，以大司馬統萬幾。」粲誅景、、驥及驥母弟吳王逞，大司徒齊王劉勱等。紀、隆奔長安。以靳準為大將軍、錄尚書事。粲荒耽酒色，遊宴後庭，軍國之事，一決於準。準勒兵入宮，執粲，數而殺之。劉氏男女，無少長，皆斬於東市。發淵、聰墓，焚燒其宗廟。自號大將軍漢天王，置百官，遣使稱藩於晉。

　　自來創業之主，必能躬擐甲胄，四徵不庭，獨胡劉則不然。當淵之世，即蟄居河東，不能一出。（蓋淵特以左賢王之後，為眾所推，其人本非才武。《晉書·載記》於淵多美辭，特沿襲舊史，不足信也。）其時傾覆晉室者，實王彌、石勒等為之，其於胡劉，特文屬而已。群盜中以石勒為最狡悍，故東方悉為所並；胡劉種姓中，唯劉曜較有材力，關中實其所陷；故劉粲既沒，曜與勒遂成東西對峙之勢焉。初聰之立也，以勒為並州刺史。後又以曜為雍州牧，鎮長安。而以王彌為大將軍，封齊公。勒殺彌，聰大怒，使讓其專害公輔，然仍以彌部眾配之，勢固無如勒何也。其時唯曹嶷聲勢較盛，故勒請討嶷而聰弗許，蓋欲藉以牽制勒。然〈聰載記〉又云：勒與嶷相結，規為鼎峙之勢，則嶷即存，亦未必能為聰用，且亦難保其不橈而從勒也。要之東方之局，實非劉氏所能控馭而已。聰時，平陽大饑，流叛死亡，十有五六。勒遣石越率騎二萬，屯於並州，以懷撫叛者。聰使讓勒，勒不奉命。司隸部人，奔於冀州者，二十萬戶。聰太史令康相，嘗言於聰曰：「石勒鴟視趙、魏，曹嶷狼顧青、齊；鮮卑之眾，星布燕、代。今京師寡弱，勒眾精盛。若盡趙、魏之銳，燕之突騎，自上黨而東；（上黨，見第二章第二節。）曹嶷率三齊之眾以繼之；陛下將何以抗之？」當時情勢之危急，可以想見矣。及劉粲見殺，劉曜自長安赴之。

至赤壁，（胡三省曰：《水經注》：河東皮氏縣西北有赤石川。案皮氏，秦縣，在今山西河津縣西。）僭即皇帝位。石勒亦統精銳五萬討準，據襄陵北原。（襄陵，漢縣，在平陽東南。）準遣侍中卜泰降於勒。勒與曜競有招懷之計，乃送泰於曜，使知城內無歸曜之意。曜謂泰曰：「司空若執忠誠，早迎大駕者，政由靳氏，祭則寡人。」與泰結盟，使還平陽，宣慰諸屠各。勒疑泰與曜有謀，欲斬泰以速降之。諸將皆曰：「今斬泰，準必不復降。就令泰宣漢要盟於城中，使將率誅準，準必懼而速降矣。」勒久乃從諸將議，遣之。泰還平陽，具宣曜旨。準自以殺曜母兄，沉吟未從。尋而喬泰、王騰、靳康、（準從弟。）馬忠等殺準，推尚書令靳明為盟主，（明亦準從弟。）遣卜泰奉傳國六璽降於曜。勒聞之，怒甚，增兵攻之。明戰累敗，求救於曜。曜使劉雅、劉策等迎之。明率平陽士女萬五千歸於曜。曜誅明。靳氏男女，無少長皆殺之。曜西奔粟邑。（漢縣，在今陝西白水縣西北。）勒焚平陽宮室而還。曜旋徙都長安，改國號曰趙。《曜載記》云：曜隱跡管涔山，（即管涔山。《清一統志》云：諸書皆作管，唯《寰宇志》作菅，言山多菅草也。案《晉書・載記》亦作菅。在今山西寧武縣西南。）嘗夜閒居，有二童子入，跪曰：「菅涔王使小臣奉謁趙皇帝。」獻劍一口，置前，再拜而去。以燭視之，劍長二尺，光澤非常，赤玉為室，背上有銘曰：「神劍御，除眾毒。」曜遂服之。劍隨四時而變為五色。蓋特造作妖言，以示其當王趙而已，此所以諷示石勒也。然尚不能定平陽，安能有趙？石勒又豈妖言所能懾，名號所可束縛者邪？

劉曜豕突，本在關中，故僭號之後，仍以雍、秦為務。曜長水校尉尹車謀反，潛結巴酋徐庫彭。曜誅車，囚庫彭等五十餘人，欲殺之。其光祿大夫遊子遠諫，曜怒，幽之，而盡殺庫彭等。於是巴氏盡叛，推巴歸善王句渠知為主。四山羌、氐、巴、羯，應之者三十餘萬。關中大亂，城門晝閉。乃釋子遠，用其計，大赦境內，而使子遠討平之。先是上郡氐、羌十

餘萬落，保險不降。（上郡，見第二章第二節。）酋大虛除權渠，自號秦王。子遠又破禽其子伊餘，降之。西戎之中，權渠部最強，皆稟其命而為寇暴，權渠既降，莫不歸附。後曜又親征氐、羌。（《通鑑》系永昌元年（西元 322 年）。）仇池楊難敵，率眾來距，曜前鋒擊敗之。仇池者，山名，在今甘肅成縣西。以山巔有池，故曰仇池，池蓋今所謂火山湖也。略陽清水氐楊氏，（略陽，見第二章第二節。）秦、漢以來，世居隴右為豪族。漢獻帝建安中，有楊騰者，為部落大帥。騰子駒，勇健多計略，始徙仇池。仇池地方百頃，因以百頃為號。四面斗絕高平。地方二十餘里。羊腸盤道，三十六回。山上豐水泉，煮水成鹽。駒後有名千萬者，拜為百頃氐王。與興國氐王阿貴，（興國，城名，在今甘肅秦安縣東北。）俱從馬超為亂。超破之後，阿貴為夏侯淵攻滅，千萬西南入蜀。千萬孫飛龍，漸強盛，晉武帝假徵西將軍。（《魏書・氐傳》作平西將軍。）還居略陽。無子，養外甥令狐氏子為子，名戊搜。惠帝元康六年（西元 296 年），避齊萬年之亂，率部落四千家，還保百頃，自號輔國將軍右賢王。關中人士奔流者多依之。愍帝以為驃騎將軍左賢王。時南陽王保在上邽，又以戊搜子難敵為征南將軍。建興五年（西元 317 年），戊搜卒，難敵襲位。與弟堅頭分部曲。難敵號左賢王，屯下辨，（漢道，後漢為縣，在成縣西。）堅頭號右賢王，屯河池。（漢縣，在今甘肅徽縣西。以上據《宋書・氐傳》及《三國志・四裔傳注》引《魏略》。）難敵為曜所敗，退保仇池。仇池諸氐、羌，多降於曜。曜西討楊韜於南安。（韜，南陽王保之將。南安，見第二章第二節。）韜懼，與隴西太守梁勳等降於曜。（隴西，見第二章第二節。）曜又進攻仇池。時曜寢疾，兼瘟疫甚，乃遣使說難敵。難敵即遣使稱藩。陳安請朝，曜以疾篤不許。安怒，且以曜為死也，遂大掠而歸。曜乘馬輿還，使其將呼延寔監輜重於後，安要擊，沒之。又使將襲拔汧城。（漢汧縣，在今陝西隴縣南。）西州氐、羌悉從安。安士馬雄盛，眾十餘

萬。太寧元年（西元 323 年），安攻朧徵西劉貢於南安。休屠王石武，先以桑城降朧，（桑城，見第二章第四節。）及是，自桑城將攻上邽，以解南安之圍。安馳歸，貢追敗其後軍。安又馳還赴救，而武騎大至。安眾大潰，以騎八千奔隴城。（見第四章第二節。）貢圍之。朧又親征。安突圍出，欲引上邽、平襄之眾，還解隴城之圍。（平襄，漢縣，在今甘肅通渭縣西南。）而上邽被圍，平襄已敗，乃南走陝中。（陝同陌，在隴城南。）朧使將追斬之。隴、上邽降。氐、羌悉下，並送質任。楊難敵聞安平，內懷危懼，奔於漢中。（《宋書》本傳云：與堅頭俱奔晉壽，臣於李雄。《晉書‧成帝紀》：咸和六年（西元 331 年），七月，李雄將李壽侵陰平、武都，氐帥楊難敵降之。〈李雄載記〉：難敵兄弟為劉朧所破，奔葭萌，遣子入質。晉壽。見第三章第六節。陰平，漢道，魏為縣，又置郡，在今甘肅文縣西北。武都，見第二章第二節。葭萌，見第三章第六節。）朧以其大鴻臚田崧為益州刺史，鎮仇池。先是，（《晉書‧張茂傳》事在大興四年（西元 321 年），《通鑑》系太寧元年（西元 323 年）。）朧遣其將劉咸攻張茂將韓璞於冀城，（冀，漢縣，晉廢，在今甘肅甘谷縣南。）呼延寔攻寧羌護軍陰鑑於桑壁。（胡三省曰：當在南安東。）臨洮人翟松、石琮等逐令長，以縣應朧。（臨洮，秦縣，今甘肅岷縣。）河西大震。茂出次石頭，（胡三省曰：在姑臧城東。姑臧，見第三章第七節。）遣參軍陳珍擊走之。遂復南安。永昌初，茂使韓璞取隴西、南安之地，以置秦州。及朧平陳安，劉嶽方與茂相持於河上。朧自隴上長驅至河，戎卒二十八萬五千，臨河列營，揚聲欲百道俱渡，直至姑臧。茂懼，遣使稱藩。朧拜為涼州牧涼王。太寧三年（西元 325 年），茂卒，無子，寔子駿嗣，朧復以茂官爵授之。咸和初，駿遣武威太守竇濤、金城太守張閬、武興太守辛巖、揚烈將軍宋輯等曾韓璞討秦州諸郡。（武威、金城，皆見第二章第二節。武興郡，惠帝永寧中，張軌表合秦、雍流移人所置，在姑臧西北。）朧遣其將劉胤

來距。璞軍潰。胤乘勝追奔，濟河，攻陷令居，（漢縣，今甘肅永登縣西北。）入據振武。（胡三省曰：在姑臧東南。）河西大震。曜復攻枹罕。（漢縣，晉廢，今甘肅導河縣。）護軍辛晏告急。駿使韓璞、辛巖率步騎二萬擊之。戰於臨洮，大為曜軍所敗。璞等退走。駿遂失河南之地。

劉曜兵鋒，看似銳利，實則所遇者皆小敵，以之戡定秦、雍，懾服涼州，尚虞不足，況欲長驅中原邪？而曜且荒淫無度。曜之徙都也，起光世殿於前，紫光殿於後。繕宗廟、社稷、南北郊。又立大學、小學。起酆明觀。立西宮。建陵霄臺於滈池。（在長安西南。）又將於霸陵西南營壽陵，（霸陵，漢文帝陵，在長安之東。）周迴四里。下深二十五丈。以銅為棺槨，黃金飾之。侍中喬豫、和苞諫，曜乃停之，封豫安昌子，苞平輿子，並領諫議大夫。省酆明囿，以與貧戶。然將葬其父及妻也，復親如粟邑，以規度之。負土為墳。其下周迴二里。作者繼以脂燭。怨呼之聲，盈於道路。遊子遠諫，不納。後復遣使增其父及妻墓高九十尺。其侈，亦幾與劉聰無異矣。

石勒之破靳明也，遣其左長史王修獻捷於曜。曜遣郭汜等署勒太宰，進爵趙王。勒舍人曹平樂，因使留仕於曜，言於曜曰：「勒遣修等來，外表至虔，內覘大駕強弱。謀待修之返，將輕襲乘輿。」時曜勢實殘弊，懼修宣之。曜大怒，追汜等還，斬修粟邑，停太宰之授。勒大怒，下令曰：「孤兄弟之奉劉家，人臣之道過矣。（石虎，勒之從子，勒父幼而子之，故或稱勒弟，勒此令亦以弟視之，蓋胡人不甚重昭穆也。勒杖虎以專徵之任，其克定四方，虎戰功頗多，故有是言。觀是言，便知虎非勒所能制。勒身後之禍，蓋勢有必至矣。）趙王趙帝，孤自為之，名號大小，豈其所節邪？」大興二年（西元 319 年），勒偽稱趙王。勒將石他，自雁門出上郡，（雁門，見第二章第二節。）襲北羌王盆句除，俘獲而歸。曜大怒，投袂而起，次於渭城。（見第三章第三節。）遣劉嶽追之。曜次於富平，

（魏縣，今陝西富平縣。）為嶽聲援。嶽及石他戰於河濱，敗之，斬他。上郡距襄國遠，聲勢不相接，故勒不能報。太寧二年（西元 324 年），勒遣石生屯洛陽。明年，四月，李矩等並潰歸。於是關內、河東，皆虞逼處，劉、石兵爭始棘矣。生攻矓河內太守尹平於新安，（河內，見第二章第二節。新安，見第三章第三節。）斬之。矓遣劉嶽攻生於洛陽。配以近郡甲士五千，宿衛精卒一萬，濟自孟津。（見第二章第二節。）鎮東呼延謨，率荊、司之眾，（胡三省曰：時荊州仍屬晉，司州之地，多入後趙，劉矓得其民處之關中。或曰：劉聰以洛陽為荊州，此所謂荊、司，皆晉司州之眾也。）自崤、澠而東。（崤山，在河南洛寧縣西北，西接陝縣，東接澠池。澠池之西北，則澠坂也。）嶽圍石生於金墉。（見第三章第二節。）石虎率步騎四萬，入自成皋關。（見第三章第四節。）戰於洛西，嶽師敗績。嶽中流矢，退保石梁。（見第四章第二節。）虎遂塹柵列圍。又敗呼延謨，斬之。矓親率軍援嶽。虎率騎三萬來距。矓次於金谷，（在洛陽西北。）夜無故大驚，軍潰，退如澠池。（漢縣，在今洛寧縣西。）夜中又驚，士卒奔潰，遂歸長安。虎執嶽，送於襄國，坑士卒萬六千。此可見矓之不整，其士卒實無戰心，不足以臨大敵矣。咸和三年（西元 328 年），七月，勒遣虎率眾四萬，自軹關入，（在今河南濟源縣西北。）伐矓河東，進攻蒲坂。（見第三章第四節。）八月，矓盡中外精銳，水陸赴之。自衛關北濟。(在今河南汲縣。）虎懼，引退。追之，及於高候，（胡三省曰：杜佑曰：今絳州聞喜縣北有高候原。聞喜，今山西聞喜縣。）大戰，敗之，斬其將石瞻，枕屍二百餘里，收其資杖億計。虎奔朝歌。（見第三章第三節。）矓遂濟自大陽，（見第三章第四節。）攻石生於金墉。滎陽、野王皆降，（滎陽，見第二章第二節。野王，漢縣，今河南沁陽縣。時後趙皆以為郡。）襄國大震。十二月，勒命石堪、石聰及其豫州刺史桃豹等會滎陽，石虎進據石門。（《水經注》：漢靈帝於敖城西北，壘石為門，以遏浚儀渠口，謂

之石門。而滎瀆受河水，亦有石門。案敖城，在滎陽西北敖山上。）勒統
步騎四萬赴金墉。諸軍集於成皋，步卒六萬，騎二萬七千。詭道兼路，
出於鞏、訾之間。（鞏，東周畿內國，今河南鞏縣。訾，周邑，在鞏縣西
南。）曜攝金墉之圍，陳於洛西。勒攻之，曜軍大潰。曜少而淫酒，末年
尤甚，將戰，飲酒數斗，比出，復飲酒斗餘，昏醉奔退，為堪所執，送於
襄國，後為勒所殺。曜子熙、胤等，（胤本曜世子，靳準之亂，沒於黑匿
鬱鞠部。曜僭位，遂立熙為太子。後胤自言，鬱鞠送之。曜以熙為後妻羊
氏所生，羊有寵，哀之，遂未更易。）議西保秦州。尚書胡勳曰：「今雖喪
主，國尚全完；將士情一，未有離叛；可共併力距險，走未晚也。」胤怒
其沮眾，斬之。四年（西元 329 年），二月，率百官奔於上邦。關中擾亂。
將軍蔣英、辛恕，擁眾數十萬，據長安，遣使招勒。勒遣石生率洛陽之眾
以赴之。胤及劉遵，率眾數萬，將攻石生於長安。九月，勒使虎率騎二萬
距胤。戰於義渠，（秦縣，後漢省，在今甘肅寧縣西北。）為虎所敗。胤
奔上邦。虎乘勝追之，上邦潰，虎執熙、胤並將相諸王等，及其諸卿校公
侯已下三千餘人，皆殺之。前趙亡。五年（西元 330 年），勒僭號趙天王，
行皇帝事。是歲，八月，遂僭即皇帝位。《晉書·載記》云：勒自襄國都
臨漳。（即鄴，晉避愍帝諱，改為臨漳縣。）以成周土中，漢、晉舊都，
復有移都之意，乃命洛陽為南都。然勒實並未能都鄴也。

## 第二節　後趙盛衰

　　在五胡之中，石勒確可稱為一人物，以其性雖剽狡，而於中國之情
形，頗能曉解也。羯本小種，所以能縱橫中原，幾至盡並北方者非其種姓
之強大，實由勒在諸胡中剽狡獨絕，勒死之後繼之者無復雄材；而石虎之
淫暴，且為諸胡之冠；而胡、羯遂忽焉以盡矣。

　　石勒之戕苟晞，殺王浚，破劉琨，沒邵續，執段匹磾，害徐龕，皆已見前。時劉遐為兗州刺史，自鄒山退屯下邳。（鄒山，見第四章第二節。下邳，見第三章第三節。）琅邪內史孫默叛降於勒。（永昌元年八月。琅邪，見第二章第三節。）於是冀、並、幽州，遼西以西諸屯結，皆陷於勒。徐、兗間壁壘，亦多送任請降。及曹嶷亡，而青州諸郡縣壁壘亦盡陷。祖約退屯壽春，（見第三章第四節。）勒復使其將王陽屯於豫州。先是朝廷以王邃督青、徐、幽、平，鎮淮陰。（見第四章第二節。）卞敦為徐州刺史，鎮泗口。（在今清河縣境。）太寧元年（西元 323 年），三月，勒陷下邳，敦退保盱眙。（見第三章第九節。）明年，正月，石瞻復寇下邳。東莞太守竺珍，東海太守蕭誕，皆叛降勒。（東莞，見第三章第一節。東海，見第三章第三節。）劉遐又自下邳退保泗口。卞敦以畏懦徵。邃、約、遐亦以王敦之亂，還衛京師。亂平，以遐為徐州刺史，代邃鎮淮陰。檀贇為兗州刺史，仍守鄒山。（檀贇從〈本紀〉，〈載記〉作斌。）三年（西元 325 年），四月，石良攻鄒山，陷之。（石良亦據〈本紀〉，〈載記〉作石瞻。）朝以郗鑑督青、兗，僅鎮廣陵而已。（廣陵，見第三章第九節。）時李矩等亦皆潰歸，都尉魯潛，以許昌叛降於勒。（許昌，見第三章第二節。）勒遂盡陷司、兗及徐、豫濱淮州郡。咸和元年（西元 326 年），五月，劉遐卒，以郗鑑領徐州刺史，郭默為北中郎將，領遐部曲。遐妹夫田防，及遐故將史迭、卞咸、李龍等不樂他屬，共立遐子肇，襲遐故位以叛。詔郭默等討之。始上道，臨淮太守劉矯，（臨淮，見第三章第二節。）率將士數百，掩襲遐營，迭等迸走，斬防及咸，又追斬迭、龍於下邳。十一月，石聰攻壽春，不克，遂侵逡道、阜陵。（漢浚道縣，晉作逡道，今安徽合肥縣東。阜陵，見第三章第九節。）歷陽太守蘇峻遣將韓晃擊走之。（歷陽，見第三章第九節。）濟岷太守劉戢，將軍張闔等叛，（胡三省曰：「《晉志》曰：或云：魏平蜀，徙其豪將家於濟河北，為濟岷郡。《太

康地誌》無此郡，未詳。」）害下邳內史夏嘉，以下邳降於石生。明年，峻與祖約俱反。三年（西元 328 年），四月，勒攻宛，南陽太守王國叛降於勒。（宛、南陽，見第三章第四節。）石瞻攻河南太守王羨於邾，陷之。（河南，見第二章第二節。邾，漢縣，在今湖北黃岡縣西北。）七月，石聰、石堪陷壽陽，祖約奔歷陽。四年（西元 329 年），二月，蘇峻敗，約降於勒。五年（西元 330 年），五月，勒將劉徵，聚眾數千，浮海寇南沙，（晉縣，在今江蘇常熟縣西北。）進入海虞。（晉縣，在常熟東。）六年（西元 331 年），正月，復寇婁縣，（漢縣，在今江蘇崑山縣東北。）掠武進。（晉縣，在今江蘇武進縣西北。）朝以郗鑒戍京口，（見第四章第二節。）督揚州之晉陵、吳郡諸軍事，討平之。（晉陵，見第四章第三節。吳郡，見第三章第九節。）勒又使其荊州監軍郭敬，南蠻校尉董功寇襄陽，（見第三章第四節。）南中郎將周撫奔武昌。（見第三章第九節。）中州流人，悉降於勒。敬毀襄陽，遷其百姓於沔北，城樊城以戍之。（樊城，在襄陽對岸。）王師復戍襄陽。七年（西元 332 年），四月，敬又攻陷之。遂南略江西。七月，陶侃遣子斌與江夏相桓宣乘虛克樊城。（江夏，見第三章第四節。）侃兄子臻，與竟陵太守李陽拔新野、襄陽。（竟陵，見第三章第九節。新野，見第三章第三節。）敬旋師救樊，大敗，宣復鎮襄陽。咸康五年（西元 339 年），郗鑒卒，以蔡謨都督徐、兗、青三州，及揚州之晉陵、豫州之沛郡諸軍事，領徐州刺史。（沛郡，見第三章第一節。）時石虎於青州造船數百，掠緣海諸縣，所在殺戮。謨所統七千餘人，所戍東至土山，（在江寧縣東。）西至江乘，（見第三章第九節。）幾於緣江設守已。

　　石勒世子興早死，以第二子弘為世子，僭位後立為太子。弘，程遐之甥也，勒以遐為右長史，總執朝政。又令弘省可尚書奏事，使中常侍嚴震參綜可否，征伐刑斷乃呈之。又使弘鎮鄴，配以禁兵萬人；車騎所統五十四營，悉以配之；又以驍騎領門臣祭酒王陽專統六夷以輔之；（《通

鑑》：愍帝建興二年（西元 314 年）《注》曰：「六夷蓋胡、羯、鮮卑、氐、
羌、巴蠻，或曰：烏丸非巴蠻也。」穆帝永和六年（西元 350 年）《注》
曰：「六夷，胡、羯、氐、羌、段氏及巴蠻也。」竊疑當時雖有六夷之名，
其種姓並無一定，故前史亦無的說。）蓋所以備石虎，然積重之勢，斷非
如是遂能挽救也。咸和八年（西元 333 年），七月，勒死。虎執弘。收遇
下廷尉。召其子邃率兵入宿衛。文武靡不奔散。弘大恐，讓位於虎。虎逼
立之。勒妻劉氏謂石堪曰：「皇祚之滅，不復久矣，王將何以圖之？」堪
曰：「先帝舊臣，皆已斥外，眾旅不復由人，宮殿之內，無所措籌。臣請
出奔兗州，據廩丘，（見第三章第三節。）挾南陽王為盟主，（南陽王恢，
勒少子。）宣太后詔於牧守、徵鎮，令各率義兵，同討桀逆。」於是微服
輕騎襲兗州，失期不克。遂南奔譙城。（見第三章第三節。）虎遣其將郭
太等追擊之，獲堪於城父，（漢縣，在今安徽亳縣東南。）送襄國，炙而
殺之。徵石恢還襄國。劉氏謀洩，虎殺之。尊弘母程氏為皇太后。時石
生鎮關中，石朗鎮洛陽，皆起兵。虎留子邃守襄國，統步騎七萬，攻朗
於金墉。（見第三章第二節。）金墉潰，獲朗，刖而斬之。進師攻長安。
以石挺為前鋒大都督。生遣將軍郭權，率鮮卑涉斤眾二萬為前鋒拒之。
大戰潼關，（見第三章第三節。）挺死，虎退奔澠池，漢縣，（在今河南
洛寧縣西。）枕屍三百餘里。鮮卑密通於虎，背生而擊之。生奔長安，潛
於雞頭山。（《括地誌》：雞頭山，在成州上祿縣東北二十里，在長安西南
九百六十里。胡三省曰：原州平高縣西百里亦有笄頭山，在長安西八百
里。按上祿，在今甘肅成縣西南。平高，即漢高平，北周改名，見第二章
第二節。）虎進攻長安，旬餘，拔之。生為部下所殺。郭權據上邽歸順，
（上邽，見第三章第三節。）京兆、新平、扶風、馮翊、北地皆應之。（皆
見第二章第二節。）虎遣郭敖及其子斌等率步騎四萬討之，次於華陰。（見
第三章第三節。）九年（西元 334 年），四月，上邽豪族害權以降。虎廢弘

為海陽王，並程氏及勒子秦王宏、南陽王恢，幽諸崇訓宮，尋殺之。（弘時年二十二。）虎稱居攝趙天王。咸康元年（西元 335 年），九月，遷於鄴。三年（西元 337 年），僭稱大趙天王。永和五年（西元 349 年），僭即皇帝位。

　　石虎本以兵起，故僭位之後，仍志在窮兵，然時胡、羯之勢，已成強弩之末，而鮮卑、氐、羌日大，虎之窮兵，遂適以自促其亡矣。諸部落中，鮮卑慕容氏尤盛。建武初，元帝承制，拜慕容廆都督遼左雜夷、流人諸軍事、大單于、昌黎公，（昌黎，見第二章第二節。）廆讓而不受。己遣長史浮海勸進。帝即位，重申前命，廆固辭公封。時二京傾覆，幽、冀淪陷，廆刑政修明，虛懷引納，流亡士庶多歸之。廆乃立郡以統流人；推舉賢才，委以庶政。平州刺史東夷校尉崔毖，（王浚妻舅浚所用，見〈浚傳〉。）意存懷集，而流亡莫赴，毖意廆拘留，乃陰結高句驪及宇文、段氏，謀滅廆而分其地。大興初，三國伐廆，攻棘城。（見第三章第八節。）廆以計間之。二國引歸，宇文悉獨官獨留，為廆所敗。於其營候獲玉璽三紐，遣長史裴嶷送於建康。（〈本紀〉，事在大興三年二月。）《北史》云：莫廆死，子遜暱延立。攻廆於棘城，為廆所敗，乃卑辭厚幣，遣使朝貢於昭帝。帝嘉之，以女妻焉。（亦見《魏書》本紀。）悉獨官，即遜暱延也。二年（西元 319 年），十一月，崔毖奔高句驪。元帝使拜廆平州刺史。四年（西元 321 年），十二月，加牧，進封遼東郡公，承制海東，置平州守宰。段匹磾之敗，末杯仍據遼西。末杯初統其國而不裝置，廆遣子皝襲之，入令支，（漢縣，在今河北遷安縣西。）收其名馬、寶物而還。石勒遣使通和廆距之，送其使於建業。勒怒。時遜暱延死，子乞得龜立。太寧元年（西元 323 年），勒遣龜擊廆。廆克之。乘勝入其國，收其資用億計，徙其人數萬戶以歸。其後廆與陶侃籤，說宜北伐之意。並齎東夷校尉、遼東相等三十餘人疏上侃府，求封廆為燕王。朝議未定。咸和八年（西元 333

年），五月，廆卒。皝嗣。皝，廆第三子也。宇文乞得龜為其別部逸豆歸所逐，奔死於外。皝討之。逸豆歸懼，請和。皝庶兄翰，驍武有雄才，素為皝所忌。母弟仁、昭，並有寵於廆，皝亦不平之。廆卒，並懼不自容。段末杯卒，弟牙嗣。（太寧三年三月。）牙卒，就六眷之孫遼立。（《通鑑》事在太寧三年（西元 325 年），云：慕容廆與段氏方睦，為段牙謀，使之徙都。牙從之，即去令支。國人不樂。段疾陸眷之孫遼，欲奪其位，以徙都為牙罪，十二月，帥國人攻而殺之。遼《魏書》作護遼。）自末杯至遼，晉皆以為幽州刺史。翰出奔遼。仁勸昭舉兵廢皝。皝殺昭。仁歸平郭，（漢縣，晉廢，在今遼寧蓋平縣南。）盡有遼東之地。宇文歸、段遼及鮮卑，並為之援。九年（西元 334 年），成帝遣謁者拜皝平州刺史、大單于、遼東公。皝自征遼東，克襄平。（漢縣，為遼東郡治，在今遼寧遼陽縣北。）咸康初，皝乘海討仁，擒仁，殺之。三年（西元 337 年），十一月，皝僭即燕王位。使稱藩於石虎，陳段遼宜伐，請盡眾來會。虎許之。四年（西元 338 年），虎使桃豹、王華統舟師十萬出漂渝津。（在今河北天津縣北。）支雄、姚弋仲（羌酋，見下節。）統步騎十萬為前鋒以伐遼。雄長驅入薊。（見第四章第二節。）遼恐，棄令支，奔於密雲山。（在今河北密雲縣南。）皝攻令支以北諸城，掠五千餘戶而歸。虎怒其不會師，進軍擊之。攻棘城，不克。虎遷遼戶二萬餘於司、雍、兗、豫，以李農為營州牧，鎮令支。段遼自密雲山使降於虎，又降於皝。虎使麻秋迎遼，皝子恪伏兵襲敗之，擁遼及其部眾以歸。遼謀叛，皝誅之。其子蘭，（《魏書》作鬱蘭。）為宇文歸所執，降於虎。虎謀伐昌黎，遣曹伏將青州之眾渡海戍蹋頓城，（未詳。）無水而還。因戍於海島，運穀三百萬斛以給之。又以船三百艘，運穀三十萬斛詣高句麗，使典農中郎將王典率眾二萬，屯田於海濱。又令青州造船千艘。後又令司、冀、青、徐、幽、並、雍兼復之家，五丁取三，四丁取二，合鄴城舊軍，滿五十萬。具船萬艘，自河通海，運

穀、豆千一百萬斛於安樂城，（安樂，漢縣，在今河北順義縣西南。）以
備徵軍之調。自幽州東至白狼，（漢縣，在今熱河凌源縣南。）大興屯田，
然師出無功，（〈本紀〉：咸康六年（西元 340 年），二月，慕容皝及石成戰
於遼西，敗之，獻捷於京師。建元元年（西元 343 年），六月，石季龍帥
眾伐慕容皝，皝大敗之。皝反自蠮蜽塞入，（今居庸關。）長驅至薊，進
渡武遂津，（武武遂，漢縣，在今河北武強縣東北。）入高陽，（晉國，今
河北蠡縣南。）所至焚燒積聚，徙幽、冀三萬餘戶以歸。七年（西元 341
年），二月，皝遣其長史劉祥獻捷京師，兼言推假之意。並請大舉討平中
原。表言朝廷任庾亮之私，又與庾冰書責之。冰以其絕遠，非所能制，遂
與何充等奏聽皝稱燕王。是年，皝遷都龍城。（皝築龍城於柳城北，改柳
城為龍城縣。柳城故城，在今遼寧興城縣西南。龍城，今熱河朝陽縣。）
段遼之敗也，慕容翰奔於宇文歸。皝遣商人招之，翰攜其二子還。皝使與
子垂為前鋒，伐克高句驪。建元二年（西元 344 年），二月，皝伐逸豆歸，
仍以翰及垂為前鋒歸遠遁漠北，遂奔高句驪。皝開地千餘里，徙其部人五
萬餘落於昌黎。宇文部自是散滅。歸而賜翰死。於是內憂外患皆除，益得
專力於石氏矣。

　　劉曜之敗也，張駿復收河南地，至於狄道。（漢縣，今甘肅臨洮縣西
南。）置武街、石門、候和、漒川、甘松五屯護軍，與石勒分境。（武街，
晉縣，在今臨洮縣東。石門，在今導河縣西南。候和，在今固原縣北。漒
川、甘松，皆在今青海東南境，前涼曾置甘松郡，後西秦又置漒川郡。）
勒使拜駿官爵，駿不受，留其使。後懼勒，遣使稱臣，貢方物，遣其使
歸。虎之世，駿亦遣其別駕馬詵朝之。虎大說。及覽其表，辭頗蹇敖，又
大怒，使張伏都帥步騎三萬擊之。與駿將謝艾戰於河西，敗績。（建元元
年（西元 343 年）。）永和二年（西元 346 年），駿卒，子重華嗣。虎又遣
麻秋伐之。秋與伏都伐金城，（見第二章第二節。）太守張沖以郡降。重

華使謝艾擊破之。秋又陷大夏，（漢縣，晉廢，張軌復置，駿又置郡，在今甘肅臨夏縣東南。）圍枹罕，（見上節。）欲城長最，（城名，在今甘肅永登縣南。）亦為艾所敗。三年（西元 347 年），虎使石寧率並、司兵二萬餘人，為秋後繼。秋又據枹罕，進屯河內。遣王擢略地晉興、廣武。（皆前涼郡。晉興，在今青海樂都縣東南。廣武，在永登縣東南，後禿髮烏孤都此。）越洪池嶺，（在武威東南。）至曲柳。（地名，在洪池嶺北。）姑臧大震。（姑臧，見第三章第七節。）重華又使艾距破之。虎此時之用兵，乃如搏牛之蝱，不可以破蟣蝨，徒自勞敝而已。

　　胡、羯之中，石勒少知治體，然亦未嘗不淫侈。初據襄國，即命徙洛陽晷影，列之庭立桑梓苑。起明堂、辟雍、靈臺。令少府任汪，都水使者張漸等監營鄴宮。及虎僭位，淫侈更甚。咸康二年（西元 336 年），使牙門將張彌徙洛陽鐘虡、九龍、翁仲、銅駝、飛廉於鄴。又納解飛之說，於鄴正南投石於河，以起飛橋，功費數千億萬，橋卒不成。於襄國起大武殿，於鄴造東西宮。大武殿基高二丈八尺，以文石粹之。下穿伏室，置衛士五百人於其中。東西七十五步，南北六十五步。皆漆瓦金鐺，銀楹金柱，珠簾玉壁，窮極技巧。又起靈風臺九殿於顯陽殿後，選士庶之女以充之。後庭服綺縠、玩珍奇者萬餘人。虎畋獵無度，晨出夜歸。又多微行，躬察作役之所。志在窮兵。以其國內少馬，乃禁畜馬，匿者要斬。收百姓馬四萬餘匹，以入於公。兼盛營宮室。於鄴起臺觀四十餘所，營長安、洛陽二宮，作者四十餘萬人。又敕河南四州，具南師之備，（胡三省曰：河南四川，洛、豫、徐、兗也。）並、朔、秦、雍，嚴西討之資。（《晉志》曰：石勒平朔方，置朔州。）青、冀、幽州，三五發卒。（三丁發二，五丁發三。）諸州造甲者五十餘萬人。兼公侯牧宰，競興私利。百姓失業，十室而七。船伕十七萬人，為水所沒，猛虎所害，三分而一。制徵士五人，車一乘，牛二頭，米各十五斛，絹十匹，調不辦者以斬論，將以圖江表。於

是百姓窮窘，粥子以充軍制，猶不能赴，自經於道路，死者相望，而求發無已。性既好獵，其後體重，不能跨鞍，乃造獵車千乘，轅長三丈，高一丈八尺，置高一丈七尺。格虎車四十乘，立三級行樓二層於其上。剋期將校獵。自靈昌津南至滎陽，東極陽都，使御史監察其中禽獸，有犯者罪至大辟。（靈昌津，即延津，見第三章第四節。《水經注》云：石勒襲劉曜出此，以冰泮為神靈之助，因號靈昌津。滎陽，見第二章第二節。陽都，漢縣，在今山東沂水縣南。）御史因之，擅作威福。百姓有美女、好牛馬者，求之不得，便誣以犯獸，論死者百餘家。海岱、河濟間，人無寧志矣。又發諸州二十六萬人修洛陽宮。發百姓牛二萬餘頭配朔州牧官。增置女官二十四等。東宮十有二等。諸公、侯七十餘國，皆為置女官九等。先是大發百姓女，二十已下，十三已上，三萬餘人，為三等之第，以分配之。郡縣要媚其旨，務於美淑。奪人婦者，九千餘人。百姓妻有美色，豪勢因而脅之，率多自殺。虎子宣及諸公及私令採發者，亦垂一萬。總會鄴宮。虎臨軒簡第諸女，大悅，封使者十二人皆為列侯。自初發至鄴，諸殺其夫及奪而遣之縊死者三千餘人。荊楚、揚、徐間，流叛略盡。宰、守坐不能綏懷下獄誅者，五十餘人。金紫光祿大夫逯明，因侍切諫，虎大怒，遣龍騰拉而殺之。（虎募驍勇，拜為龍騰中郎。）自是朝臣杜口，相招為祿仕而已。麻秋之伐張重華，尚書朱軌，與中黃門嚴生不協，會大雨霖，道路陷滯不通，生因譖軌不修道，又訕謗朝政，虎遂殺之。於是立私論之條，偶語之律，聽吏告其君，奴告其主。威刑日濫。公卿已下，朝會以目。吉凶之問，自此而絕。沙門吳進言於虎曰：「胡運將衰，晉當復興，宜苦役晉人，以厭其氣。」（此晉字猶今言中國，晉人猶今言中國人也。）虎於是使尚書張群，發近郡男女十六萬，車十萬乘，運土築華林苑及長牆於鄴北，廣長數十里。起三觀四門。三門通漳水，皆為鐵扉。暴風大雨，死者數萬人。鑿北城，引水於華林園。（當即華林苑。）城崩，壓死者百

餘人。命石宣祈於山川，因而遊獵。乘大輅，羽葆，華蓋，建天子旌旗。十有六軍，戎卒十八萬，出自金明門。（《水經注》：鄴城有七門：南曰鳳陽門，中曰中陽門，次曰廣陽門，東曰建春門，北曰廣德門，次曰廄門，西曰西明門，蓋即金明門也。）虎從其後宮，升陵霄觀望之，笑曰：「我家父子如是，自非天崩地陷，當復何愁？但抱子弄孫，日為樂耳。」宣既馳逐無厭，所在陳列，行宮四面，各以百里為度，驅圍禽獸，皆暮集其所。文武跪立，圍守重行。烽炬星羅，光燭如晝。命勁騎百餘，馳射其中。宣與嬖姬顯德美人乘輦觀之嬉娛忘返，獸殫乃止。其有禽獸奔逸，當之者坐，有爵者奪馬，少驅一日，無爵者鞭之一百。峻制嚴刑，文武顫慄。士卒飢凍而死者，萬有餘人。宣弓馬衣食，皆號為御，有亂其間者，以冒禁罪罪之。所過三州十五郡，（胡三省曰：宣所過三州，蓋司、兗、豫也。）資儲靡有孑遺。虎覆命子韜亦如之，出自并州，遊於秦、晉，（《通鑑》作出自并州，至於秦、雍。）敖既長，欲既縱，志既滿，樂既極，而天崩地陷之禍，起於蕭牆之內矣。

# 第三節　冉閔誅胡

　　一時一地，必有其俗，然此特以大較言之，行事之見於此時此地者，不必其皆風同而道一也。殷、周之世，距今數千歲矣，而其遺俗，猶或見於西南部族之中；歐、非二洲，距美洲皆數千里，而拉丁、條頓諸族，以及黑人之俗，乃錯見於新大陸之上；則其明證。一部二十五史，荒淫暴虐之主，以東晉、南北朝之世為多，是何也？則以五胡之所行，固非中國之道也。斯時既有此俗，漢人自亦不免漸染，見廢弒之主，人因亦以此等語誣之。然漢人雖染胡俗，其縱恣，究不若胡人之甚。故此等記載，宜分別觀之。大抵漢人為君而失德者，史之所載，必誣罔之辭較多，實跡較少，

胡人之僭竊者，則反是也。五胡淫暴，胡、羯為甚，而胡、羯之中，尤以石虎父子為甚。其縱恣之深，殺戮之慘，有非中國人所能想像者。然後知天下之大，無奇不有，而拘墟之士，不足以語於通方也。

　　石虎之稱居攝趙天王也，立其子邃為太子。使邃省可尚書奏事，選牧守，祀郊廟，唯征伐、刑斷，乃親覽之。邃自總百揆，荒酒淫色，驕恣無道。或盤遊於田，縣管而入。或夜出宮臣家，淫其妻妾。妝飾宮人美淑者，斬首洗血，置於盤上，傳共視之。又內諸比丘尼有姿色者，與之交，褻而殺之。合牛羊肉，煮而食之。亦賜左右，欲以識其味也。河間公宣、樂安公韜，有寵於虎，邃疾之如仇。虎荒耽內遊，威刑失度。邃以事為可呈，呈之，虎恚曰：「此小事，何足呈也？」時有所不聞，復怒曰：「何以不呈？」誚責杖捶，月至再三。邃甚恨。私謂常從無窮長生、中庶子李顏等曰：「官家難稱，吾欲行冒頓之事，卿從我乎？」顏等伏不敢對。邃稱疾不省事。率宮臣文武五百餘騎，宴於李顏別舍。謂顏等曰：「我欲至冀州殺石宣，有不從者斬。」行數里，騎皆逃散，李顏叩頭固諫，邃亦昏醉而歸。邃母鄭氏聞之，私遣中人責邃。邃怒，殺其使。虎聞邃有疾，遣所親任女尚書察之。邃呼前與語，抽劍擊之。虎大怒，收李顏等詰問。顏具言始末。誅顏等三十餘人。幽邃於東宮。既而赦之，引見大武東堂。邃朝而不謝，俄而便出。虎遣使謂邃曰：「太子應入朝中宮，何以便去？」邃徑出不顧。虎大怒。廢邃為庶人。其夜，殺邃及妻張氏，並男女二十六人，同埋於一棺之中。誅其宮人支黨二百餘人。廢鄭氏為東海太妃。立宣為天王皇太子，宣母杜昭儀為天王皇后。（《通鑑》據《十六國》、《晉春秋》，系咸康三年（西元337年）。《考異》云：《燕書》在四年。）以宣為大單于，韜為太尉，與宣迭日省可尚書奏事。右僕射張離，領五兵尚書，專總兵要，而欲求媚於宣，因說之曰：「今諸公侯吏兵過限，宜漸削弱，以盛儲威。」宣素疾韜寵，甚悅其言。乃使離奏奪諸公府吏，餘兵悉配東宮。於

是諸公咸怨。虎又命宣、韜，生殺、拜除，皆迭日省決，不復啟。宣使所幸楊杯、牟皮、牟成、趙生等殺韜，欲因虎親臨殺虎。虎將出，其司空李農諫，乃止。事覺，幽宣於席庫。（藏席之所。）以鐵環穿其頷而鎖之。作數斗木槽，和羹飯，以豬狗法食之。虎取害韜刀箭舐其血，哀號震動宮殿。積柴鄴北，樹標於其上，標末置鹿盧，穿之以繩，倚梯柴積。送宣於標所。使韜所親宦者郝稚、劉霸拔其髮，抽其舌，牽之登梯，上於柴積。郝稚以繩貫其頷，鹿盧絞上。劉霸斷其手足，斫眼、潰腹，如韜之傷。四面縱火，煙炎際天。虎從昭儀已下數千，登中臺以觀之。（中臺，即銅雀臺，在三臺之中，故稱。見第四章第二節。）火滅，取灰分置諸門交道中。殺其妻子九人。宣小子年數歲，虎甚愛之，抱之而泣，欲赦之，其大臣不聽，遂於抱中取而戮之，兒猶挽虎衣而大叫，虎因此發病。又誅其四率已下三百人，宦者五十人，皆車裂節解，棄之漳水。洿其東宮養豬牛。東宮衛士十餘萬人，皆謫戍涼州。（胡三省曰：趙未得涼州，置涼州於金城，謫使戍涼州之邊也。金城，見第三章第二節。）先是散騎常侍趙攬言於虎曰：「中宮將有變，宜防之。」及宣之殺韜也，虎疑其知而不告，亦誅之。廢宣母杜氏為庶人。貴嬪柳氏，尚書耆之女也，以才色特幸，坐其二兄有寵於宣，亦殺之。虎追其姿色，復納耆少女於華林園。（見第三章第一節。此疑即虎用吳進說在鄴所築之華林苑，見上節。）初，戎昭張豺破上邽，獲劉曜幼女，年十二，有殊色，虎得而嬖之。生子世，封齊公。方十歲，立為太子。劉氏為皇后。時永和四年（西元 348 年）也。五年（西元 349 年），虎僭即皇帝位，大赦。故東宮謫卒高力等萬餘人，（石宣簡多力之士，以衛東宮，號曰高力，置督將以領之。）行達雍城。（見第三章第五節。）既不在赦例；又敕雍州刺史張茂送之，茂皆奪其馬，令步推鹿車，致糧戍所。高力督梁犢等，因眾心之怨，謀起兵東還。陰令胡人頡獨鹿微告戍者，戍者皆踴抃大呼。梁犢乃自稱晉征東大將軍，率眾攻陷下

辯。（見第一節。）逼張茂為大都督大司馬，載以軺車。秦、雍間城戍，無不摧陷。斬二千石長吏，長驅而東。高力等皆多力善射，一當十餘人。雖無兵甲，所在掠百姓大斧，施一丈柯，攻戰若神。所向崩潰。戍卒皆隨之。比至長安，眾已十萬。虎子樂平王苞，時鎮長安，盡銳拒之，一戰而敗。犢遂東出潼關，（見第三章第三節。）進如洛川。虎以李農為大都督，行大將軍事，統衛軍張賀、徵西張良、徵虜石閔等，率步騎十萬討之。戰於新安，（見第三章第三節。）農師不利。戰於洛陽，又敗。乃退壁成皋。（見第三章第四節。）犢東掠滎陽、陳留諸郡。（滎陽，見第三章第三節。陳留，見第三章第四節。）虎大懼，以其子燕王斌為大都督中外諸軍事，率精騎一萬，統姚弋仲、苻洪等擊犢於滎陽東，大敗之，斬犢首而還。討其餘黨，盡滅之。姚弋仲者，南安赤亭羌人。（南安，見第二章第二節。赤亭，在今隴西縣西。）《晉書·載記》云：其先有虞氏之苗裔。禹封舜少子於西戎，世為羌酋。其後燒當，雄於洮、罕之間。七世孫填虞，漢中元末，寇擾西州，為楊虛侯馬武所敗，徙出塞。虞九世孫遷那，率種人內附，漢朝嘉之，假冠軍將軍、西羌校尉、歸順王。處之於南安之赤亭。那玄孫柯回，為魏鎮西將軍、綏戎校尉、西羌都督。回生弋仲。永嘉之亂，東徙榆眉。（亦作隃麋，漢縣，晉廢，在今陝西汧陽縣東。）劉曜平陳安，以弋仲為平西將軍，封平襄公，邑之於隴上。石虎徙秦、雍豪傑於關東，弋仲率部眾數萬，遷於清河。（漢郡，今河北清河縣東。）苻洪者，略陽臨渭氐人。（略陽，見第二章第二節。臨渭，魏縣，在今甘肅秦安縣東南。）《晉書·載記》云：始其家池中蒲生，長五丈，五節，如竹形，時咸謂之蒲家，因以為氏焉。又謂其降晉後，有說洪稱尊號者，洪亦以讖文有草付應王；又其孫堅背有草付字；遂改姓苻氏。案《晉書·宣帝紀》：魏明帝青龍三年（西元235年），有武都氐王苻雙、強端，帥其屬六千餘人來降；（武都，見第二章第二節。）又〈李特載記〉：有氐苻成，與特弟庠俱

歸趙廞；則苻之為氏，由來已久；且非洪一族，〈載記〉之言，其不足信，無待深辯。又云：其先蓋有扈氏之苗裔，則又當時五胡酋長，自託於神明之胄之積習也。洪父懷歸，為部落小帥。永嘉之亂，宗人蒲光、蒲突推為盟主。劉曜僭號長安，洪歸曜，拜率義侯。（《魏書》云：徙之高陸。高陸，漢高陵縣，魏改日高陸，隋復日高陵，今仍為縣，屬陝西。）曜敗，洪西保隴山。石虎將攻上邽，洪又請降。（〈本紀〉，事在咸和三年（西元328年）。）虎滅石生，徙關中豪傑及羌戎，以洪為流人都督，處於枋頭。（見第四章第二節。）關中為氐、羌窟穴，虎徙其種落及豪傑而東，蓋以為便於制馭，且可撫而用之，然至風塵洞時，則乘機崛起，有非胡、羯所能制者矣。石閔者，本姓冉，內黃人，（內黃，漢縣，今河南內黃縣。）為虎養孫。閔善謀策，勇力絕人。虎之敗於昌黎，閔軍獨全，由此大顯；及敗梁犢，威聲彌振；胡、夏宿將，莫不憚之，亦非虎所能畜矣。

　　平梁犢未幾，虎疾甚，以子遵為大將軍，鎮關右；斌為丞相，錄尚書事；張豺為鎮衛大將軍，領軍將軍，吏部尚書；並受遺輔政。劉氏懼斌之輔政也害世，與張豺謀誅之。斌時在襄國，乃遣使詐斌日：「主上患已漸損，王須獵者，可小停也。」斌性好酒耽獵，遂遊畋縱飲。劉氏矯命，稱斌無忠孝之心，免斌官，以王歸第。使張豺弟雄率龍騰五百人守之。石遵自幽州至鄴，敕朝堂受拜，配禁兵三萬遣之。張豺使弟雄等矯虎命殺斌。劉氏又矯命，以豺為太保，都督中外諸軍，錄尚書事。加千兵百騎，一依霍光輔漢故事。俄而虎死。（《紀》在永和五年四月。）世即偽位。尊劉氏為皇太后，臨朝。進張豺為丞相。豺與張舉謀誅李農。舉與農素善，以豺謀告之。農懼，率騎百餘奔廣宗，率乞活數萬家，保於上白。（廣宗，漢國，後漢為縣，在今河北威縣東。）劉氏使張舉等統宿衛精卒圍之。豺以張離為鎮軍大將軍，監中外諸軍事，司隸校尉，為己之副。石遵聞虎死，屯於河內。姚弋仲、苻洪、石閔等既平秦、洛，班師而歸，遇遵於李城，

（《續漢志》：河內平皋縣有李城。平皋，在今河南溫縣東。）說遵討張豺。遵從之。以閔為前鋒。張離率龍騰二千，斬關迎遵。斬張豺，夷其三族。遵僭即偽位。罷上白圍。封世為譙王，廢劉氏為太妃，尋皆殺之。世立凡三十三日。（此據〈載記〉。《十六國春秋》同。《通鑑考異》云：四月己巳至五月庚寅，凡二十二日。）遵以石斌子衍為皇太子。石閔督中外諸軍事，輔國大將軍，錄尚書事，輔政。石沖時鎮於薊，（見第四章第二節。）留沐堅戌幽州，帥眾五萬，自薊討遵。傳檄燕、趙，所在雲集。比及常山，（見第三章第四節。）眾十餘萬。遵使石閔與李農等率精卒十萬討之。戰於平棘，（漢縣，今河北趙縣。）沖師大敗。獲沖於元氏，（漢縣，今河北元氏縣西北。）賜死。坑其士卒三萬餘人。石苞時鎮長安，謀帥關中之眾攻鄴。苞性貪而無謀，雍州豪右，知其無成，並遣使告晉梁州刺史司馬勳。勳率眾赴之，去長安二百餘里。（參看第四章第四節。）遵遣車騎王朗，率精騎二萬，外以討勳為名，因劫苞，送之於鄴。遵謀誅閔。石鑑以告閔。（鑑亦虎子。）閔劫李農及右衛王基殺遵。誅遵母鄭氏，及其太子衍。遵在位百八十三日。鑑僭位。使石苞及中書令李松、殿中將軍張才等夜誅閔、農，不克。鑑恐閔為變，偽若不知者，夜斬松、才，並誅苞。時石祗在襄國，與姚弋仲、苻洪等通和，連兵檄誅閔、農。鑑遣石琨為大都督，（琨，虎少男。永和八年（西元352年），將妻妾數人奔京師。敕收付廷尉。俄斬之於建康市。）與張舉及侍中呼延盛，率步騎七萬，分討祗等。中領軍石成，侍中石啟，前河東太守石暉謀誅閔、農，閔、農殺之。（河東，見第二章第二節。）龍驤孫伏都、劉銖等，結羯士三千，伏於胡天，（祆祠。）亦欲誅閔等。時鑑在中臺，伏都率三十餘人，將升臺挾鑑以攻之。鑑臨問其故，曰：「卿是功臣，好為官陳力，朕從臺觀，卿勿慮無報也。」於是伏都及銖率眾攻閔、農，不克。屯於鳳陽門。閔、農率眾數千，毀金明門而入。（鳳陽、金明，皆鄴城門，見上節。）鑑懼閔之誅己

也，馳招閔、農，開門內之，謂日：「孫伏都反，卿宜速計之。」閔、農攻
斬伏都等。宣令「內外六夷，敢稱兵杖者斬之」。胡人或斬關，或逾城而
出者，不可勝數。令城內日：「與官同心者住，不同者各任所之。」敕城門
不復相禁。於是趙人百里內悉入城，胡、羯去者填門。閔知胡之不為己用
也，班令內外：「趙人斬一胡首送鳳陽門者，文官進位三等，武職悉拜牙
門。」一日之中，斬首數萬。閔躬率趙人，誅諸胡羯，無貴賤、男女、少
長，皆斬之。死者二十餘萬。（《天文志・天變史傳驗事》言：閔殺諸胡十
萬餘人。）屍諸城外，悉為野犬、豺狼所食。屯據四方者，所在承閔書誅
之。高鼻多鬚，濫死者半。〈儒林傳〉言：閔署韋謏為光祿大夫。時閔拜
其子胤為大單于，而以降胡一千，處之麾下。謏諫日：「胡、羯本為仇敵，
今之款附，苟全性命耳。或有刺客，變起須臾，敗而悔之，何及？願誅
降胡，去單于之號，深思帝王苞桑之誡。」閔志在綏撫，銳於澄定，聞其
言，大怒，遂誅之，並殺其子伯陽。當時立單于之號，乃所以統諸胡。閔
既誅胡、羯，而又殺諫臣以媚之，則本非有民族內外之見。蓋當時五胡，
習以漢族以外諸異族為鬥士，攻閔者所用多其人，故閔覘知其不為己用而
誅之，所翦除者異己，非有去非種之心也。然各任所之之令一下，胡、羯
去而趙人悉來，則民族同異親疏之義，雖未光大，終陰行於不自知之間，
而閔不能引而伸之，以成功而遠禍，亦可惜矣。為閔計者當奈何？〈隱逸
傳〉言：當時有狄道辛謐者，（狄道見上節。）性恬靜，不妄交遊。累徵不
起。永嘉末，以謐兼散騎常侍，慰撫關中。謐以洛陽將敗，故應之。及長
安陷，沒於劉聰。聰拜謐大中大夫，固辭不受。歷石勒、石虎之世，並不
應辟命。及閔僭號，復備禮，徵為太常。謐遺閔書，言「物極則變，致高
則危，宜因茲大捷，歸身本朝」。因不食而卒。夫謐，抗志於海宇清晏之
時，而受命於洛京危急之日，蓋非與世相忘者。峻辭劉、石之命，而獨殷
勤詒書於閔，蓋亦嘉其能除胡、羯，以綏華夏矣。謐豈有拒閔之心哉？所

以不食而卒者，蓋度閔在北方，終不可以有為，且必不能免於禍，故自殺以堅其歸晉之心也。諡亦有心人哉！閔雖非撥亂之才，自不失為一戰將。當時在北方，同心大寡，樹敵大多，故卒無所成而及於禍。使能歸朝而挾晉之所有以為資，杖其名義而北，其情形，自與當日大不相同矣。然則諡之所言，實閔自處之上策，而惜乎閔之不能用也。〈載記〉言閔僭位後，曾遣使臨江告晉曰：「胡逆亂中原，今已誅之，若能共討者，可遣軍來也」，則亦非無意求援於晉。然既已稱尊，更求晉援，則在家天下之世，其勢有所不行，故晉遂置諸不答。抑晉當日，君臣習於宴安，荊、揚又相猜忌，必不能奮迅出師，以為閔援，為閔計者，自不如善刃而藏，以為後圖之為得，惜乎閔銳於廓清，而短於知計，終不能用智士之言也。

《通鑑》：永和六年（西元 350 年），正月，趙大將軍閔，欲滅去石氏之跡，託以讖文有繼趙李，更國號曰衛，易姓李氏，大赦改元。蓋亦有意於伸民族之義，以收民心。然其時民族之義，尚未光大，欲恃是以求多助而摧強敵，實未可恃，況又徒更其名號邪？時則張舉及諸公侯、卿校、龍騰等萬餘人，出奔襄國。石琨奔據冀州。（趙冀州，治信都，今河北冀縣。）撫軍張沈屯滏口，（在今河北磁縣境。）張賀度據石瀆，（胡三省曰：魏收《地形志》：鄴縣有石竇堰。）建義段勤據黎陽，（勤末杯子。黎陽，漢縣，今河南濬縣。）寧南楊群屯桑壁，（胡三省曰：《括地誌》：易州遂城縣界有桑丘城。又《水經注》：常山蒲吾縣東南有桑中縣故城。按遂城，隋縣，在今河北徐水縣西。蒲吾，漢縣，在今河北平山縣東南。）劉國據陽城，（胡三省曰：後國自繁陽會石琨擊閔，則此陽城乃繁陽城也。按繁陽，漢縣，在今河南內黃縣東北。）段龕據陳留，（龕，蘭子。《魏書》云：慕容皝殺護遼，鬱蘭奔石虎，虎以所徙鮮卑五千人配之，使屯令支。鬱蘭死，子龕代之。時蓋徙據陳留。）姚弋仲據混橋，（在鄴東北。）苻洪據枋頭，眾各數萬。王朗、麻秋自長安奔於洛陽。秋承閔書，誅朗部胡千餘。朗奔

於襄國。苻洪使子雄擊麻秋，獲之。（據〈洪載記〉。〈石虎載記〉云：秋率眾奔於洪。案秋既承冉閔書誅王朗部胡，則非與閔為敵者，無緣奔抗閔之洪也。）石琨及張舉、王朗率眾七萬伐鄴。閔率騎千餘，拒之城北。閔執兩刃矛，馳騎擊之，皆應鋒摧潰。斬級三千。琨等大敗，歸於冀州。閔與李農率騎三萬討張賀度。石鑑密遣宦者召張沈等，使乘虛襲鄴。宦者以告閔、農。閔、農馳還，廢鑑，殺之。誅石虎孫三十八人。盡殪石氏。鑑在位百三日。（鑑之死，〈本紀〉在永和六年閏月。《通鑑考異》云：《三十國》、《晉春秋》皆云閏正月。按長歷閏二月。〈帝紀〉閏月有丁丑、己丑，是歲正月癸酉朔，若閏正月，即無丁丑、己丑。）閔即皇帝位，國號魏。複姓冉氏。旋誅李農及其三子。

　　冉閔之百戰百勝，頗似項籍、孫策，使與石氏遺孽相角，雖不必其有成，亦未必其遽敗，而前燕自遼西而入，挾其方興之勢以臨之，其氣完，其力厚，則非閔之所能御矣，是亦其所遭之不幸也。慕容皝以永和四年九月死，子儁嗣偽位。明年而石虎死。又明年，儁南伐幽州。石虎刺史王午走，留其將王他守薊。（見第四章第二節。）儁攻陷其城，斬他。勢遂逼近冀州。石鑑之死也，石祗僭稱尊號於襄國。六夷據州郡擁兵者皆應之。祗遣其相國石琨，率眾十萬伐鄴。進據邯鄲。（見第四章第二節。）鎮南劉國，自繁陽會之。閔大敗琨於邯鄲。國還屯繁陽。張賀度、段勤與劉國、靳豚會於昌城，（魏收《地形志》：魏郡昌樂縣有昌城。昌樂，後魏縣，在今河北南樂縣西北。）將攻鄴。閔遣尚書左僕射劉群為行臺都督。使其將王泰、崔通、周成等帥步騎十二萬，次於黃城。（未詳。）閔躬統精卒八萬繼之。戰於蒼亭，（胡三省曰：在河上，西南至東阿六十里。東阿，見第四章第二節。）賀度等大敗。追斬豚於陰安鄉。（漢陰安縣，在今河北清豐縣北。）盡俘其眾，振旅而歸。戎卒三十餘萬；旌旗鐘鼓，綿亙百餘里；史稱「雖石氏之盛，無以過之」，蓋以是示強也。然唯中不足者，乃欲

藉虛聲以懾敵，此亦未足以欺敵矣。史又言「閔至自蒼亭，行飲至之禮。清定九流，準才受任，儒學後門，多蒙顯進，於時翕然，方之魏、晉之初」，可見閔非粗才，惜其所值之敵，大多大逼，不及施展也。閔率步騎十萬，攻石祇於襄國。百餘日。祇大懼，去皇帝之號，稱趙王，使詣慕容儁、姚弋仲乞師。會石琨自冀州援祇，弋仲復遣子襄率騎三萬八千，儁遣將軍悅綰率甲卒三萬至。三方勁卒，合十餘萬。閔將出擊之。衛將軍王泰諫曰：「窮寇固迷，希望外援。今強救雲集，欲吾出戰，腹背擊我。宜固壘勿出，觀勢而動，以挫其謀。今陛下親戎，如失萬全，大事去矣。」閔將從之。道士法饒進曰：「太白經昴，當殺胡王，一戰百克，不可失也。」閔攘袂大言曰：「吾戰決矣，敢諫者斬。」於是盡眾出戰。姚襄、悅綰、石琨等三面攻之，祇衝其後。閔師大敗，與十餘騎奔鄴。降胡慄特康等執冉胤及左僕射劉琦等送於祇，盡殺之。百官及諸將士，死者十餘萬人，於是人物殲矣。賊盜蜂起。司、冀大饑，人相食。自石虎末年，而閔盡散倉庫，以樹私恩。與羌、胡相攻，無月不戰。青、雍、幽、荊州徙戶，及諸氐、羌、胡、蠻，數百餘萬，各還本土。道路交錯，互相殺掠；且饑疫死亡；其能達者，十有二三。諸夏紛亂，無復農者。閔悔之。誅法饒父子，支解之。贈韋謏大司徒。石祇使劉顯率眾七萬攻鄴。去鄴二十三里。閔召王泰議之。泰恚其謀之不從，辭以創甚。閔親臨問之，固稱疾篤。閔怒，還宮，顧謂左右曰：「巴奴，乃公豈假汝為命邪？」（此亦六夷不與閔同心之一證。）要將先滅群胡，卻斬王泰。於是盡眾而戰，大敗顯軍。追奔及於陽平。（見第二章第二節。）斬首三萬餘級。顯懼，密使請降，求殺祇為效。閔振旅而歸。會有告王泰招集秦人，將奔關中。閔怒，誅泰，夷其三族。劉顯果殺祇，傳首於鄴，送質請命。驃騎石寧奔於柏人。（漢縣，今河北唐山縣西。）劉顯復率眾伐鄴。閔擊敗之。顯還，稱尊號於襄國。率眾伐常山。（見第三章第四節。）閔留其大將軍蔣乾等輔其太子智守

鄴，親率騎八千救之。擊顯，敗之。追奔及於襄國。顯大將曹伏駒開門為應，遂入襄國，誅顯及其公卿已下百餘人。焚襄國宮室，遷其百姓於鄴。（《紀》八年正月。《通鑑考異》曰：《十六國春秋鈔》在二月。《燕書》在三月已酉。）先是慕容彪陷中山，（見第四章第二節。）殺閔寧北白同。幽州刺史劉準降於慕容儁。儁略地至於冀州。閔距之。與慕容恪相遇於魏昌。（漢苦陘縣，後漢改曰漢昌，魏改曰魏昌，今河北無極縣東北。）十戰皆敗之。俄而眾寡不敵，潰圍東走。行二十餘里，馬無故而死，為恪所禽。時永和八年四月也。儁送閔龍城，斬於遏陘山。恪進據常山，遂進攻鄴。儁又遣慕容評圍鄴。九月，執閔妻董氏、太子智送薊。（參看第六節。）儁遂僭帝位於中山。

# 第四節　庾氏經營北方

　　石虎自斃，實為晉室恢復北方之一好機會，以斯時北方，驟失統一；氐苻、羌姚，皆一僑居部落，其力甚薄；前燕氣力，雖較雄厚，亦甫及河北也。然晉下游兵力不振；上游兵雖較強，而不能專意於北，遂至坐失良機，恢復之圖，終成畫餅矣。此則積年之因循，與內外之相猜為之也。今略述其事如下：

　　石勒之死也，石聰以譙來降。（譙，見第三章第三節。）聰，勒之養子也。孔坦與之書，說以反族歸正，圖義建功。然時石虎尚能控制其境內，晉朝不能出師，而望聰之自奮，亦難矣。石生起關中，遣使來降；生敗，其將郭權，又來歸順；晉亦未能應接。石虎既自立，其徐州從事朱縱，又斬其刺史郭祥，以彭城來降。（彭城，漢郡，今江蘇銅山縣。）虎遣王朗擊之，縱奔淮南。咸康元年（西元 335 年），虎自率眾，南寇歷陽。（見第三章第九節。）加王導大司馬，假黃鉞，都督諸軍以御之。虎臨江而還。

又使石遇寇中廬。（漢縣，在今湖北襄陽縣西南。）遂圍桓宣於襄陽。（見第三章第四節。）荊州之眾救之。攻守二旬，遇軍中饑疫，乃還。初周訪據襄陽，頗有宣力中原之意。訪死，甘卓以老耄繼之。王敦居荊州，則意在作逆，而不在於敵。敦敗，荊州入於陶侃之手。侃本非有遠志，加亦衰耄。嘗使長史王敷聘於石勒。（見〈載記〉。）蘇峻將馮鐵，殺侃子，奔於勒，勒以為戍將，侃告勒以故，勒召而殺之，志在與勒相安而已。時桓宣鎮襄陽。史稱其招懷初附，勸課農桑，能得眾心。十餘年間，石虎再遣騎攻之，每以寡弱距守。論者以為次於祖逖、周訪。然區區一鎮之力，又承殘破之餘，能自守已不易矣。逮陶侃卒，庾亮代鎮荊州，慨然有開復中原之志，而上流之形勢乃一變。

咸康五年（西元 339 年），庾亮解豫州，以授毛寶。使與西陽太守樊峻，以精兵一萬，俱戍邾城。（西陽，見第四章第三節。邾，見本章第二節。）亮弟翼為南蠻校尉，南郡太守，鎮江陵。（見第三章第九節。）以武昌太守陳囂為梁州刺史，趣子午。（武昌，見第三章第九節。子午谷，在陝西長安、洋縣間。北口曰子，在長安南百里。南口曰午，在洋縣東百六十里。）亮當率士眾十萬，據石頭城，（此石頭城在襄陽。）為諸軍聲援。上疏欲並佃並守，修進取之備。比及數年，乘勝齊進，以臨河、洛。又言淮泗、壽陽，（見第三章第四節。）所宜進據。帝下其議。王導與亮意同。郗鑑議以資用未備，不可大舉。太常蔡謨，則力言石虎之強，不宜遠進。導非有志於恢復者，是時之同亮，蓋不欲與亮立異也。郗鑑之論，自是老成持重之見，然亮意本云俟諸數年之後。至蔡謨之論，則似持重而實怯愞。國之強弱，不在一人。謨謂賊之強弱，在虎之能否，其說先已不通，況其所誇稱，如拔金墉，斬石生等，非必虎之強邪？謨謂「王師與賊，水陸異勢，便習不同。寇若送死，雖開江延敵，以一當十，猶吞之有餘。宜誘而致之，以保萬全。若棄江遠進，以我所短擊彼所長，懼非廟

勝之算」。其只圖畫江，不圖進取之意，昭然可見矣。而朝議同讒，亮遂
不果移鎮。時石虎使夔安統五將、步騎七萬寇荊、揚北鄙。其將張貉陷
邾城，因寇江夏、義陽，（江夏，見第三章第四節。義陽，見第二章第三
節。）毛寶、樊峻及義陽太守鄭進並死之。夔安等進圍石城，竟陵太守李
陽距戰破之。（竟陵郡，治石城，見第三章第九節。）安乃退，略漢東，
擁七千餘家，遷於幽、冀。史稱亮感慨發疾，明年正月卒。案夔安之寇，
晉雖有所喪，未為大挫。亮之恢復，本不計近功，何乃因此發疾，遂至於
死？史於庾氏多誣辭，恐此說亦不足信也。亮既卒，以翼為荊州刺史，督
江、荊、司、雍、梁、益六州，鎮武昌。

時郗鑑亦寢疾，上疏遜位。言「臣所統錯雜，率多北人。或逼遷徙，
或是新附。百姓懷土，皆有歸本之心。臣宣國恩，示以好惡，處與田宅，
漸得少安。聞臣疾篤，眾情駭動。若當北渡，必啟寇心。太常臣謨，平
簡貞正，素望所歸，謂可以為都督徐州刺史。臣亡兄息晉陵內史邁，（晉
陵，見第四章第三節。）謙愛養士，甚為流亡所宗；又是臣門戶子弟，堪
任兗州刺史」。疏奏，以蔡謨為鑑軍司。鑑卒，（咸康五年八月。）遂以謨
為徐州刺史。觀鑑所陳，可見當時下流兵力之弱，以驕蹇如謨者處之，庸
有濟乎？（穆帝時，謨遷侍中司徒，固讓。皇太后遣使喻意。自永和四年
（西元348年）冬至五年（西元349年）末，詔書屢下，謨固守所執。六年
（西元350年），復上疏，以疾病乞骸骨。帝臨軒，遣徵謨，謨陳疾篤，使
主簿謝攸對。自旦至申，使者十餘反，而謨不至。時帝年八歲，甚倦，問
左右曰：「所召人何以至今不來？臨軒何時當竟？」君臣俱疲弊。皇太后
詔：「必不來者宜罷朝。」中軍將軍殷浩奏免吏部尚書江虨官。簡文時為會
稽王，命曹曰：「蔡公傲違上命，無人臣之禮。若人主卑屈於上，大義不
行於下，亦不知所以為政矣。於是公卿奏謨悖慢傲上，罪同不臣。臣等參
議，宜明國憲。請送廷尉，以正刑書。」謨懼，率子弟素服，詣闕稽顙，

躬到廷尉待罪。皇太后詔依舊制，免為庶人。前倨後恭，可發一噱。〈荀
羨傳〉：羨自鎮來朝。時謨固讓司徒不起。殷浩欲加大辟，以問於羨。羨
曰：「蔡公今日事危，明日必有桓文之舉。」此謨之所以勇於驕蹇也。凡
驕蹇於內者，必屈伏於外，甚有不恤降敵以快其反噬之心者矣。王敦、桓
溫，徒以傲上，不能敵愾，況謨乎？）時左衛將軍陳光上疏請伐胡。詔令
攻壽陽。謨上疏曰：「壽陽城小而固。自壽陽至琅邪，（見第二章第三節。）
城壁相望，其間遠者，裁百餘里，一城見攻，眾城必救。且王師在路，
五十餘日，大軍未至，聲息久聞，賊之郵驛，一日千里，河北之騎，足以
來赴。停船水渚，引兵造城，前對堅敵，顧臨歸路，此兵法之所誡也。」
仍是怯弱退守之計而已。

　　庾翼戎政嚴明，經略深遠。數年之中，公私充實，人情翕然。自河以
南，皆懷歸附。建元元年（西元 343 年），七月，石虎汝南太守戴開率數
千人詣翼降。（汝南，見第二章第三節。）翼遣使東至遼東，西到涼州，
要結二方，欲同大舉。慕容皝、張駿並報使請期。九月，翼移鎮安陸。
（見第三章第九節。）並使桓宣進取丹水，以搖秦、雍。（時以宣為梁州刺
史。）上疏請令桓溫渡戍廣陵，（見第三章第九節，時溫為徐州刺史。）
何充移據淮泗、赭圻，（赭圻，嶺名，在今安徽繁昌縣西。充時為揚州刺
史。）路永進屯合肥。（見第三章第九節。）帝及朝士，皆遣使譬止。翼違
詔輒行。至夏口，（見第三章第九節。）復上表徙鎮襄陽。（表言所調借牛
馬，來處皆遠。百姓所畜，穀草不充，並多羸瘠，難以涉路。加以向冬，
野草漸枯，往反二千，或容躓頓。輒便隨事籌量，權停此舉。又山南諸
城，每至秋冬，水多燥涸，運漕用功，實為艱阻。計襄陽荊楚之舊，西接
益、梁，與關、隴咫尺。北去洛、河，不盈千里。土沃田良，方城險峻。
水路流通，轉運無滯。進可以掃蕩秦、趙，退可以保據上流。是以輒量宜
入沔，徙鎮襄陽。史言翼本欲向襄陽，慮朝廷不許，故以安陸為辭。當時

朝臣，率多怯奕，疆臣欲任事者，誠亦非易，此亦激成王敦、桓溫不臣之一端也。）時舉朝謂之不可，唯翼兄冰意同。桓溫及譙王無忌，（承子，承見第四章第三節。）亦贊成其計。十月，以冰為江州刺史，鎮武昌，以為翼援。翼令桓宣進伐石虎將李羆，為所敗。翼怒，貶其秩，使移戍峴山。（在襄陽南。）宣發憤，明年八月，卒。翼以長子方之為義成太守，代領宣眾。（〈宣傳〉云：陶侃使宣鎮襄陽，以其淮南部曲立義成郡，《地理志》及《宋書・州郡志》並云郡孝武時立，蓋中廢復置？《宋志》：義成郡治均州，當在今湖北光化縣西北。《隋志》謂谷城縣即義成改置，不知何時移治。谷城，今湖北谷城縣也。）司馬應誕為襄陽太守，司馬勳為梁州刺史，戍襄陽。（宣帝弟恂子遂，封濟南王。二子：眈、緝。眈嗣。徙封中山。薨，無子，緝繼。成都王穎使距王浚，沒於陳，無子，國除。勳為劉曜將令狐泥所養。咸和六年（西元 331 年），自關右還，自列云是恂之玄孫，遂之曾孫，略陽太守瓘之子，其信否不可知也。）十一月，庾冰卒。翼留方之戍襄陽，還鎮夏口。詔使翼還督江州。翼欲移鎮樂鄉，（見第三章第九節。）詔不許。翼繕修軍器，大佃積穀，欲圖後舉。永和元年（西元 345 年），七月，卒。部將於瓚、戴義等作亂，翼長史江虨、司馬朱燾、將軍袁真等共誅之。翼表以第二子爰之行荊州刺史，朝以桓溫代翼，又以劉琰代方之。方之、爰之，皆徙於豫章。（見第三章第九節。）於是上流事權，入於桓溫之手矣。已見第四章第四節。庾翼之北伐，舉朝異議。中書侍郎范汪，為亮佐吏十餘年，亦上書固諫。其說則謂奉師之費，皆當出於江南，運漕不繼；又桓宣招懷攜貳，待之以至寬，御之以無法，其眾實不可用；而東軍不進，勢甚孤縣也。其說自非無見。然時中國，喪亂方劇，厚集其力，自必有乘時大舉之機。亮、翼經營上流，歷時一紀，荊、江強富，職此之由。其後桓溫北徵，頗致克捷，所因者實亮、翼之成資也。然溫意在自營，故不克罄其力於北略。使以亮、翼之公忠，處溫之時勢，其所成就，必與溫大異矣，而惜乎其兄弟之皆無年也。

# 第五節　桓溫滅蜀

　　晉室東渡，雖云偏安，然其時叛者，實不過胡、蜀耳。胡強蜀弱，庾氏兄弟，志在平胡，其於蜀，特於咸康五年（西元 339 年），遣偏師伐之，執其荊州刺史及巴郡太守而已。（巴郡，見第三章第六節。）桓溫之志，在於自張權勢，欲張權勢，必立功名；欲立功名，必先其易者；故平胡之謀，一變而為伐蜀。

　　李氏諸子，本尚不足語於奸雄，特亂民之竊據者耳。然其時海內大亂，而蜀獨無事，故歸之者亦相尋。李雄性寬厚，能簡刑約法。其賦：男子歲穀三斛，女丁半之。戶調絹不過數丈，綿數兩。事少役希，百姓富實。閭門不閉，無相侵盜。頗獲休養生息之效焉。然雄意在招致遠方，國用不足，諸將每進金銀珍寶，多有以之得官者。又國無威儀，官無祿秩；行軍無號令，用兵無部對；戰勝不相讓，敗不相救；攻城破邑，動以虜獲為先，故卒不能有所為。蓋李氏本不知治體，加以居偏僻之區，故其無規模如此也。

　　李氏骨肉相爭，實自李雄、李流時已然，已見第三章第六節。雄立兄蕩之子班為太子。李驤諫，不聽。退而流涕曰：「亂自此始矣。」咸和八年（西元 333 年），雄死，（據〈載記〉。〈本紀〉在九年。）班嗣偽位。以驤子壽錄尚書事，輔政。明年，雄子越殺班於殯宮。以弟期為雄妻任氏所養，讓位焉。期誅班弟都。使壽伐都弟玝於涪。（見第三章第六節。）玝棄城降晉。期以越為相國、大將軍、錄尚書事。期外任尚書令景騫，尚書姚華、田褒，內信宦豎許涪等，國之刑政，希復關之卿相。誣其尚書僕射李載謀反，下獄死。咸康二年（西元 336 年），晉遣司馬勳安集漢中，期遣李壽攻陷之，遂置守、宰，戍南鄭。（秦縣，今陝西南鄭縣東。）雄子霸、保，並不病而死，皆云期鴆殺之。於是大臣懷懼，人不自安。期多所誅夷，籍沒婦女資財，以實後庭。內外凶凶，道路以目。李壽代李玝屯涪，

期謀襲之。已而鴆殺壽養弟攸。壽率步騎一萬回成都，殺越及景騫等。矯任氏令，廢期，幽之別宮。期自縊死。雄子皆為壽所殺。初巴西龔壯，（巴西，見第三章第六節。）與鄉人譙秀齊名。父、叔為李特所害。壽聘秀，以為賓客。數禮聘壯。壯雖不應徵，然數往見壽。壽每問壯以自安之術。壯欲假手報仇，因說壽並有西土，稱藩於晉。壽然之。陰與長史略陽羅恆、巴西解思明共謀，（略陽，見第二章第二節。）以李奕為先登，襲克成都。恆、思明、奕、王利等勸壽稱益州牧、成都王，稱藩於晉。而任調與司馬蔡興、侍中李豔及張烈等勸壽自立。壽遂僭即偽位。（〈載記〉：期自殺在咸康三年（西元 337 年），壽僭位在四年（西元 338 年）。〈本紀〉：四年（西元 338 年），四月，李壽殺李期，僭即偽位，國號漢，蓋兩事並書之。）以安車束帛，聘龔壯為太師，壯固辭，特聽縞衣素帶，居師友之位。有告廣漢太守李乾與大臣通謀，欲廢壽者，壽令其子廣與大臣盟於前殿，徙乾為漢嘉太守。（廣漢漢嘉，皆見第三章第六節。）壽遣其散騎常侍王嘏、中常侍王廣聘於石虎。先是虎遺壽書，欲連橫入寇，約分天下。壽大悅。乃大修船艦，嚴兵繕甲，吏卒皆備餱糧。以其尚書令馬當為六軍都督，大閱軍士七萬餘人。舟師溯江而上。過成都，鼓譟盈江。壽登城觀之。其群臣咸曰：「我國小眾寡，吳會險遠，圖之未易。」解思明又竊諫懇至。壽於是命群臣陳其利害。龔壯諫曰：「陛下與胡通，孰若與晉通？胡豺狼國也，晉既滅，不得不北面事之，若與之爭，則強弱勢異。願陛下熟慮之。」群臣以壯之言為然，叩頭泣諫。壽乃止。士眾咸稱萬歲。此可見蜀人之無戰心矣。初張駿遣使遺雄書，勸去尊號，稱藩於晉。雄覆書曰：「吾過為士大夫所推，然本無心於帝王也。進思為晉室元功之臣，退思共為守藩之將，掃除氛埃，以康帝宇。知欲遠遵楚、漢，尊崇義帝，《春秋》之義，於斯莫大。」後駿、遣傅穎假道於蜀，通表京師，雄弗許。駿又遣治中從事張淳稱藩於蜀，託以假道。雄大悅，謂淳曰：「貴主英名蓋世，

土險兵強，何不自稱帝一方？」滔曰：「寡君以乃祖世濟忠良，未能雪天下之恥，解眾人之倒縣，日昃忘食，枕戈待旦。以琅邪中興江東，故萬里翼戴，將成桓、文之事，何言自取邪？」雄有慚色，曰：「我乃祖乃父，亦是晉臣。往與六郡，避難此地，為同盟所推，遂有今日。琅邪若能中興大晉於中夏，亦當率眾輔之。」史又言巴郡嘗告急，云有東軍，雄曰：「吾嘗慮石勒跋扈，侵逼琅邪，以為耿耿，不圖乃能舉兵，使人欣然。」雄之雅譚，多如此類。蓋李氏本羈旅之人，無有大志，而又處閉塞之地，不知外間情形，遂至忽自卑、忽自大如此也。李壽久為將帥，似有才能，然其不知治體，亦與前人相類。其將李宏，奔於石虎，壽致書請之，題曰趙王石君。虎不悅，付外議之。中書監王波議宜書答之，並贈以楛矢，使壽知我遐荒畢臻也。宏既至，壽欲誇其境內，下令曰：「羯使來庭，貢其楛矢。」虎聞之，怒甚，黜王波，以白衣守中書監。後熒惑守房，又追以此罪要斬之，及其四子，投於漳水以厭之。壽後病，解思明等復議奉王室，壽不從。李演自越巂書，（越巂，見第三章第六節。）勸壽歸正返本，釋帝稱王。壽怒，殺之，以威龔壯、思明等。壯作詩七篇，託言應璩以諷壽。壽報曰：「省詩知意。若今人所作，賢哲之話言也，古人所作，死鬼之常辭耳。」動慕漢武、魏明之所為，恥聞父兄時事，上書者不得言先世政化，自以勝之，可謂沐猴而冠者也。

　　壽既不知治體，而又頗任威刑。聞石虎虐用刑法，王遜亦以殺罰御下，並能控制邦邑，壽心欣慕，人有小過，輒殺以立威。又以郊甸未實，都邑空虛；工匠械器，事未充盈；乃徙旁郡戶三丁已上，以實成都；興尚方御府，發州郡工巧以充之。廣修宮室，引水入城，務於奢侈。又廣大學，起讌殿。百姓疲於役使，呼嗟滿道，思亂者十室而九矣。其左僕射蔡興切諫，壽以為誹謗，誅之。右僕射李嶷，數以直言忤旨，壽積忿非一，託以他罪，下獄殺之。咸康八年（西元 342 年），壽死。（亦據〈載記〉，

〈本紀〉在建元元年八月。）子勢立。弟大將軍漢王廣，以勢無子，求為太弟。勢弗許。馬當、解思明以勢兄弟不多，若有所廢，則益孤危，固勸許之。勢疑當等與廣有謀，遣其太保李奕襲廣於涪城，命董皎收馬當、思明斬之，夷其三族。貶廣為臨邛侯。（臨邛，秦縣，今四川邛崍縣。）廣自殺。李奕自晉壽舉兵反之。（晉壽，見第三章第六節。）蜀人多有從奕者，眾至數萬。勢登城距戰。奕單騎突門，門者射而殺之，眾乃潰散。初蜀土無僚，至此始從山而出，北至犍為、梓潼，（皆見第三章第六節。）布在山谷，十餘萬落，不可禁制，大為百姓之患。勢既驕吝，而性愛財色，常殺人而取其妻。荒淫不恤國事。夷僚叛亂，軍守離缺，境宇日蹙，加之荒儉。性多忌害，誅害大臣，刑獄濫加，人懷危懼。而其勢不可支矣。蓋偏方之國，天澤之分未嚴，覦覬之情不戢，君臣上下，相煎日急；而又奕世之後，寖趨驕侈，其初年恃寬儉與民相安之風日衰，以至於此也。

　　桓溫欲伐蜀，謀之於眾，眾以為不可。唯江夏相袁喬勸之。（謂今天下之難，二寇而已。蜀雖險固，方胡為弱，將欲除之，先從易者。蜀人自以鬥絕一方，不修攻戰之具。若以精卒一萬，輕軍速進，比彼聞之，我已入其險要，李勢君臣，不過自力一戰，禽之必矣。蜀土富實，號稱天府。襲而取之，有其人眾，此國之大利也。江夏，見第三章第四節。）永和二年（西元 346 年），十一月，溫乃使喬領二千人為軍鋒。師次彭模，（今四川彭山縣。）議者欲兩道並進，以分賊勢。喬曰：「今分為兩軍，萬一偏敗，則大事去矣。不如棄去釜甑，齎三日糧，全軍而進。」溫以為然。命參軍周楚、孫盛等守輜重，自將步卒，直指成都。勢遣李福與昝堅從山陽趣合水距溫。（山陽，謂青衣山之南也。山在今樂山縣東。合水，青衣江入江處。）諸將欲設伏於江南，以待王師，堅不從，從江北向犍為。而溫於山陽出江南。堅到犍為，方知與溫異道，回從沙頭津北渡。（沙頭津，當在犍為東。）及至，溫已造成都之才里陌，堅眾自潰。勢悉眾與溫戰於

笮橋，（在成都東南。）大潰。勢走葭萌，（見第三章第六節。）請降。時
三年正月也。送於建康，封歸義侯。（昇平五年（西元 361 年），死於建
康。）四月，勢將鄧定、隗文等反，入據成都，七月，立范長生子賁為
帝。十二月，徵西督護蕭敬文又反，據涪城，自號益州牧。遂取巴西，通
於漢中。時以周撫為益州刺史。五年（西元 349 年），四月，撫與龍驤將軍
朱燾擊范賁，獲之。討蕭敬文，不能克。溫又使司馬勳會之。敬文固守。
自八年二月至於八月，乃降。斬之，傳首京師。蜀平。

# 第六節　殷浩桓溫北伐

永和五年（西元 349 年），四月，石虎死。五月，石遵廢石世自立。
六月，其揚州刺史王浹以壽春來降。（壽春，見第三章第四節。）褚裒表
請北伐。七月，裒率眾三萬，徑造彭城。（見第四節。）河朔士庶，歸降
者日以千計。裒先遣督護王龕伐沛，（見第三章第一節。王龕〈裒傳〉作徐
龕，今從〈本紀〉。）獲偽相支重。魯郡山有五百餘家，亦建義請救。（魯
郡，見第三章第四節。）裒建龕領銳卒三千迎之。軍次代陂，（未詳。或
云：當在沛縣境。）為李農所敗，（李農，〈裒傳〉作李蒐，今從〈本紀〉。〈載
記〉與〈本紀〉同。）龕死之。八月，詔裒退屯廣陵。（見第三章第九節。）
西中郎將陳逵焚壽春而遁。時遺戶二十萬口渡河將歸順，會裒已還，威
勢不接，莫能自拔，死亡咸盡。（〈裒傳〉。元文尚有「為慕容皝及苻健之
眾所掠」句，《通鑑》刪之。《考異》云：「是時慕容皝卒已踰年，永和六年
（西元 350 年），慕容儁始率眾南征；石鑑即位，苻洪始有眾十萬，永和六
年（西元 350 年），洪死，健始嗣位；皆與裒不相接，今不取。」）裒憂慨
發病，十二月，卒。以荀羨為徐州刺史。先是桓溫亦出屯安陸，（見第三
章第九節，時在六月。）遣諸將討河北。石遇攻宛，陷之，執南陽太守郭

啟。（十月。南陽治宛，見第三章第四節。）雍州豪傑召司馬勳，勳出駱谷，（在陝西盩厔縣西南。）進次縣鉤。《晉書》云：去長安二百餘里。時在十月。遣部將劉煥攻長安。關中郡縣，皆殺太守、令、長以應勳。而勳兵少，未能自固，為王朗所距，釋縣鉤，拔宛而還。（參看第三節。）是歲，十一月，石鑑殺石遵自立，六年（西元 350 年），閏月，冉閔誅鑑；至八年四月，而為慕容儁所滅，北方每每大亂，苻洪、（永和六年閏月來降。）段龕、（時東屯廣固，永和七年正月來降。廣固，見第四章第二節。）張遇、（冉閔豫州牧。永和七年八月，以許昌來降。許昌，見第三章第二節。）姚弋仲、（永和七年十一月來降。）魏脫、（〈本紀〉云冉閔將，永和七年十一月來降。〈載記〉作魏統，云閔兗州刺史。）周成、（〈本紀〉與高昌、樂立、李歷均云石虎將，以永和七年十二月來降。成時屯廩丘。〈載記〉云：成為冉閔徐州刺史。廩丘，見第三章第三節。）高昌、（時屯野王。野王，見第五章第一節。）樂立、（時屯許昌。）李歷、（時屯衛國。衛國，見第三章第四節。）呂護、（〈載記〉云：閔平南高崇，徵虜呂護，執洛州刺史鄭系，以三河歸順。此洛州為石氏所置，治洛陽。護先嘗據魯口，見下。）王擢等（擢，《紀》云石虎故將。以永和八年七月降。）先後來降。晉初不能應接，更無論挾以攻戰矣。故北方紛紛，仍不能為晉有。

　　北方諸豪中，首先自立者為苻秦，以關中本氐、羌巢穴，其時較諸東方，稍覺寧靜，而苻氏先據之也。苻洪之降晉也，晉授以征北大將軍、都督河北諸軍事、冀州刺史。子健，假節，監河北諸軍事。洪自稱大將軍、大單于、三秦王。永和六年（西元 350 年），三月，麻秋因宴鴆洪，將並其眾。健收斬秋。去秦王之號，稱晉爵，告喪於京師，且聽王命。時京兆杜洪據長安，（京兆，見第二章第二節。）自稱晉雍州刺史，戎、夏多歸之。八月，健自稱晉徵西大將軍、都督關中諸軍事、雍州刺史，盡眾西行。（〈洪載記〉曰：洪謂博士胡文曰：「孤率眾十萬，居形勝之地，冉閔、

慕容儁，可指辰而殄。姚襄父子，克之在吾數中。孤取天下，有易於漢祖。」又曰：洪將死，謂健曰：「所以未入關者，言中州可指時而定。今見困豎子，中原非汝兄弟所能辦，關中形勝，吾亡後，便可鼓行而西。」此乃苻氏自誇之辭。觀洪自稱三秦王，便知其早有入關之意。〈載記〉又言：麻秋說洪西都長安，洪深然之，更可見此中訊息。當時諸種落被遷者，原皆急欲乘亂歸故土也。洪蓋欲西歸而未及耳。）弟雄率步騎五千入潼關，（見第三章第三節。）兄子菁自軹關入河東。（軹關，見第一節。）自統大眾，繼雄而進。至長安，洪奔司竹（在今陝西盩屋縣東南。漢有竹丞，魏置司守之。）健入都之。遣使獻捷京師，並修好於桓溫。七年（西元 351 言），正月，健僭稱天王、大單于。杜洪招司馬勳，勳率步騎三萬入秦川。四月，健敗之於五丈原。（在今陝西郿縣東南。）八年（西元 352 年），五月，健僭即皇帝位。杜洪屯宜秋，（縣名，在今陝西涇陽縣西北。）為其將張琚所殺。琚自立為秦王。健率步騎二萬攻琚，斬其首。（據〈載記〉。〈司馬勳傳〉云：永和中，張琚據隴東，遣使招勳。勳復入長安。初，京兆人杜洪，以豪族陵琚，琚以勇俠侮洪。洪知勳憚琚兵強，因說勳曰：「不殺張琚，關中非國家有也。」勳乃偽請琚，於坐殺之。琚弟走池陽，合眾攻勳。勳頻戰不利，請和，歸梁州。《晉書·勳傳》，語多不確，今不取。池陽，縣第三章第五節。）使苻雄攻王擢，擢奔涼州。關中粗定矣。

　　姚弋仲歸晉較晚，晉授以六夷大都督、都督江、淮諸軍事、車騎大將軍、大單于，而以其子襄督並州，為並州刺史。永和八年（西元 352 年），弋仲卒。襄祕喪，率戶六萬，南攻陽平、（見第二章第二節。）元城、（漢縣，今河北大名縣。）發乾，（漢縣，今山東堂邑縣西南。）皆破之。至滎陽，（見第三章第三節。）乃發喪成衣。與高昌、李歷戰於麻田，（胡三省曰：滎、洛之間，地名有豆田、麻田，各因人所種藝而名之。）馬中流矢死，賴其弟萇以免。晉處襄於譙城，（見第三章第三節。）遣五弟為任。〈載

197

記〉言襄「少有高名，雄武冠世。好學博通，雅善談論。英濟之稱，著於南夏」。又言「襄前後敗喪，眾知襄所在，輒扶老攜幼，賓士而赴之。其為桓溫所敗也，或傳襄創重不濟，溫軍所得士女，莫不北望揮涕」。雖或過譽，當非全虛，其才略或在苻健之上。然寄居晉地，四面迫敵，不如健之入關，有施展之地矣。

時河南一片土，為秦、燕所共覬覦。永和八年（西元 352 年），二月，張遇叛，使其黨上官恩據洛陽。四月，豫州刺史謝尚帥姚襄與遇戰於誡橋，（在許昌。）敗績。苻健使弟雄援遇，因襲遇，虜之。仍以為豫州刺史，鎮許昌。是月，冉閔為慕容儁所滅。儁復遣兵圍鄴。蔣幹遣侍中繆嵩、詹事劉猗奉表歸順，且乞師。初，謝尚使濮陽太守戴施據枋頭。（濮陽，見第三章第四節。枋頭，見第四章第二節。）及是，自倉垣次於棘津，（倉垣，見第三章第四節。棘津，見第四章第二節。）止猗不聽進，而責其傳國璽。猗使嵩還鄴覆命。幹沉吟未決。施乃率壯士百餘入鄴，助守三臺。（三臺，見第四章第二節。此據〈載記〉。〈謝尚傳〉云：施遣參軍何融率壯士百人入鄴，登三臺助戍。）謞之曰：「且出璽付我。今凶寇在外，道路不通，未敢送也，須得璽，當馳白天子耳。聞璽已在吾處，信卿至誠，必遣軍糧，厚相救餉。」幹以為然，乃出璽付之。施宣言使督護何融迎糧，陰令懷璽送於京師，而冉氏長水校尉馬願、龍驤田香開門降慕容評。施、融與幹，懸縋而下，奔於倉垣。於是燕人亦浸浸南下矣。

秦、燕交侵，而晉人不能北師者，則以其內外相持，不徒不能協力，且互相牽掣也。初長平殷浩，（長平，晉縣，屬陳郡，未詳今地所在。）弱冠有美名。三府闢，皆不就。庾亮引為記室參軍，累遷司徒左長史。庾翼復請為司馬，除侍中、安西軍司，並稱疾不起。於時擬之管、葛。王濛、謝尚，常伺其出處，以卜江左興亡。因相與省之。知浩有確然之志，既返，相謂曰：「深源不起，當如蒼生何？」（深源，浩字。）庾翼詒浩書

曰：「當今江東，社稷安危，內委何、褚諸君，外託庾、桓數族，恐不得百年無憂。足下少標令名；十餘年間，位經內外，而欲潛居利貞，斯理難全。且夫濟一時之務，須一時之勝，何必德均古人，韻齊先達邪？王夷甫，先朝風流士也，然吾薄其立名非真，而始終莫取。若以道非虞、夏，自當超然獨往，而不能謀始，大合聲譽，極致名位。正當抑揚名教，以靜亂源，而乃高談莊、老，說空終日，雖云談道，實長華競。及其末年，人望猶存，思安懼亂，寄命推務，而甫自申述，徇小好名，既身囚胡虜，棄言非所。凡明德君子，遇會處際，寧可然乎？而世皆然之，益知名實之未定，弊風之未革也。」史言浩善玄言，為風流談論者所宗，世多以成敗論人，遂以浩為虛名無實。其實清談者或無實濟，有實濟者不必皆不善玄言。梁武帝嘗講經、捨身，陳武帝亦然，二帝可同日語乎？庾翼、謝尚，皆幹濟之才，翼兄弟尤尚綜核名實，而其慕浩如此；翼與浩書，極論王衍之失，正見浩非其儔；知浩非沽名養望之流也。穆帝初，庾冰兄弟及何充等相繼卒，（充卒於永和二年正月。）簡文帝時在藩，始綜萬幾，褚裒薦浩，徵為揚州刺史。浩頻陳讓，自三月至七月，乃受拜。桓溫滅蜀，威勢轉振，朝廷憚之。簡文以浩有盛名，朝野推服，引為心膂以抗溫。為是與溫頗相疑貳。會遭父憂，去職，時以蔡謨攝揚州以俟浩。服闋，徵為尚書僕射，不拜。復為揚州刺史。遂參綜朝權。潁川荀羨，少有令聞，浩擢為義興、吳郡，以為羽翼。（潁川，見第三章第三節。義興，晉郡，今江蘇宜興縣。吳郡，見第三章第九節。）王羲之密說浩、羨，令與桓溫和同，浩不從。溫與朝廷，是時已成無可調和之勢。晉朝欲振飭紀綱，自不得不為自強之計。羲之性最怯耎，其說浩、羨與溫和同，亦不過為苟安目前之計，然亦未能必溫之聽從也。而世或以不能和溫為浩罪，則瞀矣。六年（西元 350 年），閏月，浩加督揚、豫、徐、兗、青五州。桓溫欲率眾北徵，上疏求議水陸之宜，久不報。溫知朝廷杖浩抗己，甚忿之。雖有君

臣之跡，羈縻而已。八州士眾、資調，殆不為國家用。（胡三省曰：永和元年（西元 345 年），溫督荊、司、雍、益、梁、寧六州。五年（西元 349 年），遣滕畯帥交、廣之兵伐林邑，蓋是時已加督交、廣矣。）七年（西元 351 年），十二月，聲言北伐。拜表便行。順流而下，行達武昌。眾四五萬。或勸浩引身告退。吏部尚書王彪之言於會稽王曰：「若殷浩去職，人情崩駭，天子獨坐，當有任其責者，非殿下而誰？」又謂浩曰：「彼抗表問罪，卿為其首。事任如此，猜釁已搆，欲作匹夫，豈有全地邪？且當靜以待之。令相王與手書，示以款誠，陳以成敗。當必還旆。若不順命，即遣中詔。如復不奉，當以正義相裁。無事匆匆，先自猖獗。」王與溫書，溫即還鎮。是時未有釁端，溫必不敢遽冒天下之大不韙，特欲以虛聲恐動，冀朝廷自墮其術中耳。知其情而不為所動，則其技窮矣。殷浩固非不知此，即簡文亦非絕無能為，其不為所動，亦未必必待彪之之教也。八年（西元 352 年），九月，冉智亡，浩帥眾北伐。次於壽陽。（即壽春，見第三章第四節。）〈浩傳〉云：浩潛誘苻健大臣梁安、雷弱兒等，使殺健，許以關右之任。初魏脫卒，弟憬代領部曲，姚襄殺憬；並其眾，浩大惡之，使劉啟守譙，（啟，石氏兗州刺史，永和六年五月來奔。）遷襄於梁。（見第二章第三節。〈襄載記〉云：浩憚襄威名，乃因襄諸弟，頻遣刺客殺襄，刺客皆推誠告實，襄待之若舊。浩潛遣魏憬襲襄，襄乃斬憬而並其眾。乃誣罔之辭。）既而魏氏兄弟，往來壽陽，襄猜懼。襄部曲有欲歸浩者，襄殺之。浩於是謀誅襄。會苻健殺其大臣，健兄子眉，（即黃眉。）自洛陽西奔，浩以為梁安事捷，意健已死，請進屯洛陽，修復園陵。使襄為前驅。冠軍將軍劉洽鎮鹿臺，建武將軍劉遁據倉垣。（此據〈浩傳〉。〈本紀〉云：遣河南太守戴施據石門，滎陽太守劉遁戍倉垣，其事當在此前。鹿臺，在今河南淇縣。石門，見第五章第一節。）又求解揚州，專鎮洛陽。詔不許。一似浩絕無能為，徒事勾結敵將，以求僥倖者。然〈苻健載記〉

云：張遇自許昌來降，健納遇後母韓氏為昭儀。每於眾中謂遇曰：「卿吾子也。」遇慚恨。引關中諸將，欲以雍州歸順。乃與健中黃門劉晃謀夜襲健，事覺，遇害。於是孔特起池陽，（特、《通鑑》作持。）劉珍、夏侯顯起鄠，（漢縣，今陝西鄠縣。）喬景起雍，（景，《通鑑》作秉。雍見第三章第五節。）胡陽赤起司竹，呼延毒起霸城，（漢霸陵縣，晉改曰霸城，在今陝西長安縣東。）眾數萬人，並遣使詣桓溫、殷浩請救。而梁安、雷弱兒，後皆為苻生所殺。弱兒，南安羌酋也，生並誅其九子、二十七孫，其為強族可知。則秦是時，實非無釁，惜浩之兵力，未足長驅，而桓溫又不肯於此時出兵，與之協力，諸起兵者，遂不久皆為苻健所滅也。（據《通鑑》：孔特之敗，在永和九年十一月，劉珍、夏侯顯在十二月，胡陽赤在十年正月，唯喬景至八月始敗，而溫伐秦之兵，以十年二月出。）九年（西元 353 言），十月，浩進次山桑。（漢縣，今安徽蒙城縣北。）使姚襄為前鋒。襄叛，反擊浩。浩棄輜重，退保譙城。十一月，浩啟遣劉啟、王彬之討襄於山桑，並為襄所殺。桓溫上疏罪狀浩。十年（西元 354 年），二月，遂廢浩為庶人。徙東陽之信安縣。（東陽，吳郡，今浙江金華縣。新安，在今浙江衢縣境。）於是朝右無人，不復能與溫抗矣。案殷浩之敗，實敗於兵力之不足。〈孔嚴傳〉言：浩引接荒人，謀立功於闑外。嚴言於浩曰：「降附之徒，皆人面獸心，貪而無親，難以義感，而聚著都邑，雜處人間，使君常疲聖體以接之，虛府庫以拯之，足以疑惑視聽耳。」浩深納之。然則姚襄等之不足恃，浩非不知之，所以終用之者，夫固有所不得已也。下流兵力之不足，由來已久，固非浩之咎。抑兵力之不足；由於民寡而地荒，而浩開江田、畷田千餘頃，以為軍儲。浩歿後，其故吏顧悅之上疏訟之，謂其「驅豺狼，翦荊棘，收羅向義，廣開屯田，沐雨櫛風，等勤臺僕」，其忠勤亦至矣。當時不欲出師者，大抵養尊處優，優遊逸豫，徒能言事之不可為，而莫肯出身以任事，聞浩之風，能無愧乎？浩所任

者：陳逵、蔡裔為軍鋒。裔，史稱其有勇氣，聲若雷震。嘗有二偷入室，裔拊床一呼，而盜俱隕。徒勇固不足尚，要不失為摧鋒陷陳之良。謝尚、荀羨為督統，雖非上材，自亦一時之選也。浩自見黜廢，遂「自擯山海，杜門終身，與世兩絕」。（顧悅之訟浩之辭。）史既稱其「夷神委命，談詠不輟，雖家人不見其有流放之戚」，乃又言：「後桓溫將以浩為尚書令，遺書告之，浩欣然許焉。將答書，慮有繆誤，開閉者數十，竟達空函。大忤溫意，由是遂絕。」姑無論熱中躁進，矯情鎮物者不為，而溫之忌浩，至於毒流後嗣，（見下節。）又安肯及其身而起用之邪？

　　殷浩既敗，桓溫之師遂出。永和十年（西元 354 年），二月，溫統步騎四萬發江陵。（見第三章第九節。）水軍自襄陽入均口。（在湖北光化縣境。）至南鄉，（後漢縣，魏置郡，晉廢，後復置，在今河南淅川縣東南。）步自淅川，以徵關中。命司馬勳出子午道。（見第四節。）別軍攻上洛，（見第三章第五節。）獲苻健荊州刺史郭敬。進擊青泥，（城名，在今陝西藍田縣南。）破之。健遣其子生、（此據〈溫傳〉，〈載記〉作子萇。）弟雄（〈載記〉云率雄、青等。）眾數萬屯嶢柳愁思墢（〈載記〉作堯柳城愁思唯，在藍田東南。）以距溫。溫軍力戰，生眾乃散。（〈本紀〉：四月，溫及苻健子萇戰於藍田，大敗之。）雄與溫弟沖戰於白鹿原，（《地形志》：在藍田。）又為沖所敗。（〈本紀〉在六月，云王師敗績。〈載記〉同。案雄苟敗，未必能再馳襲司馬勳，〈溫傳〉恐不足信。）雄馳襲司馬勳，勳退次女媧堡。（未詳。）溫進至霸上。（在長安東。）健以五千人深溝自固。居人皆安堵復業。持牛酒迎溫於路者十八九。耆老感泣曰：「不圖今日，復見官軍。」初溫恃麥熟，取以為軍資，而健芟苗清野，軍糧不足。九月，收三千餘戶而還。案溫即克長安，關中淪陷久，氐、羌多，亦非旦夕可以清定；而河北、河東，皆為犬羊窟穴，更非荊、襄一隅之力，所能掃蕩也。東西齊力，猶虞不濟，而溫必逼廢殷浩，然後出師，論其形勢，實同

孤軍獨進。事小敵如蜀，偷可用也，欲以戡定北方，則難矣。然則溫之無成，亦溫之自取之也。

　　姚襄自破殷浩，濟淮，屯於盱眙。（見第三章第九節。）招掠流人，眾至七萬。流人郭敞等執堂邑內史劉仕降於襄。（此據〈載記〉。〈本紀〉：永和十年（西元 354 年），五月，江西乞活郭敞等執陳留內史劉仕而叛。疑仕為陳留內史，而時在堂邑也。堂邑，漢侯國，後置縣，晉升為郡，故城在今江蘇六合縣北。）朝廷大震。以吏部尚書周閔為中軍將軍，緣江備守。謝尚亦自歷陽還衛京師。（歷陽，見第三章第九節。）襄將佐、部眾皆北人，咸勸襄北還。永和十一年（西元 355 年），四月，襄寇外黃，（漢縣，在今河南杞縣東。）為晉將高季所敗。襄收散卒，勤撫卹之，復振。十二年（西元 356 年），三月，襄入許昌。先是周成反，襲洛陽，河南太守戴施奔於鮪渚。（永和十年正月。鮪渚，在河南鞏縣北。）及是，襄將如河東，以圖關右，自許攻洛陽，逾月不克。桓溫請修復園陵，移都洛陽，表疏十餘上，不許，而以溫為征討大都督，督司、冀二州，委以專徵之任。溫遣督護高武據魯陽，（見第四章第二節。）戴施屯河上，勒舟師以逼許、洛。四月，溫自江陵伐襄。八月，戰於伊水北，大敗之。襄走平陽。（見第二章第二節。）徙其眾三千餘家於江、漢之間，執周成而歸。使毛穆之、陳午、戴施鎮洛陽。姚襄尋徙北屈，（漢縣，今山西吉縣。）進屯杏城。（見第三章第八節。）時苻健已死，子生嗣偽位。襄攻其平陽太守苻產於匈奴堡。（胡三省曰：在平陽見安帝義熙十二年（西元 416 年）《注》。）苻柳救之，為襄所敗，引還蒲阪。（見第三章第四節。）襄遂攻堡，克之，殺產。遣使從生假道，將還隴西。生將許之。苻堅諫，乃止。命將張平御之。平更與襄通和。襄遣其從兄蘭略地鄜城，（漢鄜縣，後漢省，在今陝西洛川縣東南。）兄益生及將軍王欽盧招集北地。（見第二章第二節。）生遣苻飛距戰，蘭敗，為飛所執。襄進據黃落。（聚名，在今陝西同官縣南。）生

遣苻黃眉、苻堅、鄧羌率步騎萬五千討之。戰於三原，（今陝西三原縣東北。苻堅於此置三原護軍，後周乃置縣。）斬襄。襄弟萇，率諸弟降生。時昇平元年五月也。六月，而苻堅殺生自立。

石趙之亂也，段勤鳩集胡、羯，得萬餘人，保枉人山，（在今河南濬縣西北。）自稱趙王，附於慕容儁。俄為冉閔所敗，徙於繹幕。（漢縣，在今山東平原縣西北。）僭即尊號。儁遣慕容恪擊閔，慕容垂擊勤。恪禽閔，進據常山，（見第三章第四節。）勤懼而降。王午據魯口，（城名，在今河北饒陽縣南。）稱安國王。死，呂護襲其號。恪進攻之，護奔野王。（《通鑑》在永和十年三月。）晉寧朔將軍滎期，以彭城、魯郡叛歸儁。蘭陵、濟北、建興諸郡皆降。（蘭陵，晉郡，在今山東嶧縣東。濟北，漢國，在今山東長清縣境。建興，未詳。）苻生河內、黎陽太守，亦以郡歸儁。（《通鑑》在永和十一年二月。河內，見第二章第二節。黎陽，見第三章第四節。）永和十一年（西元 355 年），十二月，慕容恪寇廣固。十二年（西元 356 年），五月，段龕敗之，恪退據安平。（見第二章第三節。）後復攻之。朝廷使荀羨救之。次於琅邪，（見第二章第三節。）不敢進。昇平元年（西元 357 年），正月，廣固陷。（《通鑑》在永和十二年十一月。）龕降，儁壽其目而殺之，坑其徒三千餘人。留慕容塵鎮廣固。冉閔之僭號也，李歷、張平、高昌等，並率所部，稱藩於儁。既而歸順，結援苻堅，並受爵位。又上黨馮鴦，（上黨，見第二章第二節。）自稱太守，附於張平。平屢言之。儁以平故，赦其罪，以為京兆太守。呂護之走野王也，遣弟奉表謝罪，儁以為河內太守。護、鴦亦陰通京師。（〈本紀〉：永和十一年（西元 355 年），十二月，上黨人馮鴦自稱太守，背苻生，遣使來降。）張平跨有新興、雁門、西河、太原、上黨、上郡之地，（諸郡皆見第二章第二節。）壘壁三百餘，胡、晉十餘萬戶，遂拜置徵鎮，為鼎峙之勢。（〈本紀〉：昇平元年（西元 357 年），七月，苻堅將張平以並州降，遂以為

並州刺史。）儁自龍城遷於薊，又遷於鄴。（《通鑑》在昇平元年十一月。）遣慕容評討張平，平奔平陽。慕輿根討馮鴦，鴦奔野王。（〈本紀〉：昇平二年（西元 358 年），六月，張平為苻堅所逼，奔於平陽，堅追敗之。慕容恪進據上黨，馮鴦以眾叛歸慕容儁。）陽鶩討高昌，昌走滎陽。（〈本紀〉：在昇平三年七月。）慕容臧攻李歷，歷奔邵陵。（見第三章第九節。）儁於是復圖入寇，兼欲經略關西，乃命州郡校閱見丁，精覆隱漏。率戶留一丁，餘悉發之。欲使步卒滿一百五十萬。期明年大集，（此明年當為昇平二年（西元 358 年）。）將臨洛陽，為三方節度。武邑劉貴，（武邑，漢縣，晉置郡，今河北武邑縣。）上書極諫，乃改為三五占兵，（見第二節。）寬戎備一周，悉令明年冬赴集鄴都。（此明年為昇平三年（西元 359 年）。）四年（西元 360 年），正月，儁死，子暐。（《通鑑》：四年（西元 360 年），正月，癸巳，燕主儁大閱於鄴，欲使大司馬恪、司空陽鶩將之入寇。會疾篤，乃召恪、鶩及司徒評、領軍將軍慕容根等受遺詔輔政。甲午，卒。戊子，太子即皇帝位。《注》云：「按長曆，是年正月甲戌朔，今儁以甲午卒，則戊子在甲午前，即位恐是戊戌。」按甲午為癸巳之明日，儁以甲午死，無緣癸巳尚能大閱，即謂大閱可不親臨，亦無緣尚有入寇之意也。日恐誤。）於是燕勢衰矣，然其侵寇仍不戢。

謝尚以昇平元年五月卒。六月，以謝奕為豫州刺史。二年（西元 358年），三月，慕容儁陷冀州諸郡。詔奕及荀羨北伐。儁盡陷河北之地。八月，奕卒。以謝萬為豫州刺史。時荀羨亦有疾，以郗曇為軍司。（曇，鑑子。〈本紀〉：二年（西元 358 年），八月，以曇為北中郎將徐、兗二州刺史，而十二月又有北中郎將荀羨及慕容儁戰於山茌之文。《通鑑考異》曰：「〈曇傳〉云：荀羨有疾，以曇為軍司，頃之，羨徵還，除曇北中郎將刺史。《燕書》：十二月，荀羨寇泰山，殺太守賈堅。〈載記〉殺賈堅下云敗績，復陷山茌，故知八月曇未為徐、兗二州，恐始為軍司耳。」）羨攻山

荏，（漢荏縣，魏曰山荏，在今山東長清縣東北。）拔之，斬儁泰山太守
賈堅。儁青州刺史慕容塵遣司馬悅明救之，羡師敗，山荏復陷。羡以疾
篤徵還，以郗曇為徐、兗二州刺史，鎮下邳。（見第三章第三節。）三年
（西元 359 年），泰山太守諸葛攸（晉泰山郡，治奉高，在今山東泰安縣東
北。）率水陸二萬討儁。入自石門，（此石門在今山東平陰縣北。）屯於河
渚。使部將匡超進據碻磝，（山名，在今山東東阿縣南。）蕭館屯於新柵。
（未詳。）又遣督護徐冏，率水軍三千，泛舟上下，為東西聲勢。儁遣慕
容評、傅顏等統步騎五萬，戰於東阿，（見第四章第二節。）王師敗績。
十月，儁寇東阿。遣謝萬次下蔡，（漢縣，今安徽鳳臺縣。）郗曇次高平
以救之。（高平，晉郡，治昌邑，在今山東金鄉縣西北。）萬矜豪傲物，
未嘗撫眾，諸軍恨之。曇以疾篤，退還彭城，萬以為賊盛致退，便引軍
還。眾遂潰散，狼狽單歸。廢為庶人。慕容恪入寇河南，汝、（汝南，見
第二章第三節。）潁、（潁川。）譙、沛皆陷。五年（西元 361 年），正月，
郗曇卒。二月，以范汪為徐、兗二州刺史。四月，桓溫鎮宛。使其弟豁取
許昌。五月，穆帝崩，（時年十九。）成帝長子琅邪王丕立，是為哀帝。
七月，慕容恪陷野王，呂護退保滎陽。九月，護叛，奔慕容，待之如初。
因遣傅顏與護據河陰。（見第三章第四節。）桓溫命范汪出梁國，以失期，
十月，免為庶人。隆和元年（西元 362 年），三月，以庾希為徐、兗二州刺
史，鎮下邳。（希，冰子。）袁真為豫州刺史，鎮汝南。四月，呂護寇洛
陽，戴施奔宛。五月，桓溫遣庾希及竟陵太守鄧遐以舟師救洛陽。七月，
護等退小平津。（在河南孟津縣北。）護中流矢死。將軍段榮，收軍北渡，
屯於野王。遐進屯新城。（漢新成縣，後漢作新城，在洛陽南。）八月，
袁真進次汝南，運米五萬斛，以饋洛陽。十二月，庾希退鎮山陽。（晉
縣，今江蘇淮安縣。）袁真退鎮壽陽。興寧元年（西元 363 年），四月，慕
容忠寇滎陽，太守劉遠奔魯陽。（見第四章第二節。）五月，燕兵又陷密，

（見第三章第五節。）遠再奔江陵。桓溫請還都洛陽。自永嘉之亂，播流江表者，一切北徙，以實河南。詔改授司、冀、並三州，以交、廣遼遠，罷都督。溫辭不受。又加侍中、大司馬、都督中外諸軍事，假黃鉞。是歲，慕容塵攻陳留太守袁披於長平，汝南太守朱斌乘虛襲許昌，克之。二年（西元364年），二月，慕容評襲許昌，潁川太守李福死之。評遂侵汝南，朱斌奔壽陽。又圍陳郡，（見第三章第四節。）太守朱輔固守，桓溫遣江夏相劉岵擊退之。帝斷穀，餌長生藥，中毒，不識萬幾。三月，崇德太后（康獻褚皇后）。復臨朝攝政。四月，慕容暐將李洪侵許昌，王師敗績於縣瓠。（城名，今河南汝南縣。）朱斌奔淮南，朱輔退保彭城。慕容塵復屯許昌。桓溫帥舟師次於合肥。（見第三章第九節。）加溫揚州牧，錄尚書事。使侍中顏旄宣旨，召溫入參朝政。八月，溫至赭圻，（見第四節。）詔又使尚書車灌止之。溫遂城赭圻而居之。固讓內錄，遙領揚州牧。慕容暐寇洛陽。時陳祐守洛陽，眾不過二千。沈充子勁，哀父死於非義，志欲立勳，以雪先恥，表求配祐效力。因以勁補祐長史，令自募壯士，得千餘人。助祐擊賊，頻以寡制眾。而糧盡援絕。祐懼不能保全，以救許昌為名，奔新城，留勁以五百人守城。三年（西元365年），二月，以桓豁為荊州刺史。桓沖為江州刺史。是月，帝崩，母弟琅邪王奕立，是為廢帝。三月，慕容恪陷洛陽，沈勁死之。燕以慕容築為洛州刺史，鎮金鏞。（見第三章第二節。）慕容垂為荊州牧，配兵一萬，鎮魯陽。初梁州刺史司馬勳，為政暴酷，常懷據蜀之志。桓溫務相綏懷，以其子康為漢中太守。勳逆謀已成，憚益州刺史周撫，未敢發。是歲，撫卒。十月，勳遂反。自稱成都王。十一月，帥眾入劍閣，攻涪。（劍閣、涪，皆見第三章第六節。）圍益州刺史周楚於成都。（楚，撫子。）桓溫遣江夏相朱序救之。太和元年（西元366年），三月，以桓祕監梁、益二州征討諸軍事。（祕亦溫弟。）三月，桓豁遣督護桓羆攻南鄭。（見第五節。）魏興人畢欽舉兵應羆。（魏

興，見第三章第六節。）五月，勳眾潰。朱序執勳，斬之。十二月，南陽人趙弘、趙憶反，太守桓澹走保新野。（見第三章第三節。）慕容暐遣其南中郎將趙槃自魯陽戍宛。暐將慕容屬又陷魯郡、高平。二年（西元367年），四月，慕容塵寇竟陵，（見第三章第九節。）太守羅崇擊破之。五月，桓豁擊趙憶，走之。趙槃奔魯陽，遣輕騎追執之，戍宛而歸。庾希以魯、高平之沒免官。（〈本紀〉：太和二年（西元367年），正月，庾希有罪，走入於海。按希入海在海西廢後，見下節。是時特免官耳。今從本傳。）九月，以郗愔為徐、兗二州刺史。愔，曇之兄也。四年（西元369年），三月，愔以疾解職，又以溫領徐、兗。〈愔傳〉曰：溫以愔與徐、兗有故義，乃遷愔領徐、兗。溫北伐，愔請督所部出河上，用其子超計，以己非將帥才，不堪軍旅，固辭解職，勸溫並領己所統。〈超傳〉云徐州人多勁悍，溫恆云：京口酒可食，兵可用，深不欲愔居之。而愔暗於事機，遣牋詣溫，欲共獎王室，修復園陵。超取視，寸寸毀裂。乃更作牋，自陳老病，乞閒地自養。溫得牋，大喜，即轉愔為會稽太守。（會稽，見第三章第九節。）此皆臆度附會之辭。愔事天師道，棲心絕谷，絕非將帥之才。溫所以暫用之者，正以其易去耳，斷不待超之進計也。袁真後雖背叛，當時則久附於溫。至愔去而上下流之事勢，皆歸於溫，篡勢已成，只待立功以飾觀聽矣。故北伐之師旋出。

　　是歲，四月，溫率弟沖及袁真步騎五萬北伐。郗超諫，以為道遠，汴水又淺，運道不通。溫不從。軍次湖陸。（秦湖陵縣，後漢為國，改名湖陸。在今山東魚臺縣東南。）攻暐將慕容忠，獲之。進次金鄉。（見第四章第二節。）時亢旱，水道不通，乃使參軍毛穆之鑿鉅野三百餘里，以通舟運，自清水入河。（鉅野澤，在今山東鉅野縣北。本濟水所入。王莽末，濟渠涸，不復絕河，而荷澤與汶水合流，亦蒙清水之名。）超又進策曰：「清水入河，無通運理。若寇不戰，運道又難，因資無所，實為深慮。

今盛夏悉力，徑造鄴城，彼伏公威略，必望陳而走，退還幽朔矣。若能決戰，呼吸可定。設欲城鄴，難為功力，百姓布野，盡為官有。易水以南，必交臂請命。此計輕決，公必務其持重，便當頓兵河、濟，控引糧運，令資儲充備，足及來夏。雖如賒遲，終亦濟克。若捨此二策，而連軍西進，進不速決，退必愆乏。賊因此勢，日月相引。黽勉秋冬，船道澀滯。北土早寒，三軍裘褐者少，恐不可以涉冬，此大限閡，非唯無食而已。」溫又不從。七月，慕容厲距溫，溫擊敗之。（厲，〈本紀〉誤作垂，今從〈載記〉。）九月，鄧遐、朱序遇傅末波於林渚，（在今河南新鄭縣北。）又大破之。遂至枋頭。溫先使袁真伐譙、梁，開石門以通運。（石門，見第五章第一節。）真討譙、梁，皆平之，而不能開石門。軍糧竭盡。溫焚舟步退。自東燕出倉垣，經陳留，鑿井而飲，行七百餘里。（東燕，見第四章第二節。）慕容垂以八千騎追之，戰於襄邑，溫軍敗績，死者三萬人。（襄邑，秦縣，在今河南睢縣西。）十月，溫收散卒，屯於山陽。歸罪於袁真，表廢為庶人。真據壽陽叛。十二月，溫城廣陵而居之。明年，二月，袁真死。陳郡太守朱輔立真子瑾，求救於慕容暐。是歲，暐為苻堅所滅。又明年，正月，堅遣王鑑援瑾。桓伊逆擊，大破之。溫克壽陽，斬瑾。然恢復之計，則無從說起矣。

　　穆、哀、海西之際，事勢與咸和之末，大不相同。咸和末石勒之死，北方雖云喪亂，然不久即平，石虎仍襲全盛之勢；其人亦久歷戎行，頗有威望；誠非可以旦夕平地。若穆、哀、海西之際，則自永和五年（西元349年）石虎之死，至太和六年（西元371年）秦滅前燕，凡歷十九年。冉閔之盛強，既如曇花一見；氐苻僅粗定關中，慕容氏亦未能占有河北，晉於是時，縱未能廓清舊境，河南之可全有，則無足疑也，河南定而關中、河北，亦可徐圖矣。秦、燕兵力，實無足稱，觀桓溫兩次北伐，皆所向克捷可知。當時司、冀淪陷，寖及徐、豫，且擾及荊州北鄙者，實緣晉之大

軍不出，所與周旋者皆偏師，力薄而無後援耳。此十九年中，與其謂敵勢之方張，毋寧謂晉人之養寇，而養寇之責，則桓溫實屍之。永和八年（西元352年），秦有釁而不能乘；其後雖不得已一平姚襄，而仍置河南於不問，一任燕人之蠶食，皆其顯而易見者也。殷浩之敗也，王羲之遽欲棄淮守江。羲之本怯耎之尤，殊不足論。其與殷浩書，謂當時「割剝遺黎，刑徒竟路，殆同秦政」。又與會稽王箋，謂今「轉運供繼，西輸許、洛，北入黃河，雖秦政之弊，未至於此。以區區吳、越，經營天下十分之九，不亡何待？」亦近深文周納，危辭聳聽。然長江下游之凋敝，則於此可以見之。當時恢復之計，在於步步為營，徐圖進取，殷浩所為，頗近於此，而積弱既久，功效非旦夕可期。桓溫欲移都洛陽，孫綽上疏曰：「喪亂以來，六十餘年，蒼生殄滅，百不遺一。河、洛丘墟，函夏蕭條。井煙木刊，阡陌夷滅。生理茫茫，永無依歸。播流江表，已經數世。存者長子老孫，亡者丘隴成行。雖北風之思，感其素心，目前之哀，實為交切。一朝拔之，頓驅踟於空荒之地，提挈萬里，逾險浮深。離墳墓，棄生業。富者無三年之糧，貧者無一湌之飯。田宅不可復仇，舟車無從而得。舍安樂之國，適習亂之鄉。出必安之地，就累卵之危。將頓僕道塗，飄溺江川，僅有達者。臣之愚計，以為且可更遣一將，有威名資實者，先鎮洛陽。掃平梁、許，清一河南。運漕之路既通，然後盡力於開墾，廣田積穀，漸為徙者之資。如此，賊見亡徵，勢必遠竄。如其迷逆不化，復欲送死者，南北諸軍，風馳電赴，若身手之救痛癢，率然之應首尾。山陵既固，中夏小康。陛下且端委紫極，增修德政。去小惠，節遊費，審官人，練甲兵，以養士滅寇為先，十年行之，無使隳廢，則貧者殖其財，怯者充其勇，人知天德，赴死如歸。以此致政，猶運諸掌。何故舍百勝之長理，舉天下而一擲哉？」綽之言，非引日之虛辭，實審時之至計。所云更遣一將，先鎮洛陽，膺斯任者，自莫如溫。然溫徒表請遷都，而終不肯奮身出鎮者，其意

固別有在也。〈王述傳〉云：桓溫平洛陽，議欲遷都。朝廷憂懼，將遣侍中止之。述曰：「溫欲以虛聲威朝廷，非事實也。但從之，自無所至。」事果不行。又議欲移洛陽鐘虡。述曰：「永嘉不競，暫都江左。今當蕩平區宇，旋軫舊京。若其不爾，宜改遷園陵，不應先事鐘虡。」溫竟無以奪之。然則溫之屢請遷都，不過知朝士之苟安，而以此脅之耳。世皆譏宋武帝急於圖篡，平長安而不能留鎮，致關右復陷於戎狄。然宋武當時，以一身任舉國之重，劉穆之死，後事誠有可憂。設或差池，所繫實不僅一身一家之計，返旆之急，庸或非盡恤其私。若桓溫距郗超之謀，不肯為賒遲之計者，則誠除圖篡外無他故耳。然卒以此致敗，後來圖篡所以不成，亦由喪敗既甚，究有慚德，不能決然自取，致為謝安、王坦之遼緩之計所敗耳。狐埋之而狐搰之，是以無成功，豈不信哉？（〈孫盛傳〉曰：盛著《晉陽秋》，辭直而理正，咸稱良史焉。既而桓溫見之。怒，謂盛子曰：「枋頭誠為失利，何至如尊君所說？若此史遂行，自是關君門戶事。」其子遽拜謝，謂請刪改之。時盛年老還家，性方嚴，有軌憲。雖子孫斑白，而庭訓愈峻。至此，諸子乃共號泣稽顙，請為百口切計。盛大怒。諸子遂竊改之。盛寫兩定本，寄於慕容儁。太元中，孝武帝博求異聞，始於遼東得之，以相考校，多有不同，書遂兩存。盛為長沙太守，曾以臧私，為溫所按，於溫容有私怨。然《晉陽秋》既稱辭直理正，必不能過為曲筆。唯謂其寄定本於慕容儁，則於理既有未可，而於勢亦有未能；且當枋頭敗時，慕容儁死已數年矣；而此戰之後，慕容氏亦不久即亡；足見此說之不足信。蓋所謂得諸遼東之定本，實不出於盛，乃他人所改定，而託之於盛者，其人知枋頭之喪敗，必更詳於盛。然即盛之元本，所言枋頭喪敗之情形，亦必不止如今史之所傳也。此戰之失利，誠可謂其矣。）

# 第七節　桓溫廢立

桓溫篡志，蓄之已久，滿擬伐燕一捷，歸而即尊，枋頭喪敗，事出慮外，而篡竊之謀，已如騎虎之勢，不得下矣，於是廢立之計起焉。（〈溫傳〉云：「溫久懷異志，欲先立功河朔，還受九錫，既逢覆敗，名實頓減，於是參軍郗超進廢立之計。」）太和六年（西元 371 年），十一月，溫自廣陵屯於白石。（胡三省曰：此白石當在牛渚西南。牛渚，見第三章第九節。）旋詣闕，以崇德太后令，廢帝為東海王。其罪狀，則謂帝在藩夙有痿疾，嬖人相龍、計好、朱靈寶等參侍內寢，而二美人田氏、孟氏生三男，欲建樹儲藩，誣罔祖宗，傾移皇基也。（《紀》云：憚帝守道，恐遭時議，以宮闈重，床第易誣，乃言帝為閹，遂行廢辱。）又以太后詔立會稽王昱，是為簡文帝。太宰武陵王晞，（元帝子。）有武幹，為溫所忌。溫乃表晞聚納輕剽，苞藏亡命。又息綜矜忍，虐加於人；袁真叛逆，事相連染。請免晞官，以王歸藩，免其世子綜官。又遣弟祕逼新蔡王晃，（東嬴公騰，見第二章第二節。騰後改封新蔡王，被害，諡武哀。子莊王確立。卒，無子，以汝南文成王亮曾孫邈嗣。卒，子晃嗣。亮亦見第二章第二節。）自誣與晞、綜及著作郎殷涓，太宰長史庾倩，（從本傳，〈本紀〉作籍。）掾曹秀，舍人劉彊等謀逆，收付廷尉，請誅之。帝不許。乃廢晞，及其三子徙於新安，（見第三章第三節。）晃廢徙衡陽，（吳郡，今湖南湘潭縣西。）而族誅殷涓等。涓，浩之子，倩及其弟散騎常侍柔，皆冰之子，希之弟，冰女則東海王妃也。殺東海王二子及其母。廢王為海西公。明年，（咸安二年（西元 372 年）。）四月，徙居吳。（見第三章第九節。）庾倩之死也，其兄廣州刺史蘊，飲鴆而死。東海太守友，（東海，見第三章第三節。）子婦溫弟祕之女也，故得免。希與子邈及子攸之，逃於海陵陂澤中。（海陵，晉郡，今江蘇泰縣。）故青州刺史武沈，希之從母兄也，潛餉給希，經年。溫後知之，遣兵捕希。是歲，六月，沈子遵，約希聚眾

海濱，略漁人船，夜入京口，（見第四章第二節。）稱海西公密旨除凶逆。七月，溫遣東海內史周少孫討禽之。希、邈及子姪五人斬於建康市。遵及黨與皆伏誅。唯友及蘊諸子獲全。是月，簡文帝崩。子昌明立，是為孝武帝。十一月，妖賊盧悚，遣弟子殿中監許龍，晨到海西公門，稱太后密詔，奉迎興復。海西公初欲從之，納保母諫而止。悚突入殿庭，游擊將軍毛安之等討禽之。海西公深慮橫禍，乃杜塞聰明，終日酣暢；耽於內寵，有子不育。朝廷以其安於屈辱，不復為虞。太元十一年（西元 386 年），十月，卒於吳。

　　簡文帝崩時：桓溫仍鎮姑孰。帝遺詔以溫輔政，依諸葛亮、王導故事。〈王坦之傳〉曰；簡文帝臨崩，詔大司馬溫依周公居攝故事。坦之自持詔入，於帝前毀之。（坦之，述子，時領右衛將軍。）帝曰：「天下儻來之運，卿何所嫌？」坦之曰：「天下宣、元之天下，陛下何得專之？」帝乃使坦之改詔焉。〈王彪之傳〉曰：簡文崩，群臣疑惑，未敢立嗣。或云當須大司馬處分。彪之正色曰：「君崩太子代立，大司馬何容得異？若先面諮，必反為所責矣。」於是朝議乃定。（彪之時為尚書僕射。）及孝武帝即位，大皇太后令：以帝沖幼，加在諒暗，令溫依周公居攝故事。事已施行。彪之曰：「此異常大事，大司馬必當固讓，使萬幾停滯，稽廢山陵，未敢奉令。」謹具封還內請停。事遂不行。〈溫傳〉曰：溫初望簡文臨終，禪位於己，不爾便為周公居攝。事既不副所望，故甚憤怨。與弟沖書曰：「遺詔使吾依武侯、王公故事耳。」孝武帝即位，詔「內外眾事，關溫施行」。復遣謝安徵溫入輔。（安時為吏部尚書，中護軍。）寧康元年（西元 373 年），二月，溫入朝。停京師十有四日，歸於姑孰。遂寢疾不起。七月，卒。〈溫傳〉言溫諷朝廷加己九錫，累相催促，謝安、王坦之聞其病篤，密緩其事，錫文未及成而薨。（時年六十二。）〈王彪之傳〉曰：溫遇疾，諷朝廷求九錫。袁宏為文，以示彪之。彪之謂宏曰：「卿固大才，

安可以此示人？」時謝安見其文，又頻使宏改之。宏遂逡巡其事。既屢
引日，乃謀於彪之。彪之曰：「聞彼病日增，亦當不復支久，自可更小遲
回。」宏從之。溫亦尋薨。案簡文帝自永和二年（西元 346 年）何充卒秉
政，至其立，已二十五年。引用殷浩，以與溫抗者，即簡文也。《紀》言
帝初即位，溫撰辭欲自陳述，帝引見，對之悲泣，溫懼不能言。有司奏誅
武陵王晞，帝不許。溫固執，至於再三。帝手詔報曰：「若晉祚靈長，公
便宜奉行前詔。如其大運去矣，請避賢路。」溫覽之，流汗變色，不敢復
言。又言帝踐阼，熒惑入太微，帝甚惡焉。時中書郎郗超在直。帝乃引
入，謂曰：「命之修短，本所不計，故當無復近日事邪？」及超請急省其
父，帝謂之曰：「致意尊公；國家之事，遂至於此，由吾不能以道匡濟，
愧嘆之深，言何能喻？」因詠庾闡詩云：「志士痛朝危，忠臣哀主辱。」遂
泣下沾襟。然則帝之於溫，初無所畏。《紀》又謂帝神識恬暢，而無濟世
大略；故謝安稱為惠帝之流，清談差勝耳；謝靈運跡其行事，亦以為赧、
獻之輩；蓋非篤論也。《晉書》好博採而辭缺斷制，往往數行之間，自相
矛盾，要在知其體例，分別觀之耳。作者意在博採，原不謂其所著皆可信
也。據〈本紀〉：孝武之立為太子，實與簡文之崩同日，然則〈王彪之傳〉
謂君崩太子代立，大司馬何容得異？語亦有誤。其所爭者，蓋非太子之
當立與否，而孝武之當為太子與否也。然則《晉書》記載，多不容泥，謂
簡文視天下為儻來之運，恐亦誣辭矣。然則桓溫圖篡雖急，而朝廷拒之甚
堅，且鎮之以靜，終不為其虛聲所動，蓋自其舉兵欲脅廢殷浩以來，至於
孝武之初，始終若一，初非謝安、王坦之、王彪之等數人之力也。簡文之
才力，亦實有足稱矣。此又見庾氏之慾推立之，實非為私意也。

　　溫四弟：雲、豁、祕、沖。六子：熙、濟、韻、禕、偉、玄。熙初為
世子，後以才弱，使沖領其眾。溫病，熙與祕謀殺沖。沖知之，先遣力士
拘錄熙、濟，而後臨喪。熙、濟俱徙長沙，（見第三章第九節。）祕亦廢

棄。雲前卒。豁時刺荊州，加督荊、揚、雍、交、廣。（揚當作梁。）沖
督揚、豫、江三州，為揚州刺史，鎮姑孰。豁子竟陵太守石秀（竟陵，見
第三章第九節。）為江州刺史，鎮尋陽。（見第四章第一節。）八月，崇德
太后臨朝攝政。九月，以王彪之為尚書令，謝安為僕射，刁彝為徐、兗二
州刺史，鎮廣陵。（彝協子。）二年（西元 374 年），正月，彝卒。二月，
以王坦之代之。三年（西元 375 年），五月，坦之卒。以桓沖為徐州刺史，
鎮丹徒。（見第四章第二節。）謝安領揚州刺史。太安元年（西元 302 年），
太后歸政。安為中書監，錄尚書事。二年（西元 303 年），八月，為司徒。
桓豁卒。十月，以桓沖為荊州刺史。王蘊為徐州刺史，督江南晉陵諸軍。
（蘊，孝武后父。晉陵見第四章第三節。）謝玄為兗州刺史，廣陵相，監江
北諸軍。（玄，安兄子。）於是下流之勢漸重矣。〈王彪之傳〉云：謝安不
欲委任桓沖，故使太后臨朝，獻替專在於己。〈沖傳〉云：沖既代溫居任，
則盡忠王室。或勸沖誅除時望，專執權衡，沖不從。謝安以時望輔政，為
群情所歸，沖懼逼，寧康三年（西元 375 年），乃解揚州，自求外出。桓
氏黨與以為非計，莫不扼腕苦諫；郗超亦深止之；沖皆不納。桓溫尚無所
成，而況於沖？其不敢為非分之圖，亦固其所。然沖之為人，雅與溫異，
頗有公忠之心，其不為非分之圖，亦非盡由才之不及，勢之不可也。溫據
上流久，且夙懷反側之心，其餘毒，自非一朝所能消弭，故桓玄卒資之以
搆逆。然當苻堅入寇時，晉之克弘濟於艱難者，實賴上下游之無釁，其時
上下游之無釁，則沖實為之，沖亦可謂賢矣。

# 第六章　東晉中葉形勢（下）

## 第一節　秦滅前燕

　　晉自懷、愍傾覆，元帝東渡以來，中原形勢，蓋嘗三變：劉、石東西對峙，其後劉卒並於石，一也。石虎死後，燕、秦又東西對峙，其後燕卒並於秦，二也。前秦喪敗，後燕、後秦，又成東西對峙之局，其力莫能相尚，宋武夷南燕，破後秦，功高於桓、謝矣，然關中甫合即離，其後陵夷衰微，北方遂盡入於拓跋氏；三也。前章所述，為後趙吞併北方，及其分裂之事，此章所述，則前秦吞併北方，及其分裂之事也。

　　桓溫之入關也，苻健太子萇中流矢而死，健立其第三子生為太子。明年，六月，健寢疾。健兄子菁，勒兵入東宮，將殺生自立。時生侍健疾，菁以健為死，回攻東掖門。健聞變，升端門陳兵。眾皆舍杖逃散。執菁殺之。數日，健死。生僭即皇帝位。生為史所稱無道之主，載其淫暴之跡甚多，然實未可與劉聰、石虎，等量齊觀，故劉知幾謂「秦人不死，知苻生之厚誣」也。即就史所載者觀之，其訊息，仍有可以微窺者。史稱健臨死，誡生曰：「酋帥、大臣，若不從汝命，可漸除之」，即可知其所誅夷，多出於不得已。今觀其所殺者：太傅毛貴，車騎尚書梁楞，左僕射梁安，皆受遺輔政者也。左光祿大夫張平，生母之弟也。侍中丞相雷弱兒，司空王墮，侍中太師錄尚書事魚遵，亦皆大臣。弱兒之死也，及其九子二十七孫；遵及其七子十孫；皆可知其族之強大。梁安、雷弱兒，據上章第六節所述，實有通晉之嫌，其餘亦可推想。然則生之行誅，亦誠有所不得已，而造謗者則自此起矣。生殺其妻梁氏，蓋亦以其族之逼，然皇后且然，更何有於妾媵？於是謂其所幸妻妾，少有忤旨便殺之，流其屍於渭水矣。舅

氏既誅，自可謂其母系憂恨而死。生眇一目，造謗者遂謂其不足、不具、少無、傷、殘毀、偏只之言，皆不得道，左右忤旨而死者，不可勝紀；且謂其使大醫令程延合安胎藥，問人蔘好惡並藥分多少，延曰：「雖小小不具，自可堪用。」生以為譏其目，鑿延出目，然後斬之矣。當時用刑，率多酷濫，遂謂其常彎弓露刃，以見朝臣，錘鉗鋸鑿，不離左右；又謂宗室勳舊，親戚忠良，殺害殆盡；王公在位者，悉以疾告歸；人情危駭，道路以目矣。他如怠荒、淫穢，自更易誣。《金史·海陵本紀》，述其不德之辭，連章累牘，而篇末著論，即明言其不足信，正同一律。史家之文，唯恐其自己出，斷不能以己之所是，著諸篇章；前人之辭，雖明知其不足信，又不容抹殺之不傳於後；若一一辯之，則勢將不可勝辯；此則不能不望好學深思者之心知其意者也。（參看前章第三節。五胡之主，史傳其淫暴者，實錄居多，唯苻生則系被誣，當與南朝諸主一例。）當時苻秦，君與貴戚猜疑之深，至於如此，自非一人之力，所克翦除，故黃眉雖以謀殺生自立，事發伏誅，而生卒為雄子堅及其庶兄法所弒，時姚襄死之翼月也。

　　苻堅既弒苻生，以偽位讓其兄法，法自以庶孽不敢當，堅乃僭稱大秦天王。旋殺法。其骨肉相屠，亦可謂烈矣。堅為五胡中雄主，讀史者多美其能用王猛，其實猛之功烈，亦止在能摧抑豪強；其於政事，庸有綜核之才，然史氏所傳，實多溢美；至於滅燕，則燕之自亡，直其時，能成其功者甚多，無足稱也。〈猛傳〉云：堅僭位，以猛為中書侍郎。時始平多枋頭西歸之人，（始平，見第二章第二節，枋頭，見第四章第二節。）豪右縱橫，寇盜充斥，乃轉猛為始平令。猛下車，明法峻刑，鞭殺一吏。百姓上書訟之。有司劾奏。檻車徵下廷尉詔獄。堅親問之，曰：「夷吾、子產之儔也。」赦之。歲中五遷，權傾內外。宗戚舊臣，皆害其寵。尚書仇騰，丞相長史席寶，數譖毀之。堅大怒，黜騰為甘松護軍，（甘松，見第

五章第二節。）寶白衣領長史。爾後上下咸服，莫敢有言。〈堅載記〉云：猛親寵愈密，朝政莫不由之。特進樊世，氐豪也，有大勳於苻氏，負氣倨傲，眾辱猛。猛言之於堅。堅怒曰：「必須殺此老氐，然後百寮可整。」俄而世入言事。堅謂猛曰：「吾欲以楊璧尚主，璧何如人也？」世勃然曰：「楊璧臣之婿也，婚已久定，陛下安得令之尚主乎？」猛讓世。世怒，起將擊猛。左右止之。世遂醜言大罵。堅由此發怒，命斬之於西廄。諸氐紛紜，競陳猛短。堅恚甚，嫚罵，或鞭撻於殿庭。自是公卿已下，無不憚猛。又曰：以猛為京兆尹。其特進強德，健妻之弟也。昏酒豪橫，為百姓之患。猛捕而殺之，陳屍於市。其中丞鄧羌，性鯁直不撓，與猛協規齊志。數旬之間，貴戚強豪，誅死者二十有餘人。於是百僚震肅，豪右屏氣。此蓋苻生未竟之緒也。必貴戚懾服，然後政令行而民獲小康，且可用其力以競於外，此秦之所以驟強；而是時之燕，適與之相反，其不格明矣。

慕容儁之死也，群臣欲立其弟恪。（儁第四子。）恪辭，乃立其太子暐。時年十一。以恪為太宰，錄尚書，行周公事。慕容評為太傅，副贊朝政。慕輿根為太師。慕容垂為河南大都督、兗州牧、荊州刺史，鎮梁國。（垂，儁之第五子。梁國，見第二章第三節。）孫希為并州刺史。傅顏為護軍將軍。慕輿根與左衛慕輿幹潛謀誅恪及評，入白太后可足渾氏，可足渾氏將從之，暐使其侍中皇甫真與傅顏收根等斬之。太和元年（西元366年），慕容恪有疾，召暐兄樂安王臧，告以司馬職統兵權，吾終之後，必以授垂。又以告評。月餘而死。初恪之攻拔洛陽也，略地至於崤、澠。（見第五章第一節。）苻堅懼其入關，常親屯陝城以備之。（陝，漢縣，今河南陝縣。）其後苻雙據上邽，（雙堅弟。上邽，見第三章第三節。）苻柳據蒲坂，（見第三章第四節。）叛於堅。苻廋據陝城，苻武據安定，並應之。（安定，見第二章第二節。柳、廋、武，皆健子。）將共伐長安。廋降於暐。堅恐暐乘勝入關，乃盡銳以備華陰。（見第三章第三節。）暐群

下議欲遣兵救庾，因圖關右，評固執不許，乃止。（雙等之叛，《通鑑》在太和二年十月。）雙等皆為堅所討殺。枋頭之役，暐使乞師於堅，請割虎牢以西。（虎牢，見第四章第二節。）堅遣其將苟池率步騎二萬救暐。王師引歸，池乃還。可足渾氏與評謀殺垂。垂懼，奔堅。王師既旋，暐悔割虎牢之地。堅以垂為鄉道，遣王猛等步騎三萬，攻慕容築於洛陽，暐遣慕容臧精卒十萬救之，敗於滎陽。（見第二章第二節。）築以救兵不至，降於猛。（《通鑑》從《燕書》系太和五年正月。《十六國秦春秋》在四年十二月，見《考異》。）太和五年（西元 370 年），九月，堅又遣王猛率楊安等步騎六萬伐暐。猛克上黨，（見第二章第二節。）又令楊安陷晉陽。（見第三章第四節。）暐遣慕容評等率中外精卒四十餘萬距之。屯於潞川。（潞水，今濁漳水。）評以猛懸軍深入，利在速戰，議以持久制之。猛遣其將郭慶，以銳卒五千，夜從間道，出評營後，並山起火，燒其輜重，火見鄴中。暐懼，遣使讓評，催其速戰。評與猛戰於潞川，大敗，死者五萬餘人。評等單騎走還。猛遂長驅至鄴。堅復率眾十萬會之。暐散騎常侍徐蔚等率扶餘、句麗及上黨質子五百餘人，夜開城門，以納堅軍。暐與評等數十騎奔昌黎。（見第二章第二節。）堅遣郭慶迫暐，及於高陽，（見第五章第二節。）執之。先是慕容桓以眾萬餘，為評等後繼，聞評敗，引屯內黃，（見第五章第三節。）後退保和龍。（慕容皝所起宮名，在龍城。）及是，慶迫評、桓於和龍。桓殺其鎮東慕容亮而並其眾，攻其遼東太守韓稠於平州。（此當指晉平州所治之肥如縣，見第三章第八節。）慶遣將軍朱嶷擊桓執之。（〈本紀〉在咸安二年二月。）評奔高句麗，高句麗縛而送之。堅以王猛刺冀州，鎮鄴。郭慶刺幽州，鎮薊。徙暐及其王公已下並鮮卑四萬餘戶於長安。前燕之亡，論者多歸罪於慕容評。然評在僭世，亦嘗數專征伐，非不知兵者。潞川密邇鄴都，一敗則不可為悔，秦兵方銳，持重以老其師，未為非計。速戰之議，出自燕朝，暐年尚幼，未知誰實主之，評

因懼罪而曲從，固違將在外君命有所不受之義，然以喪師之咎，專責諸評，則非平情之論。〈垂載記〉云：垂本名霸，恩遇逾於世子儁，故儁不能平之。少好畋遊，因獵墜馬，折齒，儁僭即王位，改名𪩘，外以慕卻𪩘為名，內實惡而改之。尋以讖記之文，乃去夬，以垂為名焉。此說或出附會，然垂之見忌，由來已久，則由此可知。𪩘之世，蓋政出多門，莫能相尚，其時忌垂者非評一人。且一木焉能支大廈之傾，垂即不去，燕豈能終存邪？〈𪩘載記〉云：時外則王師及苻堅交侵，兵革不息。內則𪩘母亂政，評等貪冒，政以賄成，官非才舉。其尚書左丞申紹上疏，言「守宰或擢自匹夫、兵將之間，或因寵戚，藉緣時會。又無考績，黜陟幽明。貪惏為惡者，無刑戮之懼，清勤奉法者，無爵賞之勸。百姓窮弊，侵賕無已。兵士逋逃，乃相招為賊盜。後宮四千有餘；僮侍廝養，通兼十倍；日費之重，價盈萬金；綺縠羅紈，歲增常調。戎器弗營，奢玩是務。令帑藏虛竭，軍士無襜褕之資。宰相侯王、迭以侈麗相尚。風靡之化，積以成俗。臥薪之喻，未足甚焉。」此蓋自儁入中原已來，惑於紛華靡麗，積漸至此，並非必至𪩘之世而後然也。五胡竊據，本無深根固柢之道，一遇勁敵，而其亡也忽焉，亦無足異矣。

# 第二節　秦平涼州仇池

前涼全盛，蓋在張茂、張駿之時，而其衰機亦自此始。史稱茂雅有志節，能斷大事。涼州大姓賈摹，寔之妻弟也，勢傾西土，茂誘而殺之，於是豪右屏跡，威行西域。駿初統任年十八。少卓越不羈，而淫縱無度。然有計略。統任後，屬操改節，勤修庶政；總御文武，咸得其用。自軌據涼州，屬天下之亂，所在征伐，軍無寧歲，至駿，境內漸平。又使其將楊宣伐龜茲、鄯善，西域並降。分州西界三郡置沙州，（治敦煌，見第二章第

二節。）東界六郡置河州。（治枹罕，見第二章第一節。）戊己校尉趙貞，不附於駿，駿擊禽之，以其地為高昌郡。（今新疆吐魯番縣。）雖嘗為劉曜所敗，失河南地，旋即復之。蓋前涼之極盛也。然自茂已築靈鈞臺，圍輪八十餘堵，基高九仞。（嘗以諫者中止，後卒復營之。）且大城姑臧。駿又於姑臧城南築城。起謙光殿，畫以五色，飾以金玉窮盡珍巧。殿之四面，各起一殿。東曰宜陽青殿，以春三月居之。章服、器物，皆依方色。南曰朱陽赤殿，夏三月居之。西曰政刑白殿，秋三月居之。北曰玄武黑殿，冬三月居之。其旁皆有直省內官寺署，一同方色。（末年任所遊處，不復依四時而居。）蓋河右通市西域，商貨流衍，物力頗豐，而其文明程度亦高，故能侈靡如此也。駿子重華，任用謝艾，屢破勁敵。（見第五章第二節。）王擢為苻健所逼，來奔，重華使攻秦州，克之。（永和九年四月。秦州治上邽，見第三章第三節。）重華好與群小遊戲，政事始衰；及其卒也，復重之以內亂；而思啟封疆者，狡焉伺於其側矣。

　　重華以永和九年十月卒。（傳言其在位十一年，據〈本紀〉，其立以永和二年五月，則止八年（西元 352 年）。）子曜靈嗣。年十歲。伯父長寧侯祚，性傾巧，善承內外。初與重華寵臣趙長、尉緝等結為異姓兄弟。長等遂矯重華遺令，以祚輔政。又言時難未夷，宜立長君。祚先烝重華母馬氏，馬氏遂從緝議，廢曜靈而立祚。祚尋使害曜靈。祚淫虐不道。又通重華妻裴氏。自內媵妾，及駿、重華未嫁子女無不暴亂。涼州歷世以來皆受晉朝官爵，雖不用中興年號，迄稱建興若干年，晉迄未與以王封，然張駿時，境內皆稱之為王；駿舞六佾，建豹尾，所置官寮府寺，皆擬於王者，而微異其名；然亦未敢更行上僭；駿且嘗稱藩於蜀，假道以達京師；（見第五章第五節。）究不能謂其不守臣節也。及祚，乃用長、緝等議，僭即帝位，（永和十年（西元 354 年）。）亦可謂妄矣。桓溫入關，王擢時鎮隴西，馳使言溫善用兵，意在難測。祚既震懼，又慮擢反噬，大聚眾，聲欲

東征，實欲西保敦煌，會溫還而止。更遣其秦州刺史牛霸擊擢，破之。擢
奔苻健。其妄自尊大，而實怯懦，又多疑忌如此。祚宗人張瓘鎮枹罕，
祚惡其強，遣其將易揣、張玲襲之。又遣張掖太守索孚代瓘。（張掖，漢
郡，今甘肅張掖縣。）孚為瓘所殺。玲等又為瓘兵所破。瓘軍躡之，祚眾
震懼。敦煌人宋混，與弟澄等聚眾以應瓘。趙長等懼罪，入，呼重華母馬
氏出殿，拜瓘靈庶弟玄靚為主。（時年七歲。）揣等率眾入殿，伐長殺之。
瓘弟琚及子嵩，募市人數百，揚聲言張祚無道，我兄大軍，已到城東，敢
有舉手者誅三族。祚眾披散，祚被殺。時永和十一年七月也。廢祚所建和
平年號，復稱建興四十三年（西元 355 年）。誅祚二子。以張瓘為衛將軍，
領兵萬人，行大將軍事。隴西李儼，（隴西，見第二章第二節。）誅大姓
彭姚，自立於隴右。玄靚遣牛霸討之。未達，西平人衛琳又據郡叛。（西
平，見第二章第二節。）霸眾潰，單騎而還。瓘遣琚領大眾徵琳，敗之。
西平田旋，要酒泉太守馬基應琳。（酒泉，見第三章第七節。）瓘遣司馬
張姚、王國伐基，敗之。斬基、旋首，傳姑臧。瓘兄弟強盛，負其勳力，
有篡立之謀。宋混與弟澄共討瓘，盡夷其屬。玄靚以混輔政。混卒，又以
澄代之。右司馬張邕，惡澄專擅，殺之，遂滅宋氏。玄靚以邕為中護軍，
叔父天錫為中領軍，共輔政。邕自以功大，驕矜淫縱。又通馬氏，樹黨專
權。天錫又殺之，悉誅其黨。天錫專掌朝政。始改建興四十九年，奉昇
平之號。（昇平五年（西元 361 年）。）興寧元年（西元 363 年），駿妻馬氏
卒，玄靚以其庶母郭氏為太妃，郭氏以天錫專政，與大臣張欽等謀討之。
事洩，欽等被殺。七月，天錫率眾入禁門，潛害玄靚，宣言暴薨。（此從
《晉書・帝紀》。《通鑑》從《晉春秋》在八月。）天錫立。荒於聲色，不恤
政事。安定梁景，敦煌劉肅，並以門胄，總角與天錫友暱。張邕之誅，
肅、景有勳，天錫深德之。賜姓張氏，以為己子，俱參政事。人情怨懼。
初苻生聞張祚見殺，玄靚幼沖，命其徵東苻柳，參軍閻負、梁殊使涼州，

以書喻之。時張瓘新輔政，河西所在兵起，懼秦師之至，乃言於玄靚，遣使稱藩。太和二年（西元 364 年），羌斂岐自稱益州刺史，（斂岐從〈苻堅載記〉。〈天錫傳〉作廉岐。）率略陽四千家，背苻堅就李儼。（略陽，見第二章第二節。）天錫自往討之。時苻堅亦遣王猛等討岐。儼遣使謝，並求救於堅。堅遣楊安會猛救儼。及天錫將楊遹戰於枹罕東，猛不利。然卒禽斂岐。天錫歸，猛又襲儼，執之而還。堅遂以其將彭越為涼州刺史，鎮枹罕。（參據〈本紀〉及〈堅載記〉。）時堅強盛，每攻涼州，兵無寧歲。天錫甚懼，獻書桓溫，刻六年夏大舉，（蓋謂天錫之六年。）已而不果。咸安二年（西元 372 年），苻堅陷仇池。先是王猛獲天錫將陰據及甲士五千，至是，悉送所獲還涼州。天錫懼，遣使謝罪稱藩。太元元年（西元 376 年），堅遣苟萇、毛盛、梁熙、姚萇等率騎十三萬伐天錫。又遣其秦州刺史苟池，河州刺史李辯，涼州刺史王統率三州之眾以繼之。天錫拒戰不利，遂降。堅以梁熙為涼州刺史，領護西羌校尉，鎮姑臧。徙豪右七千餘戶於關中。

　　劉曜之與石勒連兵也，楊難敵自漢中還襲仇池，克之，執田崧，殺之。咸和九年（西元 334 年），難敵卒，子毅立。自號左賢王下辨公。以堅頭子槃為右賢王河池公。（下辨、河池，皆見第五章第一節。）咸康元年（西元 335 年），遣使稱藩於晉。三年（西元 337 年），毅族兄初襲殺毅，並有其眾，自立為仇池公，臣於石虎，後復遣使稱藩。永和三年（西元 347 年），以為雍州刺史、平羌校尉、仇池公。（十年（西元 354 年），改封天水公。）子國為武都太守。（武都，見第二章第二節。）十一年（西元 355 年），毅小弟宋奴，使姑子梁式玉，（〈本紀〉作梁式。）因侍直手刃殺初。國率左右誅式玉及宋奴。桓溫表為秦州刺史、平羌校尉，而以其子安為武都太守。十二年（西元 356 年），國從父楊俊復殺國自立。安奔苻生。俊遣使歸順。昇平三年（西元 359 年），以為平羌校尉、仇池公。四年（西

元 360 年），卒，子世立。復以其爵授之。太和三年（西元 368 年），遷秦州刺史。以其弟統為武都太守。五年（西元 370 年），世卒。統廢其子纂自立。（纂一名德。）纂聚黨殺統。遣使自陳，復以為秦州刺史、平羌校尉、仇池公。初世嘗降於苻堅。（堅亦署為秦州刺史仇池公。）既而歸順於晉。至纂，遂與堅絕。咸安元年（西元 371 年），堅遣其將苻雅、楊安與益州刺史王統率步騎七萬取仇池。雅等次於鷲陝。《通鑑》作鷲峽。（《注》云：在仇池北。）纂率眾五萬，晉梁州刺史楊亮，遣督護郭寶，率騎千餘救之，戰於陝中，為雅等所敗。纂收眾奔還。雅進攻仇池，纂降。秦以王統為南秦州刺史。加楊安都督，鎮仇池。（王統，〈苻堅載記〉作楊統。《殿本考證》云：楊，《十六國春秋》作王，案作王者是也。《宋書·氐傳》明言統為纂所殺，纂遣使詣晉自陳，其言不得無據。〈苻堅載記〉漏敘統為纂所殺之事，其誤遂不易見。堅使取仇池之楊安，是否即楊國之子，本無確說。以予觀之，似乎非是。堅之取仇池，乃為攻梁、益開路，其後益州陷沒，堅乃以楊安為益州牧，鎮成都，王統為南秦州刺史，鎮仇池，苟為楊國之子，任乏恐未必如是之重也。）空百頃之地，徙其民於關中。纂後為楊安所殺。（語見《宋書·氐傳》，此楊安當為楊國之子。此節以《宋書》為主，兼據《晉書·劉曜》及〈苻堅載記〉。《晉書·本紀》：咸安二年（西元 372 年），苻堅陷仇池，執秦州刺史楊世，則必誤也。）

# 第三節　秦平鐵弗氏拓跋氏

自前趙、前燕之亡，幽、並之匈奴、鮮卑，能有所表見者頗鮮，其較為強大者，則河西之鐵弗氏，代北之拓跋氏也。苻秦盛時，二部亦嘗為所懾服。此二部為世仇，其事跡相關極密。《魏書·序紀》，敘述較詳。今以之為主，而以他篇所載，附益訂正之。〈序紀〉諱飾之辭，自不難洞見也。

　　《魏書·序紀》：穆帝死後，普根立，月餘而薨。普根子始生，桓帝後立之，其冬又薨。思帝子鬱律立，是為平文帝。元年，歲在丁丑，晉元帝建武元年（西元 317 年）也。二年（西元 318 年），（元帝大興元年。）劉虎據朔方，（見第三章第八節。）來侵西部。帝逆擊，大破之。其從弟路孤，率部落內附，帝以女妻之。〈鐵弗傳〉言：虎歸附劉聰，聰以虎宗室，拜安北將軍、監鮮卑諸軍事、丁零中郎將，則聰實使虎統轄鮮卑也。〈序紀〉又云：帝聞晉愍帝為劉曜所害，顧謂大臣曰：「今中原無主，天其資我乎？」劉曜遣使請和，帝不納。三年（西元 319 年），（大興二年。）石勒自稱趙王，遣使乞和，請為兄弟，帝斬其使以絕之。五年（西元 321 年），（大興四年。）治兵講武，有平南夏之意。桓帝後以帝得眾心，恐不利於己子，害帝，遂崩。大臣死者數十人。（〈平文皇后傳〉曰：王氏，廣寧人也。年十三，因事入宮。生昭成帝。平文崩，昭成在襁褓，時國有內難，將害諸王子。後匿帝於袴中，懼人知，祝曰：「若天祚未終，使汝無聲。」遂良久不啼。得免於難。廣寧，見第四章第二節。）惠帝賀傉立，桓帝中子也。未親政事，太后臨朝，遣使與石勒通和，時人謂之女國使。（案王浚見殺，穆帝之眾，有欲謀亂以應石勒者，見第四章第二節。然則拓跋部落中，胡、羯黨類頗多，平文之死，似亦因其與劉、石搆難，而桓帝後因而傾覆之者。使稱女國使，可見是時拓跋氏實別無所謂君長也。）四年（西元 324 年），（明帝太寧二年。）帝始臨朝。以諸部人情，未悉款順，乃築城於東木根山，徙都之。（在今綏遠涼城縣北。河西有木根山，而此在東，故曰東木根山。）五年（西元 325 年），（太寧三年。）帝崩，煬帝紇那立，惠帝之弟也。三年（西元 328 年），（成帝咸和二年。）石勒遣石虎率騎五千，來寇邊部。帝御之於句注陘北，（見第二章第二節。）不利，遷於太寧。（即廣寧。）時烈帝（名翳槐，平文長子。）居於舅賀蘭部，帝遣使求之。賀蘭部帥藹頭，擁護不遣。帝怒，召宇文部，並勢擊藹

頭。宇文眾敗，帝還太寧。五年（西元 329 年），（咸和四年。）帝出居於宇文部。賀蘭及諸部大人共立烈帝。石勒遣使求和，烈帝遣弟昭成帝（名什翼犍，平文次子。）如襄國，（見第四章第二節。）從者五千餘家。七年（西元 331 年），（元康元年。）藹頭不修臣職，召而戮之，國人復貳。煬帝自宇文部還入，諸部大人復奉之。烈帝出居於鄴。三年（西元 337 年），（咸康三年。）石虎遣將李穆，率騎五千，納烈帝於太寧。國人六千餘落叛煬帝，煬帝出居於慕容部。烈帝城新盛樂城，在故城東南十里。（見第三章第八節。）崩，顧命曰：「必迎立什翼犍，社稷可安。」帝弟孤，（平文第四子。）乃自詣鄴奉迎，與帝俱還。〈孤傳〉曰：群臣咸以新有大故，內外未安，昭成在南，來未可果，比至之日，恐生變詐，宜立長君，以鎮眾望。次弟屈，剛猛多變，不如孤之寬和柔順。於是大人梁蓋等殺屈，共推孤。孤曰：「吾兄居長，自應繼位，我安可越次而處大業？」乃自詣鄴奉迎，請身留為質。石虎義而從之。昭成即位，乃分國半部以與之。薨，子斤失職懷怨，構寔君為逆，死於長安。（見下。）觀《魏書》所敘，知拓跋氏是時，內爭甚烈，諸部亦多未服，而依倚中原者常克有成，其力固未足與內地敵也。（烈帝死後，必立昭成，或亦以結援後趙之故。）

　　昭成即位時年十九。二年（西元 339 年），（咸康五年。）始置百官，分掌眾職。朝諸大人於參合陂。（見第三章第八節。）議欲定都灅源川，（灅水，今桑乾河支流。）連日不決，從太后計而止。〈平文皇后傳〉曰：昭成初，欲定都於灅源川，築城郭，起宮室。議不決。後聞之曰：「國自上世，遷徙為業，今事難之後，基業未固，若城郭而居，一旦寇來，難卒遷動？」乃止。然三年（西元 340 年），（咸康六年。）卒移都於雲中之盛樂宮。四年（西元 341 年），（咸康七年。）又築盛樂城於故城南八里。昭成蓋居鄴久，故稍染華風邪？是時之拓跋氏，城郭而居，自無所利，然拓跋氏更內亂久，昭成在位，頗稱小康，或亦由其曾居內地，少知治法之故

邪？昭成與慕容氏，三世為昏，（〈序紀〉：二年（西元 339 年），聘慕容元
真妹為皇后。四年（西元 341 年），皇后慕容氏崩。慕容元真遣使朝貢，
並薦其宗女。六年（西元 343 年），慕容元真遣使請薦女。七年（西元 344
年），遣大人長孫秩迎後慕容元真之女於境。皇后至自和龍。慕容元真遣
使奉聘，求交昏，帝許之，以烈帝女妻之。十九年（西元 356 年），慕容
儁亦請昏，許之。二十年（西元 358 年），慕容儁奉納禮幣。二十三年（西
元 361 年），皇后慕容氏崩。二十五年（西元 363 年），慕容薦女備後官。
元真即皝，魏書避恭宗諱，故稱其字。和龍，見第一節。）而仍與石虎通
使。（九年（西元 346 年），石虎遣使朝貢。十年（西元 347 年），遣使詣鄴
觀釁。）十二年（西元 349 年），（穆帝永和五年。）石虎死。十三年（西元
350 年），（永和六年。）冉閔殺石鑑。十四年（西元 351 年），（永和七年。）
帝曰：「石胡衰滅，冉閔肆禍，中州紛梗，莫有匡救，吾將親率大軍，廓
定四海。」乃敕諸部：各率所統，以俟大期。諸大人諫，乃止。案魏自穆
帝以來，屢圖進取中原，而其下皆不欲。穆帝及平文之死，蓋皆以其違眾
之故。昭成蓋性較寬和，故能從眾議而止也。然雖未勤民於遠，而卒為肘
腋之患所中，則以鐵弗氏地實相逼也。

　　昭成四年（西元 342 年），（咸康八年。）十月，劉虎寇西境。帝遣軍
逆討，大破之。虎僅以身免。虎死，子務桓立，始來歸順，帝以女妻之。
〈鐵弗傳〉曰：務桓，一名豹子。招集種落，為諸部雄。潛通石虎。虎拜
為平北將軍、左賢王。蓋時鐵弗、拓跋二氏之勢相埒。十九年（西元 356
年），（永和十二年。）正月，務桓死，弟閼頭立，（〈鐵弗傳〉作閼陋頭。）
潛謀反叛。二月，帝西巡，因臨河，使人招喻。閼頭從命。二十一年（西
元 358 年），（昇平二年。）閼頭部民多叛，懼而東走。渡河，半濟而冰陷，
後眾盡歸閼頭兄子悉勿祈。（務桓子。）初閼頭之叛，悉勿祈兄弟十二人，
在帝左右，盡遣歸，欲其自相猜離。至是，悉勿祈奪其眾，閼頭窮而歸

命。帝待之如初。蓋務桓死後，鐵弗內相猜攜，昭成因而搆之也。二十二年（西元 359 年），（昇平三年。）四月，悉勿祈死，弟衛辰立。〈昭成皇后傳〉曰：昭成遣悉勿祈還，後戒之曰：「汝還，必深防衛辰。辰奸猾，終當滅汝。悉勿祈死，其子果為衛辰所殺。」蓋衛辰梟桀，故能為拓跋氏之患也。然其初立時，承內亂之後，勢尚不競，且其兄弟初嘗依倚拓跋氏；故是歲八月，〈序紀〉言衛辰遣子朝貢。二十三年（西元 360 年），（昇平四年。）六月，皇后慕容氏崩。七月，衛辰來會葬，因而求昏，許之。二十四年（西元 361 年），（昇平五年。）春，衛辰遣使來聘。二十八年（西元 365 年），正月，衛辰謀反，東渡河。帝討之，衛辰懼而遁走。十二月，苻堅遣使朝貢。是年，為晉興寧三年（西元 365 年）。《晉書・本紀》云：七月，匈奴左賢王衛辰，右賢王曹轂，帥眾二萬，侵苻堅杏城。（見第三章第八節。）〈堅載記〉云：匈奴左賢王衛辰，遣使降於堅，遂請田內地，堅許之。雲中護軍賈雍，遣其司馬徐斌，率騎襲之，因縱兵掠奪。堅怒，免雍官，以白衣領護軍。遣使修和，示之信義。辰於是入居塞內，貢獻相尋。興寧三年（西元 365 年），右賢王曹轂及衛辰叛，率眾二萬，攻其杏城已南郡縣，屯於馬蘭山。（在今陝西白水縣西北。）索虜烏延等，亦叛堅而通於辰、轂。堅率中外精銳以討之。以其前將軍楊安、鎮軍毛盛等為前鋒都督。轂遣弟活距戰，安大敗之，斬活。轂懼而降。堅徙其酋豪六千餘戶於長安。進擊烏延，斬之。鄧羌討衛辰，禽之於木根山。堅自騘馬城如朔方，（騘馬城，在今陝西米脂縣北。）巡撫夷狄。以衛辰為陽夏公，以統其眾。轂尋死。分其部落：貳城已西二萬餘落，封其長子璽為駱川侯，貳城已東二萬餘落，封其小子寅為力川侯；號東西曹。（貳城，胡三省曰：貳縣城，在杏城西北，平涼東南。平涼，苻秦郡，北周改為縣，清為府，民國復為縣，屬甘肅。胡《注》見義熙五年（西元 409 年）。）〈序紀〉：二十九年（西元 366 年），（太和元年。）五月，遣燕鳳使苻堅。三十

年（西元 367 年），（太和二年。）十月，帝徵衛辰。衛辰與宗族西走。收
其部落而還。〈鐵弗傳〉曰：衛辰既立之後，遣子朝獻。昭成以女妻衛辰。
衛辰潛通苻堅。堅以為左賢王。遣使請田內地，春來秋去。堅許之。後掠
堅邊民五十餘口為奴婢，以獻於堅，堅讓歸之。乃背堅，專心歸國。舉兵
伐堅。堅遣其建節將軍鄧羌討禽之。堅至自朔方，以衛辰為陽夏公，統
其部落。衛辰以堅還復其國，復附於堅。帝討衛辰，大破之，收其部落
十六七焉。衛辰奔苻堅。堅送還朔方，遣兵戍之。〈序紀〉昭成攻衛辰在
正月，衛辰侵秦在七月，安得云以專心歸國而伐堅？蓋衛辰附堅，而昭成
侵之耳。堅當是時，理宜助衛辰，因邊釁起，故不果，且伐之。昭成因是
與堅通使，冀共犄衛辰。然衛辰附堅久，故一降伏，堅即復成之，而昭成
轉為所犄也。

　　《魏書・序紀》：昭成三十六年（西元 373 年），（孝武帝寧康元年。）
五月，遣燕鳳使苻堅。三十七年（西元 374 年），（寧康二年。）帝徵衛辰，
衛辰南走。三十八年（西元 375 年），（寧康三年。）衛辰求援於苻堅。
三十九年（西元 376 年），（太元元年。）苻堅遣其大司馬苻洛，率眾二十
萬，及朱彤、張蠔、鄧羌等諸道來寇，侵逼南境。十一月，白部、獨孤部
御之，敗績。南部大人劉庫仁走雲中。帝復遣庫仁率騎十萬，逆戰於石子
嶺，（在雲中盛樂西南。）不利。帝時不豫，群臣莫可任者，乃率國人，
避於陰山之北。高車雜種盡叛，四面寇鈔，不得芻牧，復度漠南。堅軍稍
退，乃還。十二月，至雲中。旬有二日，帝崩。〈昭成子孫傳〉云：初昭
成以弟孤讓國，乃以半部授孤。孤卒，子斤失職懷怨，欲伺隙為亂。是時
獻明皇帝及秦明王翰皆先終，太祖年六歲。昭成不豫，慕容後子闚婆等雖
長，而國統未定。斤因是說寔君（昭成庶長子。）曰：「帝將立慕容所生，
而懼汝為變，欲先殺汝。是以項日以來，諸子戎服，夜持兵杖，繞汝廬
舍，伺便將發。吾慇而相告。」時苻洛等軍猶在君子津，（在雲中西南。）

夜常警備，諸皇子挾杖，旁皇廬舍之間。寔君視察，以斤言為信。乃率其屬，盡害諸皇子。昭成亦暴崩。其夜，諸皇子婦及宮人奔告苻洛軍。堅將李柔、張蠔勒兵內逼。部眾離散。苻堅聞之，召燕鳳問其故。以狀對。堅曰：「天下之惡一也。」乃執寔君及斤，之於長安西市。《晉書·苻堅載記》曰：堅既平涼州，又遣其安北將軍幽州刺史苻洛為北討大都督，率幽州兵十萬，討代王涉翼犍。又遣後將軍俱難與鄧羌等率步騎二十萬，東出和龍，西出上郡，（見第二章第二節。）與洛會於涉翼犍廷。翼犍戰敗，遁於弱水。（據《魏書》、〈序紀〉，當在陰山北。）苻洛逐之。勢窘迫，退還陰山。其子翼圭，縛父請降。洛等振旅而還。堅以翼犍荒俗，未參仁義，令入大學習禮。以翼圭執父不孝，遷之於蜀。散其部落於漢鄣邊故地，立尉監行事官寮領押，課之治業營生。三五取丁。優復三年無稅租。其渠帥歲終令朝獻。出入行來，為之制限。堅嘗至大學，召涉翼犍問曰：「中國以學養性，而人壽考，漠北啖牛羊，而人不壽，何也？」翼犍不能答。又問：「卿種人有堪將者？可召為國家用。」對曰：「漠北人能捕六畜，善馳走，逐水草而已，何堪為將？」又問：「好學否？」對曰：「若不好學，陛下用教臣何為？」堅善其答。《宋書·索虜傳》云：犍為苻堅所破，執送長安。後聽北歸。犍子開，字涉珪代之。《齊書·魏虜傳》云：苻堅遣偽並州刺史苻洛伐犍，破龍庭，禽犍還長安。為立宅，教犍書學。分其部黨居雲中等四郡。諸部主帥，歲終入朝。並得見犍。差稅諸部以給之。堅敗，子珪，字涉圭，隨舅慕容垂據中山，（見第四章第二節。）遂領其部案。《魏書·皇后列傳》言：昭成皇后慕容氏，生獻明帝及秦明王。〈序紀〉云：昭成三十四年春，長孫斤謀反，拔刃向御坐，太子獻明皇帝諱寔格之，傷脅，夏，五月，薨。秋，七月，皇孫珪生。〈皇后傳〉：獻明皇后賀氏，父野幹，東部大人。後少以容儀，選入東宮。生太祖。苻洛之內侮也，後與太祖及故臣吏避難北徙。俄而高車奄來鈔掠。後乘車，與太祖避賊而

南。中路失轄。後懼，仰天而告曰：「國家胤冑，豈止爾絕滅也？唯神靈扶助。」遂馳。輪正不傾。行百餘里，至七介山南，而得免難。案〈苻堅載記〉，明載堅與什翼犍問答，則禽犍之說，必非虛誣。《魏書》記載，自不如中國史籍之可信。疑執昭成者即其太子，魏人諱言其事，乃偽造一獻明，以為道武父，既諱昭成之俘囚，又諱其元子之悖逆，並諱道武之翦滅舅氏，其彌縫亦可謂工矣。然獻明、秦明，皆羌無事跡可徵；闕婆更無可考見；而為獻明所格者，其氏實為魏枝子之氏，而其名又與昭成弟孤之子同，其為子虛烏有之流，更可想見；終不能逃明者之目矣。（《魏書‧昭成子孫傳》：寔君為昭成庶長子，秦明王翰為第三子，又有壽鳩、紇根、地幹、力真、窟咄。唯〈窟咄傳〉云：昭成崩，苻洛以其年長，逼徙長安，苻堅禮之，教以書學，因亂，隨慕容永東遷，此外皆無事跡可考。《通鑑》言犍世子寔及弟翰早卒，寔子珪尚幼，慕容妃之子闕婆、壽鳩、紇根、地幹、力真、窟咄皆長，蓋即據《魏書》為辭，非別有所據。其實諸子是否慕容氏所生，亦難質言也。《魏書》欲偽造寔君悖逆之事，則不得不謂其為慕容氏所生耳。）

《魏書‧太祖紀》云：年六歲，昭成崩，苻堅遣將內侮，將遷帝於長安，既而獲免，語在〈燕鳳傳〉。〈鳳傳〉云：太祖將遷長安，鳳以太祖幼弱，固請於苻堅曰：「代主初崩，臣子亡叛，遺孫沖幼，莫相輔立。其別部大人劉庫仁，勇而有智；鐵弗衛辰，狡猾多變；皆不可獨任。宜分諸部為二，令此兩人統之。兩人素有深仇，其勢莫敢先發，此御邊之良策。待其孫長，乃存而立之，是陛下施大惠於亡國也。」堅從之。〈庫仁傳〉云：母平文皇帝之女，昭成皇帝復以宗女妻之，為南部大人。苻堅以庫仁為陵江將軍、關內侯，令與衛辰分國部眾而統之。自河以西屬衛辰，自河以東屬庫仁。於是獻明皇后攜太祖及衛、秦二王，（衛王儀，秦明王翰子。秦愍王觚，後少子。）自賀蘭部來居焉。庫仁盡忠奉事，不以興廢易節。撫

納離散，恩信甚彰。此中謂太祖少依庫仁，亦屬虛辭，說見第七節。苻堅
當日，蓋欲以鐵弗部人統河東諸部，然又慮其不為諸部所服，故擇一拓跋
氏之婿而用之，俾與衛辰可以無猜，而拓跋舊部，亦不至疑怨，所謂御邊
良策者如此，此或燕鳳所教，〈鳳傳〉所載之辭，則亦非情實也。

# 第四節　肥水之戰

　　苻堅之陷仇池也，使楊安鎮之。其明年，為寧康元年（西元 373 年），
梁州刺史楊亮，遣子廣襲仇池。與安戰，敗績。安進寇漢川。堅又遣王
統、朱彤、毛當、徐成等助之。亮距戰，不利，奔西城。（漢縣，後漢末
置郡，晉改為魏興，見第三章第六節。）彤遂陷漢中。成攻陷二劍。（謂
大小二劍山，在劍閣北，見第三章第六節。）楊安進據梓潼。（見第三章
第六節。）益州刺史周仲孫距之綿竹。（見第三章第六節。）聞毛當將襲成
都，奔於南中。於是梁、益二州皆陷。桓沖使毛穆之督梁州三郡軍事，以
益州刺史領建平太守，戍巴郡。（穆之寶子。建平、巴郡，皆見第三章第
六節。）又以其子球為梓潼太守。穆之與球攻秦，至巴西，以糧乏，退屯
巴東。（巴西、巴東，見第三章第六節。）穆之病卒。二年（西元 374 年），
五月，蜀人張育、楊光等起兵，與巴僚相應。晉益州刺史竺瑤，威遠將軍
桓石虔豁子。率眾三萬據墊江。（見第三章第六節。）育乃自號蜀王，遣
使歸順。與巴僚酋帥李重、尹萬等圍成都。尋育與萬爭權，舉兵相持。七
月，鄧羌與楊安攻滅之。瑤、石虔退屯巴東。堅之攻涼州也，徐州刺史桓
沖，遣宣城內史朱序（宣城，見第三章第九節。）豫州刺史桓伊向壽陽；
（見第三章第四節。）淮南太守劉波，（淮南，見第三章第四節。）泛舟淮、
泗。旋又遣序與江州刺史桓石秀（亦豁子。）溯流稟荊州刺史桓豁節度。
豁遣督護桓熊與序等游軍沔、漢，以圖牽制。然相隔太遠，聲勢不接，涼

州卒陷沒。詔遣中書郎王尋之詣豁，諮謀邊事。豁表以梁州刺史毛憲祖監沔北軍；朱序為梁州刺史，鎮襄陽。時太元二年（西元 377 年），三月也。八月，桓豁卒。十月，以桓沖為荊州刺史。沖以堅強盛，欲移阻江南，乃徙鎮上明。（城名，在今湖北松滋縣西。）謝玄為兗州刺史，多募勁勇。彭城劉牢之等，以驍猛應選。玄以牢之為參軍，使領精銳為前鋒，百戰百勝，號為北府兵。（時稱京口為北府。）下流兵力始強矣。堅使其子丕等圍襄陽，久不拔。堅欲親率眾助之。符融等諫，乃止。四年（西元 379 年），二月，襄陽陷，朱序見執。遂陷順陽。（見第三章第九節。）晉沛郡太守戴，（沛郡，見第三章第一節。）以卒數千戍彭城，（見第五章第四節。）堅兗州刺史彭超請攻之，願更遣重將討淮南諸城。堅乃使超攻彭城，俱難寇淮陰、盱眙。（淮陰，見第四章第二節。盱眙，見第三章第九節。）又使其梁州刺史韋鐘寇魏興。四月，魏興陷，太守吉挹死之。五月，俱難陷淮陰，彭超陷盱眙。進攻幽州刺史田洛於三阿，（幽州僑置。三阿，地名，在今江蘇高郵縣北。）去廣陵百里。（廣陵，見第三章第九節。）京都大震，臨江列戍。毛當、王顯，初隨符丕攻襄陽，及是亦來會。謝玄遣兵敗之。難、超等連棄盱眙、淮陰，退屯淮北。堅聞之，大怒，檻車徵超下獄。超自殺。難免為庶人。是役也，秦蓋喪敗頗甚，史失其詳矣。然晉卒罷彭城、下邳二戍。堅以毛當為雍州刺史，鎮彭城；毛盛為兗州刺史，鎮胡陸；王顯為揚州刺史，戍下邳。（下邳，見第三章第四節。胡陸，見第五章第六節。《通鑑考異》曰：〈帝紀〉及諸傳，皆不言此年彭城陷沒，而《十六國秦春秋》云：彭超據彭城；又云：超分兵下邳，留徐褒守彭城；至七月，以毛當為徐州刺史，鎮彭城；王顯為揚州刺史，戍下邳；是二城俱陷也。案二城或一時陷沒，難、超敗，秦復棄之，晉亦棄不戍，而秦乃又取之也。）六年（西元 381 年），十二月，堅荊州刺史都貴，遣其司馬襄陽太守閻振，中兵參軍吳仲寇竟陵。桓沖遣南平太守桓石虔，竟陵太守郭銓

距破之，斬振及仲。（竟陵、南平，皆見第三章第九節。）七年（西元 382
年），九月，沖使朱綽討襄陽。焚沔北田穀。又遣上庸太守郭寶伐魏興、
上黨。（上庸，見第三章第三節。上黨，見第二章第二節。）八年（西元
383 年），沖又率眾攻襄陽。遣劉波、桓石虔、石民等攻沔北。（石民亦豁
子。）楊亮伐蜀，拔伍城，（蜀漢縣，今四川中江縣東。）進攻涪城。（見
第三章第六節。）胡彬攻下蔡。（見第五章第六節。）郭銓攻武當。（漢縣，
晉僑置始平郡於此，見第三章第九節。）是時，秦之用兵，並不得利。蓋
梁、益為晉兵力最弱之處，故秦取之甚易；荊州兵力本強，下流亦新振
作，故秦所向輒沮也。此時秦欲取晉，非用大兵不可，而肥水之戰作矣。

　　苻堅在諸胡中，尚為稍知治體者，然究非大器。嘗縣珠簾於正殿，以
朝群臣。宮宇、車乘、器物、服御，悉以珠璣、琅玕、奇寶、珍怪飾之。
雖以尚書裴元略之諫，命去珠簾，且以元略為諫議大夫，然此特好名之
為，其諸事不免淫侈，則可想見矣。堅之滅燕也，慕容沖姊為清河公主，
年十四，有殊色，堅納之，寵冠後庭。沖年十二，亦有龍陽之姿，堅又幸
之。（沖儁子。）姊弟專寵，宮人莫進。長安歌之曰：「一雌復一雄，雙飛
入紫宮。」咸懼為亂。王猛切諫，堅乃出沖。其荒淫如此。時西域諸國，
多入朝於堅，堅又使呂光徵之。苻融固諫，堅不聽。蓋一欲誇耀武功，一
亦貪其珍寶也。燕之平也，以王猛為冀州牧，鎮鄴；郭慶為幽州刺史，鎮
薊。後以猛為丞相，苻融代牧冀州。及陷襄陽，以梁成為荊州刺史鎮之。
而以苻洛為益州牧，鎮成都。命從伊闕，自襄陽溯漢而上。（伊闕在洛陽
南。）洛，健之兄子。雄勇多力，而猛氣絕人，堅深忌之，故常為邊牧。
時鎮和龍。（見第一節。）洛疑堅使梁成害之，遂舉兵。苻重鎮薊，亦盡
薊城之眾，會洛兵於中山。（見第四章第二節。）堅遣竇沖、呂光討之，
以苻融為大都督。沖等執洛。呂光追討苻重於幽州。堅徙洛於涼州。徵融
為大將軍，領宗正，錄尚書事。引其群臣於東堂，議曰：「凡我族類，支

胤彌繁，今欲分三原、九嵕、武都、汧、雍十五萬戶於諸方要鎮，諸君之意如何？」（三原，見第五章第六節。九嵕，山名，在今陝西醴泉縣北。武都，見第二章第二節。汧，見第二章第一節。雍，見第三章第五節。）皆曰：「此有周所以祚隆八百，社稷之利也。」於是分四帥子弟三千戶，以配苻丕，（堅庶長子。）鎮鄴。分幽州置平州，以石越為刺史，領護鮮卑中郎將，鎮龍城。（見第五章第二節。）大鴻臚韓胤領護赤沙中郎將，移護烏桓府於代郡之平城（見第四章第二節。）中書梁讜為幽州刺史，鎮薊。毛興為河州刺史，鎮抱罕。（見第五章第一節。）王騰為並州刺史，領護匈奴中郎將，鎮晉陽。（見第三章第四節。）苻暉為豫州牧，鎮洛陽。苻叡為雍州刺史，鎮蒲阪。（見第三章第四節。暉、叡，皆堅子。）堅之分氐戶而留鮮卑也，論者皆以為堅致敗之原，實亦未可一概而論。〈堅載記〉言：慕容垂奔堅，王猛勸堅除之，堅不聽。後其太史令張孟，又言彗起尾箕，掃東井，為燕滅秦之象，勸堅誅慕容及其子弟，堅不納。更以暉為尚書，垂為京兆尹，沖為平陽太守。（京兆、平陽，皆見第二章第二節。）苻融聞之，上疏諫，堅又不聽。其分氐戶於諸鎮也，堅送丕於灞上，（見第五章第六節。）流涕而別。諸戎子弟，離其父兄者，皆悲號哀慟，酸感行人，識者以為喪亂流離之象。趙整因侍，援琴而歌曰：「阿得脂，阿得脂，博勞舊父是仇綏，尾長翼短不能飛。遠徙種人留鮮卑，一旦緩急語阿誰？」堅笑而不納。一似當年留種人而異族，即可措國基於磐石之安者，此事後傅會之辭也。當時五胡，降下異族，徙之腹地者甚多。後趙之於苻洪、姚弋仲，即其一證。蓋使之遠離巢穴，處我肘腋之下，則便於監製；又可驅之以從徵役也。堅之滅燕也，徙關東豪桀及諸雜夷十萬戶於關中，處烏丸雜類於馮翊、北地，（皆見第二章第二節。）丁零翟斌於新安；（參看下節。新安，見第三章第三節。）及平涼州，又徙豪右七千餘戶於關中；意亦如此。此亦未為非計。抑堅在當日，或更有所不得已者。堅甫篡立，

即殺其兄法。其後苻雙、苻柳、苻廋、苻武復叛。苻融在堅諸弟中，最見寵信。其代王猛鎮鄴也，史言堅母苟氏，以融少子，甚愛之，比發，三至霸上，其夕，又竊如融所，內外莫知。心本無他，而為人所牽率，致終餡於叛逆者，有之矣。然則苻洛甫平，融即見徵而代之以丕，蓋亦有所不得已也。太元七年（西元 382 年），法子東海公陽，與王猛子散騎侍郎皮謀反。事洩，堅問反狀。陽曰：「禮云：父母之仇，不同天地。臣父哀公，死不以罪。齊襄復九世之仇，而況臣也？」堅赦不誅，徙陽於高昌，（見第二節。）皮於朔方之北。朔方，（見第三章第八節。）苻融以位忝宗正，不能肅遏奸萌，請待罪私藩，堅不許。堅且能忍於法，而何有於陽？然終不能明正其罪者，勢固有所不可也。宗族猜嫌之深，至於如此，安得不使己諸子，各據重鎮？欲使諸子各據重鎮，安得不配以腹心？然則氐戶在當日，不得不分者勢也。新平王雕，（新平，見第二章第二節。）嘗以圖讖，勸堅徙汧、隴諸氐於京師，置三秦大戶於邊地，其說正與王猛合，猛顧以雕為左道惑眾，勸堅除之，然則謂結聚氐戶，而遂可恃以為安，即猛亦不作是說也。五胡在中國，皆為小種，欲專恃己力以與人角，正是尾長翼短之象。（尾長則所曳者重而難舉，翼短則振起之力微也。）外示寬容，陰圖消彌，未嘗非計之得，特彼此未能融合時，己族亦不可無以自立耳。此則堅之所以敗也。然大一統之局未成，負嵎之勢先失，固由氐戶之散布，實亦肥水一敗，有以啟之，否則慕容垂、姚萇等，雖懷報復之心，安敢一時俱起？故伐晉之舉，實為堅之一大失策。唯此事之真相，亦非如史之所云。史言堅欲伐晉，引草臣議之，群臣皆以為不可。權翼，堅之心腹；石越其大將也；及堅弟陽平公融、太子宏、少子中山公詵皆諫。堅皆弗聽，而唯慕容垂、姚萇及良家少年之言是從。堅最信釋道安，群臣爭不能得，則使安止之。安爭又弗能得，乃勸其止洛陽，勿遠涉江、淮，堅又弗聽。自謂「以吾眾旅，投鞭於江，足斷其流」。夫晉非慕容暐、張天錫之比，

堅不容不知。堅即好諛，亦不容引慕容垂、姚萇為心膂，視良家子為菁
蔡。然則堅之必欲犯晉，蓋尚別有其由。《唐書》載太宗之伐高句麗也，
曰：「今天下大定，唯遼東未賓，後嗣因士馬強盛，謀臣逞以征討，喪亂
方始，朕故自取之，不遺後世憂也。」此辭經史家潤飾，非其本，實則句
麗自隋以來，屢寇遼西，太宗知其為勁敵，度非後嗣所克戡定，故欲自取
之耳。然則堅謂「每思桓溫之寇，江東不可不滅」，乃其由衷之言。彼其
心未嘗不畏晉，又知命將出師，必難克捷，故不恤躬自犯順，而不知其喪
敗之更大而速也。苻融諫堅伐晉曰：「鮮卑、羌、羯，布諸畿甸；舊人族
類，斥徙遐方。今傾國而去，如有風塵之變者，其如宗廟何？監國以弱卒
數萬，留守京師，鮮卑、羌、羯，攢聚如林，此皆國之賊也，我之仇也。
臣恐非但徒返而已，亦未必萬全。臣智識愚淺，誠不足採，王景略一時奇
士，陛下每擬之孔明，其臨終之言，不可忘也。」〈猛傳〉云：猛疾篤，堅
親臨省病。問以後事。猛曰：「晉雖僻陋，正朔相承。親仁善鄰，國之寶
也。臣沒之後，願不以晉為圖。鮮卑、羌虜，我之仇也，終為人患，宜漸
除之，以便社稷。」言終而死。此說亦不免事後傅會。然猛圍鄴時，堅留
太子宏守長安，自率精銳會之，猛潛至安陽迎堅，曰：「監國沖幼，鑾駕
遠臨，脫有不虞，其如宗廟何？」此則初非危辭聳聽，宇文泰河橋一敗，
而長安、咸陽，寇難蜂起，即其明證。然則苻融之論，實非無病而呻，而
惜乎堅之不知慮也。要之伐晉而勝，風塵之變，自可無虞，一敗，則其後
患亦有不可勝言者。堅知晉之終為秦患，命將出師之不足以傾晉，而未知
躬自入犯之更招大禍，仍是失之於疏；而其疏，亦仍是失之於驕耳。

　　太元八年（西元 383 年），苻堅大舉入寇。堅先使苻朗守青州。又以
裴元略為西夷校尉、巴西、梓潼二郡太守，令與王撫備舟師於蜀。已又下
書：悉發諸州公私馬。人十丁遣一。兵門在灼然者，為崇文義從。良家子
年二十已下、武藝驍勇，富室材雄者，皆拜羽林郎。遣苻融、張蠔、苻

方、梁成、慕容暐、慕容垂率步騎二十五萬為前鋒。堅發長安，戎卒六十餘萬，騎二十七萬。前後千里，旌鼓相望。堅至項城，（見第三章第三節。）涼州之兵，始達咸陽；（苻秦郡，今陝西涇陽縣。）蜀、漢之軍，順流而下；幽、冀之眾，至於彭城；東西萬里，水陸齊進。融等攻陷壽春。（見第三章第四節。）垂攻陷項城。梁成與其梁州刺史王顯，弋陽太守王詠等，率眾五萬，屯於洛澗，（在安徽懷遠縣西南。）柵淮以遏東軍。晉以謝石為征討都督，與謝玄、桓伊、謝琰等，水陸七萬，相繼距融，去洛澗二十五里。龍驤將軍胡彬，先保硤石，（在安徽鳳臺縣西南，淮水經其中。）為融所逼，糧盡，潛遣使告石等曰：「今賊盛糧盡，恐不復見大軍。」融軍人獲而送之。融乃馳使白堅，曰：「賊少易俘，但懼其越逸。宜速進眾軍，犄禽賊帥。」堅大悅，舍大軍於項城，以輕騎八千，兼道赴之。令軍人曰：「敢言吾至壽春者拔舌。」故石等弗知。劉牢之率勁卒五千，夜襲梁成壘，克之，斬成及王顯、王詠等十將，士卒死者萬五千。謝石等以既敗梁成，水陸繼進。堅與苻融，登城而望王師。見部陳齊整，將士精銳。又望八公山上草木，皆類人形。（八公山，在鳳臺縣東南。）顧謂融曰：「此亦勁敵也，何謂少乎？」憮然有懼色。堅遣朱序說石等以眾盛，欲脅而降之。序謂石曰：「若秦百萬之眾皆至，則莫可敵也。及其眾軍未集，宜在速戰。若挫其前鋒，可以得志。」石聞堅在壽春，懼，謀不戰以疲之。謝琰勸從序言。遣使請戰，許之。時張蠔敗謝石於肥南，謝玄、謝琰勒卒數萬，陳以待之，蠔乃退。堅列陳逼肥水，王師不得渡。玄遣使謂融曰：「君縣軍深入，置陳逼水，此持久之計，豈欲戰者乎？若小退師，令將士周旋，僕與君公，緩轡而觀之，不亦美乎？」堅眾皆曰：「宜阻肥水，莫令得上。我眾彼寡，勢必萬全。」堅曰：「但卻軍令得過，而我以鐵騎數十萬，向水逼而殺之。」融亦以為然。遂麾使卻陳。眾因亂，不能止。玄與琰、伊等，以精銳八千，涉渡肥水。石軍距張蠔，小退。琰、玄仍進。決戰肥

水南。堅中流矢。臨陳斬融。（此據〈謝玄傳〉。〈堅載記〉云：融馳騎略陳，馬倒被殺。）堅眾奔潰。自相蹈藉，投水死者，不可勝計，肥水為之不流。餘眾棄甲宵遁，聞風聲鶴唳，皆以為王師已至，草行露宿，重以飢凍，死者十七八。堅遁歸淮北。時十月也。肥水之戰，符堅實敗於徒欲以眾懾敵，而別無致勝之方。〈堅載記〉云：朝廷聞堅入寇，會稽王道子以威儀鼓吹，求助於鐘山之神，（在首都朝陽門外。亦名蔣山。相傳漢末，蔣子文為秣陵尉，逐賊至此，為賊所傷而死。屢著靈異，人因祀以為神。六朝人最信之。）奉以相國之號。及堅之見草木狀人，若有力焉。足見謂堅望八公山上草木皆類人形，憮然有懼色者，乃傅會之談。顧堅眾十倍於晉，理應雍容暇豫；乃一聞晉兵少易取，而符融欣喜，急於馳白；堅又輕騎以赴之；既至，則欲以虛聲脅降敵軍；及戰，又急求一決，而不肯阻遏淮水；何其急遽乃爾？無他，自覺絕無致勝之方，故亟思徼倖也。用少眾尚不可以徼倖致勝，況大戰邪？

# 第五節　後燕後秦之興

　　符堅之敗於肥水也，諸軍悉潰，唯慕容垂一軍獨全。堅以千餘騎赴之。垂子寶，勸垂殺堅。（此據〈堅載記〉。〈垂載記〉：垂弟德亦勸之。）垂不從，以兵屬堅。堅收集離散，比至洛陽，眾十餘萬。至澠池，（見第五章第二節。）垂請巡撫燕、岱，並求拜墓。堅許之。權翼固諫，不從。尋懼垂為變，遣石越率卒三千戍鄴，張蠔率羽林五千戍並州，留兵四千配毛當戍洛陽。堅遂歸長安。堅子丕先在鄴。垂至，丕館之於鄴西。初，丁零翟斌，世居康居，後徙中國。咸和五年（西元330年），斌入朝於後趙，後趙以為句町王。永和十九年（西元363年），又有翟鼠，率所部降燕，燕封為歸義王。翟氏本居中山，（見第四章第二節。）符堅滅燕，徙之新

安。見第四章第三節。斌仕秦，為衛軍從事中郎。（翟斌、翟鼠，事據《通鑑》。丁零本北方部落，翟賦則西域種人。自魏、晉以後，西域種人，入北荒部落，與之雜居，且為其渠帥者眾矣。俟敘述四裔事時，當再論之。咸和五年（西元 330 年）朝趙之翟斌，《通鑑考異》曰：「《晉書》、《春秋》作翟真，按秦亡後慕容垂誅翟斌，斌兄子真北走，故知此乃斌也。」）乃是叛。聚眾謀逼洛陽。（事在太元八年十二月，〈本紀〉誤作翟遼。）丕弟暉以告。丕配垂兵二千，遣其將苻飛龍率氐騎一千，為垂之副以討斌。丕誠飛龍曰：「卿王室肺腑，年秩雖卑，其實帥也。垂為三軍之統，卿為謀垂之將。用兵致勝之權，防微杜貳之略，委之於卿。卿其勉之。」苻暉遣毛當擊翟斌，為斌所敗，當死之。垂至河內，（見第二章第二節。）殺飛龍，悉誅氐兵。召募遠近，眾至三萬。翟斌聞垂將濟河，遣使推垂為盟主。垂距之。垂至洛陽，暉閉門死守。斌又遣長史郭通說垂。垂乃許之。垂謀於眾曰：「洛陽四面受敵；北阻大河，控馭燕、趙，非形勝之便。不如北取鄴都，據之以制天下。」眾咸以為然。乃引師而東。垂之發鄴，中子農及兄子楷、紹，弟子宙為苻丕所留。及誅飛龍，遣田生密告農等，使起兵趙、魏以相應。於是農、宙奔列人，（漢縣，今河北肥鄉縣東。）楷、紹奔闡陽。（漢縣，今河北冀縣東南。）眾咸應之。丕遣石越討農，為農所敗，斬越於陳。垂引兵至滎陽。（見第二章第二節。）以太元八年（西元 383 年），自稱大將軍、大都督、燕王，承制行事。以翟斌為建義大將軍，封河南王；翟檀（斌弟。）為柱國大將軍，封弘農王。九年（西元 384 年），二月，垂引丁零、烏丸之眾二十餘萬，長驅攻鄴。農、楷、紹、宙等皆會。慕容暐弟燕故濟北王泓，先為北地長史，北地，（見第二章第二節。）聞垂攻鄴，亡命奔關東。收諸馬牧鮮卑，眾至數千。遂屯華陰。（見第三章第三節。）暐乃潛使諸弟及宗人起兵於外。堅遣將軍強永擊泓，為泓所敗。泓眾遂盛。堅以子熙為雍州刺史，鎮蒲阪。（見第三章第四節。）

徵子叡為都督中外諸軍事，配兵五萬，以竇沖為長史，姚萇為司馬，討泓於華澤。（胡三省曰：華陰之澤。）平陽太守慕容沖，起兵河東，（沖亦弟。平陽，見第二章第二節。）有眾二萬。進攻蒲阪。堅命竇沖討之。泓聞苻叡至，懼，將奔關東。叡馳兵要之。姚萇諫，弗從。戰於華澤，叡敗績，被殺。萇遣使詣堅謝罪。堅怒，殺之。萇懼，奔渭北。遂如馬牧。西州豪族，推為盟主。萇以太元九年四月，自稱大將軍、大單于、萬年秦王。時慕容沖與苻堅相攻，眾甚盛。萇將西上，恐沖遏之，乃遣使通和，以子崇為質。進屯北地，屬兵積粟，以觀時變。堅率步騎二萬討之，敗績。竇衝擊慕容沖於河東，大破之。衝奔泓軍。泓眾至十餘萬。遣使謂堅曰：「秦為無道，滅我社稷。今天誘其衷，使秦師傾敗，將欲興復大燕。吳王已定關東。（時泓自稱都督陝西諸軍事、雍州牧、濟北王，推垂為丞相、都督陝東諸軍、冀州牧、吳王。）可速資備大駕，奉送家兄皇帝並宗室功臣之家。泓當率關中燕人，翼衛皇帝，還反鄴都。與秦以虎牢為界，（虎牢，見第四章第二節。）分王天下，永為鄰好，不復為秦之患也。」堅大怒，召暐責之。已而復其位，待之如初。命以書招諭垂及泓、沖，使息兵。暐密遣使者謂泓曰：「吾既籠中之人，必無還理。吾罪人也，不足復顧。可以吳王為相國；中山王沖。為太宰，領大司馬；汝可為大將軍，領司徒，承制封拜。聽吾死問，汝便即尊位。」泓於是進向長安。泓謀臣高蓋、宿勤崇等，以泓德望後沖，且持法苛峻，乃殺泓，立沖為皇太弟，承制行事。自相署置。苻堅聞衝去長安二百餘里，引歸。時苻暉率洛陽、陝城之眾七萬，歸於長安。（陝城，見第一節。）堅使苻方戍驪山。（在今陝西臨潼縣東南。）配暉兵五萬，使距沖。以苻琳為後繼。暉敗績。堅又以尚書姜宇為前將軍，與琳率眾三萬，擊沖於灞上。（見第五章第六節。）為沖所敗。沖遂據阿房城。（亦稱阿城，在長安西北。）十二月，僭即皇帝位。進逼長安。慕容垂攻鄴，拔其郛。苻丕固守中城。垂塹而圍之。分遣老

弱，於魏郡肥鄉築新興城，以置輜重。（肥鄉，魏縣，今河北肥鄉縣西。）
壅漳水以灌鄴。丕糧竭，馬無草，削松木而食之。而翟斌求為尚書令，垂
弗許，斌怒，密應丕，使丁零決防潰水。事洩，垂誅之。（《通鑑》：並誅
其弟檀、敏。）斌兄子真，率其部眾，北走邯鄲。（見第四章第二節。）
引兵向鄴，欲與丕為內外之勢。垂令其太子寶及子隆擊破之。真自邯鄲北
走。慕容楷追之，戰於下邑，（《十六國疆域志》謂即梁國之下邑縣，案下
邑縣故城，在今江蘇碭山縣，東鄉方不合，恐非。）為真所敗。真遂屯於
承營。（《通鑑》云：真北趨中山，屯於承營，則其地當在中山。中山，見
第四章第二節。）垂謂諸將曰：「苻丕窮寇，必死守不降。丁零叛擾，乃
我心腹之患。吾欲遷師，開其逸路。」於是引師去鄴，北屯新城。丕始具
西問，知苻叡等喪敗，長安危逼。乃遣其陽平太守邵興，率騎一千，將北
引重合侯苻謨、高邑侯苻亮、阜城侯苻定於常山；（見第三章第四節。）
固安侯苻鑑、中山太守王兗於中山；以為己援。垂遣張崇要興，獲之。丕
又遣其參軍封孚，西引張蠔及並州刺史王騰於晉陽。（見第三章第四節。）
蠔、騰以眾寡不赴。丕進退路窮。謀於群僚。司馬楊膺唱歸順之計。丕猶
未從。會黎陽為王師所克，乃變計。（黎陽，見第五章第三節。）

肥水之捷，劉牢之進克譙城。（見第三章第三節。）明年，正月，桓
沖使部將伐新城、魏興、上庸三郡，克之。（新城，見第五章第六節。魏
興，見第三章第六節。上庸，見第三章第三節。）二月，沖卒。荊、江二
州並缺。物論以謝玄勳望，宜以授之。謝安恐為朝廷所疑；又懼桓氏失職；
又慮桓石虔驍猛，居形勝之地，終或難制。乃以桓石民為荊州，移豫州刺
史桓伊刺江州，（伊宣子。）而以石虔為豫州。四月，竟陵太守趙統伐襄
陽，克之。（竟陵，見第三章第九節。襄陽，見第三章第四節。）朝以謝玄
為前鋒都督，率桓石虔徑造渦、潁，經略舊都。玄次下邳，（見第三章第
三節。）苻堅徐州刺史趙遷棄彭城奔還，（彭城，見第五章第四節。）玄進

據之。遣參軍劉襲攻堅兗州刺史張崇於鄄城，克之。（九月。鄄城，見第三章第四節。）進伐青州。遣淮陵太守高素向廣固，（淮陵，漢縣，晉置郡，在今安徽盱眙縣西北。廣固，見第四章第二節。）降堅刺史苻朗。（十月。）又進伐冀州。遣劉牢之、濟北太守丁匡據碻磝；（濟北，見第五章第六節。碻磝，城名，在今山東茌平縣西南。）濟陽太守郭滿據滑臺；（《晉志》，兗州有濟陽郡，實濟陰郡之訛。《宋志》云：晉惠帝分陳留為濟陽郡，則《晉志》闕之。郡當治濟陽縣，在今河南開封縣東北。滑臺，城名，今河南滑縣。）奮武將軍顏雄渡河立營。（此據〈謝玄傳〉。〈本紀〉及〈載記〉作顏肱。）苻丕遣將桑據屯黎陽，玄命劉襲襲據，走之。丕懼，乃遣弟就與參軍焦逵請救於玄。丕書稱「假途求糧，還赴國難。須軍援既接，以鄴與之。若西路不通，長安陷沒，請率所領，保守鄴城。」文降而已。逵與參軍姜讓，密說楊膺：「正書為表。若王師至而丕不從，可逼縛與之。」膺素輕丕，自以力能逼之，乃改書而遣逵等。玄許之。饋丕米二千斛。遣晉陵太守滕恬之守黎陽。（晉陵，見第四章第三節。）三魏皆降。（三魏，見第二章第二節。）時桓石虔以母憂去職，朱序為豫州刺史。（肥水之戰，堅眾小卻，序時在其軍後，唱云堅敗，眾遂大奔，序乃得歸。）玄欲令序鎮梁國，（見第二章第三節。）自住彭城，北固河上，西援洛陽。朝議以徵役既久，宜置戍而還，使玄還鎮淮陰，（見第四章第二節。）序鎮壽陽。（見第三章第四節。）慕容垂謂其弟范陽王德曰：「苻丕，吾縱之不能去，方引晉師，規固鄴都，不可置也。」進師又攻鄴，而開其西奔之路。焦逵至，朝廷欲徵丕任子，然後出師。逵固陳丕款誠無貳，並宣楊膺之意。乃遣劉牢之等率眾二萬，水陸運漕救鄴。牢之至枋頭，（見第四章第二節。）苻丕徵東參軍徐義、宦人孟豐告丕：楊膺、姜讓等謀反。丕收膺、讓戮之。牢之般桓不進。十年（西元 385 年），四月，乃至鄴。垂逆戰，敗績。撤鄴圍，退屯新城。又自新城北走。牢之追之。行二百里，至五橋澤，

（胡三省曰：在臨漳縣北。案當在肥鄉垂所築新城之北。）爭趣輜重，稍亂，為垂所擊，敗績。士卒殲焉。牢之策馬跳五丈澗得免。會苻丕救至，因入臨漳，（即鄴，見第三章第三節。）集亡散，兵復少振。以軍敗徵還。先是梁州刺史楊廣伐蜀，遣巴西太守費統為前鋒。（巴西，見第三章第六節。）苻堅益州刺史王廣，遣其巴西太守康同拒之。數敗，回退還成都。梓潼太守壘襲以涪城來降。（梓潼、涪城，皆見第三章第六節。）堅梁州刺史潘猛棄漢中奔長安。（以上《通鑑》在太元九年（西元 384 年）。）王廣使江陽太守李丕守成都，（江陽，見第三章第六節。）率所部奔隴西。其蜀郡太守任權，斬丕來降。（太元十年二月。）於是梁、益二州皆復。然於大局無甚關係也。

慕暐容暐之遣諸弟起兵於外也，苻堅防守甚嚴，暐謀應之而無因。時鮮卑在城者，猶有千餘人，暐密結之，詐稱子婚三日，請堅幸其第，欲伏兵殺之。謀洩，堅誅暐父子及其宗族。城內鮮卑，無少長，及其婦女皆殺之。長安大饑，人相食。堅與慕容冲戰，各有勝負。苻暉屢為冲所敗，堅讓之。暉憤恚，自殺。太元十年（西元 385 年），三月，堅使奉表請迎。四月，謝安自率眾救之。然特以避會稽王道子而已，非真有意於北略也。（見第七章第一節。）時長安城中，有書曰《古苻傳信錄》，載「帝出五將久長得」。先是又謠曰：「堅入五將山長得。」堅大信之，告其太子宏曰：「既如此言，天或導予。今留汝兼總戎政，勿與賊爭利。吾當出隴，收兵運糧以給汝。」遂將其少子中山公詵、張夫人，率騎數百，出如五將。（〈本紀〉在五月。五將山，在今陝西岐山縣東北。）宣告州郡，期以孟冬救長安。宏尋將母妻、宗室男女數千騎出奔。百寮逃散。慕容冲入長安，（〈本紀〉在六月。）縱兵大掠，死者不可勝計。宏歸其南秦州刺史楊璧於下辯。（見第五章第一節。）璧距之。乃奔武都氐豪張興，（武都，見第二章第二節。）假道歸順。（朝廷處宏於江州。桓玄篡位，以宏為涼州刺

史。義熙初，以叛誅。見第七章第三節。）八月，謝安卒。姚萇屯北地，聞慕容沖攻長安，議進取之計。群下咸曰：「宜先據咸陽。」（見上節。）萇曰：「燕因懷舊之士而起兵，若功成事捷，咸有東歸之思，安能久固秦川？吾欲移兵嶺北，（胡三省曰：「謂九嵕之北，凡新平、北地、安定之地皆是。」九嵕，見第四節。新平、安定，皆見第二章第二節。）廣收資實，須秦敝燕回，然後垂拱取之。」乃遣諸將攻新平，克之。因略地至安定。嶺北諸城盡降。苻堅入五將山，萇遣將軍吳忠圍堅。堅眾奔散。萇如新平，忠執堅送之。萇縊堅於佛寺。中山公詵及張夫人皆自殺。時八月也。慕容沖畏垂之強，不敢東歸。課農築室，為久安之計。鮮卑咸怨。十一年（西元 386 年），二月，沖左將軍韓延，因眾心不悅，攻殺沖。立衝將段隨為燕王。三月，沖僕射慕容恆、尚書慕容永襲殺隨。（永，廆弟運之孫。）立宜都王子。帥鮮卑男女四十餘萬口，去長安而東。恆弟護軍韜誘，殺之於臨晉。（見第三章第七節。）恆怒，舍韜去。永與武衛刁雲攻韜。韜敗，奔恆營。恆立沖子瑤。眾皆去瑤奔永。永執瑤殺之。立泓子忠。至聞喜，（漢縣，今山西聞喜城西南。）聞垂已稱尊號，不敢東。築燕熙城而居之。（在聞喜北。）六月，刁雲又殺忠。推永為河東王。稱藩於垂。（以上叙西燕事兼據《北史》及《通鑑》。《晉書》於西燕事始末不具。〈本紀〉於太元十一年正月，書慕容衝將許木末殺沖於長安。〈慕容盛載記〉曰：沖為段木延所殺。木末、木延，蓋皆韓延之黨也。）鮮卑既東，長安空虛。盧水胡郝奴（盧水胡，見第二章第二節。）帥戶四千入之，稱帝。姚萇攻奴，降之。萇遂據長安，僭即皇帝位。（姚萇僭位，《晉書·載記》在太元十一年（西元 386 年），《通鑑》繫於四月。《晉書·本紀》書其事於十年八月，蓋因苻堅死連書之。十一年正月，慕容沖尚在長安，萇必不能於十年八月入長安稱帝也。沖死而鮮卑眾乃東下，〈姚萇載記〉謂沖率眾東下而長安空虛，亦誤。）

　　苻堅之死也，苻丕復入鄴城，將收兵趙、魏，西赴長安。會其幽州刺
史王永，平州刺史苻沖，頻為慕容垂將平規所敗，乃遣昌黎太守宋敞，焚
燒和龍、薊城宮室，率眾三萬，進屯壺關。（昌黎，見第二章第二節。壺
關，見第三章第四節。）遣使招丕。丕乃去鄴，率男女六萬餘口，進如潞
川。（見第一節。）張蠔、王騰迎之，入據晉陽。始知堅死問。太元十年
（西元 385 年），九月，丕僭即皇帝位於晉陽。苻定、苻紹據信都，（見第
四章第二節。）苻謨、苻亮據常山，慕容垂之圍鄴城也，並降於垂，聞丕
稱尊號，遣使謝罪。中山太守王兗，固守博陵，（見第三章第三節。）與垂
相持。左將軍竇沖，秦州刺史王統，河州刺史毛興，益州刺史王廣，南秦
州刺史楊璧，衛將軍楊定，並據隴右，遣使招丕，請討姚萇。丕大悅，各
加官爵。已而定、紹、謨、亮，復降於垂。垂子驎陷中山，王兗及固安侯
苻鑑，並為所殺。王廣攻毛興於枹罕，（見第五章第一節。）為所敗，奔
其兄統於秦州，為隴西鮮卑匹蘭所執，送詣姚萇。（萇疾篤，姚興殺之。）
興謀伐王統，枹罕諸氐，皆疲不堪命，乃殺興，推衛平為刺史。已以其年
老，復廢之，而推苻堅之族孫登。王統亦降於姚萇。（見《萇載記》。）丕
率眾四萬，進據平陽。慕容永恐不自固，使求假道還東。丕弗許。初苻堅
尚書令苻纂，自關中奔丕。及是，丕遣王永及纂攻慕容永。大敗，王永死
之。纂之奔丕也，部下壯士三千餘人。丕猜而忌之。及王永敗，懼為纂所
殺，率騎數千，南奔東垣。（城名，在今河南新安縣東。）荊州刺史桓石
民，遣將軍馮該，自陝要擊，臨陳斬丕。時太元十一年（西元 386 年），十
月也。執其太子寧、長樂王壽，送於京師。丕之臣佐，皆投慕容永。永乃
進據長子，（見第三章第四節。）僭稱尊號。苻纂及弟師奴，率丕餘眾數
萬，奔據杏城。（見第三章第八節。）丕尚書寇遺，奉丕子渤海王懿、濟
北王昶，自杏城奔苻登。十一月，登僭即皇帝位。立懿為皇太弟。（後又
自立其子崇為皇太子。）遣使拜纂都督中外諸軍事，進封魯王。師奴為並

州牧朔方王。纂怒，謂使者曰：「渤海王世祖之孫，（世祖，堅偽廟號。）先帝之子，南安王何由不立而自尊乎？」纂長史王旅諫曰：「南安已立，理無中改。賊虜未平，不可宗室之中，自為仇敵。願大王遠蹤光武推聖公之義，梟二虜之後，徐更圖之。」纂乃受命。登馮翊太守蘭犢，（馮翊，見第二章第二節。）與纂首尾，將圖長安。師奴勸纂稱尊號。纂不從。乃殺纂，自立為秦公。蘭犢絕之。慕容永攻犢，犢請救於姚萇。萇自往赴之。師奴距萇，大敗，萇盡俘其眾。又擒蘭犢。苻登能戰而寡謀，且極殘暴。（登初與姚萇弟碩德相持，時歲旱眾饑，道殣相望，登每戰殺賊，名為熟食，謂軍人曰：「汝等朝戰，夕便飽肉，何憂於饑？」士眾從之，啖死人肉。）與萇相持積年，關、隴豪右及氐、羌，各有所附。太元十八年（西元 393 年），十月，萇死。登聞之，喜。留其弟廣守雍，（見第三章第五節。）太子崇守胡空堡，（在今陝西邠縣西南。登據新平與萇相持最久。後其將金槌以新平叛降萇，登乃轉據雍。）自雍盡眾而東。萇子興，使尹緯拒之。登敗，單馬奔雍。廣、崇聞登敗，出奔，眾散，登至，無所歸，遂奔平涼，（苻秦郡，今甘肅平涼縣西北。）收集遺眾，入馬毛山。（亦作馬髦，《十六國春秋》作馬屯山，在今甘肅固原縣西南。）遣子汝陰王宗質於乞伏乾歸，結昏請救。乾歸遣騎二萬救登。登引軍出迎，與姚興戰於山南，被殺。崇奔湟中，僭稱尊號。為乾歸所逐而死。前秦遂亡。時太元十九年（西元 394 年）也。

　　慕容垂以太元十一年正月僭位，定都中山。遣慕容楷等攻苻堅冀州牧苻定，鎮東苻紹，幽州牧苻謨，鎮北苻亮。定等悉降。先是翟真自承營徙屯行唐。（今河北行唐縣。）真司馬鮮於乞殺真。盡誅翟氏。自立為趙王。營人攻殺乞。迎立真從弟成。真子遼奔黎陽。（《通鑑》系太元十年四月。）成長史鮮於得斬成降垂。垂入行唐，悉坑其眾。（《通鑑》在七月。）垂僭位之月，段遼據黎陽反，執太守滕恬之。三月，泰山太守張

願叛降遼，河北騷動。謝玄自以處分失所，上疏求解所職。（時玄督徐、
兗、青、司、冀、幽、並七州。）詔慰勞，令且還鎮淮陰。以朱序為青、
兗二州刺史，代玄鎮彭城。序求鎮淮陰，許之。（太元十二年正月。）先
是翟遼寇譙，又使其子釗寇陳潁，（見第三章第三、第四節。）序皆擊走
之。而高平人翟暢，（高平，見第二章第二節。）又執太守，以郡降遼。
慕容垂攻之。遼請降。已而復叛。十三年（西元 388 年），四月，以朱序
為雍州刺史，戍洛陽。河南太守楊佺期，南陽太守趙睦，各領兵千人隸
序。（河南，見第二章第二節。南陽，見第三章第四節。）譙王恬之刺青、
兗。（〈傳〉作恬。承之孫。承見第四章第三節。）五月，翟遼徙屯渭臺。
七月，其將翟發寇洛陽。河南太守郭給距走之。十四年（西元 389 年），四
月，遼寇滎陽，執太守鄭卓。十五年（西元 390 年），正月，譙王恬之薨。
時劉牢之復戍彭城。與翟遼及張願戰於泰山，敗績。苻堅將張遇遣兵擊破
金鄉，（見第四章第二節。）圍泰山太守羊邁。（泰山，見第三章第四節。）
八月，牢之遣兵擊走之。遂進平泰山。追翟釗於鄄城。釗走河北，獲張遇
以歸。十五年（西元 390 年），正月，慕容永率眾向洛。朱序自河陰北濟，
（河陰見第三章第四節。）與永將王次等戰於沁水，次敗走。趙睦與江夏相
桓不才追永，破之於大行。永歸上黨。序追至上黨之白水。相持二旬，聞
翟遼欲向金墉，（見第三章第二節。）乃還。攻釗於石門。（見第四章第三
節。）遣參軍趙蕃攻遼於懷縣，（見第四章第二節。）遼宵遁。序還襄陽。
十六年（西元 391 年），正月，慕容永寇河南，楊佺期擊破之。十月，翟
遼死，釗代立。十七年（西元 392 年），六月，慕容垂襲釗於黎陽，敗之。
釗奔慕容永。（歲餘，謀叛永，永殺之。）初姚萇將竇沖歸順，拜為東羌
校尉。沖復反，入漢川，襲梁州。安定人皇甫釗，京兆人周勳等謀納之。
梁州刺史周瓊告急於朱序。序遣將軍皇甫真赴之。釗、勳散走。序以老病
去。十月，擢郗恢為雍州刺史。（恢曇子。）時巴、蜀在關中者，多背姚

萇，據弘農以結苻登。登署竇沖為左丞相，徙屯華陰。（沖氐人，故欲藉之以撫巴、蜀。）楊佺期遣上黨太守荀靜戍皇天塢以距之。（未詳。）沖數來攻。郗恢遣趙睦守金墉，佺期次湖城，（見第三章第三節。）討沖走之。十八年（西元393年），十一月，慕容垂伐慕容永。十九年（西元394年），五月，敗其兵。六月，圍長子。永窮蹙，遣其子弘求救於恢。恢陳「垂若並永，其勢難測。今於國計，謂宜救永。」孝武帝以為然，詔王恭、（兗州。）庾楷（豫州。）救之。未發，八月，長子陷，永為垂所殺。垂使慕容農略地河南。攻廩丘、（見第三章第三節。）陽城，（漢縣，晉嘗置郡，後罷，在今河南登封縣東南。）皆陷之。泰山、琅邪（見第二章第三節。）諸郡，皆委城奔潰。農進師臨海，置守宰而還。垂告捷於龍城之廟。

　　姚興以太元十九年（西元394年），僭即帝位於槐里。（見第三章第五節。）是歲，苻登死。而興安南強熙、鎮遠楊多叛，推竇沖為盟主，所在擾亂。興率諸將討之。軍次武功，（漢縣，今陝西武功縣。）多兄子良國，殺多而降。沖弟彰武，與沖離貳，衝奔強熙。熙聞興將至，率戶二千奔秦州。竇衝奔汧川，汧川氐仇高執送之。沖從弟統，率其眾降於興。強熙圍上邽，興秦州牧姚碩德擊破之。熙南奔仇池，遂假道歸順。慕容永滅，其河東太守柳恭等各阻兵自守。（河東，見第二章第二節。）興遣姚緒討之。恭勢屈，請降。徙新平、安定新戶六千於蒲阪。隆安元年（西元397年），興率眾寇湖城。弘農太守陶仲山，華山太守董邁降於興。（弘農，見第二章第二節。華山，胡三省云：「晉分弘農之華陰，京兆之鄭，馮翊之夏陽置。」蓋東晉所置也。鄭縣，見第三章第三節。夏陽，秦縣，在今陝西韓城縣西南。）興遂如陝城。進寇上洛，（見第三章第五節。）陷之。先是晉平遠將軍護氐校尉楊佛嵩，率胡、蜀三千餘戶，降於姚萇。楊佺期、趙睦追之。萇遣姚崇赴救，大敗晉師，斬睦。萇以佛嵩為鎮東將軍。及是，興遣崇與佛嵩寇洛陽。太守夏侯宗之固守金墉。崇攻之，不克。乃陷柏谷，

（塢名，在河南偃師縣西南。）徙流人二萬餘戶而還。三年（西元 399 年），十月，佛嵩卒陷洛陽，執太守辛恭靖。洛陽既陷，淮、漢以北諸城，多請降送任於興。順陽太守彭泉，亦以郡降。（順陽，見第三章第九節。）興遣楊佛嵩與其荊州刺史趙矅迎之。遂寇陷南鄉，（後漢侯國，魏為郡，晉廢，旋復置，在今河南淅川縣東南。）略地至梁國而歸。

　　肥水戰後，諸胡紛紛，其力，無一足以占據北方者，實為晉人恢復之好機會。然晉於是時，初不能出師經略。若不得已而出師，則謝玄、劉牢之、朱序等兵力皆嫌不足；謝安更無論矣。蓋晉之君臣，本無遠略；肥水之戰，在秦雖有取敗之道，在晉亦為幸勝；故其情勢如此也。然則後燕、後秦之克分據北方，非其力足自立，乃晉實縱之耳。參看第八第九兩節自明。

# 第六節　秦涼分裂

　　前涼建國，武功文治，均無足觀，特以地處偏隅，為中原控制之力所不及，遂獲割據自立者七十餘年。苻堅喪敗，姚萇繼據關中，其駕馭之力，自又在前趙及前秦之下。於是西北一隅，割據者復紛紛而起矣。

　　呂光，略陽氐人。（略陽，見第二章第二節。）〈載記〉云：「其先呂文和，漢文帝初，自沛避難徙焉，世為酋豪。」此五胡諸種自託於漢族之故智，不足信也。光為苻堅將，數有戰功。前涼之亡也，堅以梁熙為涼州刺史，鎮姑臧。（見第二節。）熙遣使西域，稱揚堅之威德，並以採繒賜諸國王。於是朝獻者十有餘國。後鄯善王休密馱，車師前部王彌寘來朝。大宛獻汗血馬。天竺獻火浣布。康居、於寘及海東諸國，凡六十有二王，皆遣使貢其方物。（西域朝獻之事，《晉書・堅載記》前後三敘。其實初十餘國來朝是一次，此初通時事；後六十二王來朝，則系總括既通以後之事。

《晉書》叔述誤緄。）堅初慕漢文之返千里馬，命群臣賦〈止馬詩〉，所獻馬悉返之。真等請年年貢獻。堅以西域路遙，不許。令三年一貢，九年一朝，以為永制。真等又乞依漢置都護。堅乃以光為持節都督西討諸軍事，與姜飛、彭晃、杜進、康盛等，配兵七萬，以討定西域。苻融固諫，朝臣又屢諫，皆不納。光以太元八年（西元 383 年）發長安。行至高昌，（見第二節。）聞堅寇晉，欲更俟後命。杜進勸之，光乃進。至焉者，其王泥流，率其旁國請降。龜茲王帛純距光，光破之，入其城。諸國貢款屬路。光以馳二萬頭，致外國珍寶及奇伎異戲、殊禽怪獸千有餘品，駿馬萬餘匹而還至宜禾，（晉縣，在今甘肅安西縣境。）梁熙謀閉境距之。高昌太守楊翰請「守高梧谷口，而奪其水。彼既窮渴，自然投戈。如以其遠，伊吾之關，亦可距也。（此據〈苻丕載記〉。〈光載記〉云：請守高桐、伊吾二關。胡三省曰：「高梧谷口，當在高昌西界。」伊吾，漢伊吾盧地，晉置伊吾縣，在今甘肅安西縣西北。）若度此二要，雖有子房之策，難為計矣」。熙弗從。美水令犍為張統，（美水，未詳。犍為，見第三章第六節。）說熙奉行唐公洛為盟主，以攝眾望。則光無異心，可資其精銳以東。熙又不從。殺洛於西海。（苻秦郡，今寧夏居延縣。）使子胤率眾五萬，距光於酒泉。（見第三章第七節。）光至高昌，楊翰以郡迎降。初光聞翰之說，惡之；又聞苻堅喪敗，長安危逼；謀欲停師。杜進諫曰：「梁熙文雅有餘，機鑑不足，終不能納善從說也。聞其上下未同，宜在速進。」光從之。敦煌太守姚靜，晉昌太守李純，以郡降光。（敦煌，見第二章第二節。晉昌，見第三章第七節。）光以彭晃、杜進、姜飛等為前鋒，擊胤於安彌，（漢綏彌縣，後漢曰安彌，在今甘肅酒泉縣東。）大敗之。胤輕將麾下數百騎東奔，杜進追禽之。武威太守彭濟執熙迎光，光殺之。（武威，見第二章第二節。）西郡太守索泮，酒泉太守宋皓等，並為光所殺。（西郡，見第二章第二節。）光入姑臧，自領涼州刺史、護羌校尉。（〈光載記〉。〈本

紀〉：太元九年（西元 384 年），十月，呂光稱制於河右，自號酒泉公。十年（西元 385 年），九月，呂光據姑臧，自稱涼州刺史。）光主簿尉祐，奸佞傾薄人也。與彭濟同謀執梁熙。光深見寵任。乃譖誅南安姚皓，天水尹景等名士十餘人，（南安、天水，皆見第二章第二節。）遠近頗以此離貳。光尋擢祐為金城太守。（金城，見第二章第二節。）祐次允吾，（見第三章第五節。）襲據外城以叛。祐從弟隨據鸇陰以應之。（漢鸇陰縣，後漢曰鸛陰，在今甘肅靖遠縣西北。）光遣其將魏真討隨。隨敗，奔祐。姜飛又擊敗祐。祐奔興城，（胡三省曰：「當在允吾之西。」）搧動百姓，夷夏多從之。初苻堅之敗，張天錫南奔，其世子大豫，為長水校尉王穆所匿。及堅還長安，穆將大豫奔禿髮思復鞬。禿髮思復鞬送之魏安。（前涼郡，在今甘肅古浪縣東。）魏安人焦松、齊肅、張濟等起兵數千，迎大豫於揖次。（漢揟次縣，《晉書》作揖次，蓋譌文也。在古浪縣北。）陷昌松郡。（漢蒼松縣，後漢作倉松，前涼置昌松郡，在古浪縣西。）光遣杜進討之，為大豫所敗。大豫遂進逼姑臧。王穆諫曰：「呂光糧豐城固，甲兵精銳，逼之非利。不如席捲嶺西，（嶺謂洪池嶺，見第五章第二節。）勵兵積粟，東向而爭，不及期年，可以平也。」大豫不從。乃遣穆求救於嶺西諸郡。建康太守李隰，祁連都尉嚴純及閻襲起兵應之。（《唐書·地理志》：張掖西北有祁連山，北有建康軍。張掖，見第二節。）大豫進屯城西。王穆率眾三萬，及思復鞬子奚乾等陳於城南。光出擊，破之，斬奚乾等。（《通鑑》在太元十一年（西元 386 年）。）大豫自西郡詣臨洮，（見第五章第一節。）驅略百姓五千餘戶，保據俱城。（在臨洮界。）彭晃、徐炅攻破之。大豫奔廣武，（見第五章第二節。）穆奔建康。廣武人執大豫送之，斬於姑臧市。《通鑑》在太元十二年（西元 387 年）。光於是自稱涼州牧酒泉公。（《通鑑》在太元十一年十二月。）王穆襲據酒泉，自稱大將軍、涼州牧。時穀價踴貴，斗直五百，人相食，死者大半。光西平太守康寧，自稱匈奴

王，阻兵以叛。（西平，見第二章第二節。）光屢遣討之，不捷。初光之定河西也，杜進有力焉。以為武威太守。既居都尹，權高一時。出入羽儀，與光相亞。光甥石聰，至自關中。光曰：「中州人言吾政化何如？」聰曰，「止知有杜進耳，實不聞有舅。」光默然，因此誅進。徐炅與張掖太守彭晃謀叛。光遣師討炅。炅奔晃。晃東結康寧，西通王穆。光議將討之。諸將咸曰：「今康寧在南，阻兵伺隙。若大駕西行，寧必乘虛，出於嶺左。晃、穆未平，康寧復至，進退狼狽，勢必大危。」光曰：「事勢實如卿言。今而不往，當坐待其來。晃、穆共相唇齒，又同惡相救，東西交至，城外非吾之有。若是，大事去矣。今晃叛逆始爾，寧、穆與之情契未密。及其倉卒，取之為易。且隆替命也，卿勿復言。」光於是自率步騎三萬倍道兼行。既至，攻之。二旬，晃將寇斬關納光。光誅晃。王穆以其黨索嘏為敦煌太守，既而忌其威名，率眾攻嘏。光聞之，率步騎二萬攻酒泉，克之。進次涼興。（胡三省曰：「涼興郡，河西張氏置，在唐瓜州常樂縣界。」按唐常樂縣，在今甘肅安西縣西。）穆引師東還，路中眾散，穆單騎奔騂馬。晉縣，在今甘肅玉門縣境。騂馬令郭文斬首送之。（《通鑑》在太元十二年（西元 387 年）。）太元十四年（西元 389 年），光僭即三河王位。南羌彭奚念入攻白土，（後漢縣，今西寧東南之白土城。）光遣討之，大敗。乃親討之。攻克枹罕。（見第五章第一節。）又以子覆為西域大都護，鎮高昌。太元二十一年（西元 396 年），光僭即天王位。

　　乞伏國仁，隴西鮮卑人也。在昔有如弗斯、出連、叱盧三部，自漠北南出大陰山。遇一巨蟲於路，狀若神龜，大如陵阜。乃殺馬而祭之，祝曰：「若善神也，便開路；惡神也，遂塞不通。」俄而不見，乃有一小兒在焉。時又有乞伏部，（《魏書》本傳云：「其先如弗，自漠北南出」。則乞伏當屬三部中之如弗部。如弗與女勃音近，竊疑當居女勃水畔。）有老父無子者，請養為子。眾咸許之。老父欣然，自以有所依憑，字之曰紇幹。紇

幹者，夏言依倚也。年十歲，驍勇善騎射，彎弓五百斤。四部服其雄勇，推為統主。號曰乞伏可汗託鐸莫何。託鐸者，言非神非人之稱也。其後有祐隣者，即國仁五世祖也。泰始初，率戶五千，遷於夏緣。（未詳。）部眾稍盛。鮮卑鹿結，七萬餘落，屯於高平川。（見第二章第二節。）與祐隣迭相攻擊。鹿結敗，南奔略陽。祐隣盡並其眾。因居高平川。祐隣死，子結權立。徙於牽屯。（山名，開頭之音轉。開頭山，在今甘肅平涼縣西，即崆峒山也。）結權死，子利那立。利那死，弟祁埕立。祁埕死，利那子述延立。討鮮卑莫侯於苑川，大破之，（胡三省曰：「苑川水，出天水勇士縣之子城南山。東流，歷子城川。又北，徑牧師苑，故漢牧苑之地也，有東西苑城，相去七里。西城即乞伏所都也。」按勇士，漢縣，在今甘肅榆中縣東北。《胡注》見成帝咸和四年（西元329年）。）降其眾二萬餘落。因居苑川。述延死，子傉大寒立。會石勒滅劉曜，懼而遷於麥田元孤山。（《水經注》：「麥田山，在安定北界。山之東北有麥田城。又北有麥田泉。」按麥田城，在今甘肅靖遠縣東北。）大寒死，子司繁立。（《通鑑》在咸和四年（西元329年）。）始遷於度堅山。（在今甘肅皋蘭縣東北，黃河西北。）尋為苻堅將王統所襲，部眾叛降於統，司繁乃詣統降於堅。堅署為南單于，留之長安。以司繁叔父吐雷為勇士護軍，撫其部眾。俄而鮮卑勃寒，侵斥隴右，堅以司繁為使持節都督討西胡諸軍事、鎮西將軍以討之。勃寒懼而請降。司繁遂鎮勇士川。（《通鑑》在寧康元年（西元373年）。）甚有威惠。司繁卒，國仁代鎮。（《通鑑》在太元元年（西元376年）。）及堅興壽春之役，徵為前將軍，領先鋒騎。會國仁叔父步頹叛於隴西，堅遣國仁還討之。步頹聞而大悅，迎國仁於路。國仁乃招集諸部；有不附者，討而並之；眾至十餘萬。太元十年（西元385年），自稱大都督、大將軍、大單于、秦、河二州牧，築勇士城以居之。苻登署為苑川王。十三年（西元388年），國仁死，子公府幼，君臣立其弟乾歸。遷於

金城。亦受署於苻登。登為姚興所逼，遣使請兵，乾歸遣騎二萬救之。會
登為興所殺，乃還。國仁、乾歸，多服氐、羌、鮮卑雜部，盡有隴西、巴
西之地。呂光遣呂方及其弟呂寶討乾歸。寶濟河，為乾歸所敗，寶死之。
光率眾十萬，將伐乾歸。左輔密貴周，左衛莫者羖羝言於乾歸，乾歸乃稱
藩於光，遣子勃勃為質。既而悔之，誅周等。乾歸從弟軻殫，與乾歸弟益
州不平，奔於光。光又伐之。咸勸其東奔成紀。（見第三章第八節。）乾
歸不從。隆安元年（西元 397 年），光次於長最，（見第五章第二節。）使
子纂克金城，弟天水公延克臨洮、武始、河關。（晉狄道郡，張駿改為武
始。狄道，見第五章第二節。河關，漢縣，在今甘肅導河縣西。）乾歸乃
縱反間，稱乾歸眾潰，東奔成紀。延信之，引師輕進。與乾歸遇，敗死。
光還。乾歸遷於苑川。姚興使姚碩德率眾五萬伐之。興偕師繼發。乾歸距
之隴西，為興所敗。遁還苑川。遂走金城。率騎數百，馳至允吾。禿髮利
鹿孤遣弟傉檀迎之。（隆安四年（西元 400 年）。）

　　禿髮烏孤，河西鮮卑人也。其先與後魏同出，已見第三章第八節。烏
孤八世祖匹孤，率其部自塞北遷於河西。其地東至麥田、牽屯，西至溼
羅，（未詳。）南至澆河，（在今青海巴燕縣西，後涼嘗置郡。）北接大漠。
匹孤卒，子壽闐立。《魏書》云：「初母孕壽闐，因寢產於被中，乃名禿髮，
其俗為被覆之義。」案禿髮、拓跋，明系同音異譯。（《廿二史考異》云：
「古讀輕脣如重脣，發從犮得聲，與跋音正相近。魏伯起書尊魏而抑涼，
故別而二之。晉史亦承其說。」案此亦非魏收所為，蓋魏人當日，有意將
己與南涼之氏，異其譯文也。）后土之說，既不足信，被覆之義，或反是
真。特遷徙既始匹孤，則其與元魏之分攜，亦當在此際，無緣至壽闐始得
此氏。此或被覆之義為實，產於被中之說，出於附會；亦或產於被中之說
並真，唯初不屬於壽闐。傳說之輾轉淆訛，率多如此，不足怪也。壽闐
卒，孫樹機能立。其事已見第二章第二節。樹機能死，從弟務丸立。死，

孫推斤立。死，子思復鞬立。部眾稍盛。烏孤即思復鞬之子也。呂光署為河西鮮卑大都統、廣武縣侯。築廉川堡都之。（在今青海樂都縣東。）烏孤討破諸部。光進其封為廣武郡公。又遣使署為益州牧、左賢王。烏孤不受。隆安元年（西元 397 年），自稱大都督、大將軍、大單于、西平王。朧兵廣武，攻克金城。光遣將軍竇苟來伐，戰於街亭，大敗之。（街亭，在今甘肅永登縣北。）降光樂都、湟河、澆河三郡。（樂都、湟河，皆後涼郡。樂都即今樂都縣。湟河在樂都東南。）嶺南數萬落皆附之。後光將楊軌來奔，（見下。）烏孤更稱武威王。二年（西元 398 年），（據〈本紀〉。）徙於樂都。署弟利鹿孤為西平公，鎮安夷；（漢縣，在今青海西寧縣東。）傉檀為廣武公，鎮西平。（見第二章第二節。）陰有圖姑臧之志。後又以利鹿孤為涼州牧，鎮西平。三年（西元 399 年），八月，烏孤卒，利鹿孤即偽位。徙居西平。乞伏乾歸之敗，利鹿孤遣傉檀迎之，處之於晉興。（見第五章第二節。）南羌梁弋等遣使招之。乾歸將叛，謀洩，利鹿孤遣弟吐雷屯於捫天嶺。（胡三省曰：「在允吾東南。」）乾歸懼為利鹿孤所害，送其子熾磐兄弟為質，而奔長安。（隆安四年八月。）姚興大悅，署為河州刺史、歸義侯。遣還鎮苑川，盡以其部眾配之。

　　沮渠蒙遜，張掖臨松盧水胡人也。（盧水胡，見第二章第二節。臨松，前涼郡，在張掖之南。）其先世為匈奴左沮渠，遂以官為氏。（《晉書・載記》。）羌之酋豪曰大，故又以大冠之焉。（《宋書・大且渠蒙遜傳》。〈傳〉曰「以位為氏，以大冠之」，則大非氏。）世居盧水為酋豪。祖祁復延，封狄地王。父法弘襲爵。苻氏以為中田護軍。（胡三省曰：「中田護軍，蓋呂光所置，鎮臨松。」案苻氏時已有之，則非呂光所置也。胡《注》見安帝元興二年（西元 403 年）。）蒙遜代父領部曲，有雄略，多計數，為諸胡所推服。呂光自王於涼州，使蒙遜自領營人配箱直。又以蒙遜叔父羅仇為西平太守。隆安元年（西元 397 年），春，光遣子纂率羅仇伐

乞伏乾歸，為乾歸所敗。光委罪羅仇，殺之。（此據《宋書・蒙遜傳》。《晉書・蒙遜載記》，以羅仇與麴粥，皆為蒙遜伯父。從光徵河南，光前軍大敗，麴粥勸兄羅仇叛光，羅仇不肯，俄而皆為光所殺。據〈呂光載記〉，羅仇為光尚書，麴粥為三河太守。三河，後涼郡，治白土。）四月，蒙遜求還葬羅仇，因聚眾萬餘人叛光。殺臨松護軍，屯金山。（在今甘肅山丹縣西南。）五月，為呂纂所破，將六七人逃山中。（亦據《宋書》本傳。《晉書・蒙遜載記》：蒙遜並殺光中田護軍馬邃，臨松令井祥。〈呂光載記〉云纂敗蒙遜於忽谷。胡三省曰：「忽谷，當在刪丹界。」）蒙遜兄男成，先為將軍，守晉昌。聞蒙遜起兵，逃奔貲虜，搧動諸夷，眾至數千。酒泉太守壘成討之，敗死。男成進攻建康。說太守段業，（業京兆人，為杜進記室。）欲奉為主。業不從。相持二旬，外救不至。業先與光侍中房晷、僕射王詳不平，慮不自容，乃許之。男成等推業為涼州牧、建康公。光命呂纂討業。蒙遜進屯臨洮，為業聲勢。戰於合離，（亦作合黎，山名，在今張掖、山丹、高臺、酒泉四縣之北。）纂師大敗。光散騎常侍太常郭黁與王詳謀叛，光誅詳，黁據東苑以叛。（姑臧有東西苑城。）光馳使召纂，纂引還。黁推後將軍楊軌為盟主。黁敗，奔乞伏乾歸。楊軌南奔廉川。光病甚，立其太子紹為天王，自號太上皇帝。以其二庶兄纂為太尉，弘為司徒。十二月，光死。明年，纂叛，紹自殺。纂僭即天王位。弘起兵東苑，眾潰，奔廣武。呂方執弘系獄。馳使告纂。纂遣力士拉殺之。纂伐禿髮利鹿孤，利鹿孤使傉檀距敗之。纂西擊段業，圍張掖，略地建康。俟檀帥騎一萬襲姑臧。纂聞之，乃還。

　　段業以沮渠男成為輔國將軍，委以軍國之任。王德以晉昌，孟敏以敦煌降業。男成及德圍張掖，克之。業因據張掖。沮渠蒙遜率部曲投業，業以為臨池太守。（在今巴燕縣西。）王德為酒泉太守。尋又以蒙遜領張掖太守。隆安二年（西元 398 年），四月，業使蒙遜將萬人攻昌光弟子純於

西郡，執之以歸。四年（西元 400 年），業以孟敏為沙州刺史，署李暠為效谷令。（效谷，漢縣。在今敦煌縣西。）敏卒，其下推暠為敦煌太守，稱藩於業。業以暠為敦煌太守。已又以索嗣代之。暠遣其二子歆、讓逆戰，破之。嗣奔還張掖。暠罪狀嗣於段業。沮渠男成惡嗣，因勸除之。業乃殺嗣，遣使謝暠。分敦煌之涼興、烏澤，（未詳。）晉昌之宜禾三縣為涼興郡，進暠持節都督涼興已西諸軍事。晉昌太守唐瑤，移檄六郡，（胡三省曰：「蓋敦煌、酒泉、晉昌、涼興、建康、祁連也。」）推暠為涼公，領秦、涼二州牧。遣宋縣東伐涼興，並擊玉門已西諸城，皆下之。（玉門關，在今甘肅敦煌縣西。）時王德叛業，自稱河州刺史，業使蒙遜西討，德焚城，將部曲投唐瑤。蒙遜追德至沙頭，（漢池頭縣，後漢曰沙頭，在今甘肅玉門關西南。）大破之，虜其妻子部落而還。初業以門下侍郎馬權代蒙遜為張掖太守。蒙遜譖之於業，業殺之。蒙遜謂男成曰：「所憚唯索嗣、馬權，今皆死矣。蒙遜欲除業以奉兄，何如？」男成曰：「業羈旅孤飄，我所建立。有吾兄弟，猶魚之有水。人既親我，背之不詳。」乃止。及是，蒙遜請為西安太守。（西安，後涼郡，在張掖東南。）業許焉。蒙遜期與男成同祭蘭門山。（在今甘肅山丹縣西南。）密遣司馬許咸告業曰：「男成欲謀叛，以假日作逆。若求祭蘭門山，臣言驗矣。」至期日，果然。業收男成令自殺。蒙遜舉兵攻業。業先疑其右將軍田昂，幽之於內。至是，謝而赦之，使討蒙遜。昂歸於蒙遜。蒙遜至張掖，昂兄子承愛，斬關納之。遂斬業。時隆安五年三月也。蒙遜自稱涼州牧、張掖公。

呂纂遊畋無度，荒耽酒色。隆安五年（西元 401 年），二月，為光弟寶之子隆、超所弒，並殺其弟緯。隆僭即天王位。隆多殺豪望，以立威名。內外囂然，人不自固。魏安人焦朗，使說姚興將姚碩德，且遣妻子為質。碩德遂率眾至姑臧。超出戰，大敗。隆收集離散，嬰城固守。東人多謀外叛。將軍魏益多，又唱動群心。乃謀殺隆、超。事發，誅之，死者三百

餘家。於是群臣表求與姚興通好。隆弗許。超諫：以「連兵積歲，資儲內盡，強寇外逼；百姓嗷然，無餬口之寄；張、陳、韓、白，亦無如之何。」隆乃請降。碩德表為涼州刺史、建康公。於是遣母弟、愛子、文武舊臣五十餘家質於長安。碩德乃還。姑臧穀價踴貴，斗直錢五千，人相食。城門晝閉，樵採路絕。百姓請出城，乞為夷虜奴婢者，日有數百。隆懼沮動人情，盡坑之。積屍盈於衢路。傉檀、蒙遜，頻來伐之。隆以二寇之逼，遣超率騎二百，多齎珍寶，請迎於姚興。興遣其將齊難等步騎四萬迎之。隆率戶一萬，隨難東遷。（後坐與子弼謀反，為興所誅。）後涼遂亡。時元興二年八月也。（據《通鑑》。）

　　姚碩德之圍姑臧也，沮渠蒙遜以昌隆既降於興，酒泉、涼寧二郡又叛降李暠，（涼寧，晉郡，在今甘肅玉門縣境。）乃遣弟建忠挈及牧府長史張潛見碩德於姑臧，請軍迎接，率郡人東遷。碩德大悅，拜潛張掖太守，挈建康太守。潛勸蒙遜東遷。挈私於蒙遜曰：「呂氏猶存，姑臧未拔，碩德糧竭將還，不能久也，何故違離桑梓，受制於人？」輔國臧莫孩曰：「建忠之言是也。」蒙遜乃斬張潛。齊難迎呂隆，隆勸難伐蒙遜，難從之。莫孩敗其前軍。難乃結盟而還。興使拜蒙遜鎮西大將軍、沙州刺史、西海侯。

　　禿髮利鹿孤，以隆安五年（西元 401 年）僭稱河西王，仍臣於姚興。元興元年（西元 402 年），死，弟傉檀嗣。僭號涼王。遷於樂都。姚興遣使拜為車騎將軍、廣武公。傉檀大城樂都。姚興建節王松忿率騎助呂隆守姑臧。至魏安，為傉檀弟文真所圍。眾潰。執松忿，送於傉檀。傉檀大怒，送松忿還，歸罪文真，深自陳謝。齊難之迎呂隆，傉檀攝昌松、魏安二戍以避之。元興三年（西元 404 年），（據《通鑑》。）傉檀去其年號，罷尚書丞郎官，上表姚興求涼州。興不許。義熙二年（西元 406 年），（亦據《通鑑》。）傉檀獻馬三千匹，羊三萬頭於興。興以為忠於己，乃署傉檀為涼

州刺史，而徵其鎮姑臧之王尚還。四年（西元 408 年），（亦據《通鑑》。）傉檀招秦河州刺史彭奚念，奚念阻河以叛。姚興使其子弼伐之。弼濟自金城，進拔昌松，長驅至姑臧。傉檀嬰城固守，出兵擊弼，敗之。然仍遣使人詣興謝罪焉。

乞伏熾磐以元興元年（西元 402 年），自西平奔長安。姚興以為興晉太守。（治浩亹，見第二章第二節。）尋遣使加乾歸左賢王，遣隨齊難迎呂隆於河西。興慮乾歸終為西州之患，因其朝也，留為主客尚書，（《通鑑》在義熙三年（西元 407 年）。）以熾磐行西夷校尉，監撫其眾。熾磐以長安兵亂將始，乃招結諸部一萬七千，築城於嵻山，（在甘肅洮沙縣東南。）據之。熾磐攻克枹罕。使告乾歸，乾歸奔還苑川。收眾三萬，遷於度堅。義熙五年（西元 409 年），七月，（據〈本紀〉。）僭稱秦王。（此從〈載記〉。〈本紀〉作西秦王，恐非。）復都苑川。攻克姚興金城、略陽、南安、隴西諸郡。興力未能西討，恐更為邊害，使署為都督隴西、嶺北匈奴、雜胡諸軍事、河州牧，大單于、河南王。乾歸方圖河右，權宜受之，遂稱藩於興。而務征討諸雜部及吐谷渾，以益其眾。八年（西元 412 年），五月，乾歸為兄子公府所弒，並其諸子十餘人。熾磐與乾歸弟智達、木奕幹討禽，並其四子之。熾磐襲偽位。

姚碩德之破呂隆也，李暠亦遣使降於姚興，興拜為安西將軍、高昌侯。義熙元年（西元 405 年），暠遣舍人黃始、梁興閒行奉表詣闕。遷居酒泉。禿髮傉檀來通好，暠遣使報聘。沮渠蒙遜侵寇，暠與通和立盟。蒙遜背盟來侵，暠遣世子歆要擊敗之。以前表未報，復遣沙門法泉閒行奉表。初苻堅建元之末，（堅建元元年（西元 365 年），為晉興寧三年，終於二十年（西元 384 年），為晉太元九年。）徙江、漢之人萬餘戶於敦煌。中州之人有田疇不闢者，亦徙七千餘戶。郭黁之寇武威，武威、張掖已東之人，西奔敦煌、晉昌者數千戶。及暠東遷，皆徙之於酒泉。分南人五千戶置會

稽郡，中州人五千戶置廣夏郡，餘萬三千戶，分置武威、武興、張掖三郡。築城於敦煌南子亭，以威南虜焉。

後涼之興，事勢與前涼大異。前涼張氏，夙嘗樹德於河西；張軌之西也，馮藉晉室之威靈，其人亦頗知治體；然涼州之大姓及諸郡守，尚多不服，久而後定，況於呂光，僅一武人，既無籌略，且迫昏耄者乎？光所以能戡定梁熙，暫據河右者，蓋以其所率之兵頗精，且為思歸之士故。然實未能據有涼州，且未能一日安也。姚興雖滅後涼，然特因其自亡，又迫勃勃之難，故更無餘力西略。西秦、南涼、北涼、西涼，皆以文屬而已。氐、胡、鮮卑，皆不知治體，唯段業、李暠為漢人，為治較有規模，然業以太阿倒持，終至顛覆；暠亦弱不自振。要之：西北一隅，脫離王化既久，一時不易收拾也。

# 第七節　拓跋氏再興

《魏書》以昭成帝為子所弒，道武為昭成之孫，不如《晉書》及《宋》、《齊》二書，以昭成為苻堅所禽，道武為昭成之子之可信，說已見第三節。而《宋書》云：秦後聽什翼犍北歸，犍死，涉歸代立，又不如《齊書》云：堅敗，珪隨慕容垂，其後還領其部之可信。何者？犍苟還北，不應略無事逤可見；而珪初年御外侮，戡內亂，深得後燕之援，亦必非無因也。《魏書·道武帝紀》曰：苻堅使劉庫仁、劉衛辰分攝國事，南部大人長孫嵩及元他等，盡將故民，南依庫仁，帝於是轉幸獨孤部。（〈賀訥傳〉曰：昭成崩，諸部乖亂，獻明後與太祖及衛、秦二王依訥。會苻堅使劉庫仁分攝國事，於是太祖還居獨孤部。）七年（西元 411 年），（晉太元八年。）十月，苻堅敗於淮南。是月，慕容文等殺庫仁，庫仁弟眷攝國部。九年（西元 413 年），（太元十年。）庫仁子顯，殺眷而代之。乃將謀逆。商人王霸

知之，履帝足於眾中。帝乃馳還。是時故大人梁蓋盆子六眷，為顯謀主，盡知其計，密使部人穆崇馳告。（〈獻明皇后傳〉云：帝姑為顯弟亢泥妻，知之，密以告後。梁眷亦來告難。後乃令太祖去之。〈奚牧傳〉云：眷使牧與穆崇至七介山以告。七介山，〈獻明后傳〉作七個山，在善無縣。善無，見第三章第八節。）帝乃陰結舊臣長孫犍、元他等。秋，八月，乃幸賀蘭部。（據〈賀訥傳〉，賀蘭部時在太寧。太寧見第三節。）〈穆崇傳〉云：崇機捷便辟，少以盜竊為事。太祖之居獨孤部，崇常往來奉給，時人無及者。劉顯之謀逆也，平文皇帝外孫梁眷知之，密遣崇告太祖，太祖馳如賀蘭部。道武之曾居獨孤部，當非虛誣，然謂其早依庫仁，則又難信。〈庫仁傳〉云：慕容垂圍苻丕於鄴，又遣將平規攻堅幽州刺史王永於薊。庫仁自以受堅爵命，遣妻兄公孫希率騎三千助永擊規，大破之。庫仁復將大舉以救丕，發雁門、上谷、代郡兵，次於繁畤。（雁門，見第二章第二節。上谷、代郡、繁畤，皆見第三章第八節。）先是慕容文等當徙長安，遁依庫仁部。常思東歸其計無由。至是，知人不樂，乃夜率三郡人攻庫仁。庫仁匿於馬廄，文執殺之。乘其駿馬奔垂。竊疑道武之還獨孤部，實在庫仁助秦抗燕之時。蓋庫仁所統，本拓跋氏之舊部，故慕容垂於此時，釋珪北歸，以犄庫仁；逮不為劉顯所容，乃又遁居賀蘭部也。賀蘭、拓跋，舊為昏姻，其部落中自必有願助珪者，珪乃得所馮依矣。

　　〈神元平文諸帝子孫傳〉云：上谷公紇羅，（神元曾孫。）初從太祖自獨孤部如賀蘭部，招集舊戶，得三百家，與弟建議勸賀訥推太祖為主。〈賀訥傳〉云：劉顯謀逆，太祖輕騎北歸，訥見太祖，驚喜，拜白：「官家復國之後，當念老臣。」（味訥此語，一若不知珪之尚存；即知之，亦久不得其訊息者；亦可見謂什翼犍死後珪即依賀蘭部之誣。）太祖笑曰：「誠如舅言，要不忘也。」訥中弟染干粗暴，忌太祖，常圖逆，每為皇姑遼西公主擁護，染干不得肆其禍心。（訥祖紇，尚平文女。紇生野幹，尚昭成

女遼西公主。野幹即訥與染干及獻明皇后父也。〈獻明后傳〉曰：染干忌太祖之得人心，舉兵圍逼行宮。後出，謂染干曰：「汝等今安所置我，而欲殺吾子也？」染干慚而去。〈尉古真傳〉曰：太祖之在賀蘭部，賀染干遣侯引、乙突等詣行官，將肆逆，古真知之，侯引等不敢發。）於是諸部大人，請訥兄弟：求舉太祖為主。染干曰：「在我國中，何得爾也？」訥曰：「帝大國之世孫，興復世業於我國中，當相持獎，立繼統勳。汝尚異議，豈是臣節？」遂與諸人勸進。太祖登代王位於牛川，（牛川，出綏遠涼城西，經左雲至大同入河。）是為拓跋珪復有部眾之始，《魏書》以是為登國元年（西元 386 年），實晉太元十一年也。《魏書》謂是歲四月，珪又改稱魏王。案〈本紀〉：天興元年（西元 398 年），（晉隆安二年。）六月，丙子，詔有司議定國號。群臣曰「昔周、秦以前，世居所生之土，有國有家，及王天下，即承為號。自漢以來，罷侯置守，時無世繼，其應運而起者，皆不由尺土之資。今國家萬世相承，啟基雲、代，臣等以為若取長遠，應以代為號。」詔曰：「昔朕遠祖，總御幽都，控制遐國。雖踐王位，未定九州。逮於朕躬，處百代之季，天下分裂，諸華乏主。民俗雖殊，撫之在德。故躬率六軍，掃平中土。凶逆蕩除，遐邇率服。宜仍先號，以為魏焉。」〈崔玄伯傳〉云：司馬德宗遣使來朝，太祖將報之，詔有司博議國號。玄伯議曰：「三皇五帝之立號也，或因所生之土，或即封國之名。故虞、夏、商、周，始皆諸侯，及聖德既隆，萬國宗戴，稱號隨本，不復更立。唯商人屢徙，改號曰殷，然猶兼行，不廢始基之稱。故《詩》云：殷商之旅；又云：天命玄鳥，降而生商，宅殷土茫茫；此其義也。昔漢高祖以漢王定三秦，滅強楚，故遂以漢為號。國家雖統北方廣漠之土，逮於陛下，應運龍飛。雖曰舊邦，受命唯新。是以登極之初，改代曰魏。又慕容永亦奉進魏土。夫魏者大名，神州之上國，期乃革命之徵驗，利見之玄符也。臣愚以為宜號為魏。」太祖從之，於是四方賓王之貢，咸稱大魏矣。

然則魏之定稱為魏，實在破慕容氏取鄴之後，前此尚魏、代雜稱也。克鄴稱魏，事極尋常，尚居牛川之時，何緣以魏為號？觀玄伯慕容永奉進魏土之語，則知永實以是封珪，蓋欲與之攻慕容垂，而以是為餌耳。狼子野心，且不欲受封於晉，而況於永？然在當日，仍不討抉擇於此二者之間，不過聊去代稱，以示不臣於晉耳。（云議國號，亦屬誣辭，在當日，不過議一對晉之稱號耳。）其後自大愈甚，乃並永封以魏土之事而刊削之。然如是，則魏之號無自來，乃又偽造一自行改稱之事實。矯誣至此，嘆觀止矣。然終不能盡掩天下後世之目也。

〈道武本紀〉：道武既即代王位，以長孫嵩為南部大人，叔孫普洛為北部大人。二月幸定襄之盛樂，（見第三章第八節。）息眾課農。三月，劉顯自善無南走馬邑，（見第三章第八節。）其族奴真率所部來降。〈劉庫仁傳〉云：奴真兄犍，先居賀蘭部，至是，奴真請召犍而讓部焉，太祖義而許之。犍既領部，自以久託賀訥，德之，乃使弟去斤遺之金馬。訥弟染干因謂之曰：我待汝兄弟厚，汝今領部，宜來從我。去斤請之奴真，奴真殺犍及去斤。染干聞其殺兄，率騎討之。奴真懼，徙部來奔。太祖自迎之。遣使責止染干。〈本紀〉又云：五月，車駕幸陵石。（胡三省云：在盛樂東。）護佛侯部帥侯辰，乙弗部帥代題叛走。七月，車駕還盛樂。代題復以部落來降。旬有數日，亡奔劉顯。帝使其孫倍斤代領部落。是月，劉顯弟亢泥率騎掠奴真部落。既而率以來降。初帝叔父窟咄，為苻堅徙於長安，因隨慕容永。永以為新興太守。（新興，見第二章第二節。）八月，劉顯遣弟亢泥迎窟咄，以兵隨之，來逼南境。於是諸部騷動，人心顧望。帝左右於植等與諸部人謀應之。事洩，誅造謀者五人，餘悉不問。（於植，《北史》作於桓。《魏書·窟咄傳》作於桓，〈穆崇傳〉作於植。〈窟咄傳〉云：同謀人單烏於以告。太祖慮駭人心，沉吟未發。後三日，桓以謀白其舅穆崇，崇又告之。太祖乃誅桓等五人，餘莫題等七姓，悉原不問。案題後仍見

殺，見本傳。）帝慮內難，乃北逾陰山，幸賀蘭部，阻山為固。遣行人安
同、長孫賀使於慕容垂以徵師。（賀亡奔窟咄，見〈窟咄傳〉。）垂遣使朝
貢。並令其子賀驎（即慕容麟。）帥步騎以隨同等。（〈窟咄傳〉云：步騎
六千。）十月，賀驎軍未至，而寇已前逼。於是北部大人叔孫普洛等十三
人及諸烏丸亡奔衛辰。帝自弩山遷幸牛川，（弩山，未詳。）屯於延水。（東
洋河上源，出綏遠興和縣東北。）南出代谷，（在句注北。句注，見第二
章第二節。）會賀驎於高柳。（漢縣，後漢末省，晉復置，在今山西陽高
縣西北。）大破窟咄。窟咄奔衛辰。衛辰殺之。帝悉收其眾。十二月，慕
容垂遣使朝貢。奉帝西單于印綬，封上谷王，（上谷，見第三章第八節。）
帝不納。二年（西元 399 年），（晉太元十二年。）五月，遣行人安同徵兵
於慕容垂。垂使子賀驎帥眾來會。六月，帝親征劉顯於馬邑，南追至彌
澤，（在今山西朔縣西南。）大破之。顯南奔慕容永。盡收其部落。（〈張
袞傳〉云：時劉顯地廣兵強，跨有朔裔。會其兄弟乖離，共相疑阻。袞言
於太祖曰：「顯志大意高，希冀非望。今因其內釁，宜速乘之。若輕師獨
進，或恐越逸，可遣使告慕容垂，共相聲援。東西俱舉，勢必禽之。」太
祖從之，遂破走顯。〈顯傳〉云：太祖討顯於馬邑，追至彌澤，大破之。
衛辰與慕容垂通好，送馬三千匹於垂，垂遣慕容良迎之，顯擊良軍，掠馬
而去。垂怒，遣子驎、兄子楷討之。顯奔馬邑西山。麟輕騎追之，遂奔
慕容永於長子。部眾悉降於驎。驎徙之中山。）劉顯敗而拓跋氏之舊業復
矣，而賀蘭部之釁忽起。〈本紀〉：登國四年（西元 389 年），（晉太元十四
年。）二月，道武討叱突隣部，大破之。賀染干兄弟率諸部來救，與大軍
相遇，逆擊，走之。〈賀訥傳〉言：太祖討叱突隣部，訥兄弟遂懷異圖。
訥於太祖，素稱忠勤，劉顯之難，窟咄之患，實再藉其力以濟，及是，忽
因一叱突隣部而啟釁，其故安在，不可知矣。五年（西元 390 年），（太元
十五年。）三月，慕容垂遣子賀驎率眾來會。四月，行幸意辛山，（胡三

省曰：在牛川北，賀蘭部所居。）與賀騂討賀蘭、紇突隣、紇奚諸部落，大破之。（紇突隣鄰、紇奚二部，常為寇於意辛山見〈高車傳〉。）六月，還幸牛川。衛辰遣子直力鞮寇賀蘭部，圍之。賀訥等請降告困。七月，帝引兵救之。至羊山，（未詳。）直力鞮退走。〈賀訥傳〉言：太祖遂徙訥部落及諸弟，處之東界。蓋至是而賀蘭部處於拓跋氏箝制之下，欲叛不能矣。然因此，復與慕容垂啟釁。是歲，八月，遣秦王觚使於慕容垂。六年（西元 391 年），（太元十六年。）六月，〈本紀〉言慕容賀騂破賀訥於赤城，（今察哈爾赤城縣。）帝引兵救之，騂退走。〈訥傳〉云：訥又通於慕容垂，垂以訥為歸善王，染干謀殺訥而代立，訥遂與染干相攻，垂遣子騂討之，敗染干於牛都。（胡三省云：其地當在牛川東，夷人放牧，於此聚會，故名。）破訥於赤城。太祖遣師救訥，騂乃引還。訥與染干相爭，慕容氏當有所右，而兼討之者，蓋欲慴服其部，特以討亂為名而已。太祖為之出師，而慕容垂所圖不遂，乃止元觚而求名馬，太祖遂絕之，而遣使於慕容永。永使其大鴻臚慕容鈞奉表勸進尊號。於是垂卵翼道武，永擁右劉顯、染干，積年相敵者，局勢一變。其月，衛辰遣子直力鞮出稒陽塞，（稒陽，漢縣，今綏遠固陽縣。）侵及黑城。九月，帝襲五原，（見第三章第八節。）屠之，收其積穀。十一月，衛辰遣子直力鞮寇南部。車駕出討，大破直力鞮軍於鐵岐山南。（未詳。）自五原金津南渡河，次其所居之悅跋城。（即代來城，在今鄂爾多斯右翼境內。）衛辰父子奔遁。詔諸將追之，禽直力鞮。十二月，獲衛辰屍，斬以徇。遂滅之。（〈鐵弗傳〉云：衛辰單騎遁走，為其部下所殺。〈昭成子孫傳〉：秦明王翰之子太原王儀獲其屍。）自河以南諸部悉平。衛辰子屈丐（即赫連勃勃。〈鐵弗傳〉云：太宗改其名曰屈孑，屈孑者，卑下也。）奔薛幹部，徵之，不送。八年（西元393 年），（太元十八年。）八月，帝南征薛幹部帥大悉佛於三城。（胡三省曰：魏收《地形志》：偏城郡廣武縣有三城，唐延州豐林縣，古廣武縣地。

案唐豐林縣，在今陝西膚施縣東。）會其先出擊曹覆，帝乘其虛，屠其城，徙其民。（薛幹部，《晉書·勃勃載記》作叱幹，大悉佛作佗斗伏，參看第九節。）曹覆蓋東西曹之部落也。鐵弗氏與拓跋氏相抗近百年，至是傾覆，拓跋氏遂獨雄於代北矣，此則猗盧、什翼犍之世所未有之形勢也。

# 第八節　後燕分裂滅亡

從來北狄之強盛，大率由於互相併兼。自劉顯破而拓跋氏之舊業復，衛辰亡而其累代之大敵去，其勢既日張矣；而道武又頻年征討北方諸部落，（自登國三年（西元 388 年）至天興元年（西元 398 年），皆見〈本紀〉。）得其畜足以為富，得其人足以為強，其勢遂不可制。然中原之虛實，究非拓跋氏所深悉；慕容氏雖亟戰兵疲，使其按兵不動，拓跋氏亦未敢遽犯之也；乃輕率出兵，而又任一不知兵之慕容寶，弟子興屍，而滅亡之禍，遂迫眉睫矣。

慕容垂滅慕容永之明年，為晉太元二十年（西元 395 年），命其子寶伐魏，大敗於參合陂。（見第三章第八節。）是役也，據《晉書·載記》：寶及垂子農、麟，眾凡八萬，而德及垂兄子紹，以步騎萬八千為後繼。魏聞寶將至，徙往河西。寶進師臨河，懼不敢濟。還次參合。忽有大風，黑氣狀若隄防，或高或下，臨覆軍上。沙門支曇猛言於寶曰：「風氣暴迅，魏師將至之候，宜遣兵御之。」寶笑而不納。曇猛固以為言，乃遣麟率騎三萬為後殿。麟以曇猛言為虛，縱騎遊獵。俄而黃霧四塞，日月晦明。是夜，魏師大至。三軍奔潰。寶與德等數千騎奔免。士眾還者十一二。紹死之。據《魏書·本紀》：則寶以是年七月，來寇五原。（見第三章第八節。）帝遣許謙徵兵於姚興。先是慕容永來告急，遣陳留西元虔救之，因屯秀容。（後魏縣，郡亦治焉。北秀容，在今山西朔縣西北。南秀容，在嵐縣

南，即爾朱氏所居也。）其明年，（太元十九年（西元 394 年）。）又使東平西元儀屯田於河北五原，至於梱陽塞外。（見上節。）及是，元儀徙據朔方。（見第三章第八節。）八月，帝親治兵於河南。九月，進師。是時元虔五萬騎在東，以絕其左；元儀五萬騎在河北，以承其後；略陽西元遵七萬騎，塞其中山之路。十月，辛未，寶燒船夜遁。十一月，己卯，帝進軍濟河。乙酉，夕至參合陂。丙戌，大破之。〈寶傳〉云：寶燒船夜遁。是時河冰未合，寶謂太祖不能渡，故不設斥候。十一月，天暴風，寒，冰合。太祖進軍濟河。留輜重，簡精銳二萬餘騎急追之。晨夜兼行。暮至參合陂西。寶在陂東，營於蟠羊山南水上。靳安言於寶曰：「今日西北風勁，是追軍將至之應，宜設警備，兼行速去，不然必危。」寶乃使人防後。先不撫循，軍無節度，將士莫為盡心。行十餘里，便皆解鞍寢臥，不覺大軍在近。前驅斥候，見寶軍營，還告。其夜，太祖部分眾軍。諸將羅落東西，為掎角之勢。約勒士卒，束馬，口銜枚無聲。昧爽，眾軍齊進。日出登山，下臨其營。寶眾晨將東引，顧見軍至，遂驚擾奔走。太祖縱騎騰蹋，大破之。有馬者皆蹶倒冰上，自相鎮壓，死傷者萬數。四五萬人，一時放仗，斂手就羈；遺進去者，不過千餘。生禽其王公、文武將吏數千；獲器甲、輜重、軍資、雜財十餘萬計。案燕是役，兵數不盈十萬，元虔等果有十七萬騎，羅其三面，尚何必徵師於姚興？太祖之躡慕容寶，不過二萬餘騎，雖云簡銳輕行，然代北饒於馬騎，豈有舍大兵不用之理？《魏書·張袞傳》言：寶來寇，袞言於太祖曰：「寶乘滑臺之功，因長子之捷，傾資竭力，難與爭鋒。愚以為宜羸師卷甲，以侈其心。」太祖從之，果破之參合。是知魏人此時，眾寡強弱，皆與燕不侔，《魏書·本紀》之言，必非實錄也。魏人獲捷，實在避其朝銳，擊其暮歸，遂獲乘天時之利；而寶自七月進兵，至於十月，既不能見可而進，又不能知難而退，遂至銳氣隳盡，為敵所乘，其不知兵可知；一時警備之不周，蓋尚其次焉者矣。是役

在魏人亦為意外之捷，然魏人累世覬覦中原，至此，則益啟其窺伺之心，遂為大舉入塞之本。其於魏事，實為一大轉捩。道武時開化尚淺，《魏書》所記年號，疑多出後來追擬，於是年紀元為皇始，實有由也。

《晉書‧慕容垂載記》曰：寶恨參合之敗，屢言魏有可乘之機。慕容德亦曰：「魏人狃於參合之捷，有陵太子之心，宜及聖略，摧其銳志。」垂從之。留德守中山，自率大眾出參合。鑿山開道，次於獵嶺。（胡三省曰：「在夏屋山東北，魏都平城，常獵於此。」案夏屋山，在今山西代縣東北。）遣寶與農出天門。慕容隆、慕容盛逾青山，（胡三省曰：「青嶺即廣昌嶺，所謂五回道也。其南層壓刺天，壁立直上，蓋即天門也。」案五回嶺，在今河北易縣西南。）襲魏陳留公泥於平城，泥，（《魏書‧本紀》作虔。）陷之，收其眾三萬餘人而還。垂次參合，見往年戰處，積骸如山，設弔祭之禮。死者父兄，一時號哭。軍中皆慟。垂慚憤歐血，因而成疾。乘馬輿而進。過平城北三十里，疾篤，築燕昌城而還。（《水經注》：在平城北四十里。）寶等至雲中，聞垂疾，皆引歸。有叛者，奔告魏曰：「垂病已亡，輿屍在軍」；魏又聞參合大哭；以為信然，乃進兵追之，知平城已陷而退。垂至上谷之沮陽，死。（沮陽，漢縣，在今察哈爾懷來縣南。）據《魏書‧本紀》：垂之來攻，在太元二十一年三月。元虔既死，垂遂至平城，西北逾山結營。聞帝將至，乃築城自守。則垂於是役，頗有犁庭掃穴之志，因疾篤而遠；然其還師仍有警備；故魏之追師不敢逼也。此亦可見慕容寶以不知兵而敗，而非其兵力之不足用矣。然燕於是役，實無所獲，其氣彌挫，而魏之勢乃愈張；更有內亂授之以隙，而敗亡之禍，不可逭矣。

慕容垂死於太元二十一年四月。寶匿喪，還至中山，乃僭立。垂臨死，顧命以寶庶子清河公會為寶嗣，而寶寵愛少子濮陽公策，意不在會。寶庶長子長樂公盛，自以同生年長，恥會先之，乃盛稱策宜為儲貳，而非

毀會。寶大悅。訪其趙王麟、安陽王隆。麟等咸希旨贊成之。寶遂與麟等定計，立策母段氏為皇后，策為太子。（時年十一。）盛、會進爵為王。是歲六月，魏遣將攻寶廣寧太守劉亢埿，斬之。（廣寧，見第四章第二節。）徙其部落。寶上谷太守慕容普鄰捐郡奔走。八月，珪大舉攻寶。南出馬邑，逾於句注。（馬邑，見第三章第八節。句注，見第二章第二節。）別將封真襲幽州，圍薊。（見第四章第二節。）九月，珪至陽曲，（見第二章第二節。）寶並州牧遼西王農棄城遁。寶引群臣議之。中山公苻謨曰：「魏軍強盛，若逸騎平原，殆難為敵，宜杜險拒之。」中書令眭邃曰：「魏軍多騎，馬上齎糧，不過旬日。宜令郡縣，聚千家為一堡，深溝高壘，清野待之。不過六旬，自然窮退。」尚書封懿曰：「今魏師十萬，天下之勍敵也。百姓雖營聚，不足自固，是則聚糧集兵，以資強寇；且動眾心，示之以弱。阻關距戰，計之上也。」慕容麟曰：「魏今乘勝氣銳，其鋒不可當，宜自完守裝置，待其弊而乘之。」於是修城積粟，為持久之備。十月，珪出井陘。（在今河北井陘縣東北，與獲鹿縣界。）十一月朔，至真定。（漢國，今河北正定縣。）自常山以南，守宰或走或降，唯中山、鄴、信都三城不下。（常山，見第三章第四節。信都，見第四章第二節。）珪遣元儀五萬騎攻鄴，王建、李慄攻信都，而自進軍圍中山。不克，走之魯口。（見第五章第六節。）隆安元年（西元 397 年），正月，圍信都。寶冀州刺史宜都王慕容鳳逾城走，信都降。寶步卒十二萬，騎三萬七千出攻魏，次於曲陽柏肆，敗還。（《晉書·載記》云：寶聞魏有內難，乃盡眾出距。步卒十二萬，騎三萬七千，次於曲陽柏肆。魏軍進至新梁。寶憚魏師之銳，乃遣征北隆夜襲魏師，敗績而還。魏軍方軌而至，對營相持。上下凶懼，三軍奪氣。農、麟勸寶還中山，乃引歸。魏軍追擊之。寶、農等棄大軍，率騎三萬奔還。時大風雪，凍死者相枕於道。寶恐為魏軍所及，命去袍杖戎器，寸刃無返。《魏書·本紀》云：寶聞帝幸信都，乃趨博陵之深澤，屯滹沱

水。二月，帝進幸楊城。丁丑，軍鉅鹿之柏肆塢，臨溹沱水。其夜，寶悉
眾犯營。燎及行宮，兵人駭散。帝驚起，不及衣冠，跣出擊鼓。俄而左右
及中軍將士，稍稍來集。帝設奇陳，列燙營外，縱騎沖之。寶眾大敗。戊
寅，寶走中山。柏肆之役，遠近流言，賀蘭部帥附力眷，紇突隣部帥匿物
尼，紇奚部帥叱奴根聚黨反於陰館。南安西元順率軍討之，不克，死者數
千。詔安遠將軍庾嶽還討叱奴根等，滅之。順者，昭成孫，地幹之子也。
其〈傳〉云：留守京師。柏肆之敗，軍人有亡歸者，言大軍奔散，不知太
祖所在。順聞之，欲自立，納莫題諫乃止。是役，燕蓋訹知珪營所在，悉
力攻之，使能禽斬珪，事勢必大變，惜乎其功虧一簣也。曲陽，漢上曲陽
縣，今河北曲陽縣，時為鉅鹿郡治。柏肆塢，在今河北葉城縣北。新梁，
未詳。博陵，見第三章第三節。深澤，漢縣，在今河北深澤縣東南。楊
城，《郡國志》在中山蒲陰縣，蒲陰，在今河北完縣東。陰館，見第三章第
八節。）三月，珪至盧奴。（漢縣，為中山郡治，《元和志》云：後燕都中
山，改為弗違。）寶遣使求和，請送元觚，割常山已西，許之。已而寶背
約。辛亥，魏圍中山。其夜，燕尚書慕容皓謀殺寶立麟，事覺，與同謀數
十人斬關奔魏。麟懼不自安，以兵劫左衛將軍北地王精，謀率禁旅弒寶。
精以義距之。麟怒，殺精，出奔丁零。（蓋翟氏之部落。）初寶聞魏之來
伐也，使慕容會率幽、平之眾赴中山。麟既敗，寶恐其逆奪會軍，將遣兵
迎之。麟侍郎段平子自丁零奔還，說麟招集丁零，軍眾甚盛，謀襲會軍，
東據龍城。寶與其太子策及農、隆等萬餘騎迎會於薊，以開封公慕容詳守
中山。會步騎二萬，迎寶薊南。寶分其兵給農、隆。遣西河庫辱官驥率眾
三千，助守中山。幽、平之士，不樂去會，請曰：「清河王天資神武，權
略過人，臣等與之，誓同生死。願陛下與皇太子、諸王，止駕薊宮，使王
統臣等，進解京師之圍；然後奉迎車駕。」寶左右譖而不許。眾咸有怨言。
左右勸寶殺會。侍御史仇尼歸聞而告會曰：「兵已去手，恐無自全之理。

盍誅二王，廢太子，大王自處東宮，兼領將相，以匡社稷。」會不從。寶謂農、隆曰：「觀會為變，事當必然。宜早殺之。不爾，恐成大禍。」農等固諫，乃止。會聞之，彌懼，奔於廣都黃榆谷。（胡三省曰：廣都縣，魏收《地形志》屬建德郡，在漢白狼縣界，隋省入柳城縣。白狼，見第五章第二節。）遣仇尼歸等率壯士二十餘人分襲農、隆。隆見殺，農中重創。既而會歸於寶。寶意在誅會，誘而安之。潛使左衛慕容騰斬會，不能傷。會復奔其眾。於是勒兵攻寶。寶率數百騎馳如龍城。會率眾追之。遣使請誅左右佞臣，並求太子。寶弗許。會圍龍城。侍御郎高雲夜率敢死士百餘人襲會，敗之。眾悉逃散。會單馬奔中山，逾圍而入。為慕容詳所殺。詳僭稱尊號。荒酒奢淫，殺戮無度。誅其王公已下五百餘人。內外震局，莫敢忤視。四月，魏以軍糧不繼，罷鄴圍。五月，復罷中山之圍。城中大饑，公卿餓死者數十人。七月，詳遣烏丸張驤率五千餘人出城求食。麟自丁零中入於驤軍，因其眾復入中山，殺詳而自立。（此據《魏書·本紀》。《晉書》在九月，當由聞其事較遲也。）拓跋珪至魯口，遣長孫肥率千騎襲中山，（據《魏書·本紀》。〈肥傳〉作七千騎。）入其郛而還。八月，丙寅朔，珪自魯口進軍常山之九門。（漢縣，在今藁城縣西北。）時大疫，人、馬、牛多死。珪問疫於諸將。對曰：「在者才十四五。」時群下咸思還北。珪知其意，謂之曰：「斯固天命，將若之何？四海之人，皆可以為國，在吾所以撫之耳，何恤乎無民？」群臣乃不敢復言。珪之虐用其下如此，使燕抗距之力少強，未有不為猗盧、鬱律之續者，而惜乎燕之不足以語此也。珪又使元遵襲中山，芟其禾菜，入郛而還。九月，麟饑窮，率三萬餘人，出攻新市。（漢縣，在今河北新樂縣西南。）十月，珪進兵破之。麟單馬走西山，（中山之西山。）遂奔鄴。中山降魏。魏遣三萬騎赴衛王儀，將以攻鄴。

　　慕容垂臨終，敕寶以鄴城委慕容德。寶既嗣位，以德為冀州牧，鎮

鄴，專總南夏。魏將拓跋章攻鄴，（此據《晉書‧載記》，當即魏衛王儀。）
德遣南安王慕容青等夜擊敗之。魏師退次新城。（即慕容垂所築，見第五
節。）青等請擊之。別駕韓言：「魏利在野戰，深入近畿，頓兵死地，前
鋒既敗，後陳方固。彼眾我寡，動而不勝，眾心難固；且城隍未修，敵來
無備。不如深溝高壘，以逸待勞。」德乃召青還師。魏又遣遼西公賀賴盧
率騎與章圍鄴。章、盧內相乖爭，各引軍潛遁。德遣軍追破章軍，人心始
固。（賀賴盧，《魏書‧外戚傳》作賀盧。賀賴即賀蘭異譯。盧訥之弟。其
傳云：太祖遣盧會衛王儀伐鄴，而盧自以太祖之季舅，不肯受儀節度。太
祖遣使責之。盧遂忿恨。與儀司馬丁建構成其嫌，彌加猜忌。會太祖勃儀
去鄴，盧亦引歸。太祖以盧為廣川太守。盧性雄豪，恥居冀州刺史王輔
下，襲殺輔，奔慕容德。案此亦魏可乘之隙，而惜乎燕無以乘之也。賀蘭
此時之服於魂，蓋猶力屈，非心服，盧之外叛，必非以爭寵與驕縱也。廣
川，漢縣，後燕置郡，故城在今河北棗強縣東。）群臣議以慕容詳僭號中
山，魏師盛於冀州，未審寶之存亡，固勸德即尊號。德不從。會慕容達自
龍城奔鄴，稱寶猶存，群議乃止。尋而寶以德為丞相，領冀州牧，承制南
夏。麟奔鄴，說德曰：「中山既沒，魏必乘勝攻鄴。雖糧儲素積而城大難
固；且人心沮動，不可以戰。及魏軍未至，擁眾南渡，就魯陽王和，據滑
臺，（見第五節。）聚兵積穀，伺隙而動，計之上也。魏雖拔中山，勢不
久留，不過驅掠而返，人不樂徙，理自生變，然後振威以援之，魏則內外
受敵，可一舉而取也。」先是慕容和亦勸德南徙，於是許之。率戶四萬，
車二萬七千乘，自鄴徙於滑臺。依燕元年故事稱元年。（隆安二年正月。）
慕容麟潛謀為亂，事覺，賜死。（據《晉書‧載記》。〈本紀〉云：麟為魏師
所殺，誤。）魏克鄴。拓跋珪至鄴，有定都之意。已復自鄴還中山。發卒
萬人治直道，自望都鐵關鑿恆嶺至代，五百餘里。（望都，漢縣，今河北
望都縣西北。）徙山東六州民吏及徒河、高麗、雜夷三十六萬，百工十餘

萬而還。此時中原之民，未必心服，故珪不能遂留。被徙者自未必樂從，然燕無兵力援接，則人民雖欲自拔而末由矣。燕當是時，其破敗之勢，誠可傷悼也。

慕容德遣侍郎李延勸慕容寶南伐，寶大悅。慕容盛諫，寶將從之，而慕輿騰勸之。寶乃曰：「吾計決矣，敢諫者斬。」以騰為前軍，慕容農為中軍，寶為後軍。步騎三萬，發自龍城，次於乙連。（未詳。）長上段速骨、宋赤眉，因眾軍之憚役也，殺司空樂浪王宙，逼立高陽王崇。（隆子。《通鑑》云：速骨等皆隆舊隊。）寶單騎奔農。仍引軍討速骨。眾咸憚徵樂亂，投杖奔之。騰眾亦潰。寶、農馳還龍城。蘭汗者，慕容垂之季舅，而慕容盛又汗之婿也。潛與速骨通謀。速骨進師攻城，農為汗所譖，潛出赴賊，為速骨所殺。眾皆奔散。寶與盛、騰等南奔。蘭汗奉慕容策承制。遣使迎寶，及於薊城。寶欲還北。盛等以汗之忠款，虛實未明，今單馬而還，汗有貳志者，悔之無及。寶從之，乃自薊而南。至黎陽，（見第三章第四節。）遣其中黃門令趙思召慕容鐘來迎。（鐘德之從弟。）鐘首議勸德稱尊號，聞而惡之，執思付獄，馳使白德。慕輿護請馳問寶虛實。乃率壯士數百，隨思而北。因謀殺寶。寶遣思之後，知德攝位，懼而北奔。護至，無所見，執思而還。（德以思閒習典故，將任之。思不肯。德固留之。思責德不當自立。德怒，斬之。）寶遣騰招散兵於鉅鹿，盛結豪桀於冀州，段儀、段溫收部曲於內黃，（見第五章第三節。）眾皆響會，刻期將集，而蘭汗遣迎寶。寶還至龍城。汗引寶入外邸，弒之。時隆安二年五月也。（據《晉書·本紀》。）汗又殺策及王公卿士百餘人。

寶之如龍城，盛留在後，寶為蘭汗所殺，盛馳進赴哀。將軍張真固諫。盛曰：「我今投命，告以哀窮，汗性愚近，必顧念婚姻，不忍害我。旬月之閒，足展吾志。」遂入赴喪。汗妻乙氏，泣涕請盛。汗亦哀之。遣其子穆迎盛，舍之宮內，親敬如舊。汗兄提、弟難，勸汗殺盛，汗不從。

慕容奇，汗之外孫也，汗亦宥之。奇入見盛，遂相與謀。盛遣奇起兵於外，眾至數千。汗遣蘭提討奇。提驕狠淫荒，事汗無禮，盛因閒之。汗發怒，收提誅之。遣其撫軍仇尼慕率眾討奇。汗兄弟見奇之誅，莫不危懼，皆阻兵背汗。襲敗盛軍。汗大懼，遣穆率眾討之。穆又勸汗誅盛。汗欲引見察之。盛妻以告。於是偽稱疾篤，不復出入。汗乃止。李旱、（宦者，《魏書》作李早。）衛雙、劉志、張豪、張真，皆盛之舊暱，穆引為腹心。旱等屢入見盛，相與結謀。穆討蘭難等，斬之。大饗將士。汗、穆皆醉。盛夜因如廁，袒而逾牆，入於東宮，與李旱等誅穆。眾皆踴呼。進攻汗，斬之。汗二子魯公和、陳公楊分屯令支、白狼，（令支，見第五章第二節。）遣李旱、張真襲誅之。時隆安二年七月也。（《晉書‧本紀》。）盛以長樂王稱制。慕容奇與丁零嚴生、烏丸王龍阻兵叛盛，盛擊敗之，執奇，斬龍生等百餘人。盛於是僭即帝位。（八月。）後復去皇帝之號，稱庶民大王。（從《魏書》本傳。《晉書‧載記》作庶人，系唐人避諱改字。）

　　晉南陽太守閭丘羨、寧朔將軍鄧啟方率眾二萬伐燕，次於管城。（在今河南鄭縣，後隋於此置管城縣。）慕容德遣其中軍慕容法、撫軍慕容和等拒之，王師敗績。（隆安二年八月。）初苻登為姚興所滅，登弟廣，率部落降於德，拜冠軍將軍，處之乞活堡。（在今河北河間縣北。）廣自稱秦王，敗德將慕容鐘。時德始都滑臺，介於晉、魏之間，地無十城，眾不過數萬，及鐘喪師，反側之徒，多歸於廣。德乃留慕容和守滑臺，親率眾討廣，斬之。慕容寶之至黎陽也，和長史李辯勸和納之，和不從，辯懼謀洩，乃引晉軍至管城，冀德親率師，於後作亂。會德不出，愈不自安。及德此行也，辯又勸和。和不從。辯怒，殺和，以滑臺降魏。時將士家悉在城內，德將攻之，韓范言「人情既危，不可以戰，宜先據一方，為關中之基，然後蓄力而圖之」，德乃止。德右衛將軍慕容雲斬李辯，率將士家累二萬餘人而出。三軍慶悅。德謀於眾。張華勸德據彭城。（見第五章第四

節。）潘聰曰：「滑臺四通八達，非帝王之居；且北通魏，西接秦，此二國者，未可以高枕待之也。彭城土曠人希，地平無險。晉之舊鎮，必距王師。又密邇江、淮，水路通潛，秋夏霖僚，千里為湖，水戰國之所短，吳之所長，今雖克之，非久安之計也。」勸德據廣固。（見第四章第二節。）德乃引師而南。兗州北鄙諸縣悉降。使喻齊郡太守闢閭渾，（齊郡，見第二章第三節。）渾不從。遣慕容鍾率步騎二萬擊之。渾將妻子奔魏。德遣兵追斬之於莒城。（莒，漢縣，今山東莒縣。）德遂入廣固。時隆安三年六月也。

　　燕遼西太守李朗，在郡十年，威制境內，慕容盛疑之，累徵之，朗不赴。朗以母在龍城，未敢顯叛，乃陰引魏軍，將為自安之計。因表請發兵以距寇。盛知其詐，討斬之。魏襲幽州，執刺史盧溥而去。（溥本魏河間太守，就食漁陽，據有數郡，慕容盛以為幽州刺史。漁陽，見第三章第八節。）遣孟廣平援之，無及。盛率眾三萬伐高句麗，襲其新城、南蘇，皆克之。（《遼志》：蘇州安復軍，高句麗南蘇州。遼蘇州，今遼寧金縣也。新城亦當在遼西。）散其積聚，徙五千餘戶於遼西。（此謂燕之遼西郡，非泛指遼河以西。）又討庫莫奚，大虜獲而還。盛是時之力，未足以與魏爭，而立國根本，復在龍城，句麗與奚，形勢實逼，故先圖攘斥之，抑亦利徙戶、虜獲，以強其眾也。盛幼而羈賤流漂，長則遭家多難，夷險安危，備嘗之矣。懲寶暗而不斷，遂峻極威刑。纖芥之嫌，莫不栽之於未萌，防之於未兆。舊臣靡不夷滅。於是上下振局，人不自安。親戚忠誠，亦皆離貳。隆安五年（西元 401 年），七月，（〈本紀〉。）盛左將軍慕容國，與殿中將軍秦興、段贊等，謀率禁兵襲盛。事覺，誅之，死者五百餘人。前將軍思悔侯段璣，輿子興，贊子泰等，因眾心動搖，夜於禁中鼓譟大呼。盛聞變，率左右出戰。眾皆披潰。俄有一賊，從暗中擊傷盛，遂死。初盛立其子遼西公定為太子。時以國多難，宜立長君。群望皆在平原

西元，（寶第四子。）而河間公熙，（垂少子。）烝於太后丁氏，丁氏意在
於熙。遂廢定，迎熙入宮。熙僭即尊位。誅段璣、秦興等，並夷三族。元
以嫌疑賜死。並殺定。（見《魏書》。）熙寵幸苻貴人，丁氏怨恚咒詛，與
兄子七兵尚書信謀廢熙。熙聞之，大怒，逼丁氏令自殺，而葬以後禮。誅
信。又盡殺寶諸子。

　　熙大築龍騰苑，廣袤十餘里，役徒二萬人。起景雲山於苑內，基廣
五百步，峰高十七丈。又起逍遙宮、甘露殿，連房數百，觀閣相交。鑿天
河渠，引水入宮。又為其昭儀苻氏鑿曲光海、清涼池。季夏盛暑，士卒不
得休息，暍死者大半。立其貴嬪苻氏為皇后。昭義苻氏死，偽謚愍皇后。
二苻並美而豔，好微行遊燕，熙弗之禁也。請謁必從。刑賞大政，無不由
之。初昭儀有疾，龍城人王溫稱能療之。未幾而卒。熙忿其妄也，立於公
車門，支解溫而焚之。其後好遊田，熙從之，北登白鹿山，（《水經注》：
白狼水出白狼縣東南，北屈徑白鹿山西，即白狼山也。白狼縣，見第五章
第二節。）東逾青嶺，（胡三省曰：在龍城東南四百餘里。）南臨滄海。百
姓苦之。士卒為虎狼所殺及凍死者，五千餘矣。會高句驪寇燕郡，（見第
四章第二節。）殺掠百餘人，熙伐高句驪，以苻氏從。為沖車道地，以攻
遼東。（見第三章第八節。）熙曰：「待剗平寇城，朕當與後乘輦而入。」
不聽將士先登。於是城內嚴備，攻之不能下。會大雨雪，士卒多死，乃引
歸。擬鄴之風陽門作弘光門，累級三層。熙與苻氏襲契丹，憚其眾盛，將
還，苻氏弗聽，遂棄其輜重，輕襲高句驪。周行三千餘里。士馬疲凍，死
者屬路。攻木底城，不克而還。（〈慕容皝載記〉：慕容翰與高句驪王釗戰
於木底，大敗之，乘勝遂入九都。九都，在今遼寧輯安縣境，木底城，當
在新賓縣之東。）為苻氏起承華殿，高承光一倍。負土於北門，土與穀同
價。典軍杜靜，載棺詣闕，上書極諫。熙大怒，斬之。苻氏嘗季夏思凍魚
膾，仲冬須生地黃，皆下有司切責，不得加以大辟。苻氏死，制公卿已
下，至於百姓，率戶營墓。費殫府藏。下錮三泉，周輪數里。熙被髮徒

跣，步從苻氏喪，而變起於內矣。

　　馮跋，長樂信都人也。父安，慕容永時為將軍。永滅，跋東徙和龍，（《魏書》云：東徙昌黎。昌黎，見第二章第二節。）家於長谷。跋母弟素弗，次丕，次弘，皆任俠不修行業，唯跋恭慎，勤於家產。慕容寶僭號，署跋中衛將軍，熙以為殿中左監，稍遷衛中郎將。犯熙禁，與諸弟逃於山澤。左衛將軍張興，亦坐事亡奔。與跋從兄萬泥等二十二人結盟，推慕容雲為主。雲本高氏，句麗支庶，襲敗慕容會，寶命為子者也。發尚方徒五千餘人，閉門拒守。熙攻之，敗走，為人所執。雲殺之，及其諸子。時為義熙三年（西元 407 年）。（此從〈本紀〉。《通鑑》同。〈載記〉作二年。）雲僭即天王位，複姓高氏。署跋侍中，都督中外諸軍事。雲寵養壯士，以為腹心。離班、桃仁等，並專典禁衛，賞賜月至數千萬，衣食臥起，皆與之同。五年（西元 409 年），九月，離班、桃仁弒雲。跋帳下督張泰、李桑討殺之。眾推跋為主。跋僭稱天王於昌黎，不徙舊號，即國日燕。（據〈本紀〉。〈載記〉云太元二十年（西元 395 年），誤。）萬泥及跋從兄子乳陳據白狼以叛，跋弟弘討斬之。尚書令孫護及弟叱支、乙拔，遼東太守務銀提以有功怨望，並為跋所誅。

# 第九節　秦夏相攻

　　後燕、後秦，雖乘苻堅之喪敗，幸復舊業，然其兵力皆無足觀。後燕一遇後魏，遂至潰敗決裂，不可收拾。後秦之內釁，不如後燕之深，故其潰敗亦不如後燕之速，然亦一與魏遇，即為所敗；其後與夏相持，又數為所苦。蓋時中原凋敝已甚，一時不易振作，而塞北方興之勢，遂不可御矣。此東晉與南北朝事勢之轉捩也。（元魏、周、齊，所以能據有北方幾二百年者，一由南朝依然不振，一亦由北方雕敝已甚，莫能起而與之抗也。）

勃勃之奔叱幹部也，叱幹酋長佗斗伏欲送之於魏。兄子阿利諫，弗從。阿利乃潛遣勁勇，篡之於路，送諸沒奕幹。沒奕幹者，鮮卑部落，降於姚興，興以為高平公者也。（高平，見第二章第二節。）沒奕幹以女妻勃勃。姚興以勃勃為五原公，使鎮朔方，蓋仍復其舊業。太元十八年（西元 393 年），（魏登國八年。）魏道武襲敗叱幹。（以上參看第七節。）元興元年（西元 402 年），（魏天興五年。）又使其常山公遵襲沒奕幹。沒奕幹棄其部眾，率數千騎，與勃勃奔秦州。魏軍進次隴西之瓦亭。（在今甘肅固原縣南。）長安大震，諸城閉門固守。魏平陽太守貳塵入侵河東。（平陽河東，皆見第二章第二節。）興遣姚平、狄伯支等率步騎四萬伐魏。攻干城，陷之。（乾城，《魏書》作乾壁，在河東。）遂據柴壁。（在今山西臨汾縣境。）八月，魏道武自將圍之。興遣其光遠黨娥、立節雷星、建忠王多等，率杏城及嶺北突騎赴援。（杏城，見第三章第八節。此嶺謂九㟧山，見第六章第四節。）越騎唐方、積弩姚良國，率關中勁卒，為平後繼。姚緒統河東見兵，為前軍節度。姚紹率洛東之兵，姚詳率朔方之眾，以會於興。興率戎卒四萬七千，自長安赴之。魏聞興至築長圍，以防平之出，拒興之入。興臨汾西，卒不能救。十月，平糧竭矢盡，將麾下三十騎赴汾水死。狄伯支等將卒四萬，皆為魏所禽。魏軍乘勝進攻蒲阪。（見第三章第四節。）姚緒固守不戰，乃還。是役也，興幾於竭全力以赴之，而卒為魏所挫，秦遂為魏所輕矣。《晉書·載記》云：拓跋珪送馬千匹，求婚於興。興許之，以魏別立後，遂絕婚，故有柴壁之戰。至義熙二年（西元 406），（魏天賜三年。）乃復與魏通和。魏放狄伯支等還。五年（西元 409），（魏明元帝永興元年。）珪死，子明元帝嗣立，遣使聘於興，且請婚。興許之。（《晉書·興載記》。《魏書·本紀》云：興遣使朝貢，並請進女，事系永興五年（西元 413），晉義熙九年也。）至十一年（西元 415），（魏神瑞二年。）興乃以西平長公主妻嗣，是為魏明元昭哀皇后。《魏書·

帝紀》及〈后妃傳〉皆云：以後禮納之。〈后妃傳〉云：後以鑄金人未成，未升尊位，然帝寵幸之出入居處，禮秩如後。是後猶欲正位，而後謙讓不當。泰常五年（西元 420）（宋武帝永初元年。）薨，帝追恨之，贈皇后璽綬，後加謚焉。此乃妄說。《魏書》諱飾之辭最多，〈后妃傳〉尤甚，讀至後文自見。道武而後，雖沐猴而冠，妄有製作，未必能行。彼其宮中，安有所謂禮秩，云以後禮納之即后耳。魏雖戰勝，其視中原，猶如天上，故道武、明元，再世求昏於秦。大國之女下降，當時蓋引為寵榮，安得不以后禮逆之？此猶之成吉思汗雖戰勝，而仍尊禮衛紹王女也。後秦當時，蓋無意北略；魏亦未遑南牧；匪寇昏媾，汔可小休，而匈奴之患起矣。

　　勃勃之為人也，可謂安忍無親。初依沒奕幹，稍強，遂襲殺之而並其眾。眾至數萬。義熙三年（西元 407 年），六月，僭稱天王大單于。自以匈奴為夏后氏之苗裔也，稱大夏。其年，討鮮卑薛乾等三部，破之，降其眾萬數千。（《晉書·勃勃載記》。薛幹即叱幹，《晉書》雜採諸書，未加勘正，故其稱名不畫一也。《魏書·道武帝紀》：登國十年（西元 395 年），大悉佛自長安還嶺北，上郡以西皆應之，蓋叱幹部落，雖一破壞，旋仍復國，至是乃為勃勃所破。上郡見第二章第二節。）遂進攻姚興三城已北諸戍，（三城見第七節。）諸將言高平險固，山川沃饒，可都。勃勃曰：「我若專固一城，彼必併力於我，眾非其敵，亡可立待。吾以雲騎風馳，出其不意；救前則擊其後，救後則擊其前；使彼疲於奔命，我則遊食自若，不及十年，嶺北、河東，盡我有也。」於是侵掠嶺北。嶺北諸戍，門不晝啟。興使左僕射齊難等率騎二萬討勃勃，為勃勃所禽。又遣其弟平北姚沖、徵虜狄伯支、輔國斂曼嵬、鎮東楊佛嵩率騎四萬討勃勃。沖次於嶺北，欲回襲長安，伯支不從，乃止。沖懼其謀洩，遂鴆殺伯支。興自平涼如朝那，（平涼，見第六章第三節。朝那，漢縣，在今甘肅平涼縣西北。）賜沖死。興如貳城。（見第六章第三節。此據〈興載記〉。〈勃勃載記〉云：

姚興來伐，至三城。）諸軍未集，勃勃騎大至，左將軍姚文宗率禁兵，中
壘齊莫統氐兵死戰，勃勃乃退。興留禁兵五千配姚詳守貳城，自還長安。
（《通鑑》在義熙五年（西元409年）。）勃勃遣將胡金纂（此據〈興載記〉。
〈勃勃載記〉作尚書金纂。）萬餘騎攻平涼。興如貳城，因救平涼，纂眾大
潰，生禽纂。勃勃又遣兄子提（亦據〈興載記〉。〈勃勃載記〉作羅提。）攻
陷定陽。（漢縣，在今陝西宜川縣西北。）又寇隴右。攻白崖堡，（《十六
國疆域志》曰：一作柏陽，又作伯陽，在清水。案清水，漢縣，在今甘肅
清水縣西。）破之。遂趣清水。略陽太守姚壽都委守奔秦州。（略陽，見
第二章第二節。）勃勃又收其眾而歸。興自安定追之，（安定，見第二章
第二節。）至壽渠川，（《十六國疆域志》云：在臨涇。案臨涇，漢縣，在
今甘肅鎮原縣南。）不及而還。（《通鑑》義熙六年（西元410年）。）姚詳
鎮杏城，為勃勃所逼，糧盡，委守，南奔大蘇。（〈勃勃載記〉云：詳棄三
城。大蘇，《十六國疆域志》云在馮翊。馮翊，見第二章第二節。）勃勃
要之。（〈勃勃載記〉云：遣平東鹿奕幹嬰之。）兵散，為勃勃所執。興遣
衛大將軍姚顯迎詳，詳敗，遂屯杏城。興因令顯都督安定、嶺北二鎮事。
（嶺北鎮，未詳治所。）以楊佛嵩為雍州刺史，率嶺北見兵，以討勃勃。為
勃勃所執，絕亢而死。（《通鑑》義熙七年（西元411年）。）義熙九年（西
元413年），勃勃以叱幹阿利領將作大匠，發嶺北夷夏十萬人，於朔方水
北、黑水之南，營起都城。勃勃自言：「朕方統一天下，君臨萬邦，可以
統萬為名。」（統萬城，在今陝西橫山縣西。）阿利性工巧，然殘忍刻薄。
乃蒸土築城，錐入一寸，即殺築者而並築之。勃勃以為忠，故委以營繕之
任。又造五兵之器，精銳尤甚。既成呈之，工匠必有死者。射甲不入，即
斬工人，如其入也，便斬鎧匠。又造百煉剛刀，為龍雀大環，號曰大夏龍
雀。復鑄銅為大鼓、飛廉、翁仲、銅駝、龍虎之屬，皆以黃金飾之，列於
宮殿之前。凡殺工匠數千。以是器物莫不精麗。案勃勃之世仇為魏；是時

形勢與之相逼者，亦莫如魏。勃勃欲雪仇恥而求自安，唯有東向以與拓跋氏爭一日之命。姚興有德，可以為援，勃勃顧乘其衰敝而剽掠之，而於拓跋氏則視若元靚。此無他，覬關中之富厚，志在剽掠，而於仇恥則非所知耳。《魏書·鐵弗傳》曰：屈子性奢，好治宮室。城高十仞，基厚三十步，上廣十步；宮牆五仞；其堅可以礪刀斧。臺榭高大，飛閣相連，皆雕鏤圖畫，被以綺繡，飾以丹青，窮極文采。世祖顧謂左右曰：「蕞爾國，而用民如此，雖欲不亡，其可得乎？」魏之用民力，不為不甚，而其驚心怵目於夏如此，夏之虐用其民可知，尚安有久長之理哉？勃勃又下書曰：「朕之皇祖，自北遷幽朔，姓改姒氏，音殊中國，故從母氏為劉。子而從母之姓，非禮也。古人氏族無常，朕將以義易之。帝王者，系天為子，是為徽赫，實與天連，今改姓曰赫連氏。系天之尊，不可令支庶同之，其非正統，皆以鐵伐為氏，庶朕宗族子孫，剛銳如鐵，皆堪伐人也。」案鐵伐即鐵弗異譯，勃勃蓋自造一氏，而枝庶則仍其舊耳。勃勃攻姚逵於杏城，克之，執逵。姚弼救之，不及。勃勃又遣其將赫連建寇貳縣。數千騎入平涼，遂入新平。（見第二章第二節。）姚弼討之。戰於龍尾堡，（在今陝西岐山縣東。）大破之，擒建。初勃勃攻彭雙方於石堡，（未詳。）方力戰，距守積年，不能克，聞建敗，引還。時義熙十一年（西元 405 年）也。（據《通鑑》。）是歲姚興病篤，明年死，內亂起，晉兵復至，而其國不可支矣。

　　興初立其子泓為皇太子。天水姜紀，（天水，見第二章第二節。）呂氏之叛臣，阿諂奸詐，好閒人之親戚。興子廣平公弼，有寵於興，紀遂傾心附之。弼為雍州刺史，鎮安定，與密謀還朝。令傾心事常山公顯，樹黨左右。興遂以弼為尚書令、侍中、大將軍。既居將相，虛襟引納，收結朝士，勢傾東宮，遂有奪嫡之謀。姚文宗有寵於泓，弼深疾之，誣文宗有怨言，以侍御史廉桃生為證。興怒，賜文宗死。是後群臣累足，莫敢言弼之

短。興遣姚紹（興從弟。）與弼率禁衛諸軍鎮撫嶺北。弼寵愛方隆，所欲
施行，無不信納。乃以嬖人尹沖為給事黃門侍郎，唐盛為治書侍御史。左
右機要，皆其黨人。義熙十年（西元 414 年），（據《通鑑》。）興寢疾，弼
潛謀為亂。招集數千人，被甲伏於其第。興子懿，自蒲阪將赴長安；鎮東
豫州牧洸，起兵洛陽；平西諶，起兵於雍。（見第三章第五節。）興疾瘳，
免弼尚書令，以將軍公就第。懿等聞興疾瘳，各罷兵還鎮。抗表罪弼，請
致之刑法；懿、洸、宣、（赤興子。）謀來朝，又請委之有司；興皆弗許。
十一年（西元 415 年），三月，（亦據《通鑑》。）弼譖宣於興。宣司馬權丕
至長安，興責以無匡輔之益，將戮之。丕性傾巧，因誣宣罪狀。興大怒，
遂收宣於杏城，下獄，而使弼將三萬人鎮秦州。九月，興藥動，弼稱疾不
朝，而集兵於第。興乃收弼。興疾轉篤，興子南陽公愔，與其屬率甲士
攻端門。興力疾臨前殿，賜弼死。愔等奔潰，逃於驪山。（見第五節。）
十二年（西元 416 年），二月，興死。（《通鑑考異》云：《晉·本紀》、《三十
國晉春秋》皆云：義熙十一年二月，姚興卒。《魏·本紀》，《北史·本紀》，
〈姚興〉、〈姚泓載記〉，皆云十二年。按《後魏書·崔鴻傳》：太祖天興二
年（西元 399 年），姚泓改號，鴻以為元年，故《晉·本紀》、《三十國晉春
秋》，凡弘始後事，皆在前一年，由鴻之誤也。案弘始，姚興年號，天興
二年（西元 399 年），晉隆安三年也。）泓僭位。誅愔。命其齊公姚恢（泓
從弟。）殺安定太守呂超，（弼之黨。）恢久乃誅之，泓疑其有陰謀，恢自
是懷貳，陰聚兵甲焉。北地太守毛雍據趙氏塢以叛，（北地，見第二章第
二節。《通鑑》太元九年（西元 384 年）《注》云：趙氏塢，據《晉書·載記》
在北地，所據者蓋即〈姚泓載記〉之文。）姚紹討禽之。姚宣時鎮李閏，
（在馮翊東。）未知雍敗，遣部將姚佛生等來衛長安。宣參軍韋宗說宣棄
李閏，南保邢望。（《括地誌》：在李閏南四十里。）宣既南移，諸羌據李
閏以叛，紹進討，破之。宣詣紹歸罪，紹怒，殺之。初宣在邢望，泓遣姚

佛生論宣，佛生遂贊成宣計，紹數其罪，又戮之。勃勃克上邦。（見第三章第三節。）進陷陰密。（見第三章第五節。）姚恢棄安定，奔於長安。安定人胡儼、華韜等據城降於勃勃。勃勃留羊苟兒鎮之，進攻姚諶於雍。諶奔長安。勃勃次郿。（漢縣，今陝西郿縣東北。）泓遣姚紹御之。勃勃退如安定。胡儼等襲殺羊苟兒，以城降泓。勃勃引歸杏城。未幾，晉師出。姚恢叛泓，率鎮戶內伐，（見第七章第七節。）勃勃遂據安定。嶺北鎮戍、郡縣悉降。

# 第七章　東晉末葉形勢

## 第一節　道子亂政

晉孝武帝性甚愚柔，雖以苻堅之送死，幸致肥水之捷，此乃適值天幸，而非其有戡亂之才也。帝任會稽王道子，（初封琅邪，太元十七年（西元392年），徙封會稽。政治大亂；逮至大權旁落，又用王恭、殷仲堪以防之，所任亦非其人；致肇桓玄之篡竊，劉裕因之得政，而晉祚終矣。

道子者，帝母弟。太元五年（西元380年）為司徒。八年（西元383年）錄尚書。十年（西元385年），謝安卒，遂領揚州刺史，都督中外諸軍事。數年，又領徐州刺史，為太子太傅。〈謝安傳〉言：安以道子專權，奸諂頗相扇構，出鎮廣陵之步丘以避之。（今江蘇江都縣之邵伯鎮。）案是時扇構於安與道子之間者，為王國寶、王珣、王珉等。國寶坦之子。史言其少無士操，不修廉隅。婦父謝安，每抑而不用。而國寶從妹為道子妃，與道子游處，遂閒毀安。珣與珉皆導孫。皆謝氏婿。以猜嫌致隙。安既與珣絕昏，又離珉妻，二族遂成仇釁。安卒後，珣遷侍中，孝武深杖之；而道子輔政，以國寶為中書令、中領軍。史言國寶讒諛之計行，而好利險詖之徒，以安功名盛極而構會之，嫌隙遂成。蓋皆恩怨權利之私，非因國事而有異同也。然朝政則自此大素矣。帝溺於酒色，為長夜之飲；又好佛法，立精舍於殿內，引諸沙門居之；（〈本紀〉太元六年（西元381年）。）而道子亦崇信浮屠，用度奢侈，下不堪命，為長夜之飲，蓬首昏目，政事多闕；蓋二人之失德正同。帝不親萬幾，但與道子酣歌為務。於是姆姆尼僧，並竊弄其權。凡所幸接，皆出自小堅。如趙牙出自優倡，而道子以為魏郡太守；茹千秋本錢塘捕賊吏，而以為驃騎諮議參軍。牙為道子開東

287

第，築山穿池，列樹竹木，功用巨萬。千秋則賣官販爵，聚貲貨累億。官以賄遷，政刑繆亂。然郡守長吏，多為道子所樹立；既為揚州、總錄，勢傾天下，朝野輻湊；其必又有構之於帝者勢也。

　　時帝所任用者，為王恭、（後兄，時為中書令。）殷仲堪、（尚書僕射，領吏部。）王珣、徐邈、（為中書舍人，遷散騎常侍。）郗恢、王雅等。（雅為丹陽尹。〈王珣傳〉云：「時帝性好典籍，珣與殷仲堪、徐邈、王恭、郗恢等，並以才學文章，見暱於帝。」蓋帝所好者多文學之才，非經綸之器，故任之以事，多見覆餗也。〈王國寶傳〉云：「王雅有寵，薦王珣於帝。」）中書郎范甯，國寶舅也，深陳得失。帝漸不平於道子，然外每優崇之。甯勸帝黜國寶。國寶乃使陳郡袁悅之，（為道子所親愛者。）因尼支妙音，致書太子母陳淑媛，說國寶忠謹，宜見親信。帝知之，託以他罪殺悅之。國寶大懼，遂因道子譖毀甯。帝不獲已，流涕出甯為豫章太守。（豫章，見第三章第九節。）〈王恭傳〉言悅之之誅由於恭。（〈王恭傳〉作悅，蓋其人名悅，字悅之。六朝人多以字行，史所書者，亦名字不一也。）蓋至是而主相之釁成矣。〈道子傳〉言：道子為皇太妃所愛，（孝武及道子母李氏，本出微賤。孝武即位，尊為淑妃。太元三年（西元378年），進為貴人。九年（西元384年），又進為夫人。十二年（西元387年），加為皇太妃。十九年（西元394年），乃尊為皇太后。）親遇同家人之禮，遂恃寵乘酒，時失禮敬，帝益不能平。博平令聞人奭上疏，（博平，漢縣，今山東博平縣西北。）言茹千秋罪狀。又言尼姍屬類，傾動亂時。穀賤人饑，流殣不絕。權寵之臣，各開小府，施置吏佐，無益於官，有損於國。疏奏，帝益不平，而逼於太妃，無所廢黜。其實當時太阿已有倒持之勢，亦非盡由太妃之逼也。

　　帝乃「出王恭為兗州，（太元十五年二月。鎮京口。）殷仲堪為荊州；（太元十七年十一月。鎮江陵。本為荊州者王忱，國寶弟也，以是年十月

卒。）以王珣為僕射，王雅為太子少傅；以張王室而潛制道子」。（〈道子傳〉。）〈王雅傳〉云：帝以道子無社稷器幹，慮宴駕之後，王室傾危，乃選時望，以為藩屏。將擢王恭、殷仲堪等，先以訪雅。雅言「恭秉性峻隘；仲堪亦無弘量，且幹略不長；委以連率之重，據形勝之地，四海無事，足以守職，若道不常隆，必為亂階」。帝以恭等為當時秀望，謂雅疾其勝己，故不從。此或事後傅會之談，然當時局勢，外若無事，內實艱危，非恭與仲堪所能負荷，則殆不容疑也。

太元十一年（西元 386 年），九月，帝崩。〈本紀〉云：時張貴人有寵，年幾三十，帝戲之日：「汝以年當廢矣。」貴人潛怒。向夕，帝醉，遂暴崩。時道子昏惑，元顯專權，竟不推其罪人。〈天文志〉云：兆庶宣言，夫人張氏，潛行大逆。〈五行志〉云：帝崩，兆庶歸咎張氏。（〈草妖〉。）又云：張夫人專幸，及帝暴崩，兆庶尤之。（〈雨雹〉。）夫宮禁之事，氓庶何知焉？不推賊而廣布流言，賊之所在可知矣。（《魏書·僭晉傳》云：昌明以嬖姬張氏為貴人，寵冠後宮，威行闈內。於時年幾三十。昌明妙列伎樂，陪侍嬪少，乃笑而戲之云：「汝年當廢，吾已屬諸姝少矣。」張氏潛怒。昌明不覺，而戲逾甚。向夕，昌明稍醉，張氏乃多潛飲宦者、內侍而分遣焉。至暮，昌明沉醉臥，張氏遂令其婢蒙之以被。既絕而懼，貨左右，云以魘死。其說較《晉書》為詳，即當時所散布之流言也。此事大不近情理，然孝武絕於宦官宮妾之手，則似無足疑。觀國寶勾結能及於陳淑媛，則知當時宮禁之內，衽席之間，未始非危機之所伏也。）太子德宗立，是為安帝。以道子為太傅，攝政。明年，為隆安元年（西元 397 年），帝加元服，道子歸政。以王珣為尚書令，王國寶為左僕射。〈國寶傳〉云：弟忱為荊州卒，國寶自表求解職迎母，並奔忱喪。詔特賜假。而盤桓不時出發。為御史中丞褚粲所奏。國寶懼罪，衣女子衣，託為王家婢，詣道子告其事。道子言之於帝，（孝武。）故得原。後驃騎參軍王徽請國寶同

燕。國寶素驕貴，使酒，怒尚書左丞祖臺之，攘袂大呼，以盤盞、樂器擲臺之。臺之不復言。復為粲所彈。詔以國寶縱肆情性，甚不可長；臺之懦弱，非監司體；並坐免官。頃之，復職。愈驕蹇，不遵法度。起齋侔清暑殿。帝惡其僭侈。國寶懼，遂諛媚於帝，而頗疏道子。道子大怒。嘗於內省面責國寶，以劍擲之，舊好盡矣。是時王雅亦有寵，薦王珣於帝。帝夜與國寶及雅宴。帝微有酒，令召珣。將至，國寶自知才出珣下，恐至傾其寵，因曰：「王珣當今名流，不可以酒色見，」帝遂止。而以國寶為忠，將納國寶女為琅邪王妃，（即恭帝，安帝母弟。道子改封會稽，立為琅邪王。）未婚而帝崩。安帝即位，國寶復事道子。進從祖弟緒，為琅邪內史，亦以佞邪見知。道子復惑之，倚為心腹。國寶遂參管朝權，威震內外。遷尚書左僕射，領選，加後將軍、丹陽尹。道子悉以東宮兵配之。案國寶果與道子中離，其復合，安得如是之易？孝武與國寶，猜隙已探，豈容忽以為忠？王珣與孝武久暱，亦豈國寶所能間？此皆不待深求，而知其非實錄者也。是時地近而勢逼者，自莫如王恭。〈恭傳〉言：恭赴山陵，緒說國寶，因恭入覲相王，伏兵殺之。國寶不許。而道子亦欲輯和內外，深布腹心於恭，冀除舊惡。恭多不順。每言及時政，輒厲聲色。道子知恭不可和協，王緒之說遂行。或勸恭因入朝，以兵誅國寶，而庾楷黨於國寶，士馬甚盛，恭憚之，不敢發。庾楷者，亮之孫，時為豫州刺史，鎮歷陽者也。（歷陽，見第三章第九節。）王恭在是時，與道子決無可以調和之理。既終不能調和，則勢必至於互相誅夷。以恭辭色之不順，為不能和協之原因，則所見大淺矣。恭於是時，若能整兵入朝，推問孝武帝崩狀，最為名正言順，（恭後罪狀國寶曰：「專寵肆威，將危社稷。先帝登遐，夜乃犯合叩扉，欲矯遺詔。賴皇太后聰明，相王神武，故逆謀不果。」弑逆之罪，既縱而不問於先，遂不能更舉之於其後矣。）既有所忌而不敢發；道子等亦因有所顧慮，不敢誅恭，於是京邑蹀血之禍抒，方鎮連衡之局

起，而桓玄遂乘機肆逆矣。

　　桓玄者，溫之孽子。溫甚愛異之。臨終，命以為嗣，襲爵南郡公。（時玄年五歲。）常負其才地，以雄豪自處。眾咸憚之。朝廷亦疑而未用。（玄年二十三，始拜太子洗馬。時議謂溫有不臣之跡，故折玄兄弟而為素官。太元末，出補義興太守，鬱鬱不得志，棄官歸國。南郡，見第三章第九節。義興，見第五章第六節。）殷仲堪憚其才地，深相要結；玄亦欲假其兵勢，誘而悅之。王國寶謀削弱方鎮，內外騷動。玄乃說仲堪曰：「國寶與君諸人，素已為對。孝伯居元舅之地，必未便動之，唯當以君為事首。若發詔徵君為中書令，用殷覬為刺州，（見下。）君何以處之？」仲堪曰：「憂之久矣，君謂計將安出？」玄曰：「君若密遣一人，信說王恭，宜興晉陽之師，以內匡朝廷，己當悉荊楚之眾，順流而下。推王為盟主，僕等亦皆投袂，當此無不響應，此桓、文之舉也。」仲堪遲疑未決。俄而王恭信至，招仲堪及玄，匡正朝廷。仲堪以恭在京口，去都不盈二百，荊州道遠，連兵勢不相及，乃偽許恭，而實不欲下。恭得書，大喜。乃抗表京師，罪狀國寶及緒。國寶皇遽，不知所為。緒說國寶：令矯道子命，召王珣、車胤殺之，以除群望，因挾主相，以討諸侯。車胤者，以寒素博學，知名於世。寧康初，為中書侍郎，累遷侍中。後為護軍將軍。王國寶諷八坐，啟以道子為丞相，加殊禮，胤稱疾不署。隆安初，為丹陽尹，遷吏部尚書。亦不附道子、國寶者也。國寶許之。珣、胤既至，而不敢害，反問計於珣。珣勸國寶放兵權以迎恭。國寶信之。又問計於胤。胤曰：「朝廷遣軍，恭必城守。若京城未拔，而上流奄至，君將何以待之？」國寶大懼。遂上疏解職，詣闕待罪。既而悔之。詐稱詔複本官，欲收兵距王恭。道子既不能距諸侯，欲委罪國寶，乃遣譙王尚之（恬子。時為驃騎諮議參軍。恬見第五節。）收國寶，付廷尉，賜死；並斬王緒於市以謝恭。恭乃還京口。仲堪聞恭已誅國寶等，始抗表興師。遣楊佺期次巴陵。（見第三

章第九節。）道子遺書止之。仲堪乃還。仲堪既納桓玄之說，乃外結雍州牧郗恢，內要從兄南蠻校尉覬，南郡相江績等。恢、覬、績並不同之。乃以楊佺期代績。覬自遜位。覬以憂卒。江績入為御史中丞。道子世子元顯，夜開六門，績與車胤，密啟道子，欲以奏聞。道子不許。元顯逼令自裁。蓋其時王國寶、王緒既誅，道子素懦弱；王恭、殷仲堪，本文學侍從之選，非有樂亂之心；而元顯年十六，聰明多涉，志氣果銳，傅會者謂有明帝之風，惡王恭，嘗請道子討之；兵端冬戢不戢，實不在道子、恭、仲堪而在元顯，故績與胤欲去其權，不可謂非關懷大局者也。道子既不聽，轉拜元顯為徵虜將軍，舉其先衛府及徐州文武，悉以配之；桓玄求為廣州，道子不欲使在荊楚，順其意許之，玄亦受命不行；內外之釁仍結矣。道子復引譙王尚之為腹心。尚之說道子曰：「藩伯強盛，宰相權輕，宜密樹置，以自藩衛。」道子深以為然。乃以其司馬王愉為江州刺史，割豫州四郡，使愉督之。庾楷怒，遣子鴻說王恭曰：「尚之兄弟，專弄相權，欲假朝威，貶削方鎮。及其議未成，宜早圖之。」恭以為然。復以告仲堪、玄。玄等從之。推恭為盟主，刻期同赴京師。時內外疑阻，津邏嚴急，仲堪之信，因庾楷達之，以斜絹為書，內箭幹中，合鏑漆之。楷送於恭。恭發書，絹文角戾，不復可識，謂楷為詐；又料仲堪去年已不赴盟，今無連理；乃先期舉兵。（隆安二年七月。）上表，以討王愉、司馬尚之兄弟為辭。司馬劉牢之諫，恭不從。道子使人說庾楷。楷怒曰：「王恭昔赴山陵，相王憂懼無計，我知事急，即勒兵而至；去年之事，亦俟令而奮。既不能距恭，反殺國寶。自爾已來，誰敢復攘袂於君之事乎？」道子日飲醇酒，而委事於元顯。以為征討都督。王恭本以才地陵物，雖杖劉牢之為爪牙，但以行陳武將相遇，禮之甚薄。牢之深懷恥恨。元顯遣廬江太守高素說牢之，使叛恭。「事成，當即其位號。」牢之許焉。恭參軍何澹之以其謀告恭。牢之與澹之有隙，故恭疑而不納。乃置酒請牢之，於眾中拜牢

之為兄。精兵利器，悉以配之，使為前鋒。行至竹里，（在今江蘇句容縣北。六朝時京口至建康，恆取道於此。）牢之背恭，遣其婿高雅之、子敬宣因恭臞軍，輕騎擊恭。恭敗，奔曲阿。（見第四章第三節。）將奔桓玄，至長塘湖，（見第四章第三節。）湖浦尉收送京師，斬之。恭信佛道，臨刑猶誦佛經，自理鬚鬢，謂監刑者日：「我暗於信人，所以致此。原其本心，豈不忠於社稷？但令百代之下，知有王恭耳。」家無財貨，死讀書籍而已。其居心實可諒也。牢之遂代恭。譙王尚之討庾楷。楷遣汝南太守段方逆戰於慈湖，（在今安徽當塗縣北。）大敗，被殺。楷奔桓玄。殷仲堪使楊佺期舟師五千為前鋒。桓玄次之，自率兵二萬，相繼而下。佺期、玄至溢口，（見第三章第九節。）王愉奔於臨川，（吳郡，治臨汝，今江西臨川縣。）玄遣偏軍追獲之。佺期進至橫江，（見第三章第九節。）譙王尚之退走。尚之弟恢之所領水軍皆役。玄等至石頭，仲堪至蕪湖，（皆見第三章第九節。）忽聞王恭已死，劉牢之領北府兵在新亭，（在今首都之南。）玄等三軍失色，無復固志，乃回師屯於蔡洲。（見第四章第三節。）仲堪素無戎略，軍旅之事，一委佺期兄弟。玄從兄修（沖子。）告道子日：「西軍可說而解也，修知其情矣。若許佺期以重利，無不倒戈於仲堪者。」（此據〈仲堪傳〉。〈修傳〉云：修進說日：「殷、桓之下，專恃王恭，恭既破滅，莫不失色。今若優詔用玄，玄必內喜，則能制仲堪、佺期，使並順命。」案是謀既敗，江績奏修承受楊佺期之言，交通訊命，則此說似不如〈仲堪傳〉之確。此時桓玄一人之力，亦未必能兼制仲堪與佺期也。）道子納之。乃以玄為江州，佺期為雍州，黜仲堪為廣州，以桓修為荊州。仲堪令玄等急進軍。玄等喜於寵授，並欲順朝命，猶豫未決。仲堪弟遹，（〈桓玄傳〉云：遹仲堪從弟。）為佺期司馬，夜奔仲堪，說佺期受朝命，納桓修。仲堪皇遽，即於蕪湖南歸。徇於玄等軍日：「若不各散而歸，大軍至江陵，當悉戮餘口。」仲堪將劉系，領二千人隸於佺期，輒率眾歸。玄等

大懼，狼狽追仲堪。至尋陽，（見第四章第一節。）及之。仲堪與佺期以子弟交質。遂於尋陽結盟。玄為盟主。（十月。）並不受詔，申理王恭，求誅劉牢之、譙王尚之等。朝廷深憚之。詔仲堪還複本位。仲堪等乃奉詔，各還所鎮。

桓玄之未奉詔也，欲自為雍州，以郗恢為廣州。恢懼玄之來，問於眾。咸曰：「佺期來者，誰不戮力？若桓玄來，恐難與為敵。」既知佺期代己，乃謀於南陽太守閭丘羨，（南陽見第三章第四節。）稱兵距守。佺期慮事不濟，乃聲言玄來入沔，而佺期為前驅。恢眾信之，無復固志。恢軍散，請降。佺期入府，斬閭丘羨，放恢還都。撫將士，恤百姓；繕修城池，簡練甲卒，甚得人情。初桓玄在荊州，豪縱，士庶憚之，甚於州牧。仲堪親黨勸殺之，仲堪不聽。及還尋陽，資其聲地，推為盟主。玄逾自矜重。佺期為人驕悍，常自謂承藉華冑，江表莫比，而玄每以寒士裁之，佺期甚憾。（〈佺期傳〉云：弘農華陰人，漢太尉震之後也。曾祖準。自震至準，七世有名德。祖林，少有才望，直亂沒胡。父亮，少仕偽朝，後歸國，終於梁州刺史，以貞幹知名。佺期沉勇果勁，而兄廣及弟思、平等，皆強獷粗暴。自云門戶承藉，江表莫比，有以其門第比王珣者，猶恚恨，而時人以其晚過江，婚宦失類，每排抑之。恆慷慨切齒，欲因事際以逞其志。弘農，見第二章第二節。華陰，見第三章第三節。）即於壇所欲襲玄。仲堪惡佺期兄弟虓勇，恐克玄之後，復為己害，苦禁之。玄亦知佺期有異謀，潛有吞併之計，於是屯於夏口。（見第三章第九節。）玄既與仲堪、佺期有隙，恆慮掩襲，求廣其所統。朝廷亦欲成其釁隙，乃詔加玄都督荊州四郡，（胡三省曰：謂長沙、衡陽、湘東、零陵。長沙，見第三章第九節。衡陽，見第五章第七節。湘東，見第三章第九節。零陵，見第三章第六節。）以其兄偉為南蠻校尉。佺期甚忿懼。仲堪亦慮玄跋扈，遂與佺期結昏為援。會姚興侵洛陽，佺期乃建牙，聲雲援洛，密欲與仲堪共襲玄。仲堪雖外結佺期，而疑其心，距而不許。猶慮弗能禁，復遣通屯於

北境以遏之。佺期既不能獨舉且不測仲堪本意，遂息甲。南蠻校尉楊廣，佺期之兄也，欲距桓偉。仲堪不聽。乃出廣為宜都、建平二郡太守。（宜都、建平，皆見第三章第六節。）佺期從弟孜敬，先為江夏相，（江夏，見第三章第四節。）玄以兵襲而召之。既至，以為諮議參軍。玄於是興軍西征，亦聲雲救洛。與仲堪書，說佺期受國恩而棄山陵，宜共罪之。今親率戎旅，徑造金塘。（見第三章第二節。）使仲堪收楊廣。仲堪知不能禁，乃曰：「君自沔而行，不得一人入江也。」玄乃止。隆安三年（西元399年），荊州大水，仲堪振恤饑者，倉廩空竭。玄乘其虛而伐之。時梁州刺史郭銓之鎮，路經夏口，玄授以江夏之眾，使督諸軍並進。密報兄偉，令為內應。偉皇遽，不知所為，乃自齎疏示仲堪。仲堪執偉為質，而急召佺期。佺期曰：「江陵無食，可來見就，共守襄陽。」仲堪紿之曰：「比來收集，已有儲矣。」佺期信之，率眾赴焉。步騎八千，精甲耀日。既至，仲堪唯以飯餉其軍。佺期大怒，曰：「今茲敗矣。」乃不見仲堪，與兄廣擊玄。殆獲郭銓。會玄諸軍至，佺期眾盡沒，單馬奔襄陽。仲堪出奔酇城。（見第四章第二節。）玄遣將軍馮該蹻佺期，獲之。廣為人所縛送。玄並殺之。仲堪聞佺期死，將以數百人奔姚興。至冠軍，（漢縣，在今河南鄧縣北。）為該所得。玄令害之。玄遂平荊、雍。表求領荊、江二州。詔以玄為荊州刺史，桓修為江州刺史。玄上疏固爭，復領江州。玄又輒以偉為雍州刺史。時寇賊未平，朝廷難違其意，許之。玄於是樹用腹心，兵馬日盛。

## 第二節　孫恩之亂

殷仲堪等之舉兵也，會道子有疾，加以昏醉，元顯知朝望去之，謀奪其權，諷天子解道子揚州、司徒，而道子不之覺。元顯自以少年，頓居權重，慮有譏議，於是以琅邪王領司徒，自為揚州刺史。道子酒醒，方知去

職，而無如之何。盧江太守張法順，為元顯謀主。元顯性苛刻，生殺自己，法順屢諫不納。又發東土諸郡免奴為客者，號曰樂屬，移京師以充兵役，東土囂然。孫恩遂乘釁作亂。

孫恩，琅邪人，（琅邪，見第二章第三節。）孫秀之族也。世奉五斗米道。恩叔父泰，師事錢唐杜子恭。（錢唐，見第四章第三節。）子恭有祕術。（嘗就人借瓜刀。其主求之。子恭曰：「當即相還耳。」既而刀主行至嘉興，有魚躍入船中，破魚得瓜刀。其為神效，往往如此。嘉興，見第四章第三節。）子恭死，泰傳其術；浮狡有小才；誑誘百姓，愚者敬之如神，皆竭財產，進子女，以求福慶。王珣言於會稽王道子，流之於廣州。廣州刺史王懷之，以泰行郁林太守。（郁林，見第三章第九節。）南越以外皆歸之。太子少傅王雅，先與泰善，言於孝武帝，以泰知養性之方，因召還。道子以為徐州主簿。猶以道術，眩惑士庶。稍遷新安太守。（新安，見第四章第三節。）王恭之役，泰私合義兵，得數千人，為國討恭。黃門郎孔道，鄱陽太守桓放之，（鄱陽，見第四章第三節。）驃騎諮議周勰等，皆敬事之。會稽世子元顯，亦數詣泰，求其祕術。泰見天下兵起，以為晉祚將終，乃搧動百姓，私集徒眾。三吳士庶多從之。（三吳，見第三章第九節。）於時朝士，皆懼泰為亂，以其與元顯交厚，咸莫敢言。會稽內史謝發其謀。（會稽，見第三章第九節。）道子誅之。恩逃於海。眾聞泰死，皆謂蟬蛻登仙。就海中資給恩。恩聚合亡命，得百餘人，志在復仇。及元顯縱暴，吳會百姓不安，（吳會二字，初指吳與會稽言之，其後則為泛稱。）恩因其騷動，自海攻上虞，（秦縣，今浙江上虞縣西。）殺縣令。因襲會稽，害內史王凝之。時隆安三年十一月也。恩有眾數萬。於是會稽謝鍼，吳郡陸瓌，（吳郡，見第三章第九節。吳興丘尪，吳興，見第三章第九節。）義興許允之，（義興，見第五章第六節。）臨海周冑，（臨海，見第四章第三節。）永嘉張永，（永嘉，晉郡，今浙江永嘉縣。）及東

陽、（見第五章第六節。）新安凡八郡，一時俱起，殺長吏以應之。旬日之中，眾數十萬。恩據會稽，自號徵東將軍，號其黨曰長生人。宣語令誅殺異己。有不同者，戮及嬰孩。由是死者十七八。畿內諸縣，處處蜂起。朝廷震懼，內外戒嚴。遣衛將軍謝琰、鎮北將軍劉牢之討之。吳會承平日久，人不習戰；又無器械；故所在破亡。諸賊皆燒倉廩，焚邑屋，刊木，堙井，虜掠財貨，相率聚於會稽。其婦女有嬰累不能去者，囊簏盛嬰兒沒於水，而告之曰：「賀汝先登仙堂，我尋後就汝。」牢之遣將桓寶救三吳，子敬宣為寶後繼。比至曲阿，（見第四章第三節。）吳郡內史桓謙（此依〈牢之傳〉。〈本紀〉同。〈恩傳〉作桓謹。）已棄郡走。牢之乃率眾東討，拜表輒行。琰至義興，斬賊許允。進討丘尪，破之。牢之至吳興，擊賊屢勝。徑臨浙江。琰屯烏程，（見第四章第三節。）遣司馬高素助牢之。牢之率眾軍濟浙江。恩虜男女二十餘萬口，一時逃入海。懼官軍之躡，乃緣道多棄寶物、子女，時東土殷實，莫不粲麗盈目，牢之等遽於收斂，故恩復得逃海。朝廷以謝琰為會稽，率徐州文武戍海浦。（琰本為徐州刺史。）琰無撫綏之能，而不為武備。四年（西元400年），恩復入餘姚，（秦縣，今浙江餘姚縣。）破上虞，進至刑浦。（此據〈恩傳〉。〈琰傳〉作邢浦，云在山陰北三十五里。山陰，見第二章第二節。）琰遣參軍劉宣之距破之。既而上黨太守張虔碩戰敗，群賊銳進。琰敗績。帳下督張猛，於後斫琰馬，琰墮地，與二子俱被害。朝廷大震。遣冠軍將軍桓不才，輔國將軍孫無終，寧朔將軍高雅之擊之。恩復還於海。於是復遣牢之東屯會稽。吳國內史袁山松築扈瀆壘，（在今上海市北。）緣海備恩。明年，二月，恩復入浹口。（《東晉疆域志》云：在餘姚、縣之間。漢縣，在今浙江鄞縣東。）雅之敗績。牢之進擊，恩復還於海。五月，轉寇扈瀆，害袁山松。仍浮海向京口。（見第四章第二節。）牢之率眾西擊，未達，而恩已至。朝廷駭懼，陳兵以待之。牢之在山陰，使劉裕自海鹽赴難。（海鹽，漢縣，在今

浙江平湖縣東南。晉徙治今海鹽縣。）牢之率大眾而還。裕兵不滿千人，與賊戰，破之。恩聞牢之已還京口，乃走郁州。（今江蘇灌雲縣東北之雲臺山，古在海中，稱郁州，亦曰鬱洲。）高雅之擊之，為賊所執。賊寇廣陵，（見第三章第九節。）陷之。浮海而北。劉裕與劉敬宣並軍躡之於郁州。累戰，恩復大敗。漸衰弱。復緣海還南。裕亦尋海要截。復大破恩於扈瀆。恩遂遠迸海中。及桓玄用事，恩復寇臨海，太守辛景討破之。恩窮蹙，乃赴海自沉。妖黨及伎妾，謂之水仙，投水從死者百數。時元興元年三月也。案恩之所為，與張角極相似。（誑惑多而不能戰。）其誑惑士大夫之力，或猶過之，（讀本節所述即可見。沈約《宋書·自序》言：杜子恭通靈有道術，東土豪宗，及京邑貴望，並事之為弟子，執在三之敬。沈警累世事道，亦敬事子恭。子恭死，門徒孫泰，泰弟子恩傳其業，警復事之。恩作亂，警子穆夫，為其前部參軍，與弟仲夫、任夫、豫夫、佩夫並遇害。警等為人如何不必論，要亦士大夫之家也。）此或由其本為衣冠中人而然。然其所用，仍多亡命之徒，故其殘殺破壞極甚。（〈恩傳〉言：恩虜男女二十餘萬口，一時逃入海，雖曰緣道多棄子女，能從者當尚不下十餘萬人。又云：自恩初入海，所虜之口，其後戰死及自溺，並流離被傳賣者，至恩死時，裁數千人存；而恩攻沒謝琰、袁山松，陷廣陵，前後數十戰，亦殺百姓數萬人。則死亡者當在二十萬以上矣。當時海島，能容幾何人？十餘萬人，安能一時入海？此自不免言之過甚，然其死亡之眾，則必不誣也。）五斗米道誑惑之力固大，然亦可見是時東土之不安也。

# 第三節　桓玄篡逆

　　孫恩之作亂也，加道子黃鉞，以元顯為中軍以討之。又加元顯錄尚書事。道子更為長夜之飲，政無大小，一委元顯。時謂道子為東錄，元顯為

西錄，西府車騎填湊，東第門可設雀羅矣。於是軍旅洊興，國用虛竭，自司徒已下，日廩七升，而元顯聚斂不已，富過帝室。及謝琰為孫恩所害，元顯求領徐州，加侍中、後將軍、開府儀同三司，都督十六州諸軍事。（揚、豫、徐、兗、青、幽、冀、並、荊、江、司、雍、梁、益、交、廣。）尋以星變解錄，復加尚書令。桓玄屢上疏求討孫恩，詔輒不許。其後恩逼京都，玄建牙聚眾，外託勤王，實欲觀釁而進。復上疏請討恩。會恩已走，玄又奉詔解嚴。玄以兄偉為江州，鎮夏口。（見第三章第九節。）司馬刁暢鎮襄陽。（見第三章第四節。）遣桓振、（石虔子。）皇甫敷、馮該戍溼口。（見第三章第九節。）自謂三分有二，勢運所歸，屢使人上禎祥，以為己瑞。致牋道子，語多侮嫚。元顯大懼。張法順言：「桓氏世在西藩，人或為用。孫恩為亂，東土塗地，玄必乘此，縱其姦凶。及其始據荊州，人情未輯，宜發兵誅之。」元顯以為然。遣法順至京口，（見第四章第二節。）謀於劉牢之。牢之以玄少有雄名，杖全楚之眾，懼不能制；又慮平玄之後，不為元顯所容；深懷疑貳。法順還，說元顯曰：「觀牢之顏色，必貳於我，未若召入殺之。不爾，敗人大事。」元顯不從。元興元年（西元 402 年），正月，加元顯侍中、驃騎大將軍、開府，征討大都督、督十八州諸軍事，儀同三司，加黃鉞、班劍二十人，以伐桓玄。以牢之為前鋒，譙王尚之為後部。法順又言於元顯曰：「自舉大事，未有威斷，桓謙兄弟，每為上流耳目，宜斬之以孤荊州之望。（謙沖子，時為元顯諮議參軍。）且事之濟不，系在前軍，而牢之反覆；萬一有變，則禍敗立至；可令牢之殺謙兄弟，以示不貳；若不受命，當為其所。」元顯曰：「非牢之無以當桓玄。且始事而誅大將，人情必動。」法順言之再三，元顯不可，而以謙為荊州刺史，以安荊楚。於時揚土饑虛，運漕不繼，玄斷江路，商旅遂絕，公私匱乏，士卒唯給粰橡。玄本謂揚土饑饉，孫恩未滅，朝廷必未皇討己，可得蓄力養眾，觀釁而動。聞元顯將伐之，甚懼，欲保江陵。

（見第三章第九節。）長史卞範之說曰：「元顯口尚乳臭，劉牢之大失物情，兵臨近畿，土崩之勢，翹足可待。何有延敵入境，自取蹙弱者乎？」玄大悅。乃留其兄偉守江陵，抗表率眾，東下尋陽。（見第四章第一節。）移檄京邑，罪狀元顯。檄至，元顯大懼，下船而不敢發。玄既失人情，而興師犯順，慮眾不為用，恆有回斾之計。既過尋陽，不見王師，意甚悅。其將吏亦振。庾楷以玄與朝廷構怨，恐事不克，禍及於己，密結元顯，許為內應。謀洩，收繫之。至姑孰，（見第四章第一節。）使馮該等攻譙王尚之。尚之敗，逃於塗中。（塗同滁。）十餘日，為玄所得。尚之弟休之鎮歷陽。（見第三章第九節。）以五百人出城力戰，不捷，奔南燕。玄遣何穆說劉牢之。時尚之已敗，人情轉沮，牢之乃頗納穆說，遣使與玄交通。其甥何無忌與劉裕固諫，不從。俄令子敬宣降玄。（《宋書‧敬宣傳》云：牢之以道子昏暗，元顯淫凶，慮平玄之後，亂政方始，欲假手於玄，誅除執政，然後乘玄之隙，可以得志於天下，將許玄降。敬宣諫曰：「方今國家亂擾，四海鼎沸，天下之重，在大人與玄。玄藉先父之基，據荊南之勢，雖無姬文之德，實為三分之形。一朝縱之，使陵朝廷，威望既成，則難圖也。董卓之變，將生於今。」牢之怒曰：「吾豈不知今日取玄，如反覆手。但平玄之後，令我那驃騎何？」遣敬宣為任。案玄一平元顯，即奪牢之兵權；旋竊大位；或非牢之當時計慮所及，然謂取玄如反覆手，則亦誣也。《晉書》謂牢之因尚之之敗，人情轉沮，乃頗納何穆之說，自近於實。）玄至新亭，（見第一節。）元顯棄船，退屯國子學堂。明日，列陳宣陽門外。佐吏多散走。劉牢之遂降於玄。元顯回入西陽門，牢之參軍張暢之率眾逐之。眾潰。元顯奔入相府。唯張法順隨之。玄遣收元顯，送付廷尉，並其六子皆害之。（張法順亦見殺。）又奏道子酗縱不孝，當棄市。詔徙安成郡。（見第三章第九節。）使御史杜竹林防衛，竟承玄旨鴆殺之。玄以劉牢之為會稽太守。（會稽，見第三章第九節。）牢之嘆曰：「始爾便奪我兵，

禍將至矣。」時玄屯相府，敬宣勸牢之襲之。牢之猶豫不決。移屯班瀆。
將北奔廣陵相高雅之，據江北以距玄。（《宋書·敬宣傳》曰：牢之與敬宣
謀共襲玄，期以明旦，直爾日大霧，府門晚開，日旰，敬宣不至，牢之
謂所謀已洩，率部眾向白洲，欲奔廣陵。白洲當即班瀆。胡三省曰：班瀆
在新洲西南。案新洲，在今首都北江中。廣陵，見第三章第九節。）集眾
大議。參軍劉襲曰：「事不可者莫大於反，而將軍往年反王兗州，近日反
司馬郎君，今復欲反桓公，一人三反，豈得立也？」語畢趨出。佐吏多散
走。敬宣先還京口援其家，失期不至，牢之謂為劉襲所殺，乃自縊而死。
俄而敬宣至，不皇哭，奔高雅之，與雅之俱奔南燕。

　　桓玄入京師，矯詔加己總百揆，侍中，都督中外諸軍事，丞相，錄尚
書事，揚州牧，領徐州刺史。害庾楷父子，譙王尚之，尚之弟丹陽尹恢
之，廣晉伯允之等。以兄偉為荊州刺史，領南蠻校尉。從兄謙為左僕射，
領選。修為徐、兗二州刺史。石生為江州刺史。卞範之為丹陽尹。玄讓丞
相，自署太尉，領豫州刺史。出居姑孰。固辭錄尚書事，詔許之，而大政
皆諮焉。小事則決於桓謙、卞範之。自禍難屢搆，干戈不戢，百姓厭之，
思歸一統。及玄初至也，黜凡佞，擢俊賢，君子之道粗備，京師欣然。後
乃陵侮朝廷，幽擯宰輔；豪奢縱慾，眾務繁興；於是朝野失望，人不安
業。玄又害吳興太守高素，（吳興，見第三章第九節。）輔國將軍竺謙之，
謙之從兄高平相朗之，（高平，見第二章第二節，此時為僑置。）輔國將
軍劉襲，襲弟彭城內史季武，（彭城，見第五章第四節。）冠軍將軍孫無
終等，皆劉牢之黨，北府舊將也。襲兄冀州刺史軌奔南燕。二年（西元
403 年），桓偉卒，以桓修代之。從事中郎曹靖之說玄：以修兄弟，職居
內外，恐權傾天下。玄納之，乃以南郡相桓石康為西中郎將、荊州刺史。
（南郡，見第三章第九節。石康豁子。）玄所親杖唯偉。偉死，玄乃孤危，
而不臣之跡已著；自知怨滿天下，欲速定篡逆。殷仲文妻，玄之妹也，（仲

文，覬弟。）玄使總錄詔命，以為侍中，與卞範之又共促之。於是先改授群司。又矯詔加其相國，總百揆，封十郡，為楚王，加九錫。南陽太守庾仄，（南陽，見第三章第四節。）殷仲堪黨也，九月，乘桓石康未至，起兵。襲馮該於襄陽，走之。江陵震動。桓濟子亮，以討仄為名，起兵羅縣。（漢縣，在今湖南湘陰縣東北。）南蠻校尉羊僧壽，與石康攻襄陽，庾仄眾散，奔姚興。長沙相陶延壽（長沙，見第三章第九節。）以亮乘亂起兵，遣收之。玄徙亮於衡陽，（見第五章第七節。）誅其同謀桓奧等。十二月，玄篡位。以帝為平固公，（平固，見第三章第九節。）遷居尋陽。玄入建康。

劉牢之雖死，高素等雖見誅，然北府之人物未盡也，而是時為其首領者，實為劉裕。初孫恩之死也，餘眾推恩妹夫盧循為主。桓玄欲且輯寧東土，以循為永嘉太守。（永嘉見上節。）循雖受命，而寇暴不已。玄復遣裕東征。何無忌隨至山陰，（見第二章第二節。）勸裕於會稽起義。裕以為玄未據極位；且會稽遙遠，事濟為難；不如俟其篡逆事著，於京口圖之。（據《宋書·武帝紀》。〈孔靖傳〉以是為靖之謀。）玄既篡位，裕乃與其弟道規及劉毅、（桓弘中兵參軍。弘沖子，時為青州刺史，鎮廣陵。）何無忌、魏詠之、（殷仲堪客。）檀憑之、（桓修長流參軍。）孟昶、（青州主簿。）諸葛長民、（豫州刺史刁逵左軍府參軍。）王元德、（名叡。弟懿，字仲德。兄弟名犯晉宣、元二帝諱，並以字稱。）辛扈興、童厚之等謀討之。元興三年（西元404年），二月，裕託以遊獵，與無忌等收集義徒，襲京口，斬桓修。劉毅潛就孟昶，起兵襲殺桓弘，因收眾濟江。（諸葛長民謀據歷陽，失期不得發，刁逵執之，送於桓玄。未至而玄敗，送人共破檻出之，還趣歷陽。逵棄城走，為其下所執，斬於石頭。元德、扈興、厚之謀於京邑攻玄，事洩，並為玄所殺。）玄召桓謙、卞範之等謀之。謙等曰：「亟遣兵擊之。」玄曰：「不然。彼兵速銳，計出萬死，遣少軍不足相

抗，如有蹉跌，則彼氣成而吾事敗矣。不如屯大眾於覆舟山以待之。（覆舟山，在首都大平門內，鐘山之西足也。）彼安行二百里，無所措手，銳氣已挫；忽見大軍，必驚懼。我案兵堅陳，勿與交鋒。彼求戰不得，自然走散，此計之上也。」謙等固請，乃遣頓丘太守吳甫之、右衛將軍皇甫敷北拒之。義眾推劉裕為盟主，移檄京邑。三月，遇吳甫之於江乘，（見第三章第九節。）斬之。進至羅落橋。（在江乘南。）皇甫敷率數千人逆戰。劉裕、檀憑之各御一隊。憑之敗死。裕進戰彌厲，斬敷首。桓玄使桓謙屯東陵口，（在覆舟山東。）卞範之屯覆舟山西，眾合二萬。劉裕躬先士卒奔之，將士皆殊死戰，謙等諸軍，一時土崩。玄將子姪浮江南走。裕鎮石頭，（見第三章第九節。）立留臺總百官。以王謐（導孫。）錄尚書事，領揚州刺史。裕督揚、徐、兗、豫、青、冀、幽、並八州，為徐州刺史。奉武陵王遵為大將軍，承制。（遵武陵威王晞子，晞元帝子。）以劉毅為青州刺史，與何無忌、劉道規躡玄。

　　桓玄經尋陽，江州刺史郭昶之備乘輿法物資之。玄收略，得二千餘人，挾天子走江陵。何無忌、劉道規破玄將郭銓、何澹之及郭昶之等於桑落洲。（在九江東北。）眾軍進據尋陽。桓玄大聚兵眾。召水軍，造樓船、器械。率眾二萬，挾天子發江陵，浮江東下。與劉毅等遇於崢嶸洲。（在湖北鄂城縣東。）眾憚之，欲退還尋陽。劉道規曰：「彼眾我寡，強弱異勢，畏懦不進，必為所乘，雖至尋陽，豈能自固？玄雖竊名雄豪，內實恇怯；加已經崩敗，眾無固心；決機兩陳，將雄者克。」因麾眾而進。毅等從之。大破玄軍。玄棄其眾，復挾天子還江陵。馮該勸更下戰，玄不從。欲出漢川，投梁州刺史桓希，而人情乖沮，制令不行。玄乘馬出城，至門，左右於暗中斫之，不中。前後相殺交橫。玄僅得至船。於是荊州別駕王康產奉帝入南郡府舍，太守王騰之率文武營衛。初玄之篡位也，遣使加益州刺史毛璩散騎常侍、左將軍。璩執留其使，不受命。玄以桓希為梁

303

州刺史，使王異據涪，郭法成宕渠，師寂成巴郡，周道子戍白帝以防之。（涪、宕渠、巴，皆見第三章第六節。白帝，城名，在今四川奉節縣東。）璩傳檄遠近，列玄罪狀。遣巴東太守柳約之，建平太守羅述，徵虜司馬甄季之擊破希等。（巴東、建平，皆見第三章第六節。）仍率眾次於白帝。初璩弟寧州刺史璠喪官，璩兄孫佑之及參軍費恬，以數百人送喪葬江陵。會玄敗，謀奔梁州。璩弟子修之，時為玄屯騎校尉，誘使入蜀。玄從之。達枚回洲，（在江陵南。）恬與佑之迎擊，益州督護馮遷斬玄並石康及玄兄子濬。玄子昇，時年數歲，送江陵市，斬之。毛璩又遣將攻漢中，殺桓希。

　　玄之敗於崢嶸洲，義軍以為大事已定，追躡不速，（據《宋書·武帝紀》。〈劉道規傳〉云：遇風不進。）玄死幾一旬，眾軍猶不至。桓振逃於華容之湧中。（湧水在華容。華容、漢縣，今湖北監利縣西北。）玄先令將軍王稚徽戍巴陵，（見第三章第九節。）稚徽遣人招振，云桓歆已克京邑，（歆玄兄，時聚眾向歷陽，為諸葛長民、魏詠之所破。）馮稚等復平尋陽，（稚玄將，嘗襲陷尋陽，劉毅使劉懷肅討平之。懷肅，裕從母兄。）劉毅諸軍並敗於中路。振大喜，乃聚黨數十人襲江陵。比至城，有眾二百。桓謙先匿於沮川，亦聚眾而出。遂陷江陵。（閏五月。）迎帝於行宮。（王康產、王騰之皆被害。）桓振聞桓昇死，大怒，將肆逆於帝。謙苦禁之，乃止。遂命群臣辭以楚祚不終，百姓之心，復歸於晉，更奉進璽綬。以琅邪王鎮徐州。振為都督八州、荊州刺史。振少薄行，玄不以子姪齒之。及是，嘆曰：「公昔不早用我，遂致此敗。若使公在，我為前鋒，天下不足定也。今獨作此，安歸乎？」遂肆意酒色；暴虐無道，多所殘害。何無忌擊桓謙於馬頭，（在今湖北公安縣東北。）桓蔚於龍洲，皆破之。（蔚祕子。）義軍乘勝競進。桓振、馮該等距戰於靈溪，（《水經注》：江水自江陵東徑燕尾洲北，會靈溪水。龍洲，在靈溪東。案龍洲，據〈桓玄傳〉。〈何無忌

傳〉作龍泉。）道規等敗績，死沒者千餘人。（劉毅坐免官，尋原之。）義軍退次尋陽，更繕舟甲。進次夏口。馮該等守夏口，孟山圖據魯城，（亦作魯山城，在今湖北漢陽縣東北。）桓山客守偃月壘。（據〈桓玄傳〉。《宋書・劉道規傳》作桓仙客。偃月壘，亦曰卻月城，在漢水左岸。）劉毅攻魯城，道規攻偃月壘，二城俱潰。馮該走，禽山圖、仙客。毅等平巴陵。（十二月。）義熙元年（西元 405 年），正月，南陽太守魯宗之起義兵，襲襄陽，破偽雍州刺史桓蔚。何無忌諸軍次馬頭。桓振擁帝，出營江津。（戍名，在江陵南。）請割荊、江二州，奉送天子。無忌不許。魯宗之破偽虎賁中郎將溫楷，進至紀南。（城名，在江陵北。）振自擊之，宗之失利。劉毅率何無忌、劉道規等破馮該於豫章口，（在江陵東。）推鋒而前，遂入江陵。振見火起，知城已陷，遂與桓謙北走。是日，安帝反正。大赦天下，唯逆黨就戮。詔特免桓胤一人。（沖長子嗣之子。）三月，桓謙出自涓城，（在雲杜東南。雲杜，漢縣，在今湖北沔陽縣北。）襲破江陵。劉懷肅自雲杜伐振，破之。廣武將軍唐興臨陳斬振。懷肅又討斬馮該於石城。（見第三章第九節。）桓亮先侵豫章，（見第三章第九節。）時劉敬宣自南燕還，劉裕以為江州刺史，討走之。桓玄以苻宏為梁州刺史，與亮先後入湘中；其餘擁眾假號者以十數：皆討平之。桓謙、桓怡、（弘弟。）桓蔚、桓謐、何澹之、溫楷，皆奔於秦。詔徙桓胤及諸黨與於新安諸郡。三年（西元 407 年），東陽太守殷仲文，（東陽，見第五章第六節。桓玄崢嶸洲之敗，留皇后王氏及穆帝后何氏於巴陵。仲文時在玄檻，求出別船，收集散卒，因奉二後奔夏口降。）與永嘉太守駱球謀反，（永嘉，見第二節。）欲建桓胤為嗣，劉裕並其黨收斬之。

　　桓玄乃一妄人，《晉書》言其繆妄之跡甚多，庸或不免傅會，（如謂玄篡位入宮，其床忽陷，群下失色，殷仲文曰：「將由聖德探厚，地不能載，」玄大悅，此等幾類平話。又謂其棄建康西走時，腹心勸其戰，玄不

暇答，直以策指天而已，亦與其據覆舟山待義兵之策，判若兩人也。）然其縱侈，（玄之出鎮姑孰，即大築城府，臺館山池，莫不壯麗。性好畋遊，以體大不堪乘馬，乃作徘徊輿，施轉關，令回動無滯。自篡盜之後，驕奢荒侈。遊獵無度，以夜繼晝；或一日之中，屢出馳騁。性又急暴，呼召嚴速，直官咸繫馬省前。貪鄙，好奇異，尤愛寶物，珠玉不離於手。人士有法書、好畫及園宅者，悉欲歸己。猶難逼奪之，皆搏博而取。遣臣佐四出，掘果移竹，不遠數千里。嘗詐欲討姚興，初欲飾裝，無他處分，先使作輕舸，載服玩及書畫等物。或諫之。玄曰：「書畫服玩，既宜恆在左右；且兵凶戰危，脫有不意，當使輕而易運。」眾皆笑之。此等事或疑其非實，然紈褲子弟，習於縱侈，不知慮患，確有此等情形也。）好虛名，（元興二年（西元 403 年），玄詐表請平姚興，又諷朝廷作詔不許。謂代謝之際，宜有禎祥，乃密令所在上臨平湖開，又詐稱江州甘露降。以歷代咸有肥遁之士，己世獨無，乃徵皇甫謐六世孫希之為著作，並給其資用，皆令讓而不受，號曰高士。敗走後，於道作起居注，敘其距義軍之事，自謂經略指授，算無遺策，諸將違節度，以致虧喪，非戰之罪。於時不皇與群下謀議，唯耽思誦述，宣示遠近。荊州郡守，以玄播越，或遣使通表，有匡寧之辭，玄悉不受，仍令所在表賀遷都焉。臨平湖，在浙江杭縣東北。故老相傳：此湖塞，天下亂，此湖開，天下平。）喜佞媚，（〈玄傳〉言玄信悅諂譽，逆忤讜言。吳甫之、皇甫敷敗，玄聞之，大懼，問於眾曰：「朕其敗乎？」曹靖之曰：「神怒人怨，臣實懼焉。」玄曰：「卿何不諫？」對曰：「輦上諸君子，皆以為堯、舜之世，臣何敢言？」）不知政理，（玄嘗議復肉刑，斷錢貨，回覆改異，造革紛紜。臨聽訟觀錄囚徒，罪無輕重，多被原放。有干輿乞者，時或恤之。尚書答春搜字誤為春菟，凡所關署，皆被降黜。奔敗之後，懼法令不肅，遂輕怒妄殺。）雖少負雄名，而實則怯懦，（崢嶸洲之戰，義兵數千，玄眾甚盛，而玄懼有敗衄，常漾輕舸於

舫側，故其眾莫有鬥心。）要非誣辭也。玄之叛逆，不過當時裂冠毀冕之既久，勢所必至，無足深異。晉室自東渡以後，上下流即成相持之局，而上流之勢恆強，朝廷政令之不行，恢復大計之受阻，所關匪細，至桓玄敗而事勢一變矣。然中原喪亂既久，國內反側又多，卒非一時所克收拾，此則宋武之雄才，所以亦僅成偏安之業也，亦可嘆矣。而蜀中乘此擾攘，又成割據之局者數年，尚其至微末者也。

　　桓玄之死也，柳約之進軍至枝江，（漢縣，在今湖北枝江縣東。）而桓振復攻沒江陵，劉毅等還尋陽，約之亦退。俄而甄季之、羅述皆病。約之詣振偽降，欲襲振，事洩，被害。約之司馬時延祖，涪陵太守文處茂等（涪陵，見第三章第六節。）撫其餘眾，保涪陵。振遣桓放之為益州，屯西陵。（峽名，在今湖北宜昌縣西北。）處茂距擊破之。毛璩聞江陵陷，率眾赴難。使弟瑾、瑗順外江而下。（外水謂岷江，涪江曰內水，沱江曰中水。）參軍譙縱及侯暉等領巴西、梓潼軍下涪水，與璩會巴郡。（巴西梓潼，皆見第三章第六節。此據〈毛璩傳〉。〈譙縱傳〉云領諸縣氐。）暉有貳志，因梁州人不樂東也，與巴西陽昧結謀，於五城水口，（五城水，涪水支流，在廣都入江。廣都，見第六章第八節。）逼縱為主。攻瑾於涪城。城陷，瑾死之。縱乃自號梁、秦二州刺史。（時朝廷新以此授瑾。《通鑑》，事在義熙元年二月。）璩時在略城，（胡三省曰：據《晉書・毛璩傳》，去成都四百里。）遣參軍王瓊率三千人討反者。又遣瑗領四千人繼進。縱遣弟明子及暉距瓊於廣漢。（見第三章第六節。）瓊擊破暉等。追至絲竹，（見第三章第六節。）明子設二伏以待之，大敗瓊眾，死者十八九。益州營戶李騰開城以納縱。璩下人受縱誘說，遂共害璩及瑗，並子姪之在蜀者，一時殄役。縱以從弟洪為益州刺史。明子為巴州刺史，率其眾五千人屯白帝。自稱成都王。瑾子修之，下至京師，劉裕表為龍驤將軍，配給兵力，遣令奔赴。又遣益州刺史司馬榮期及文處茂、時延祖等西討。修之至宕

渠，榮期為參軍楊承祖所殺。修之退還白帝。(《通鑑》義熙二年九月。)
承祖自下攻之，不拔。修之使參軍嚴綱收兵，漢嘉太守馮遷(漢嘉，見第
三章第六節。)率兵來會，討承祖斬之。時文處茂猶在益郡，修之遣兵
五百，與劉道規所遣千人俱進，而益州刺史鮑陋不肯進討。(《通鑑》在義
熙三年(西元407年)。)縱遣使稱藩於姚興。(九月。)且請桓謙為助。
興遣之。劉裕表遣劉敬宣率眾五千伐蜀。分遣巴東太守溫祚(巴東，見第
三章第六節。)以二千人揚聲外水，自率鮑陋、文處茂、時延祖由墊江而
進。(墊江，見第三章第六節。)達遂寧郡之黃虎，(城名，在今四川射洪
縣東。)譙道福等悉眾距險。敬宣糧盡，軍中多疾疫，姚興又遣兵二萬救
縱，王師遂引還。縱遣使拜師，仍貢方物，興拜為蜀王。

# 第四節　宋武平南燕

　　東晉國力，本不弱於僭偽諸國；而北方可乘之隙亦多；所以經略中
原，迄無所就者，實以王敦、桓溫等，別有用心，公忠之臣，如庾亮、殷
浩等，又所值或非其時，所處或非其地，未獲有所展布之故。當五胡初起
之時，中原喪亂未久，物力尚較豐盈；石虎、苻堅，又全據中原之地；圖
之庸或較難，至肥水戰後，後燕、後秦諸國，則更非其倫矣。此時僅能北
伐，奏績自屬不難；而其地近而易圖者，尤莫如南燕，此所以桓玄平後僅
五年，而劉裕遂奏削平之績也。

　　劉敬宣等之奔南燕也，南燕侍中韓范上疏勸慕容德入寇。德命王公詳
議。咸以桓玄新得志，未可圖，乃止。俄聞玄敗，德乃以慕容鎮為前鋒，
慕容鐘為大都督，配以步卒二萬，騎五千。刻期將發，而德寢疾，於是罷
兵。義熙元年(西元405年)，德死。(此據〈載記〉，《通鑑》同，〈本紀〉
在元興三年十月。案〈載記〉記南燕之事，較〈本紀〉皆後一年。)初，德

兄北海王納，苻堅破鄴，以為廣武太守。（廣武，見第五章第二節。）數歲去官，家於張掖。（見第六章第二節。）及慕容垂起兵，堅收納及德諸子皆誅之。納母公孫氏，以耄獲免。納妻段氏方娠，未決，囚於郡獄。獄掾呼延平，德故吏也，嘗有死罪，德免之。至是，將公孫及段氏逃於羌中，而生子焉。東歸後，德名之曰超。超年十歲，公孫氏卒，平又將超母子，奔於呂光。呂隆降於姚興，超隨涼州人徙於長安。以諸父在東，深自晦匿。由是得去來無禁。德遣使迎之，超不告母妻而歸。德無子，立超為太子。德死，超嗣偽位。

初，德從弟鐘，累進策於德，德用之頗中，由是政無大小，皆以委之。超立，以為都督中外諸軍、錄尚書事。俄以為青州牧。外戚段宏為徐州。（南燕五州：並州治陰平，漢侯國，後漢為縣，晉廢，在今江蘇沭陽縣西北。幽州治發乾，見第五章第六節。徐州治莒，見第六章第八節。兗州治梁父，漢縣，在今山東泰安縣南。青州治東萊，見第三章第四節。）而以公孫五樓為武衛將軍，領屯騎校尉，內參政事。鐘、宏及兗州慕容法謀反。超遣慕容鎮攻青州，慕容昱攻徐州，慕容凝、韓范攻兗州。鐘奔後秦。宏奔魏。凝謀殺韓范，范知而攻之，凝奔法。范並其眾，攻克兗州。凝奔後秦，法奔魏。公孫五樓為侍中、尚書，領左衛將軍，專總朝政。兄歸為冠軍、常山公。叔父頹為武衛、興樂公。五樓宗親，皆夾輔左右。王公內外，無不憚之。超母、妻先在長安，為姚興所拘，興責超稱藩，求大樂諸妓。超送大樂百二十人。興乃還其母、妻。〈超載記〉云，義熙五年（西元 409 年），正旦，超朝群臣，聞樂作，嘆音佾不備，悔送伎於興，遣斛谷提、公孫歸等入寇，陷宿豫，（漢呿猶縣，晉改曰宿豫，在今江蘇宿遷縣東南。）大掠而去。簡男女二千五百，付大樂教之。案興責超稱藩求伎時，又云：「若不可，便送吳口千人，」超遣群臣詳議，段宏主掠吳口與之，尚書張華主降號，超從華議，可見其非欲構釁於晉。宿豫之釁，未知

其由，謂由掠生口以備伎樂，恐未必然。超所掠乃生口，非樂工，豈有南人可教，北人不可教之理邪？超又遣公孫歸等入濟南，（漢郡，今山東歷城縣。）執太守趙元，略男女千餘人而去。於是劉裕出師討之。四月，舟師發京都，泝淮入泗。五月，至下邳。（見第三章第四節。）留船艦輜重，步軍進琅邪。（見第二章第三節。）所過皆築城為守。超引見群臣，議距王師。公孫五樓曰：「吳兵輕果，所利在戰，初鋒勇銳，不可爭也。宜據大峴，（在今山東臨朐縣東南。）使不得入。曠日延時，沮其銳氣。徐簡精騎二千，循海而南，絕其糧道；別敕段暉，率兗州之軍，綠山東下，腹背擊之，上策也。各命守宰，依險自固。校其資儲，餘悉焚蕩。芟除粟苗，使敵無所資。堅壁清野，以待其斃，中策也。縱賊入峴，出城逆戰，下策也。」超曰：「京都殷盛，戶口眾多，非可一時入守。青苗布野，非可卒芟。縱令過峴，至於平地，徐以精騎踐之，此成禽也。」慕容鎮曰：「若如聖旨，必須平原，用馬為便。宜出峴逆戰。戰而不勝，猶可退守。不宜縱敵入峴，自詒窘逼。」超不從。鎮謂韓謨云：「主上既不能芟苗守險，又不肯徙民逃寇，酷似劉璋矣。」超聞而大怒，收鎮下獄。乃攝莒、梁父二戍。修城隍，簡士馬，蓄銳以待之。《宋書·武帝紀》云：初公將行，議者以為「賊聞大軍遠出，必不敢戰。若不斷大峴，當堅守廣固，刈粟清野，以絕三軍之資。非唯難以有功，將不能自反。」公曰：「我揣之熟矣。鮮卑貪，不及遠。進利克獲，退惜粟苗。謂我孤軍遠入，不能持久。不過進據臨朐，（漢縣，今山東臨朐縣。）退守廣固。我一入峴，則人無退心。驅必死之眾，向懷貳之虜，何憂不克？彼不能清野固守，為諸軍保之。」公既入峴，舉手指天曰：「吾事濟矣。」此等皆傅會之談。此行也，晉兵力頗厚，宋武用兵，又極嚴整；（觀其所過築城為守可知。）簡騎二千，安能絕其糧道？民難一時入守，苗非倉卒可芟，亦自系實情。戰既不如，守又難固，即據大峴，安能必晉兵之不入？棄大峴而悉力逆戰，蓋所謂以

逸待勞；不勝即退守廣固，則所守者小，為力較專；此亦未為非計。慕容鎮之下獄，必別有其由，非徒以退有後言也。王師次東莞，（見第三章第一節。）超遣段暉、賀賴盧等六將，步騎五萬，進據臨朐。王師度峴，超率卒四萬就暉等。臨朐有巨蔑水，去城四十里，超告公孫五樓，急往據之。孟龍苻奔往爭之，五樓乃退。眾軍步進，有車四千乘，分為兩翼，方軌徐行，又以輕騎為遊軍。未及臨朐數里，賊鐵騎萬餘，前後交至。劉裕命劉藩等齊力擊之。日向昃，又遣檀韶直趨臨朐。即日陷城。超聞臨朐拔，引眾走。裕親鼓之，賊乃大破。斬段暉。超奔還廣固。徙郭內人，入保小城。使其尚書郎張綱乞師於姚興。赦慕容鎮，進錄尚書，都督中外諸軍事，引見群臣謝之。鎮進曰：「內外之情，不可復恃。如聞西秦，自有內難，恐不暇分兵救人。正當更決一戰，以爭天命。今散卒還者，猶有數萬，可悉出金帛、宮女，餌令一戰。不可閉門，坐受圍擊。」慕容惠曰：「今晉軍乘勝，有陵人之氣，敗軍之將，何以御之？秦雖與勃勃相持，不足為患；二國連衡；勢成唇齒；今有寇難，秦必救我。但自古乞援，不遣大臣，則不致重兵。尚書令韓范，德望具瞻，燕、秦所重，宜遣乞援，以濟時艱。」於是遣范與王簿往。張綱自長安歸，奔於劉裕。（此據《晉書・載記》。《宋書・武帝紀》云：綱從長安還，泰山太守申宣執送之。泰山，見第三章第四節。）右僕射張華，中丞封鎧，並為裕軍所獲。裕令華、愷與超書，勸令早降。超乃詒裕書，請為藩臣，以大峴為界。並獻馬千匹，以通和好。裕弗許。江南繼兵，相尋而至。尚書張俊，自長安還，又降於裕。說裕密信誘韓范，啗以重利。「範來，則燕人絕望，自然降矣。」裕從之。表范為散騎常侍，遣書招之。時姚興遣姚強率步騎一萬，隨范就姚紹於洛陽，並兵來援。會赫連勃勃大破秦軍，興追強還長安。范嘆曰：「天其滅燕乎？」會得裕書，遂降於裕。《宋書・武帝紀》云：錄事參軍劉穆之，有經略才具，公以為謀主，動止必諮焉。時姚興遣使告公曰：「慕

容見與隣好；又以窮告急；今當遣鐵騎十萬，徑據洛陽，晉軍若不退者，便遣長驅而進。」公呼興使答曰：「語汝姚興：我定燕之後，息甲三年，當平關、洛。今能自送，便可速來。」穆之聞有羌使，馳入，而公發遣已去。穆之尤公曰：「常日事無大小，必賜與謀。此宜善詳，云何卒爾？所答興言，未能威敵，正足怒彼耳。若燕未可拔，羌救大至，不審何以待之？」公笑曰：「此是兵機，非卿所解，故不語耳。夫兵貴神速，彼若審能遣救，必畏我知，寧容先遣信命？此是見我伐燕，內已懷懼，自張之辭耳。」此亦傅會之談。夏寇雖急，秦未必待姚強所率萬人以自救。晉當時兵力頗厚，而洛陽距廣固遙遠，即合姚紹，復何能為？然則姚興之遣姚強，特聊以自解於韓范，本未必有救燕之意。遣使為請，必當遜順其辭，不得如史之所云也。明年，二月，城陷。超出亡，被獲。送建康市斬之。（時年二十六。）案慕容超之亡，實處於勢不可救。劉敬宣之奔慕容德也，嘗結青州大姓諸省封，並要鮮卑大帥免逵謀滅德，推司馬休之為主。刻日垂髮。高雅之慾要劉軌。時軌為德司空，大被委任。敬宣曰：「此公年老，有安齊志，不可告也。」雅之以為不然，告軌。軌果不從，謀頗洩，乃相與殺軌而去。至淮、泗閒，會宋武平京口，即馳還。當德之時，燕之易傾如此，超更何以自固乎？〈載記〉謂超不恤政事，畋遊是好，百姓苦之，此或在所不免，然五胡之酋，荒淫暴虐，十倍於超者，則有之矣。史又咎超信任公孫五樓，五樓之於南燕，蓋亦在外戚之列，特較段宏輩年少耳，非佞幸也。觀慕容鐘、慕容法、段宏、慕容凝之一時俱叛，則超之任新進而棄舊臣，亦必有不得已者。即其嚴刑峻法亦然。（慕容鐘等之叛也，超收其黨侍中慕容統、右衛慕容根、散騎常侍段封誅之，車裂僕射封嵩於東門之外。超嘗議復肉刑，下詔曰：「不忠不孝若封嵩之輩，梟斬不足以痛之，宜致烹、之法，亦可附之律條。」張綱為劉裕造攻具，超縣其母支解之。此固不免暴虐，亦有激而然也。）當危急時，其臣勸以出降，皆不肯

聽；及見執，劉裕數以不降之狀，超神色自若，一無所言，唯以母託劉敬宣而已；在亡國之君中，固為有氣節者。公孫五樓，始終盡忠於超；將亡之時，猶與賀賴盧為道地出戰，使王師為之不利；亦為陳力授命之臣，未可以成敗論也。

# 第五節　宋武平盧循譙縱

　　盧循，諶之曾孫，娶孫恩妹。恩作亂，與循通謀。恩亡，餘眾推為主。元興二年（西元 403 年），正月，寇東陽。（見第五章第六節。）八月，攻永嘉。（見第二節。）劉裕討循，至晉安，（晉郡，今福建閩侯縣東北。）循窘急，泛海到番禺，（秦縣，今廣東番禺縣。）寇廣州，逐刺史吳隱之，自攝州事。（三年十月。）遣使貢獻。時朝廷新誅桓氏，中外多虞，乃權假循廣州刺史。（義熙元年（西元 405 年）。）劉裕伐慕容超，循所署始興太守徐道覆，（始興，見第三章第九節。）循之姊夫也，使人勸循乘虛而出。循不從。道覆乃自至番禺說循。循甚不樂此舉，無以奪其計，乃從之。初道覆密欲裝舟艦，乃使人伐船材於南康山，（南康，晉郡，治雩都，今江西雩都縣北。後徙治贛，在今贛縣西南。）偽云將下都貨之。後稱力少，不能得致，即於郡賤賣之，價減數倍。居人貪賤，賣衣物而市之。贛石水急，出船甚難，皆儲之。如是者數四。船版大積，而百姓弗之疑。及道覆舉兵，按賣券而取之，無得隱匿者。乃併力裝之，旬日而辦。遂舉眾寇南康、盧陵、豫章諸郡。（盧陵、豫章，皆見第三章第九節。）守相皆委任奔走。道覆順流而下，舟艦皆重樓。江州刺史何無忌距之，船小，為賊所敗，無忌死之。時劉毅為豫州刺史，鎮姑孰，（見第四章第一節。）具舟船討之，將發而疾篤，內外失色。朝廷欲奉乘輿北走就劉裕。尋知賊定未至，人情小安。裕班師，至下邳，（見第三章第四節。）以船運輜重，

自率精銳步歸。至山陽，（見第五章第六節。）聞何無忌被害，盧京邑失守，乃卷甲閒行，與數千人至淮上，單船過江，進至京口，（見第四章第一節。）眾乃大安。四月，裕至京師，劉毅以舟師二萬，發自姑孰。循之下也，使道覆向尋陽，（見第四章第一節。）自寇湘中諸郡。荊州刺史劉道規遣軍至長沙，（見第三章第九節。）為循所敗。循至巴陵，（見第三章第九節。）將向江陵。道覆聞毅上，馳使報循曰：「毅兵眾甚盛，成敗系之於此，宜併力摧之。根本既定，不憂上面不平也。」循即日發江陵，與道覆連旗而下。別有八艚艦九枚，起四層，高十二丈。五月，毅敗績於桑落洲。（見第三節。）初循至尋陽，聞劉裕已還，不信也既破毅，乃審凱入之問。循欲退還尋陽，進平江陵，據二州以抗朝廷。道覆謂宜乘勝徑進。固爭之，多日乃見從。毅敗問至，內外洶擾。於時北師始還，多創夷疾病；京師戰士，不盈數千。賊既破江、豫二鎮，戰士十餘萬，舟車百里不絕。奔敗還者，並聲其雄盛。孟昶、諸葛長民欲擁天子過江，劉裕不聽。昶仰藥死。（見第六節。）議者謂宜分兵守諸津要。劉裕以為賊眾我寡，分屯則測人虛實；且一處失利，則沮三軍之心。乃移屯石頭，（見第三章第九節。）柵淮，斷查浦。（見第四章第三節。此據《宋書・武帝紀》。《晉書・盧循傳》作租浦。）道覆欲自新亭、白石，焚舟而上。（新亭，見第一節。白石，見第四章第三節。）循以萬全為慮，固不聽。裕登石頭以望循軍，初見引向新亭，顧左右失色。既而回泊蔡洲。（見第四章第三節。）道覆猶欲上，循禁之。自是眾軍轉集。循攻柵，不利。焚查浦步上，屯丹陽郡，（見第三章第九節。）又為裕所敗。乃進攻京口，寇掠諸縣，無所得。循謂道覆曰：「師老矣，可據尋陽，併力取荊州，徐更與都下爭衡。」七月，賊自蔡洲還屯尋陽。遣王仲德等追之。劉裕還東府，（見第三章第九節。）大治水軍。皆大艦重樓，高者十餘丈。先是以庾悅為江州刺史，自尋陽出豫章。（見第三章第九節。）循之走也，復遣索邈領馬軍步道援

荊州。（邈在道為賊所斷，徐道覆敗後方達。）孫季高率眾三千，自海道
襲番禺。時譙縱遣使朝於姚興，請大舉入寇。遣桓謙、譙道福率眾二萬，
東寇江陵，興遣前將軍苟林率騎會之。劉道規遣司馬王鎮之及檀道濟、到
彥之等赴援朝廷，至尋陽，為林所破。盧循即以林為南蠻校尉，分兵配
之，使伐江陵。揚聲云：徐道覆已克京邑。林屯江津，謙屯枝江。（江津、
枝江，皆見第三節。）荊楚既桓氏義舊，並懷異心。道規乃會將士告之
曰：「桓謙今在近畿，聞諸長者，頗有去就之計。吾東來文武，足以濟事。
若欲去者，本不相禁。」因夜開城門，達曉不閉。眾咸憚服，莫有去者。
雝州刺史魯宗之率眾數千來赴。或謂宗之未可測。道規乃單馬迎之，宗之
感悅。道規使宗之居守，馳往攻謙。水陸齊進。謙大敗，單舸走，欲下就
林。追斬之。遂至湧口，（在江陵東。）林又奔散。劉遵追林至巴陵，斬
之。（此據《宋書·道規傳》。〈武帝本紀〉云追至竹町，竹町當在巴陵。《晉
書·姚興載記》則云：苟林懼，引而歸。）先是桓歆子道兒逃於江南，出
擊義陽，與盧循相連結，循使蔡猛助之。道規遣參軍劉基破道兒於大薄，
（未詳。）臨陳斬猛。桓石綏自洛甲口（《通鑑》作洛口。《注》云：漢水過
魏興安陽縣，東至城南，與洛谷水合，所謂洛口也。安陽，漢縣，在今陝
西城固縣東。）自號荊州刺史，徵陽令王天恩自號梁州刺史。（胡三省曰：
徵陽當作微陽。微陽，在今湖北竹山縣西，）梁州刺史傅韶使子弘之討石
綏等，並斬之。（《宋書·傅弘之傳》。）十月，劉裕治兵大辦，率舟師南
伐。是月，徐道覆率眾三萬寇江陵，劉道規又大破之。道覆走還謐口。
（見第三章第九節。）盧循初自蔡洲南走，留其親黨范崇民五千人，高艦百
餘戍南陵。（城名，在今安徽繁昌縣西。）王仲德等聞大軍且至，乃進攻
之。十一月，大破崇民軍，焚其舟艦。循廣州守兵，不以海道為意。孫季
高乘海奄至，焚賊舟艦，悉力而上，四面攻之，即日屠其城。循父以輕舟
奔始興。劉裕屯軍雷池，（見第四章第三節。）盧賊戰敗，或於京江入海，

遣王仲德以水艦二百，於吉陽斷之。（吉陽，磯名，在安徽東流縣東北。）十二月，盧循、徐道覆率眾二萬，方艦而下。劉裕命眾軍齊力擊之。軍中多萬鈞神弩，所至莫不摧陷。賊艦悉泊西岸。岸上軍先備火具，乃投火焚之，煙焰張天，賊軍大敗。循等還尋陽，悉力柵斷左里。（在江西都昌縣西北。）大軍至，攻柵而進。循兵殊死戰，弗能禁。諸軍乘勝奔之。循單舸走。裕遣劉藩、孟懷玉輕兵追之。循收散卒，尚有數千人，（據《宋書·武帝紀》。《晉書》云千餘人。）徑還廣州。道覆還保始興。七年，二月，循至番禺。孫季高距戰。二十餘日，循乃破走。追奔至郁林，（見第三章第九節。）會病，不能窮討，循遂走向交州。至龍編，（漢縣，在今安南北境。）刺史杜慧度誘而敗之。循自投於水。徐道覆屯結始興，孟懷玉攻圍之，身當矢石，旬月乃陷，斬道覆。

　　盧循之亂，宋武帝之智勇，誠不可及，然史之所傳，亦有頗過其實者。何無忌之敗以船小；劉毅之敗，以盧循、徐道覆併力而下；其兵力皆本不相敵。而宋武則大治水軍而後戰。船既高大，又有萬鈞神弩以助之，其兵力，蓋在盧循、徐道覆之上。然則毅、無忌之敗，宋武之勝，實由兵力之不同，非盡智勇之不若也。盧循之眾雖盛，恐未必能戰，何者？孫恩唱亂，實恃扇惑之廣，即循亦然。史言徐道覆大積船版而百姓弗之疑，然諸葛長民表言：「賊集船伐木，而南康相郭澄之，隱蔽經年，又深相保明，屢欺無忌，罪合斬刑，」則其能陰造逆謀，實恃同黨之隱蔽。桑落洲一敗，而豫州主簿袁興國，即據歷陽以應賊，（琅邪內史魏詠之遣將討斬之。歷陽，見第三章第九節。）則劉毅肘腋之下，亦有循之黨在焉。《宋書·武帝紀》言賊不能力攻京都，猶冀京邑及三吳有應之者，蓋此一帶，本自杜子恭以來，扇惑最廣之地也。孫恩覆滅，前轍昭然，烏合之眾，其何能戰？盧循始終欲據荊、江，不欲與晉大兵決戰，後又不肯力攻京都者蓋以此。如史之所傳，則循之敗，全由其過於持重，使早從道覆之計，宋

武將亦不能支，恐其實未必如此。以兵謀論，循之持重，或實勝於道覆之輕進也。《晉書·盧循傳》言循敗於杜慧度，知不免，先鴆妻子十餘人，又召伎妾問曰：「我今將自殺，誰能同者？」多云：「雀鼠貪生，就死實人情所難。」或云：「官尚當死，某豈願生？」於是悉鴆諸辭死者，因自投於水。此乃教外謗毀之辭。〈傳〉又言孫恩性酷忍，循每諫止之，人士多賴以濟免，豈有仁於疏逖，而轉忍於其所戚近者哉？自來所謂邪教者，其真相多不為世所知。然觀其信從者之眾，之死不相背負者之多，而知其實非偶然。試觀張魯，治國實頗有規模，可知其所以得眾者，亦有由也。

　　譙縱據蜀，史言其本由迫脅，然其後則遂甘心作逆，屈膝羌虜，而與盧循等相景響焉。蓋既無途自反，遂欲乘機作劉備者也。義熙九年（西元413年），宋武帝既誅劉毅，定荊州，乃以朱齡石為益州刺史，率臧熹、蒯恩、劉鐘、朱林等凡二萬人伐蜀。（《通鑑》系八年十二月。）齡石資名素淺，裕違眾拔之，授以麾下之半。臧熹，裕妻弟也，位出其右，亦隸焉。裕與齡石密謀曰：「劉敬宣往年出黃虎無功，賊謂我今應從外水往，而料我當出其不意，猶從內水來也，必以重兵守涪城。（內水、外水、黃虎，皆見第三節。涪城，見第三章第六節。）若向黃虎，正墮其計。今以大眾自外水取成都，疑兵出內水，此制敵之奇也。」於是眾軍悉從外水。臧熹、朱林於中水取廣漢。（中水，見第三節。廣漢，見第三章第六節。）使羸弱乘高艦十餘，由內水向黃虎。譙縱果備內水，使譙道福以重兵戍涪城。侯暉、譙詵等率眾萬餘屯彭模，（今四川彭山縣。）夾水為城。六月，齡石至彭模，欲蓄銳養兵，伺隙而進。劉鐘曰：「前揚聲大將由內水，故道福不敢舍涪。今重兵逼之，出其不意，侯暉之徒，已破膽矣。正可因其機而攻之。克彭模之後，自可鼓行而前，成都必不能守。若緩兵相持，虛實想見，涪軍復來，難為敵也。」從之。七月，齡石率劉鐘、蒯恩等攻城，皆克，斬侯暉、譙詵。眾軍乃舍船步進。臧熹至廣漢，病卒。（此據

《晉書·譙縱傳》。《宋書·憙傳》云：成都既平，憙乃遇疾。）朱林至廣漢，
復破道福別軍。縱投道福於涪。道福怒，投以劍，中其馬鞍。縱去之，乃
自縊。道福散金帛以賜其眾，眾受之而走。道福獨奔廣漢。廣漢人杜瑾縛
送之，斬於軍門。桓謙弟恬，隨謙入蜀，為寧蜀太守，（寧蜀，東晉郡。
在今四川華陽縣東南。）至是亦斬焉。齡石遣司馬沈叔任戍涪。蜀人侯產
德作亂，叔任擊斬之。（此據《宋書·齡石傳》。〈沈演之傳〉：父叔任，為
巴西梓潼太守，戍涪城。東軍既反，二郡強宗侯勰、羅奧聚黨作亂，破平
之。）

# 第六節　宋武翦除異己

　　宋武帝起自細微，內戡桓玄，平盧循，定譙縱；外則收復青、齊，清
除關、洛，其才不可謂不雄。然猜忌亦特甚。同時並起諸賢，幾無不遭翦
滅者。雖國內以此粗定，然中原淪陷既久，非有才高望重者，不克當戡定
之任。並時流輩，既已誅夷，而所卵翼成就者，不過戰將，資名相埒，莫
能相統，關中且以此不守，更無論進圖恢復矣。詒元嘉以北顧之憂，不得
謂非謀之不臧也。

　　宋武在北府諸將中，資名蓋本當首屈，故義旗初建，即見推為盟主。
既平桓玄，王謐與眾議推裕領揚州，裕固辭，乃以謐錄尚書，領揚州刺
史。義熙三年（西元407年），謐薨。劉毅等不欲裕入，議以中領軍謝混為
揚州。或欲令裕於丹徒領州，（丹徒，見第四章第二節。）而以內事付尚
書僕射孟昶。遣尚書右丞皮沈以二議諮裕。裕參軍劉穆之言：「揚州根本
所繫，不可假人。唯應云：此事既大，非可縣論，便暫入朝，共盡同異。
公至京，彼必不敢越公更授餘人明矣。」裕從之。四年（西元408年），遂
入為揚州刺史，錄尚書事。中樞政柄，至此始全入裕手。

　　五年（西元 409 年），三月，裕北討，以丹陽尹孟昶監留府事。盧循叛，青州刺史諸葛長民入衛。（時鎮丹徒。）劉毅敗問至，昶、長民欲擁天子過江，裕不聽。昶固請不止。裕曰：「我既決矣，卿勿復言。」昶乃為表曰：「臣裕北討，眾並不同，唯臣贊裕行計。使強賊乘閒，社稷危逼，臣之罪也。今謹引分，以謝天下。」乃仰藥死。夫昶豈草間求活之人？北遷之議，王仲德、虞丘進並以為不可，（皆見宋書本傳。）豈昶之智而出其下？其欲出此，蓋非以避盧循，而實以圖裕也。昶之所以死可知矣。此為裕誅戮功臣之始。

　　資名才力，與裕相亞，而尤意氣用事，不肯相下者，莫如劉毅。（《宋書・武帝紀》云：初高祖家貧。嘗負刁逵社錢三萬，經時無以還。逵執錄甚嚴。王謐造逵見之，密以錢代還，由是得釋。高祖名微位薄，盛流皆不與相知，唯謐交焉。桓玄將篡，謐手解安帝璽綬，為玄佐命功臣。及義旗建，眾並以謐宜誅，唯高祖保持之。劉毅嘗因朝會，問謐璽紱所在，謐益懼。〈劉敬宣傳〉云：毅之少也，為敬宣寧朔參軍，時人或以雄傑許之。敬宣曰：「毅性外寬而內忌，自伐而尚人，若一旦遭逢，亦當以陵上取禍耳。」毅聞之，探以為恨。及在江陵，知敬宣還，乃使人言於高祖曰：「劉敬宣父子，忠國既昧，今又不豫義始，猛將勞臣，方須敘報，如敬宣之比，宜令在後。若使君不忘平生，欲相申起者，論資語事，正可為員外常侍耳。聞已授郡，實為過優；尋知復為江州，尤所駭惋。」案敬宣論毅之語，顯系毅被禍後傅會之談，毅之怨敬宣，未必以此，特以其為高祖所左右耳。〈傳〉又云：敬宣回師於蜀，毅欲以重法繩之。高祖既相任待。又何無忌明言於毅，謂「不宜以私怨傷至公。若必文致為戮，已當入朝，以廷議決之。」毅雖止，猶謂高祖曰：「夫生平之舊，豈可孤信？光武悔之於龐萌，曹公失之於孟卓，公宜深慮之。」毅出為荊州，謂敬宣曰：「吾忝西任，欲屈卿為長史、南蠻，豈有相輔意乎？」其敖慢陵上，且專與高祖為

319

難可見。）裕素不學，而毅頗涉文雅，朝士有清望者多歸之。與尚書僕射謝混，丹陽尹郗僧施尤深相結。裕之伐南燕也，朝議皆謂不可，毅尤固止之。（見《宋書·謝景仁傳》。）盧循之逼，毅欲往討，裕與毅書曰：「吾往與妖賊戰，曉其變態。今修船垂畢，將居前撲之。克平之日，上流之任，皆以相委。」又遣毅從弟藩往止之。毅大怒，謂藩曰：「我以一時之功相推耳，汝便謂我不及劉裕也？」投書於地，遂以舟師發姑孰。盧循自蔡洲南走，毅固求追討。長史王誕密白裕曰：「毅與公同起布衣，一時相推耳。既已喪敗，不宜復使立功。」其欲爭立功名，以收物望，彼此亦相若也。盧循平後，毅求督江州，裕即如所欲與之。時江州刺史為庾悅，毅數相挫辱，悅不得志，遂以疽發背卒。史言毅微時為悅所侮，以此致憾，其實亦未必然，悅為裕所親任，毅或有意相摧折耳。義熙八年（西元412年），四月，劉道規以疾求歸，以毅刺荊，道規刺豫。毅至江陵，乃以其輒取江州兵及留西府文武萬餘不遣，又告疾，請兗州刺史劉藩為副為罪狀，自往討之。時藩入朝，收之，及謝混並於獄賜死。遣參軍王鎮惡前發，詐稱劉兗州上襲毅。毅自縊死。裕至江陵，又殺郗僧施焉。（時為南蠻校尉。）

　　裕之討劉毅，以諸葛長民監留府事，而加劉穆之建武將軍，置佐吏，配給資力以防之。長民詒劉敬宣書曰：「異端將盡，世路方夷，富貴之事，相與共之。」敬宣使以呈裕。九年（西元413年），二月，裕自江陵還。前刻至日，輒差其期。既而輕舟徑進，潛入東府。（見第三章第九節。）明旦，長民至門，裕伏壯士丁旿於幃中，引長民進語，旿自後拉而殺之。並誅其弟黎民。小弟幼民，逃於山中，追禽戮之。

　　司馬休之之自南燕還也，裕以為荊州刺史。桓振復襲江陵，休之戰敗，免官。劉毅誅，復以休之為荊州刺史。休之宗室之重，又得江、漢人心。其子文思，嗣休之兄尚之，襲封譙王。在京師，招集輕俠。十年（西元414年），裕誅其黨，送文思付休之。休之表廢文思，與裕書陳謝。雍

州刺史魯宗之，常慮不為裕所容，與休之相結。十一年（西元 415 年），正月，裕收休之次子文寶、兄子文祖，並於獄賜死。率眾軍西討。宗之自襄陽就休之，共屯江陵。使文思及宗之子竟陵太守軌距裕。（竟陵，見第三章第九節。）江夏太守劉虔之邀之，（江夏，見第三章第四節。）軍敗見殺。裕命彭城內史徐逵之、（彭城，見第五章第四節。逵之湛之父。《宋書‧湛之傳》作逵之，〈胡藩傳〉及《南史》諸傳並作逵之。）參軍王允之出江夏口，（在今湖北公安縣東。）復為軌所敗，並沒。時裕軍泊馬頭，（見第三節。）即日率眾軍濟江。江津岸峭，壁立數丈，休之臨岸置陳，無由可登。裕呼參軍胡藩令上。藩有疑色。裕怒，命左右錄來，欲斬之。藩不受命，顧曰：「藩寧前死耳。」以刀頭穿岸，少容腳指，於是徑上。隨之者稍多。既得登岸，殊死戰。賊不能當，引退。因而乘之，一時奔散。休之等先求援於秦、魏。秦遣姚成王、司馬國璠率騎八千赴之。國璠者，安平獻王孚後，先與弟叔璠俱奔秦者也。至南陽，（見第三章第四節。）魏辰孫嵩至河東，（見第二章第二節。）聞休之敗，皆引歸。休之、文思、宗之、軌等並奔於秦。姚興將以休之為荊州刺史，任以東南之事。休之固辭，請與魯宗之等擾動襄、陽、淮、漢。乃以休之為鎮南將軍揚州刺史。宗之等並有拜授。及裕平姚泓，休之等復奔魏長孫嵩軍。（時魏遣援泓者。）月餘，休之死嵩軍中。（據《魏書》。《晉書》本傳云：休之將奔於魏，未至道卒，謂其未至魏都，非謂未至魏軍也。又云：文思為裕所敗而死，則誤。）時與休之同投魏者，尚有新蔡王道賜。（族屬未詳。晃廢後以道賜襲。晃見第五章第七節。）自行歸魏者，又有汝南王亮之後準，（亮見第二章第二節。）準弟景之、國璠、叔璠，及自云元顯子之天助。國璠，魏爵為淮南公，道賜爵池陽子。文思與國璠等不平，而偽親之，引與飲燕。國璠性疏直，因醉，語文思：將與溫楷（亦與休之同奔魏。）及三城胡酋王珍、曹慄等外叛。（三城，見第六章第七節。）因說魏都豪強可

與謀者數十人。文思告之，皆坐誅。然則文思似確有凶德，非盡劉裕誣之也。又有司馬楚之者，宣帝弟太常馗之八世孫。劉裕誅夷司馬氏戚屬，楚之叔父宣期、兄貞並見殺。楚之亡匿諸沙門中。濟江，西入竟陵蠻中。休之敗，亡於汝、潁之間。楚之少有英氣，能折節待士，與司馬順明、道恭等所在聚黨。（參看下節。）及裕代晉，楚之收眾據長社。（秦縣，在今河南長葛縣西。）歸之者常萬餘人。裕遣刺客沐謙刺之。楚之待謙甚厚，謙遂委身事之。宋永初三年（西元 422 年），魏奚斤略地河南，楚之遂請降，助之猾夏。案宋武帝之興，實能攘斥夷狄；即以君臣之義論，「布衣匹夫，匡復社稷」，（司馬休之表語。）其功亦為前古所未有。孔子之稱齊桓也，曰：「微管仲，吾其被髮左衽矣，」宋武當之，蓋無愧焉。不念其匡維華夏之功，徒以一姓之私，事仇而圖反噬，休之等之罪，固不容於死矣。當時晉宗室為宋武所誅者，尚有梁王珍之、（孫。武陵威王晞子。晞見第五章第七節。）珣之。（西陽王羕玄孫，為會稽思世子道生後。道生簡文帝之子也。）義熙中，有稱元顯子秀熙，避難蠻中而至者。道子妃請以為嗣。宋武意其詐，案驗之，果散騎郎滕羨奴也。坐棄市。道子妃哭之甚慟。此事之真偽，亦無以言之，然觀於休之等之紛紛反噬，則除惡固不可不務盡也。

# 第七節　宋武暫平關中

《晉書·姚興載記》云：劉裕誅桓玄，遣參軍衡凱之詣姚顯請通和，顯遣吉默報之，自是聘使不絕。晉求南鄉諸郡，興許之，遂割南鄉、順陽、新野、舞陰等十二郡歸於晉。（南鄉，見第六章第五節。順陽，見第三章第九節。新野，見第三章第三節。舞陰，漢縣，在今河南泌陽縣北。此等皆興置以為郡。）蓋時桓氏遺孽，歸秦者多，劉裕恐其為患，故欲暫

與通和；而興亦外患方殷，未能惡於晉；所置諸郡，亦本非其所能守也。然桓氏遺孽，興卒加以卵翼；譙縱、司馬休之等叛徒，興亦無不與相影響者；其終不可以久安審矣。故荊、雍既定，興又適死，而經略關、洛之師遂出。

義熙十二年（西元 416 年），劉裕伐秦。八月，發京師。九月，次彭城。（見第五章第四節。）使王仲德督前鋒諸軍事，以水師入河。檀道濟、王鎮惡向洛陽。劉遵考、沈林子出石門。（見第五章第一節。）朱超石、胡藩向半城。（亦作畔城。據魏收《地形志》，在平原郡聊城縣。案聊城，漢縣，在今山東聊城縣西北。）咸受統於仲德。道濟、鎮惡自淮、肥步向許、洛。羌緣道城守，皆望風降服。沈林子自汴入河。攻倉垣，（見第三章第四節。）偽兗州刺史韋華率眾歸順。仲德從陸道至梁城。（見第二章第三節。）魏兗州刺史尉建棄州北渡。仲德遂入滑臺。（見第六章第五節。）十月，眾軍至洛陽。王師之出，秦姚紹、姚恢等方討勃勃，取安定。（見第二章第二節。）紹還長安，言於泓曰：「安定孤遠，卒難救衛，宜遷諸鎮戶，內實京畿，可得精兵十萬。」左僕射梁喜曰：「關中兵馬，足距晉師。若無安定，虜馬必及於郿、雍。」（郿，見第六章第九節。雍，見第三章第五節。）泓從之。吏部郎懿橫言：「恢於廣平之難有忠勳，未有殊賞。今外則置之死地，內則不豫朝權；安定人自以孤危逼寇，思南遷者，十室而九；若恢擁精兵四萬，鼓行而向京師，得不為社稷之累乎？宜徵還朝廷。」泓曰：「恢若懷不逞之心，徵之適所以速禍耳。」又不從。王師至成皋，（見第三章第四節。）姚洸時鎮洛陽，馳使請救。泓遣其越騎校尉閻生率騎三千赴之。武衛姚益男將步卒一萬，助守洛陽。又遣其徵東並州牧姚懿，南屯陝津，（見第六章第一節。懿時鎮蒲阪。蒲阪，見第三章第四節。）為之聲援。洸部將趙玄說洸：「攝諸戍兵士，固守金墉。（見第三章第二節。）金墉既固，師無損敗，吳寇終不敢越我而西。」時洸司馬姚禹，

潛通於檀道濟；主簿閭恢、楊度等，皆禹之黨，固勸洸出戰。洸從之。乃遣玄率精兵千餘，南守柏谷塢；（見第六章第五節。）廣武石無諱東戍鞏城。（見第五章第一節。）會陽城及成皋、滎陽、虎牢諸城悉降，（陽城，見第六章第五節。滎陽，見第二章第二節。虎牢，見第四章第二節。）道濟等長驅而至。無諱至石關，（胡三省曰：偃師縣西南有漢廣野君酈食其廟，廟東有二石關。）奔還。玄與毛德祖戰，敗死。（德祖，王鎮惡之司馬。）姚禹逾城奔於王師。道濟進至洛陽。洸懼，遂降。時閭生至新安，益男至湖城，遂留不進。（新安，湖城，皆見第三章第三節。）姚懿司馬孫暢，勸懿襲長安，誅姚紹，廢泓自立。懿納之。乃引兵至陝津，散穀帛以賜河北夷夏。泓遣姚贊及冠軍司馬國璠、建義虵玄屯陝津，武衛姚驢屯潼關。（見第三章第三節。）懿遂舉兵僭號。姚紹入蒲阪，執懿，囚之誅孫暢等。明年，姚恢率安定鎮戶三萬八千趣長安。移檄州郡，欲除君側之惡。姚紹、姚贊赴難，擊破之，殺恢及其三弟。

是歲，正月，劉裕以舟師發彭城。王鎮惡至宜陽。（見第三章第四節。）檀道濟、沈林子攻拔襄邑堡。（胡三省曰：在秦所分立之河北郡河北縣，晉屬河東。案河東，見第二章第二節。）泓建威薛帛奔河東。道濟自陝北渡，攻蒲阪。泓遣姚驢救蒲阪，胡翼度據潼關。又進姚紹督中外諸軍，使率武衛姚鸞等步騎五萬，距王師於潼關。姚驢與泓並州刺史尹昭夾攻檀道濟，道濟深壁不戰。沈林子說道濟曰：「蒲阪城堅，非可卒克。攻之傷眾，守之引日。不如棄之，先事潼關。潼關天限，形勝之地，鎮惡孤軍，勢危力寡，若使姚紹據之，則難圖矣。如克潼關，尹昭可不戰而服。」道濟從之，棄蒲阪，南向潼關。姚贊率禁兵七千，自渭北而東，進據蒲津。

王仲德之入滑臺也，宣言「本欲以布帛七萬匹，假道於魏，不謂魏之守將，便爾棄城。」魏明元帝聞之，詔其相州刺史叔孫建自河內向枋頭，

（河內，見第二章第二節。枋頭，見第四章第二節。）以觀其勢。仲德入滑臺月餘，又詔建波河朧威，斬尉建，投其屍於河。然建亦不能制仲德。明元帝令建與劉裕相聞，以觀其意。裕亦答言：「軍之初舉，將以重幣假途會彼邊鎮棄守。」明元帝詔群臣議之。外朝公卿咸曰：「函谷天險，裕舟船步兵，何能西入？脫我乘其後，還路甚難；北上河岸，其行為易；揚言伐姚，意或難測。宜先發軍，斷河上流，勿令西過。」又議之內朝，咸同外計。明元帝將從之。崔浩曰：「如此，裕必上岸北侵，則姚無事而我受敵。今蠕蠕內寇，民食又乏，不可發軍。未若假之水道，縱其西入，然後興兵，塞其東歸之路。使裕勝也，必德我假道之惠，令姚氏勝也，亦不失救鄰之名。夫為國之計，擇利而為之，豈顧昏姻酬一女子之惠哉？」議者猶曰：「裕西入函谷，則進退路窮，腹背受敵；北上岸，姚軍必不出關助我；揚聲西行，意在北進，其勢然也。」明元帝遂從群議，遣長孫嵩發兵拒之。時魏泰常二年（西元 417 年），即晉義熙十三年二月也。三月，朱超石前鋒入河。魏遣黃門郎鵝青，（此據《宋書・朱齡石傳》。《魏書》作娥清。）安平公乙眷，襄州刺史託跋道生，青州刺史阿薄幹步騎十萬屯河北。常有數千騎，緣河隨大軍進止。時軍人緣河南岸牽百丈，河流迅急，有漂渡北岸者，輒為虜所殺略。遣軍裁過岸，虜便退走，軍還即復東來。劉裕乃遣白直隊主丁昨，率七百人，及車百乘，於河北岸上。去水百餘步，為卻月陳，兩頭抱河。車置七仗士。事畢，使堅一白旄。虜見數百人步牽車上，不解其意，並未動。裕先命朱超石馳往赴之。並齎大弩百張。一車益二十人，設彭排於轅上。虜見營陳既立，乃進圍之。超石先以輕弓小箭射虜。虜以眾少兵弱，四面俱至。明元帝又遣其南平公託跋嵩三萬騎至。（託跋嵩即長孫嵩。魏人後來改氏，史家於其未改時，亦多依所改者書之。）遂肉薄攻營。於是百弩俱發。又選善射者叢箭射之。虜眾既多，不能制。超石初行，別資大錘並千餘張矟，乃斷矟長三四尺，以錘錘之。一矟輒洞貫

三四虜。虜眾不能當，一時奔潰。臨陳斬阿薄幹首。虜退還半城。超石率胡藩、劉榮祖等追之，復為所圍。奮擊盡日，殺虜千計。虜乃退走。此戰也，以少擊眾，實可謂為一奇捷，晉可謂師武、臣力矣。魏師既敗，遂假晉以道。蓋索虜是時，亦破膽矣。（《魏書・長孫嵩傳》：太宗假嵩節，督山東諸軍事。傳詣平原，緣河岸列軍。次於畔城，軍頗失利。詔假裕道。〈於慄磾傳〉：鎮平陽。劉裕之伐姚泓也，慄磾慮其北擾，遂築壘於河上，親自守焉。裕遺慄磾書，假道西上。慄磾表聞，太宗許之。平原，見第二章第三節。平陽，見第二章第二節。）

　　魏人既許假道，劉裕遂至洛陽。使沈田子入上洛。（見第三章第五節。）進及青泥。姚泓使姚和都屯嶢柳以備之。（青泥、嶢柳，皆見第五章第六節。）姚紹以大眾逼檀道濟。道濟固壘不戰。紹欲分軍據閿陽，（鄉，屬湖縣，今河南閿鄉縣。）斷其糧道。胡翼度言軍勢宜集，若偏師不利，則人心駭懼，紹乃止。紹旋歐血死，以後事託姚贊。眾力猶盛。劉裕至湖城，（見第三章第三節。）贊乃引退。七月，裕次陝城。遣沈林子從武關入，（武關，見第三章第三節。）會田子於青泥。姚泓欲自擊大軍，慮田子襲其後，欲先平田子，然後傾國東出。八月，使姚裕率步騎八千距田子，躬將大眾隨其後。裕為田子所敗，泓退還灞上。（見第五章第六節。）關中郡縣，多潛通於王師。劉裕至潼關。薛帛據河曲叛泓，裕遣朱超石、徐猗之會帛攻蒲阪，克之。賊以我眾少，復還攻城。猗之遇害，超石奔潼關。王鎮惡率水軍入渭。姚強屯兵河上，姚難屯香城，（在渭水北蒲津口。）為鎮惡所逼，引而西。姚泓自灞上還，次石橋以援之。（石橋，在長安東北。）姚強、姚難陳於涇上。鎮惡遣毛德祖擊強，強戰死。難遁還長安。鎮惡直至渭橋，（在長安北。）棄船登岸。時姚丕守渭橋，為鎮惡所敗，泓自逍遙園赴之。（逍遙園，在長安東北。）逼水地狹，因丕之敗，遂相踐而退。泓奔石橋。贊眾亦散。泓將妻子詣壘門降。贊率子弟、

宗室百餘人亦降。劉裕盡誅之。餘宗遷於江南。送泓於建康，斬於市。

　　秦之未亡也，晉齊郡太守王懿降於魏，（齊郡，見第二章第三節。）上書陳計，謂劉裕在洛，以軍襲其後路，可不戰而克。魏明元帝善之。（《魏書·崔浩傳》。）姚贊亦遣司馬休之及司馬國璠自軹關向河內，（軹關，見第五章第一節。）引魏軍以躡裕後。於是明元帝敕長孫嵩：「簡精兵為戰備。若裕西過，便率精銳，南出彭、沛。（沛，見第三章第一節。）如不時過，但引軍隨之。彼至崤、陝間，（崤山，見第五章第一節。）必與姚泓相持，一死一傷，眾力疲敝，比及秋月，徐乃乘之。」於是嵩與叔孫建自成皋南濟。裕克長安，乃班師。蓋魏人不意秦之亡如是其速也。然明元帝亦不武，不如勃勃之慓銳，故劉裕不能久駐長安，而關中遂入於夏。

　　《宋書·武帝紀》云：公之初克齊也，欲停鎮下邳，清蕩河、洛，以盧循之亂不果。及平姚秦，又欲息駕長安，經略趙、魏，以劉穆之卒，乃歸。穆之者，東莞莒人，（莒，見第六章第八節。）世居京口。（見第四章第二節。）高祖起兵，為府主簿。從平京邑。高祖始至，諸大處分，倉卒立定，並所建也。遂委以心腹之任，動止諮焉。穆之才甚敏，（本傳云：穆之與朱齡石，並便尺牘。常於高祖坐與齡石答書，自旦至中，穆之得百函，齡石得八十函，而穆之應對無廢。又言高祖伐秦時，穆之內總朝政，外供軍旅，決斷如流，事無擁滯。賓客輻湊，求訴百端，內外諸稟，盈階滿室，目覽辭訟，手答箋書，耳行聽受，口並酬應，不相參涉，皆悉贍舉。）而亦竭節盡誠，無所遺隱。從徵廣固，還拒盧循，常居幕中畫策，決斷眾事。高祖西討劉毅，以諸葛長民監留府，總攝後事，留穆之以輔之，加建威將軍，置佐吏，配給資力。西伐司馬休之，以中弟道憐知留任，事無大小，一決穆之。十二年北伐，留世子為中軍將軍，監太尉留府，轉穆之左僕射，領監軍、中軍二府軍司將尹。蓋恃為留守之長城矣。

穆之以十三年十一月卒，以司馬徐羨之代管留任。於時朝廷大事，當决穆之者，並悉北諮；穆之前軍府文武二萬人，以三千配羨之建威府，餘悉配世子中軍府；其倚任，遠非穆之之比矣。（穆之之歿，高祖表天子曰：「豈唯讜言嘉謀，溢於民聽。若乃忠規遠畫，潛慮密謀，造膝詭辭，莫見其際。功隱於視聽，事隔於皇朝，不可勝記。」此與魏武帝之惜荀文若正同。一代革易之際，必以武人位於大君，此不過藉其獷悍之氣，以肅清寇盜，駕馭武夫，至於改弦更張，所以掃除穢濁，而開百年郅治之基者，必藉有文學之士以為之輔。此其功，與武人正未易軒輊，特不如武人之赫赫在人耳目耳。然當革易之際，能為大君而開一代之治者，亦必非獷悍寡慮之流，不過武功文治，各有專長，不得不藉文人以為之輔。既相須之孔殷，自相得而益彰，其能相與有成，亦斷非徒為一身之計也。《宋書・王弘傳》言：弘從北徵，前鋒已平洛陽，而未遣九錫，弘銜使還京師，諷旨朝廷。時劉穆之掌留任，而旨從北來，穆之愧懼，發病，遂卒。此真以小人之腹，度君子之心，與謂荀文若不得其死者無異。〈張邵傳〉言：武帝北伐，邵請見曰：「人生危脆，必當遠慮。穆之若邂逅不幸，誰可代之？」可見穆之罷疾已久矣。《南史》言武帝受禪，每嘆憶穆之，曰：「穆之不死，當助我理天下。可謂人之云亡，邦國殄瘁。」又豈專為一身起見哉！）十二月，裕發長安。以弟二子義真為雍州刺史，留鎮，而留腹心將佐以輔之。以王修為長史。義真時年十二耳。十四年（西元 418 年），正月，裕至彭城，復以劉遵考為並州刺史，鎮蒲阪。遵考，裕族弟也，裕時諸子並弱，宗族唯有遵考，故用焉。赫連勃勃聞裕東歸，大悅。問取長安之策於王買德。買德教以置遊兵，斷青泥、上洛之路，杜潼關、崤、陝，而以大兵進取長安。勃勃善之。以子都督前鋒諸軍事，率騎二萬，南伐長安，子昌屯兵潼關；買德南斷青泥；而勃勃率大軍繼發。義真中兵參軍沈田子與司馬王鎮惡拒之北地。（見第二章第二節。）田子素與鎮惡不協，

矯劉裕令，請鎮惡計事，於坐殺之。王修收殺田子。治中從事史傅弘之擊赫連，大破之，夏兵退。義真年少，賜與不節，王修每裁減之，左右並怨，白義真曰：「鎮惡欲反，故田子殺之，修今殺田子，是又欲反也。」義真乃使左右劉包等殺修。修既死，人情離駭，無相統一。於是悉召外軍，入於城中，閉門距守。關中郡縣，悉降於夏。勃勃進據咸陽，（見第六章第四節。）長安樵採路絕，不可守矣。十月，劉裕遣朱齡石代義真。敕齡石：「若關右必不可守，可與義真俱歸。」諸將競斂財貨，多載子女，方軌徐行。傅弘之謂宜棄車輕行，不從。《晉書·勃勃載記》云：「義真大掠而東，百姓遂逐朱齡石，而迎勃勃入於長安，」豈不痛哉？赫連潰率眾三萬，追擊義真。至青泥，為所及。蒯恩斷後，被執，死於虜中。（恩時遣入關迎義真者。）毛修之、傅弘之並沒於虜。（修之夏亡沒於魏。弘之，勃勃逼令降，不屈，時天寒，裸之，叫罵，見殺。）王敬先戍潼關之曹公壘，朱齡石率餘眾就之。虜斷其水道，眾渴不能戰，城陷。被執至長安，皆見殺。劉裕遣朱超石慰勞河、洛，始至蒲阪，直齡石棄長安去，濟河就之，亦與齡石並陷虜見殺。劉遵考南還，代以毛德祖，（義真中兵參軍。）勃勃遣其將叱奴侯提率步騎三萬攻之，德祖奔洛陽。關中遂沒。

《宋書·武三王傳》曰：高祖聞青泥敗，未得義真審問。有前至者，訪之，並云：「暗夜奔敗，無以知其存亡。」高祖怒甚，刻日北伐。謝晦諫，不從。及得段宏啟事，知義真已免，乃止。（宏義真中兵參軍，以義真免者。）此淺之乎測丈夫者也。高祖即善怒，豈以一子，輕動干戈？〈鄭鮮之傳〉云：佛佛虜陷關中，高祖復欲北討，鮮之上表諫曰：「虜聞殿下親御大軍，必重兵守潼關。若陵威長驅，臣實見其未易；若輿駕頓洛，則不足上勞聖躬。賊不敢乘勝過陝，遠懾大威故也。若輿駕造洛而反，凶醜更生揣量之心，必啟邊戎之患。江南顒顒，忽聞遠伐，不測師之深淺，人情恐懼，事又可推。往年西征，劉鐘危殆；（伐司馬休之時，以劉鐘領石頭

成事,屯冶亭,有盜數百夜襲之,京師震駭,鐘討平之。冶亭,在建康東。)前年劫盜破廣州,人士都盡;三吳心腹之內,諸縣屢敗,(三吳,見第三章第九節。)皆由勞役所致。又聞處處大水,加遠師民敝,敗散自然之理。殿下在彭城,劫盜破諸縣,事非偶爾,皆是無賴凶慝。凡順而撫之,則百姓思安;違其所願,必為亂矣。」此當時不克再舉之實情。〈王仲德傳〉云:高祖欲遷都洛陽,眾議咸以為宜,仲德曰:「非常之事,常人所駭。今暴師日久,士有歸心,固當以建業為王基,俟文軌大同,然後議之可也。」帝深納之。〈武三王傳〉亦言:高祖之發長安,諸將行役既久,咸有歸願,止留偏將,不足鎮固人心,故以義真留鎮。洛陽不能久駐,而況長安?將士不免思歸,而況氓庶?勢之所限,雖英傑無如之何。《南史·謝晦傳》言:武帝聞咸陽淪沒,欲復北伐,晦諫以士馬疲怠,乃止,與〈武三王傳〉之言適相反,固知史之所傳,不必其皆可信也。

　　世皆訾宋武之南歸,由其急於圖篡,以致「百年之寇,千里之土,得之艱難,失之造次,使豐、鄗之都,復淪寇手」,(司馬光語,見《通鑑》。)此乃王買德對赫連勃勃之辭,非敵國誹謗之言,則史家傅會之語,初非其實。宋武代晉,在當日,業已勢如振槁,即無關、洛之績,豈慮無成?苟其急於圖篡,平司馬休之後,徑篡可矣,何必多此伐秦一舉?武帝之於異己,雖云肆意剪除,亦特其庸中佼佼者耳,反側之子必尚多。劉穆之死,後路無所付託,設有竊發,得不更詒大局之憂?欲攘外者必先安內,則武帝之南歸,亦不得訾其專為私計也。義真雖云年少,留西之精兵良將,不為不多。王鎮惡之死,事在正月十四日,而勃勃之圖長安,仍歷三時而後克,可見兵力實非不足。長安之陷,其關鍵,全在王修之死。義真之信讒,庸非始料所及,此尤不容苛責者也。唯其經略趙、魏,有志未遂,實為可惜。當時異族在中原之地者,皆已力盡而斃,唯鐵弗、拓跋二虜,起於塞北,力較厚而氣較雄;而拓跋氏破後燕後,尤為土廣而人眾。

所以清定之者，實不當徒恃河南為根基，而斷當經營關中與河北，以非如是則勢不相及也，此觀於後來元嘉之喪敗而可知。武帝平秦之日，拓跋氏實無能為；鐵弗氏之兵力，亦極為有限。拓跋氏雖因力屈假道，初實為秦形援，後又侵擾河南，伐之實為有辭。鐵弗氏必不敢動。秦涼諸國，一聞王師入關，早已贍落。乞伏熾磐曾使求自效。沮渠蒙遜，猾夏最深，然朱齡石遣使招之，亦嘗上表求為前驅。（見第八節。）當時此諸國者，未嘗不可用之以威勃勃，而鐵弗氏與拓跋氏，本屬世仇；勃勃唯利是視；苟有事於拓跋氏，亦未必不可驅之，使與我相犄角。然則宋武設能留駐北方二三年，拓跋嗣或竟為什翼犍之續，亦未可知也。唯即如是，五胡亂華之禍，是否即此而訖，亦未可定。崔浩之為拓跋嗣策中國也，曰：「秦地戎夷混並，虎狼之國，劉裕亦不能守之。孔子曰：善人為邦百年，可以勝殘去殺，今以秦之難制，一二年間，豈裕所能哉？且可治戎束甲，息民備境，以待其歸，秦地亦當終為國有。」浩實乃心華夏者，其為此言，蓋所以息索虜之覬覦，而非為之計深遠，說別詳後。然於關中之情形，亦頗有合。宋武之平姚秦，已迫遲暮，其能竟此大業與否，亦可疑也。宋武之所闕，仍在於其度量之不弘。大抵人勳業所就，恆視乎其所豫期。長安之所以不守，實由將士之思歸，及其貪暴，（〈王鎮惡傳〉：是時關中豐盈，倉庫殷積，鎮惡極意收斂，子女玉帛，不可勝計。觀於義真敗後，諸將尚競斂財貨，多載子女，方軌徐行，則平時極意收斂者，正不止鎮惡一人也。）而其所以如此，則平時之所以自期待者使之。神州陸沉，既百年矣，生斯土者，孰非其奇恥大辱？使為之率將者，果有恢復境壤，拯民塗炭之心，自不以消除關洛為已足；上之所好，下必甚焉，為其所卵翼裁成者，自亦不敢啟思歸之念，懷欲貨之思矣。王鎮惡之至潼關也，姚紹率大眾距險，深溝高壘以自固。鎮惡縣軍遠入，轉輸不充，將士乏食。馳告高祖，求發糧援。時高祖緣河，索虜屯據河岸，軍不得前。高祖初與鎮惡等期：克洛陽

後，須大軍至，及是，呼所遣人，開舫北戶，指河上虜示之曰：「我語令勿進，而輕佻深入，岸上如此，何由得遣運？」此時王師實為一大危機，而鎮惡親到弘農，督上民租，百姓競送義粟，軍遂復振，高祖將還，三秦父老，詣門流涕訴曰：「殘民不沾王化，於今百年。始睹衣冠，方仰聖澤。長安十陵，是公家墳墓，咸陽宮殿數千間，是公家屋宅；捨此欲何之？」義真進督東秦，時隴上流人，多在關中，望因大威，復歸本土，及置東秦，父老知無復經略隴右、固關中之意，咸共嘆息。王鎮惡之死也，沈田子又殺其兄弟及從弟七人，唯鎮惡弟康，逃藏得免。與長安徙民張旰醜、劉雲等唱集義徒，得百許人。驅率邑郭僑戶七百餘家，共保金墉，為守戰之備。時有邵平，率部曲及並州乞活千餘戶屯城南，迎亡命司馬文榮為主。又有亡命司馬道恭，自東垣（見第六章第五節。）率三千人屯城西。亡命司馬順明，五千人屯陵雲臺。順明遣刺殺文榮，平復推順明為主。又有司馬楚之屯柏谷塢。索虜野圾城主黑弰公（即於慄磾。）遊騎在芒上。（北邙山，在洛陽東北。）攻逼交至。康堅守六旬，救軍至，諸亡命乃各奔散。蓋遺黎之可用如此：關中誠如崔浩言，戎夷混並，然漢人之能為國宣力者實更多。

即戎夷亦非無可用，此又證以後來柳元景之出師，蓋吳之反魏而可知者也。義真之歸也，將鎮洛陽，而河南蕭條，未及修理，乃改除揚州刺史。毛德祖全軍而歸，以為滎陽、京兆太守，尋遷司州刺史，戍虎牢。此等兵力，其不足以固河南審矣。鄭鮮之言：「西虜或為河、洛之患，今宜通好北虜，則河南安，河南安則濟、泗靜。」蓋至此而徒保河南，棄置河北之勢成矣。哀哉。

# 第八節　魏並北方

　　宋武帝既棄關中，其明年，遂受晉禪，受禪後三年而崩。子少帝立，為徐羨之等所廢。文帝繼位，初則謀誅永平逆黨，繼又因彭城王專權，盡力謀誅劉湛等，經略之事，匪皇顧慮；而其時北魏太武帝繼立，剽悍之氣，非復如明元之僅圖自守，北方諸國，遂悉為所並，欲圖恢復益難矣。自晉義熙十四年（西元 418 年）棄關中，至宋元嘉十六年（西元 439 年）魏滅北涼，盡並北方，其間凡二十二年，中國實坐失一不易再得之機會也。今略述北方諸國及其為魏所並之事，以終晉世北方分裂之局。

　　禿髮傉檀既得姑臧，徵集戎夏之兵五萬餘人，大閱於方亭。（地屬顯美。顯美，漢縣，在今甘肅永昌縣東。）遂伐沮渠蒙遜，入西陝。蒙遜率眾來距。戰於均石，為蒙遜所敗。蒙遜攻西郡，陷之。（胡三省曰：均石，在張掖之東，西陝之西，蓋西郡界。案西郡，見第二章第二節。）赫連勃勃初僭號，求昏於傉檀，傉檀勿許。勃勃怒，率騎二萬伐之。自陽非至於支陽，三百餘里，殺傷萬餘人，驅掠二萬七千口，牛、馬、羊數十萬而還。（陽非亭，在今甘肅永登縣西。支陽，漢縣。胡三省引劉朐曰：唐蘭州廣武縣，杜佑曰：唐會州會寧縣。案廣武，見第五章第二節。會寧，在今甘肅靖遠縣東北。）傉檀率眾追之。戰於陽武，（峽名，在靖遠縣境。）為勃勃所敗。將佐死者十餘人。傉檀與數騎奔南山，（胡三省曰：支陽之南山，〈本紀〉事在義熙三年十一月。）幾為追騎所得。傉檀懼東西寇至，徙三百里內百姓，入於姑臧。國中駭怨。屠谷成七兒，因百姓之擾，率其屬三百人叛。軍諮祭酒梁裒，輔國司馬邊憲等七人謀反，傉檀悉誅之。姚興乘機，遣其子弼及斂成等率步騎三萬來伐，又使姚顯為弼等後繼。遺傉檀書，云遣齊難討勃勃，懼其西逸，故令弼等於河西邀之。傉檀以為然，遂不裝置。弼陷昌松，（見第六章第六節。）至姑臧，屯於西苑。（姑臧有東西苑城，見第六章第六節。）州人王鐘、宋鐘、王娥等密為內應。候人

執其使送之。僇檀欲誅其元首。前軍伊力延侯曰：「今強敵在外，內有奸堅，兵交勢踧，禍難不輕，宜悉坑之，以安內外。」僇檀從之，殺五千餘人，以婦女為軍賞。命諸郡縣，悉驅牛羊於野。斂成縱兵虜掠。僇檀遣十將率騎分擊，大敗之。姚弼固壘不出。姚顯聞弼敗，兼道赴之。委罪斂成，遣使謝僇檀，引師而歸。僇檀於是僭即涼王位。（《紀》在義熙四年十一月。）遣其左將軍枯木、駙馬都尉胡康伐沮渠蒙遜，掠臨松人千餘戶而還。蒙遜大怒，率騎五千，至於顯美方亭，徙數千戶而還。僇檀太尉俱延伐蒙遜，又大敗歸。僇檀將親伐之。尚書左僕射趙晁及太史令景保諫。僇檀曰：「吾以輕騎五萬伐之。蒙遜若以騎兵距我，則眾寡不敵；兼步而來，則舒疾不同。救右則擊其左，赴前則攻其後，終不與之交兵接戰，卿何懼乎？」既而戰於窮泉，（《十六國疆域志》云：在昌松。）僇檀大敗，單馬奔還。（《紀》義熙六年三月。）蒙遜進圍姑臧。百姓懲東苑之戮，（即王鐘等之誅。）悉皆驚散。僇檀遣使請和，以司隸校尉敬歸及子他為質。（歸至胡坑逃還，他為追兵所執。胡坑，胡三省曰：在姑臧西。）蒙遜徙八千餘戶而歸。右衛折掘奇鎮據石驢山以叛。（胡三省曰：石驢山，在姑臧西南，屬晉昌郡界。案晉昌，晉郡，在今甘肅安西縣東。）僇檀懼為蒙遜所滅，又慮奇鎮克嶺南，乃遷於樂都。（今青海樂都縣。）留大司農成公緒守姑臧。焦諶等閉門作難，推焦朗為大都督，諶為涼州刺史。蒙遜攻克之。（《通鑑》在義熙七年二月。《晉書》云宥朗。《宋書‧蒙遜傳》云：義熙八年（西元 412 年），蒙遜攻焦朗，殺之，據姑臧。蓋因蒙遜遷居姑臧而追叔其攻克之事。）遂伐僇檀。圍樂都，三旬不克。僇檀以子安周為質，蒙遜引歸。僇檀又將伐蒙遜。邯川護軍孟愷諫，不從。（邯川城，在今青海巴燕縣黃河北岸。）五道俱進。至番和、苕藋，掠五千餘戶。（番和，漢縣，後涼置郡，在今甘肅永昌縣西。苕藋，在張掖東。）其將屈右，勸其倍道還師，早度峻險。衛尉伊力延曰：「彼徒我騎，勢不相及。

若倍道還師，必捐棄資財，示人以弱，非計也。」俄而昏霧風雨，蒙遜軍大至，傉檀敗績而還。蒙遜進圍樂都。傉檀嬰城固守，以子染干為質，蒙遜乃歸。久之，蒙遜又攻樂都，二旬不克。蒙遜遷於姑臧。義熙八年（西元412年），僭即河西王位。傉檀弟湟河太守文支（湟河，見第六章第六節。）降蒙遜，蒙遜又來伐。傉檀以太尉俱延為質，蒙遜引還。（《通鑑》在義熙九年四月。）傉檀議欲西征乙弗。孟愷諫曰：「連年不收，上下饑弊，遠征雖克，後患必深。不如結盟熾磐，通糴濟難；慰喻雜部，以廣軍資。畜力繕兵，相時而動。」傉檀謂其太子虎臺曰：（虎臺從《魏書》。《晉書》作武臺，乃唐人避諱改。）「今不種多年，內外俱窘，事宜西行。以拯此弊。蒙遜近去，不能卒來。旦夕所慮，唯在熾磐，彼名微眾寡，易以討御。吾不過一月，自足周旋。汝謹守樂都，無使失墜。」乃率騎七千襲乙弗，大破之，獲牛、馬四十餘萬。熾磐果率步騎二萬，乘虛來襲。撫軍從事中郎尉肅言於虎臺曰：「外城廣大，難以固守，宜聚國人於內城，肅等率諸晉人，距戰於外。如或不捷，猶有萬全。」虎臺懼晉人有貳心也，乃召豪望有謀勇者，閉之於內。孟愷泣白：「愷等進則荷恩重遷，退顧妻子之累，豈有二乎？今事已急矣，人思自效，有何猜邪？」一旬而城潰。烏孤子樊尼，自西平奔告傉檀。（西平，見第二章第二節。）傉檀謂眾曰：「今樂都為熾磐所陷，男夫盡殺，女婦賞軍，雖欲歸還，無所赴也。卿等能與吾藉乙弗之資，取契汗以贖妻子，是所望也。不爾即歸熾磐，便為奴僕矣，豈忍見妻子在他人抱中？」遂引師而西。眾多逃返。遣鎮北段苟追之，苟亦不還。於是將士皆散。唯中軍紇勃、後軍洛肱、安西樊尼、散騎侍郎陰利鹿在焉。傉檀曰：「蒙遜與吾，名齊年比，熾磐姻好少年，俱其所忌，勢皆不濟。與其聚而同死，不如分而或全。樊尼長兄之子，宗部所寄，吾眾在北者，戶垂二萬，蒙遜方招懷遐邇，存亡繼絕，汝其西也。紇勃、洛肱，亦與尼俱。吾年老矣，所適不容，寧見妻子而死。」遂

歸熾磐。唯陰利鹿隨之。歲餘，為熾磐所鴆。案好戰者必亡，其傉檀之謂乎？《晉書·載記》云：「烏孤以安帝隆安元年（西元 397 年）僭立，至傉檀之世，凡十九年，以安帝義熙十年（西元 414 年）滅。」〈本紀〉亦系傉檀之亡於義熙十年六月。案自隆安元年（西元 397 年）至義熙十年（西元 414 年），止十八年（西元 422 年）。〈乞伏熾磐載記〉云：「熾磐以義熙六年（西元 410 年）襲偽位。」（〈本紀〉在八年。）又云：「僭立十年而入樂都。」則當為元熙元年（西元 405 年），年歲相距大遠矣。疑僭立二字衍，而〈禿髮氏載記〉之「凡十九年」，當作十八也。《通鑑》云：傉檀之死也，沮渠蒙遜遣人誘虎臺，許以番禾、西安二郡處之；（西安，後涼郡，在張掖東南。）且借之兵，使伐秦，報其父仇，復取故地。虎臺陰許之。事洩而止。熾磐後，虎臺妹也，熾磐待之如初。後密與虎臺謀曰：「秦本我之仇讎，雖以昏姻待之，蓋時宜耳。先王之薨，又非天命，遺令不治者，欲全濟子孫故也。（胡三省曰：不治，謂被鴆而不解也。）為人子者，豈可臣妾於仇讎，而不思報復乎？」乃與武衛將軍越質洛成謀弒熾磐。後妹為熾磐左夫人，知其謀而告之。熾磐殺後及虎臺等十餘人。事在宋景平元年（西元 423 年）。

乞伏熾磐既兼禿髮傉檀，兵強地廣。沮渠蒙遜遣其將運糧於湟河，自率眾攻克熾磐之廣武郡。（見第五章第二節。）以運糧不繼，自廣武如湟河，度浩亹。（見第二章第二節。）熾磐遣將距之，皆為蒙遜所敗。蒙遜以弟漢平為湟河太守，乃引還。熾磐率眾三萬襲湟河，漢平降。（義熙十一年（西元 415 年）。）熾磐攻漒川，（西秦郡，在今青海東南境。）師次沓中。（在今甘肅臨潭縣西。）蒙遜攻石泉以救之，（石泉，縣名，《十六國疆域志》云：屬漒川。）熾磐引還。蒙遜亦歸。遣使聘於熾磐，遂結和親。

西涼立國酒泉，與蒙遜形勢甚逼。《晉書》本傳云：「蒙遜每年侵寇不止，玄盛志在以德撫其境內，但與通和立盟，弗之校也。尋而蒙遜背盟來

侵，玄盛遣世子士業要擊，敗之，（暠世子譚早卒，立次子歆為世子，歆字士業。）獲其將沮渠百年。（〈本紀〉在義熙七年十月。）玄盛謂張氏之業，指期而成，河西十郡，歲月而一，既而禿髮傉檀入據姑臧，且渠蒙遜基宇稍廣，於是慨然，著〈述志賦〉焉。」蓋其勢實最弱也。義熙十三年（西元 417 年），二月，暠卒，子歆嗣。（此樹《晉書·本紀》。《宋書·且渠蒙遜傳》云五月。）蒙遜遣其張掖太守且渠廣宗詐降誘歆。歆遣武衛溫宜等赴之，親勒大軍，為之後繼。蒙遜帥眾三萬，伏於夢泉。（胡三省曰：《新唐書·地理志》：張掖郡西北百九十里有祁連山，山北有建康軍，軍西百二十里有夢泉守捉城。）歆聞之，引兵還，為蒙遜所逼，歆親貫甲先登，大敗之。（《宋書·蒙遜傳》云：歆伐蒙遜，至建康。蒙遜拒之。歆退走。追到西支澗，蒙遜大敗，死者四千餘人。乃收餘眾，增築建康城，置兵戍而還。《晉書·蒙遜載記》云：蒙遜為李士業敗於解支澗，復收散卒欲戰，前將軍成都諫，蒙遜從之，城建康而歸。建康見第六章第六節。解支澗，胡三省曰：「《晉書》作鮮支澗，當從之，」然今《晉書》作解支澗，《十六國疆域志》亦同。）明年，蒙遜大伐歆。歆將出距之。左長史張體順固諫，乃止。蒙遜大芟禾稼而還。（《通鑑》在義熙十四年（西元 418年）。）歆用刑頗峻，又繕築不止。從事中郎張顯，主簿泛稱疏諫，並不納。永初元年（西元 420 年），七月，（據《宋書·且渠蒙遜傳》。）蒙遜東略浩亹，歆承虛攻張掖。其母尹氏及宋繇固諫，並不從。（繇暠臣，受顧命者。）遂率步騎三萬東伐，次於都漬澗。（《十六國疆域志》引《通志》云：在蓼泉西。）蒙遜自浩亹來距。戰於壞城，（《十六國疆域志》云：在福祿縣。福祿，見第三章第七節。）為蒙遜所敗。勒眾復戰，又敗於蓼泉，被害。蒙遜遂入酒泉。歆弟敦煌太守恂，據郡自稱大將軍。十月，蒙遜遣世子正德攻之，不下。明年，正月，蒙遜自往，築長堤，引水灌城，數十日，又不下。三月，恂武衛將軍宋丞，廣武將軍弘舉城降。恂自殺。

李氏亡。(歆之亡在永初元年(西元 420 年)。本傳云：士業立年而宋受禪，誤。故又云，其滅在永平元年(西元 508 年)，皆誤多三年。)

赫連勃勃既陷長安，遂僭稱皇帝。(《魏書》在泰常三年(西元 418 年)，即晉義熙十四年(西元 418 年)。《北史》在泰常四年(西元 419 年)，即晉元熙元年。)群臣勸都長安。勃勃曰：「荊吳僻遠，勢不能為人之患。東魏與我同境，去北京裁數百餘里。若都長安，北京恐有不守之憂。諸卿適未見此耳。」乃於長安置南臺，以其太子領雍州牧，錄南臺尚書事，而還統萬。(《魏書》云：以長安為南都。)案云荊吳不足為患，姚泓之滅，豈特殷鑑不遠？知東魏為心腹之憂，則終勃勃之世，何不聞以一矢東向相加遺邪？知此等皆史家傅會之辭，非其實也。勃勃性凶暴好殺。其在長安也，嘗徵隱士韋祖思，既至，恭懼過禮，勃勃怒曰：「吾以國士徵汝，奈何以非類處吾？汝昔不拜姚興，何獨拜我？我今未死，汝猶不以我為帝王，我死之後，汝輩弄筆，當置吾何地？」遂殺之。其猜忌漢人如此。常居城上，置弓箭於側，有所嫌忿，便手自殺之。群臣忤視者毀其目，笑者決其唇，諫者謂之誹謗，先截其舌而後斬之。夷夏囂然，人無生賴。議廢其長子，自長安起兵攻勃勃。勃勃中子昌破，殺之。勃勃以昌為太子。(《通鑑》元嘉元年(西元 424 年)。)元嘉二年(西元 425 年)，勃勃死，昌僭立。三年(西元 426 年)，九月，魏遣奚斤襲蒲阪，(見第三章第四節。)周幾襲陝城。(見第六章第一節。)十月，魏太武帝西伐，臨君子津。(見第六章第三節。)十一月，以輕騎一萬八千濟河襲昌，略居民，徙萬餘家而還。奚斤東至蒲阪，昌守將赫連乙升棄城西走。昌弟助興守長安，乙升復與助興西走安定。(見第二章第二節。)奚斤遂入蒲阪，西據長安。四年(西元 427 年)，正月，昌遣其弟平原公定率眾二萬向長安。五月，魏太武帝乘虛西伐。濟君子津，輕騎三萬，倍道兼行。群臣咸諫曰：「統萬城堅，非十日可拔。今輕軍討之，進不可克，退無所資。不若步兵攻具，

一時俱往。」太武曰：「夫用兵之術，攻城最下，不得已而用之。如其攻具
一時俱往，賊必懼而堅守。若攻不時拔，則食盡兵疲，外無所掠，非上策
也。朕以輕騎至其城下，彼先聞有步兵，而徒見騎至，必當心閒。朕且羸
師以誘之，若得一戰，禽之必矣。所以然者，軍士去家二千里，復有黃河
之難，所謂置之死地而後生也。」遂行。次於黑水。（見第六章第九節。去
統萬三十餘里。）分軍伏於深谷，而以少眾至其城下。昌將狄子玉來降，
說「昌使人追定，定曰：城既堅峻，未可攻拔，待禽斤等，然後徐往，內
外擊之，何有不濟？昌以為然」。太武惡之。退軍城北，示昌以弱。會軍
士負罪，亡入昌城，言「魏軍糧盡，士卒食菜，輜重在後，步兵未至，擊
之為便」。昌信其言，引眾出城。太武收軍偽北，分騎為左右以犄之，昌
軍大潰。不及入城，奔於上邽。（見第三章第三節。）遂克其城。（《魏書·
本紀》在六月。）是役也，昌雖寡謀，魏亦幸勝。其時魏兵不足二萬，而
昌眾步騎三萬；太武引而疲之，行五六里，沖其陳，尚不動；及戰，太武
墜馬，流矢中掌，其不敗者亦幸耳。娥清以五千騎攻赫連定，定亦走上
邽。奚斤追之，至雍，（見第三章第五節。）不及而還。太武詔斤班師。
斤請益鎧馬平昌，不許。抗表固請，乃許之。給斤萬人，遣將軍劉拔送馬
三千匹與斤。五年（西元 428 年），（魏神鷹元年。）二月，昌退屯平涼。
斤進軍安定。馬多疫死，士眾乏糧，乃深壘自固。遣太僕丘堆等督租於民
間，為昌所敗。昌日來侵掠，芻牧者不得出，士卒患之。監軍侍御史安
頡請募壯勇出擊。斤言「以步擊騎，終無捷理」，欲須救騎至。頡曰：「今
兵雖無馬，將帥所乘，足得二百騎，就不能破，可折其銳。且昌狷而無
謀，每好挑戰，眾皆識之，若伏兵掩擊，昌可禽也。」斤猶難之。頡乃陰
與尉眷等謀，選騎待焉。昌來攻壘，頡出應之。昌於陳前自接戰，軍士識
昌，爭往赴之。會天大風，揚塵，晝昏，眾亂。昌退。頡等追擊，昌馬蹶
而墜，遂禽昌。（《通鑑考異》曰：「《十六國春秋鈔》云：承光三年（西元

427 年)，五月，戰於黑渠，為魏所敗。昌與數千騎奔還，魏追騎亦至。昌河內公費連烏提守高平，徙諸城民七萬戶於安定以都之。四年（西元 428 年），二月，魏軍至安定。三城潰。昌奔秦州。魏東平公娥青追禽之，送於魏。與〈後魏紀傳〉不同，今從《後魏書》。」案承光赫連昌年號，承光三年（西元 427 年），宋元嘉四年也。）觀此，彌知魏太武之克統萬為幸勝，當時設與之堅持，未有不以乏糧為患者也。昌餘眾立定，走還平涼。奚斤恥功不在己，輕齎三日糧，追定於平涼。娥清欲尋水而往，斤不從。定知其軍無糧乏水，邀其前後。斤眾大潰。與娥清、劉跋，俱為定所禽，士卒死者六七千人。丘堆先守輜重在安定，聞斤敗，棄甲東走蒲阪。定復入長安，魏太武詔安頡鎮蒲阪以拒之。（又詔頡斬丘堆。）六年（西元 429 年），五月，定侵統萬，至侯尼城而還。（胡三省曰：侯尼城，在平涼東。）七年（西元 430 年），九月，定遣弟謂以代攻墉城，（見第五章第六節。）魏始平公隗歸擊破之。定又將數萬人東擊歸。十一月，魏太武帝親率輕騎襲平涼。定救平涼。登鶉觚原，（鶉觚，漢縣，在今甘肅靈臺縣東北。）方陳自固。太武四面圍之，斷其水草。定引眾下原。擊之，眾潰。定被創單騎走，收餘眾西保上邽。諸將乘勝進軍，遂取安定。十二月，定弟社幹、度洛孤出降。長安、臨晉、（見第三章第七節。）武功（見第六章第五節。）守將皆奔走。關中遂入於魏。

當劉裕伐秦之際，乞伏熾磐嘗遣使詣裕求效力，拜為西平將軍河南公。（《宋書·武帝本紀》。）及魏伐夏之歲，熾磐又遣使於魏，請伐赫連昌。（《魏書·本紀》始光三年正月。）蓋皆欲乘時以徼利也。及魏克統萬，熾磐乃遣其叔泥頭、弟度質於平城。元嘉五年（西元 428 年），熾磐死，子暮末嗣偽位。（暮末依《晉書》。《宋》、《魏書》及《十六國春秋》皆作茂蔓。熾磐之死，《晉書》在元嘉四年（西元 427 年）。下文云：暮末在位三年，為赫連定所殺，在元嘉七年（西元 430 年）。又云：始國仁以孝武

太元十年（西元 385 年）僭位，至暮末四世，凡四十有六載，數亦相合。然據《魏書·本紀》：暮末之滅，在神四年正月，則當為元嘉八年（西元 431 年），《宋書·大沮渠蒙遜傳》亦同。考《魏書·本紀》，赫連定之奔上邽，在神三年十一月，似其年內未必能亡暮末，疑《晉書》紀事，誤移前一年也。）明年，沮渠蒙遜攻枹罕。（見第五章第一節。）暮末大破之，禽其世子興國。暮末政刑酷濫，內外崩離。為赫連定所逼，遣使請迎於魏。魏太武許以安定以西、平涼以東封之。暮末乃焚城邑，毀寶器，率戶萬五千至高田穀。（胡三省曰：當在南安郡界。）為赫連定所拒，遂保南安。（見第二章第二節。）魏太武遣使迎之。暮末衛將軍吉毗固諫，以為不宜內徙，暮末從之。赫連定遣其北平公韋代（當即謂以代。）率眾一萬攻南安。城內大饑，人相食。暮末及宗族五百餘人出降，送於上邽。時元嘉八年正月也。（從《魏書》，《通鑑》同。）是歲，六月，赫連定北襲沮渠蒙遜，為吐谷渾慕所執。明年，二月，送於魏，魏殺之。（《宋書·沮渠蒙遜傳》：元嘉七年（西元 430 年），四月，定奔上邽。十一月，茂蔓聞定敗，將家戶及興國東征，欲移居上邽。八年（西元 431 年），正月，至南安。定率眾御茂蔓，大破之。殺茂蔓，執興國而還。四月，定避拓跋燾，欲渡河西擊蒙遜。五月，率部曲至治城峽口。渡河，濟未半，為吐谷渾慕所邀，見獲。興國被剄，數日死。其事述與《魏書》多牴牾，似不甚審。治城，胡三省曰：「魏收《地形志》：涼州東陘郡有治城縣，其地當在黃河南。又涼州有建昌郡，亦有治城縣。」案東陘郡之治城，當在舊涼州府境，建昌郡之治城，當在舊蘭州府境。胡《注》見元嘉六年（西元 429 年）。）赫連昌尚魏始平公主，封為秦王。元嘉十一年（西元 434 年），叛魏，西走河西，為候將所格殺。魏人並殺其群弟。

　　馮跋在僭偽諸國中，頗稱有道。嘗下書除前朝苛政。命守宰當垂仁惠，無得侵害百姓。蘭臺都官，明加澄察。分遣使者，巡行郡國。孤老久

病，不能自存者，振穀帛有差。孝弟力田，閨門和順者，皆襃顯之。又下書省徭薄賦。墮農者戮之，力田者襃賞。命尚書紀達，為之條制。每遣守宰，必親見東堂，問為政事之要。令極言無隱，以觀其志。又下書，令百姓人植桑一百根，柘二十根。禁厚於送終，貴而改葬。蠕蠕勇斛律遣使求跋女偽樂浪公主，群下議前代舊事，皆以宗女妻六夷，樂浪公主不宜下降非類，跋不聽。庫莫奚虞出庫真獻馬請交市，許之。契丹庫莫奚降，署其大人為歸善王。凡茲厚撫四夷，亦皆欲以息民也。史稱馮氏出自中州，有殊異類。雖舊史稱其信惑妖祀，斥黜諫臣，然能育黎萌，保守疆宇二十餘年，實人事而非天意。信不誣也。跋於夷夏之際，亦深有抉擇。晉青州刺史申永遣使浮海來聘，跋使其中書郎李扶報之。魏明元帝遣謁者於什門往使，為跋所留。明元帝使長孫道生率眾二萬攻之，以其有備，不克而還。（魏泰常三年（西元 418 年），即晉義熙十四年。）可謂明於去就矣。惜亦以內亂不終，是則當上下交徵、不奪不饜之世，積習不易挽也。

跋長弟素弗，任俠放蕩，唯交結時豪為務。當世俠士，莫不歸之。史稱跋之偽業，實素弗所建。故高雲死時，眾推跋為主，跋曾以讓素弗。而素弗不可。跋僭位，以為宰輔。素弗謙虛恭慎，雖廝養之賤，皆與之抗禮。車服務於儉約。修己率下，百僚憚之。惜跋之七年即死。（義熙十一年（西元 415 年）。）元嘉七年（西元 430 年），跋有疾。跋長子永先死，立次子翼為世子，攝國事。翼勒兵以備非常。跋妾宋氏，規立其子，謂之曰：「主上疾將瘳，奈何代父臨國乎？」翼遂還。宋氏矯絕內外，遣閹人傳問。唯中給事胡福，獨得出入，專掌禁衛。跋疾甚，福慮宋氏將成其計，乃言於跋季弟弘。弘勒兵而入。跋驚怖死。弘襲位。翼勒兵出戰，不利，遂死。跋有男百餘人悉為弘所殺，亦可謂甚矣。然弘仍不肯屈志於魏。九年（西元 432 年），（魏延和元年。）六月，魏太武伐之。七月，圍之。弘嬰城固守。其營丘、遼東、成周、樂浪、帶方、玄菟六郡皆降。（胡三省

曰：燕自慕容已來，分置郡縣於遼西，其後或省或並，為郡為縣，皆不可考。）太武徙其三萬餘戶於幽州。弘先廢其元妻王氏，黜世子崇，令鎮肥如，（漢縣，在今河北盧龍縣北。）以後妻慕容氏子王仁為世子。崇母弟廣平公朗、樂陵公邈出奔遼西，勸崇降魏。崇納之。遣邈入魏。魏太武拜崇為幽、平二州牧，封遼西王。弘遣其將封羽圍崇。十年（西元433年），（魏延和二年。）正月，魏遣其永昌王健救崇。封羽以凡城降魏。（凡城，在今熱河平泉縣境。）徙三千餘家而還。六月，健又往攻和龍。十一年（西元434年），（魏延和三年。）閏三月，弘上表稱藩於魏，乞進女。魏太武帝許之，而徵王仁入朝。弘不遣。魏又屢遣兵往攻。弘密求迎於高句驪。十三年（西元436年）（魏太延二年，）句驪遣將葛盧等率眾迎之。五月，弘擁其城內士女，入於句驪。句驪處之於平郭。（見第五章第二節。）尋徙北豐。（在今遼寧瀋陽縣西北。）魏使散騎常侍封撥如句驪徵送弘。句驪不聽。太武議欲擊之，納樂平王丕計而止。弘素侮句驪，政刑賞罰，猶如其國。句驪乃奪其侍人，質任王仁。初弘於宋歲獻方物。及是，表求迎接。文帝遣王白駒、趙次興迎之，並令句驪料理資遣。句驪王璉不欲使弘南，而魏又徵弘於句驪，句驪乃遣將孫漱、高仇等襲殺之。時元嘉十五年三月也。（魏太延四年（西元438年）。）白駒等率所領七千餘人掩討，禽漱，殺高仇等二人。璉以白駒等專殺，遣使執送之。上以遠國，不欲違其意，白駒等下獄見原。其明年，文帝北討，詔璉送馬，璉獻馬八百匹，蓋帝方有事於索虜，不欲以一人傷一國之好也，然於北燕，則有違宇小之仁矣。

〈沮渠蒙遜載記〉云：晉益州刺史朱齡石遣使來聘，蒙遜遣舍人黃迅報聘，因表曰：「承車騎將軍劉裕，秣馬揮戈，以中原為事，可謂天贊大晉，篤生英輔。若六軍北軫，克復有期，臣請率河西戎為晉右翼前驅。」蓋齡石遣使，喻以夾攻後秦也。及劉裕滅姚泓，蒙遜聞之，怒甚。其門下

校郎劉祚言事，蒙遜曰：「汝聞劉裕入關，敢研研然也？」遂殺之。可謂非我族類，其心必異矣。然蒙遜既據河西之地，故其文明程度究較高。義熙十四年（西元 418 年），遣使奉表稱藩。晉以為涼州刺史。宋世亦累受爵命。蒙遜之滅西涼，以唐瑤之子契為晉昌太守。契，李暠孫寶之舅也。叛蒙遜。蒙遜遣其世子正德攻契。景平元年（西元 423 年），三月，克之。契奔伊吾。（見第六章第六節。）八月，芮芮來抄。蒙遜遣正德拒之。軍敗，見殺。乃以次子興國為世子。又為乞伏暮末所禽。蒙遜送穀三十萬斛以贖之，暮末不遣。蒙遜乃立興國弟菩提為世子。元嘉十年（西元 433 年），四月，蒙遜死。眾議以菩提年幼，推立其弟三子茂虔。（《宋書》及《十六國春秋》同。《魏書》作牧犍。）十一年（西元 434 年），上表告私諡蒙遜為武宣王。詔仍加封授。十四年（西元 437 年），表獻方物，並獻書百五十四卷，求書數十件。文帝賜之。《魏書‧本紀》：蒙遜以始光三年（西元 426 年）內附。（元嘉三年。）其後神元年（西元 428 年）、三年（西元 430 年），（元嘉五年、七年。）皆書蒙遜遣使朝貢。而〈蒙遜傳〉載神中蒙遜表辭曰：「前後奉表，貢使相望，去者杳然，寂無還反，未審津途寇險，竟不仰達？為天朝高遠，未蒙齒錄？往年侍郎郭祇等還，奉被詔書，三接之恩始隆，萬里之心有賴。」又云「商胡後至，奉公卿書，援引曆數安危之機，屬以竇融知命之美」云云。則當赫連氏敗亡之時，蒙遜求通於魏頗切，而魏初不甚省錄。後蒙遜又遣子安周入侍於魏，魏太武乃於神四年（西元 431 年）（元嘉八年。）九月，遣使冊為涼州牧涼王。及茂虔立，自稱河西王，太武即如所稱冊之。先是太武遣李順迎蒙遜女為夫人，會蒙遜死。茂虔受蒙遜遺意，送妹於平城，拜右昭儀。而茂虔取太武妹武威公主。《魏書》本傳言：牧犍淫嫂李氏，兄弟三人傳嬖之。李與牧犍姊共酖公主。上遣解毒醫乘傳救公主，得愈。上徵李氏，牧犍不遣，厚送，居於酒泉。然〈外戚傳〉言：世祖平涼州，頗以公主通密計。〈西域傳〉言：

初世祖每遣使西域嘗詔牧犍令護送。至姑臧，牧犍恆發使導路，出於流沙。後使者自西域還，至武威，（見第三章第二節。）牧犍左右謂使者曰：我君承蠕蠕吳提妄說，云去歲魏天子自來伐我，士馬疫死，大敗而還，我禽其長弟樂平王丕。我君大喜，宣言國中。又聞吳提遣使告西域諸國，稱魏已削弱，今天下唯我為強，若更有魏使，勿復恭奉。諸國亦有貳者。牧犍事主，稍以慢惰。使還，具以狀聞。世祖遂議討牧犍。此亦可見武威遠嫁，實為內間。不然，世豈有河西中毒，聞於代北，遣醫往救，猶獲全濟者邪？蒙遜猾虜，更事頗多，其於索虜，未嘗不心焉鄙之，然強弱不敵，蒙遜知之甚明，故其事魏頗謹，魏人慾伐之而無由，乃為是陰謀詭計，終則其所據為口實者，仍支離不可究詰也。元嘉十六年（西元 439 年），（魏太延五年。）六月，太武自將攻茂虔。茂虔嬰城自守。九月，城陷，乃降。時茂虔弟儀德守張掖，（儀德從《宋書》，《魏書》作宜得。）無諱守酒泉，從子豐周守樂都，（從《宋書》，《魏書》作弟安周。）從弟唐兒守敦煌。（見第二章第二節。）儀德燒倉庫，西奔酒泉，豐周南奔吐谷渾。魏奚眷討張掖，遂至酒泉。無諱、儀德復奔晉昌，西就唐兒。初禿髮傉檀亡，其子保周奔蒙遜，後奔魏，魏以為張掖公。（延和元年（西元 432 年），宋元嘉九年。）及是，進其爵為王，遣諭諸部鮮卑。保周因率諸部叛於張掖。十七年（西元 440 年），（魏太平真君元年。）正月，無諱、儀德圍酒泉。三月，克之。四月，攻張掖，不克。保周屯於刪丹，（漢縣，今甘肅山丹縣。）魏永昌王健攻之。七月，保周遁走，自殺。八月，無諱降。十八年（西元 441 年），（魏太平真君二年。）正月，拜為涼州牧、酒泉王。三月，復封沮渠萬年為張掖王。（萬年，牧犍兄子。）五月，唐兒反無諱。無諱留從弟天周守酒泉，與儀德討唐兒，殺之，復據敦煌。七月，魏奚眷圍酒泉。十月，城中饑，萬餘口皆餓死。天周殺妻以食戰士。食盡，城乃陷。執天周至平城，殺之。（《魏書・本紀》：四月，詔奚眷徵酒泉，獲沮渠天

周，乃終言之。）於是虜兵甚盛，無諱眾饑饉不自立。十一月，遣弟安周五千人伐鄯善。鄯善王恐懼，欲降，魏使者勸令拒守。安周連戰不能克，退保東城。（蓋鄯善之東城，為安周所據者。）十九年（西元 442 年），（魏太平真君三年。）鄯善王比龍西奔且末，其世子乃從安周。四月，無諱渡流沙，據鄯善。（士卒渡流沙，渴死者大半。）初李寶隨唐契奔伊吾，臣於芮芮。其遺民歸附者，稍至二千。至是，自伊吾歸敦煌，遣弟懷遠奉表於魏。魏拜懷遠敦煌太守，授寶沙州牧、敦煌公。（真君五年（西元 444 年），即元嘉二十一年，因其入朝留之。）唐契攻高昌。高昌城主闞爽告急。八月，無諱留豐周守鄯善，自將家戶赴之。未至，芮芮遣部帥阿若救高昌，殺唐契。其部曲奔無諱。九月，無諱遣將衛奈夜襲高昌，闞爽奔芮芮。無諱復據高昌。遣常侍泛儁奉表京師，獻方物。宋文帝以為涼州刺史、河西王。（〈本紀〉在六月，則其遣使在據高昌之前。）《魏書·西域傳》云：無諱兄弟渡流沙，鳩集遺人，破車師國。真君十一年（西元 450 年），（元嘉二十七。）車師王車夷落遣使琢進、薛直上書，言臣國自為無諱所攻擊，經今八歲。人民饑荒，無以存活。賊今攻臣甚急，臣不能自全，遂舍國東奔。三分免一。即日已到焉耆東界。思歸天闕，幸垂振救。於是下詔撫慰，開焉耆倉給之。自真君十一年（西元 450 年）上溯八年，則元嘉十九（西元 442 年）、二十年（西元 443 年）間也。二十一年（西元 444 年），（魏真君五年。）無諱病死，安周代立。宋仍以無諱官爵授之。《魏書·車伊洛傳》曰：焉耆胡也。世為東境部落帥，恆修職貢。世祖錄其誠款，延和中，授伊洛平西將軍，封前部王。（《通鑑》作車師前部王。）伊洛大悅。規欲歸闕。沮渠無諱斷路，伊洛與無諱連戰，破之。時無諱卒，其弟天周，奪無諱子乾壽兵，規領部曲。伊洛前後遣使招諭乾壽等，率戶五百餘家來奔，伊洛送之京師。又招諭李寶弟欽等五十餘人，送詣敦煌。伊洛又率部眾二千餘人伐高昌，討破焉耆東關七城。伊洛徵焉耆，留

其子歇守城。安周乘虛，引蠕蠕三道圍歇。歇固守，連戰，久之，外無救援，為安周所陷，走奔伊洛。伊洛收集遺散一千餘家，歸焉耆鎮。〈唐和傳〉言：（和契之弟。）契與阿若戰段，和收餘眾奔前部王。時沮渠安周屯橫截城，和攻拔之，斬安周兄子樹。又克高寧、白力二城，斬其戍主。後與前部王車伊洛擊破安周，斬首三百。此為無諱末年，安周初年之事。太平真君六年（西元 445 年），宋元嘉二十二年也，魏太武詔萬度歸發涼州以西兵襲鄯善。〈鄯善傳〉言：其王真達面縛出降，度歸釋其縛，留軍屯守，與真達詣京都。是歲，拜韓牧為鄯善王以鎮之，賦役其人，比之郡縣。豐周亡於此時，抑已先亡，則不可考矣。《魏書·高昌傳》云：和平元年（西元 459 年），（宋大明四年。）安周為蠕蠕所並，蠕蠕以闞伯周為高昌王。《宋書·氐胡傳》言：世祖大明三年（西元 459 年），安周奉獻方物，實其滅亡前之一歲也，亦可哀矣。茂虔亦為魏所害，事別見後。

# 兩晉南北朝史——晉初至東晉末葉形勢

作　　者：呂思勉

發 行 人：黃振庭

出 版 者：複刻文化事業有限公司

發 行 者：複刻文化事業有限公司

E-mail：sonbookservice@gmail.com

粉 絲 頁：https://www.facebook.com/sonbookss/

網　　址：https://sonbook.net/

地　　址：台北市中正區重慶南路一段 61 號 8 樓

8F., No.61, Sec. 1, Chongqing S. Rd., Zhongzheng Dist., Taipei City 100, Taiwan

電　　話：(02)2370-3310

傳　　真：(02)2388-1990

印　　刷：京峯數位服務有限公司

律師顧問：廣華律師事務所 張珮琦律師

定　　價：480 元

發行日期：2024 年 04 月第一版

◎本書以 POD 印製

## 國家圖書館出版品預行編目資料

兩晉南北朝史——晉初至東晉末葉形勢 / 呂思勉 著 . -- 第一版 . -- 臺北市：複刻文化事業有限公司 , 2024.04

面；　公分

POD 版

ISBN 978-626-7426-62-3( 平裝 )

1.CST: 魏晉南北朝史

623　　113004139

電子書購買

爽讀 APP

臉書